JN291981

再考・満州事変

軍事史学会編

目次

巻頭言

第三篇　陸海軍の動向

研究ノート

研究余滴

史料紹介

再考・満州事変

巻頭言

満洲事変七〇周年に寄せて

高橋久志

今年は、満洲事変勃発七〇周年にあたる一方で、サンフランシスコ講和条約と日米安保条約の締結五〇周年にもあたる。今夏は七月に入ると猛暑の毎日となり、八月下旬に台風に見舞われるまでそれは続いた。その間、本年四月に国民の圧倒的な支持を受け、「聖域なき構造改革」を看板にして誕生した小泉内閣は、参議院選挙で圧勝したものの、まさに正念場に立たされている。

それは、バブル経済の崩壊以来「失われた一〇年」を回復し、景気浮揚に向けた諸制度の改革を迫られているだけでない。「『新しい歴史教科書』問題」と首相自身の「靖国神社参拝問題」が急浮上し、日本人の「先の大戦」に関する歴史認識をめぐって、激しい批判を海外から浴びたのである。そうした非難の矛先は、アメリカ国内では、親日と見なされているブッシュ新政権の対日政策にまで及んだ。

そして、昭和史をめぐる対日批判は、外務省の一連の「公金横領事件」や「平成の到来」と共にいよいよ顕著となった「日本社会全体の衰退」に合流して行った。かくして、戦後五〇数年に及ぶ「日本人の歩み」のみならず、明治国家の成立以来、国際社会で日本人が果たしてきた役割りまで、猛省が促されている。今や我われは、「自己のアイデンティティ」と国際社会における「自らの新たなヴィジョン」の確立が急がれているのである。

その意味において、今回軍事史学会が『再考・満州事変』を世に問うことは、大いに意味のあることと思われる。それは通巻一〇〇号、並びに、第二次世界大戦五〇周年を記念した全三巻の『第二次世界大戦シリーズ』と、日中戦争六〇周年に際して出版した『日中戦争の諸相』に連なるものである。

本書は、合計十三編の論文、研究ノートの類二編、書評二編、文献目録、その他を収めている。論文の一部は、先の山形県鶴岡市での「年次大会」で発表したものに手を加えてもらったものである。執筆者は大ベテランの先生方から中堅どころの研究者にまで及び、今回はさらに、中国から三名の専門家に寄稿してもらった。中国人研究者の歴史観は日本人のものと比較してかなりの違いがあるが、参考になること大であろう。

ところで、満洲事変の研究は、一九八〇年代に入ると「植民地・満洲国」というはるかに幅広い視座から検討されるようになった。そして、九〇年代はさらに研究が進捗した。そうした新しい研究成果の一部として、満洲移民史研究会編『日本帝国主義下の満州移民』(龍溪書舎、一九七六年)、浅田喬二・小林英夫編『日本帝国主義の満洲支配―十五年戦争を中心に―』(時潮社、一九八六年)、浅田喬二『日本植民地研究史論』(未来社、一九九〇年)、鈴木隆史『日本帝国主義と満州　1900～1945』上・下巻(塙書房、一九九二年)、佐藤元英『昭和初期対中国政策の研究』(原書房、一九九二年)、山室信一『キメラ――満洲国の肖像――』(中公新書、一九九三年)、水野明『東北軍閥政権の研究――張作霖・張学良の対外抵抗と対内統一の軌跡――』(図書刊行会、一九九四年)、山本有造編『「満洲国」の研究』(緑蔭書房、一九九五年)、鹿錫俊『中国国民政府の対日政策、一九三一－一九三三』(東京大学出版会、二〇〇一年)やL・ヤング『総動員帝国――満洲と戦時帝国主義の文化――』加藤陽子他訳(岩波書店、二〇〇一年、原著は一九九八年)が挙げられよう。

最後に一言。本書の出版は、白石博司編集委員の燃えるような情熱と一方ならぬ努力なしには、到底不可能であった。白石氏は原稿依頼から始まって、六月の年次大会の準備、そして、各執筆者との調整や連絡、査読や事細かな編集作業にと、全力を尽くして下さった、ここに心から編集委員会を代表して、御礼を申し上げたい。なお、中国語の邦訳については、伊藤信之氏と劉紅女史を煩わせ、高橋が白石氏の助力を得て適宜必要な修正を加えた。お二人には併せて感謝の意を表したい。

(上智大学教授)

巻頭言

近代軍事遺産・遺跡の保存

安岡昭男

近年一般に近代化遺産に対する関心が高まってきている。日本の場合、近代化遺産とは幕末から昭和前期にかけての近代的手法による産業・土木・交通関係などの建造物・工作物・機械などを指し、産業遺産とも総称される。産業考古学会ほか編『日本の産業遺産300選』全三巻から伊東孝『日本の近代化遺産』(岩波新書) などまで、また府県単位の近代化遺産調査報告書も出ている。

平成七年 (一九九五) 原爆ドームの国史跡指定と翌年末の世界遺産登録は文化財行政上に画期的で、この前後から文化庁は近代の文化遺産の保存と活用に本格的に取り組み、近代化遺産が次々と国の重要文化財に指定され、平成八年に有形文化財 (建造物) 登録制度も発足した。

明治期の殖産興業政策の中で、軍事産業の比重は大きく、当然ながら近代化遺産に多くの軍事関係遺産が含まれる。「近代軍事遺産」とも呼べよう。小泉純一郎首相お膝元の横須賀は、長崎に次いで幕末西洋技術を導入した軍事工業草創の地で、のち海軍工廠となる。記念艦三笠のすぐ横から船で発着する猿島要塞を、土木学会は昨年「選奨土木遺産」十ヵ所の一つに選んだ。要塞は記念物の指定基準の例示に含まれるが、一昨年渡った由良要塞の友ヶ島砲台跡は崩れかけて一部立入り禁止。昨年訪れたウラジオストク北郊の要塞跡は荒涼たる風景だが、市内の保塁跡は軍事博物館になっている。

旧東京第一陸軍造兵廠 (北区) の筆者が戦時中勤労動員で毎週交替の昼夜作業に通った弾丸工場ほか明治大正の煉瓦建築は取り壊され、旧大阪砲兵工廠本館も姿を消し跡地は大阪城公園の一部と化した。昨秋新発田市で見学した陸上自衛隊内の史料館は明治七年のフランス式建築という白壁兵舎を活用している (親切に案内された)。

戦争遺跡と旧軍事施設の府県別の調査・案内書として『神奈川県の戦争遺跡』などの例があり、沖縄戦の実体を記録・保存する戦跡考古学も提唱されている。

それぞれ近代建築・土木遺産、歴史資料などに属するとしても、全国的な調査で近代軍事遺産・遺跡が包括的に把握され、保存と活用が図られるのが望ましい。

(法政大学名誉教授)

第一篇　思想的潮流

「満州事変」の性格

臼井勝美

満州事変は一九三一年九月十八日中国東北遼寧省瀋陽〔奉天〕北方の柳条湖で満鉄の軌道を中国軍が爆破したとの口実のもとに関東軍が南満州の主要地点を軍事占領し、以後戦果を満州北部および西南部に拡大、遂に長城線を境に東北四省を中国本土から分離し「満州国」という疑似独立国を形成、これに正式承認を与えるという一連の経過を指す。そして一九三三年五月三十日の塘沽停戦協定でゲリラ戦を除き戦闘を終焉する。その間一年九ヶ月にわたる「事変」である。

この事変の性格を考える上で前提になるのは一九三〇年代初期、国民政府治下の中国の情況である。まずそれを一瞥しておきたい。

汪兆銘国民政府行政院長〔一九三二年一月―一九三五年十二月〕は中国の現況を次のように述べている。一九三二年上海事変後の発言とみられる。

「軍隊について論ずれば、現在中央の直轄しているのは七十余師で其の他軍閥の割拠している地方にどのくらいの軍がいるのか中央は全く知らない。報告させようとしても報告せず、またはインチキな報告をしてくる。これは中央を敵国のようにみなしているからである。中央が敵ならば兵力の多少を知らせることは出来ないのである。このようにして長期抗日がどうして可能であろうか。財政について言えば、国税を中央に収めているのは浙江省、江蘇省、安徽省、江西省、河南省の五省と湖北省の半分である。中央はこの五省半の国税で中央全部の政費、教育費、及び直轄七十余師其の他の軍費を支給しているのである。一二八以後中央の政費、軍費はみな半減して支給しており、各機関の事業費は完全に停止している。共産軍討伐費も目途がたたないのは同じである。軍人が割拠している各省では文武ともに腐敗しながら意気揚々として、中央を見ること、越人が秦人の肥瘠を品定めするようなものである。かくの如くして長期抗日を欲してもどうして出来ようか。

政治について論ずれば省政府委員以下各県知事の任命権は表面は中央にあるが、実状は軍閥の手中にある、文官も武官も同じである。各省の軍制は秘密であり兵額も秘密である。軍・師、旅長以下完全に軍閥の自由に委ねられている。報告も全くない。任命権がこうであるから、官吏の粛正、内政の公正などはいわゆる紙上の空文となる、長期抗日などどうして言えようか[1]」

国民政府の行政責任者の率直にして、ある意味で赤裸々な情況分析で貴重な証言と言えよう。長文の引用となった所以である。

次に日本側の見方について一九三二年七月二十八日の大阪朝日新聞社説「日支関係の調整　急速には望み薄」の一部を紹介しておきたい。

「凡そ支那が民国となって以来の歴史において現在ほど中央政府の無力と国内不統一の甚だしきを暴露せしものはない。中央政府の財政は既に破滅に帰し、当面の危急を救ふためには僅かに阿片専売制度の一途が残されているばかりではないか。政治的に云っても蔣介石政権の統制の完全に及ぶ範囲は果して何マイルあるか。広東を中心とするいわゆる八省連盟は西南半壁において南京に対立している。閻錫山系、馮玉祥系等々、軍閥割拠の形勢は依然として否、従来よりもひどい、更にそれよりも一層重大な問題は共産党の問題である。これは共産党の活動が都市を避けて地方農村に集中されているために、余り注意されていないけれども、その勢力はすでに江西、福建、湖南、湖北、河南、安徽の各省にわたる広大なる地域に及び、その兵力は数十万に達している。中央の共産党討伐は過去数次の失敗の例を顧みるまでもなく今の政府の実力をもってしてこれが可能を信ずることは出来ない。経済、社会その他いずれの方面を見ても光明を見出せない。いずれの国の人が観ても支那は結局救われないとの絶望的感じが近時一層深められつつあるのである。

[以下略]

両者の指摘する内容が酷似している事に気付くのである。最後に国民政府最高の軍事責任者蔣介石は一九三一年の満州についてどう見ていたか。蔣介石が一九三五年初め匿名で発表した「敵か、友か」という対日論のなかに次のような一節がある。

「東北四省を日本に占領されたことを例に考えると、中国国家にとってこの重要な領土の喪失はもちろん重大な損失である。しかし革命期の国民政府の性質からみると、一時の得失は無関係である。むしろ「塞翁が馬」と云ってよい。かつて中国国民党当局が次のように云ったのを聞いたことがある。「東北の回復は革命党が当然責任を負う、しかし東北を失ったのは革命党の責任ではない」。私は国民党員ではないが、この話が国民党の自己弁解であるかどうか断言しようとは思わない。事実上東北は九・一八以前名義上は国民政府に属しているが、軍権、政権、財権は厳然と独立し、少なくとも革命勢力範囲内の土地ではないことは明らかである。東北は以前「名はあれど実なし」という状況で、今は「名、実ともになし」となった。しかし表面は滅亡しているが、実際は東北の軍隊はこのため完全に中央に統一され、東北の人心は徹底して民族主義の意義を認識し、精神的にさらに密接に統一中国に帰属するにいたったのである(2)」。

ここには当時の満州の中央政府からの距離、独自の地位について最高責任者の観察の一端がみられる。各論に入る前に当時の中国という国家の特殊性を確認して置きたかったのである。

各論一　軍事問題

次に事変経過のなかでの問題点を取上げこの事変の性格を考えたい。大別すると軍事問題と外交問題である。

軍事問題としては日本、中国に大きな注目点が見られる。先ず日本である。

満州事変の勃発が関東軍参謀板垣征四郎大佐と石原莞爾中佐両参謀の発起、特に石原中佐の計画的策謀によることは周知の事実である。瀋陽の北、柳条湖における満鉄軌道の中国軍による爆破が事変勃発の契機になるが、爆破直後瀋陽行きの列車が問題なく通過しているのであるから、爆破の影響はほとんどなかったと言って良い。しかし関東軍はこれに藉口して人口三千万の広大な中国領土を軍事占領し、半年後中国本土から分離、疑似独立国家を造成するにいたる。

これは当時関東軍の参謀として勤務していた石原中佐という突出した軍事官僚が関東軍という現地軍を使用して計画したプログラムの実施である。プログラムとは何か。

事変勃発の四ヶ月前の一九三一年五月石原中佐が記した「満蒙問題私見(3)」をまず見たい。

一、満蒙の価値　政治的　国防上の拠点
　　　　　　　　　　　　朝鮮統治支那指導の根拠
　　　　　　　経済的　刻下の急を救ふに足る
二、満蒙問題の解決　解決の唯一方策は之を我領土となすにあり之が為には其正義なること及之を実行するの力あるを条件とす

三、解決の時期　国内の改造を先とするよりも満蒙問題の解決を先とするを有利とす
四、解決の動機　国家的　正々堂々、軍部主動　謀略による機会の作製、関東軍主動　好機に乗ず［五、略］（原文カナ）

事変勃発四日後の九月二十二日関東軍は中央に「満蒙問題解決策案」(4)を打電したが、その内容は次の通りである。

方針　我国の支持を受け東北四省及蒙古を領域とせる宣統帝を頭首とする支那政権を樹立し在満蒙各民族の楽土たらしむ

要領　一、国防外交は新政権の委嘱により日本帝国に於て掌理し交通通信の主なるものは之を管理す［以下省略］

約半年後実現した「満州国」の見取り図としては驚くべき正確さである。事変勃発前、同後の二文書を見れば、満州事変が一定のプログラムによって運営されたことは否定できない。

陸軍中央も勃発直後から関東軍の構想に同調し推進するにいたった。しかし若槻内閣はもちろんこの策動に関係なく、九月十九日の閣議は、南（次郎）陸相が吉林派兵にともなう朝鮮からの増援について発言し得る情況ではなかった。とくに満州問題解決交渉の担当者である幣原（喜重郎）外相はこの陸軍［直接の計画者でない陸軍中央も勃発直後から策謀推進の立場に立った］の策謀に対し正面から強く反対したのである。しかし幣原外相が閣内でも次第に孤立していくのは、十月六日の閣議で「南陸相は満蒙問題は満蒙に於て解決するを要する旨主張せるに対し幣原外相は支那中央政府と交渉するを要し且之と交渉せざれば効果なしと反対意見を述べて譲らず」閣議後の首相はじめ主要閣僚の意見交換の場でも井上（準之助）蔵相が地方政権との交渉開始を主張したのに対し「外相は不同意を表明し満蒙問題の解決は支那中央政府と交渉するを原則」と述べたが他の閣僚は何れも賛否の意見を述べないという情況からも判断できるのである。(5)

満州における軍事進攻は地域的にも時期的にも三段階に分けられよう。すなわち満州南部［瀋陽、長春、吉林］、北部［チチハル］、西南部［錦州］である。このうち日本が中国との条約上主張し得る権益は南部満鉄沿線および朝鮮との国境地帯いわゆる間島地域のみである。従って南満州における軍事行動については、不法な排日への抗議など若干の理由付けが可能かもしれない。しかし十一月北満州に兵を進め黒龍江省の省都チチハルの占領まで強行したのは全く恣意的な軍事侵略として認識された。中国は強く抗議し列強も烈しく非難するに至ったのは当然であるが、日本自身の出先外交官たちもこれを理由、名分のない暴挙として

幣原外相が阻止しなかったことを問責する電報を続々と送ったのである。在外使臣たちが驚愕したのは国際連盟理事会が十月二十四日、日本軍の原駐地への撤兵を十一月十六日までに実行する決議を票決し、十三対一［日本］で否決されたが、当事国以外の総ての理事国が賛成し、アメリカも賛意を明らかにした決議へ日本がどのように対応するかを全世界が注目していた時だからである。

オーストリア駐在の有田八郎公使は幣原外相の事変以来の対応を厳しく批判し、特に日本人もいない、権益もない北満州への日本軍の進撃はなにを根拠に行うのかまったく理解出来ないとして、「今に至りてチチハルに進攻するが如き事あらんか其の理由の如何に拘らず日本は野心遂行の為に欺瞞の限りを尽すものなりとの非難を受け国際信用全然地に墜つるの結果を生ずべく之に対しては何等弁解の辞無きは予め覚悟を要す」と本庄関東軍司令官の行動を糾弾した(6)。また当時満州から帰国した林［久治郎］奉天総領事も幣原を問責しようとしたがそのあまりの憔悴ぶりに口を噤まざるを得なかったと書いた。一方幣原外相は国民が関東軍の軍事行動を熱中的に支持しているのは日清、日露戦役と同じで今この趨勢を抑圧すれば内乱の惧れがあるとその苦衷を在外使臣に訴えた。幣原は旧宣統帝溥儀を満州に連れ出す陰謀実現のため天津に赴いた土肥原（賢二）大佐の工作を「時代錯誤」としてその中止を説得するよう桑島（主計）天津総領事に訓令(7)したが、土肥原によって一笑に付された。

十一月十六日黒龍江省の省都チチハルを占領、日本軍は東三省すべての省都を掌握したのである。ここで事件勃発から三省都占領までの日本軍の主要戦闘における損害［戦死者］を見ると瀋陽北大営［二名］、長春・南嶺［六十六名］、大興［四十五名］、昂昂渓・チチハル［五十六名］である(8)。

事変勃発当時満州には張学良［東北辺防軍司令長官］指揮下の東北軍約十万が駐屯し、軍備も地方軍のなかで最も整備されていた。もし東北軍が日本軍の進攻に対し積極的に応戦したとするには日本軍の損害は広大な占領地に比してあまりにも軽微である。ここにいわゆる中国側の「不抵抗」方針が検討の対象となるのである。

九月十八日夜日本軍［関東軍］が突如軍事行動を起こし奉天城を占領、奉天のみならず南満州重要拠点に攻撃をかけたという報告は直ちに北平の張学良に届いたが、彼は日本軍の挑発に乗って抵抗してはならないとこれまでの現地軍部下への指示を厳守するよう命令した。

なぜ日本軍の明らかに不法な軍事行動に対し抵抗することを禁じたのか。張学良はその後中国国民から「不抵抗将軍」と罵られ、東北を失った責任者として強い批判を浴びるにいたる。しかし彼は「不抵抗」方針の実施に関しての後悔はない、自分が恥じているのは、日本軍が満州の全面占領を企図していることを当時見抜けなかったことで、この点に関しての批判は甘んじて受けると述懐した(9)。

張学良は関東軍の挑発に乗って部下軍隊が抵抗し、戦火が拡大することをなによりも憂慮し警戒していた。数的に優勢な東北軍が関東軍と戦火を交えれば、日本が内地からの出兵を実施することは明らかで、張学良も関内から精鋭を派遣し全面対決となる、その際東北軍が壊滅的打撃を受けることが当然予想された。東北軍の壊滅は単に満州における地盤の喪失のみならず、国内における張学良の地位を根底から動揺させるのが明らかであり、張学良としては慎重に対応せざるを得ないのであった。

一方当時蔣介石国民政府は中央軍の精鋭を動員して江西省を中心とする共産軍の掃討作戦に懸命であった。満州における日本の軍事行動に対し張学良軍を援助するため、もし中央軍の一部でも北上させれば、対共産軍作戦に重大な悪影響を及ぼすことは明らかであった。江西省の中央軍を北上させれば武漢地区が危殆に瀕する惧れが強く、それは直接蔣介石国民政府の基盤を揺るがす大問題であり、蔣は日本軍の満州侵略への対抗よりも剿共戦を優先させる方針を明らかにした。張学良にとっても蔣介石にとっても自己地盤のあるいは自己勢力圏の確保を行動の最優先としたことは同じであった。

さらに張学良には中央軍［蔣介石中央軍］の北上、対日戦への参加を警戒する面があったことも疑いない。つまりこの動きも自己地盤への中央勢力の浸食を意味したからである。

関東軍は十一月十六日チチハル占領後、次の進攻目標を遼寧省西部錦州に向けた。錦州は瀋陽失陥後の遼寧省政府、東北辺防軍司令長官公署の移転地で、張学良にとって満州に残された政治、軍事上の唯一の拠点であった。日本側にとっても錦州の占領は「満州国」樹立のため必須の必要条件であり、前提であった。この錦州の攻防にあたり張学良と蔣介石の間に「不抵抗」方針をめぐって対立、亀裂が生じた。

錦州防衛問題に関する蔣・張の対立は錦州中立地域設定と錦州防衛についてであるが、ここでは後者について触れたい。簡単に云うと蔣介石はそれまでの不抵抗方針を変更し、錦州の死守を張学良に命じたが、張学良は不抵抗方針を放棄せず蔣の意図を無視して東北軍を錦州から撤退させ日本軍の無血占領を許したのである。十一月末から十二月始めにかけて東北軍は錦州撤退を開始した。十二月五日顧維鈞外交部長と宋子文財政部長は連名で張学良に連盟における中国の苦境、世論の激昂［外交部は今日も終日憤激した学生に包囲されている］を伝え、国家のためにも、兄個人のためにも、あらゆる困難を排して錦州を防衛するよう電報した。[10] 顧、宋は国民政府中央で最も張学良と近い存在であるので切迫した情勢のなかで発電されたとみてよいであろう。蔣介石も財政部所属の税警団五、六千を北上させ張の指揮下に入れるとの意向を示した。しかし張学良の錦州放棄の姿勢を動かすにはいたらなかったのである。

張学良が蔣介石の命令、知己の勧告を斥けて不抵抗主義を堅持した理由について兪教授は張が「玉砕」はするが「瓦砕」はしないとの方針を持っていたと指摘する。[11]「玉砕」とは全中国軍とともにその一員として敵［日本］と戦い敗北する場合を指し、「瓦砕」は東北軍のみが単独で敵と戦い敗北することを意味する。兪教授によれば錦州死守という蔣介石の抗戦姿勢は単にポーズに過ぎず、従って張が錦州で抗戦すればそれは「瓦砕」であり張の最も警戒したところであったとする。張も蔣も共に満州における最後の拠点錦州を抗戦防衛する意図が結局はなかったと云うことが出来る。

一九三二年一月二日、日本軍は錦州を無血占領、さらに西進して四日葫蘆島、五日綏中を占領した。山海関には日本軍［天津軍］が駐屯しており遼東湾沿岸地帯は日本軍の制圧するところとなった。錦州の失陥が「満州国」建国［三月一日］への道を大きく開いたことは間違いないであろう。

満州事変が関東軍の進攻プログラムによって発起され、半年後「満州国」という新疑似国家の建設となるが、その建設を容易にした最大の要因は張学良東北政権、蔣介石中央政府の不抵抗主義［それは結果的には「満州放棄」政策になった］の効果であった。

満州の放棄は張学良にとってまさに苦渋の選択であった。父張作霖の代から営々として築き上げ、日本軍人の策謀による作霖爆殺のあとを受けて、開明的軍閥として東北の基盤整備に全力を傾注し多くの成果を挙げて来た同地域を放棄することの苦痛は余人の想像を許さないところであろう。

事件勃発二ヶ月後の十一月には張は陸海空軍副司令、東北辺防軍司令長官の地位から去り、十二月十六日新設の北平綏靖公署主任に就任した。綏靖主任は軍事委員会委員長に隷属するとともに参謀総長、軍政部長の指導を受ける地位で明らかに格下げの措置である。東北政務委員会も北平政務委員会となり、熱河、察哈爾、河北を管轄するが、委員長は依然張である。張は東三省を事実上喪失するにいたったが、熱河には湯玉麟が鎮座し北平、天津はじめ河北省には尚十数万の東北軍を擁して、北方の重鎮であることは変わりなかった。翌一九三二年二月四日、国民政府は全国を四防衛区に区分、黄河以北の第一区の司令長官に張を任命した。同月十一日北平軍事整理委員会が成立、張が理事長となった。張はリットン調査団との応対［四月九日北平着］に従事し、六月中旬には汪兆銘はじめ国民政府首脳も北平に飛来、調査団との会談に臨んだことは後述する。

八月六日汪兆銘行政院長は張が熱河防衛に極めて消極的なことを厳しく非難し［辞職して四億国民に陳謝し、熱河、平津を第二の錦州にするなかれ］と通電した。国民党は八月十六日張の北平綏靖公署主任の辞職を承認、同公署を廃止、北平軍事整理委員会も廃止された。国民政府は九月一日に新たに軍事委員会北平分会を設置、委員長の蔣介石自身が分会長を兼任した。東三省喪失によって張の地位は激しく動揺するが、華北において張がまだ実力者である事実は変わらず一九三三年を迎える。

各論二　外交問題

満州事変における中国の対外関係の調節にもっとも重要な役割を担った外交官に顧維鈞［一八八八—一九八五］がいる。顧はパリ講和会議、ワシントン会議に中国代表として出席、以後北洋政府の外交、財政総長を歴任、一時国民政府から逮捕令が出たが、張学良の要請で一九二九年より外交に関し張の諮問を受ける役割を担った。九一八事件勃発の時、北平にいた顧は直ちに呼ばれ、東北首脳の対策会議に加わったのである。会議で顧維鈞が提案したのは、南京国民政府に対し直ちに国際連盟へ提訴するよう勧告すること、日本語を解する使者を満州へ派遣し満鉄総裁や関東州知事と会談させることの二つであった。前者は即刻実行されたが、後者は実行にはいたらなかった。

顧維鈞は中央政府の要請を受けて、九月三十日国民政府が新たに組織した特種外交委員会［長、戴季陶、副、宋子文］の秘書長に就任、そして十一月二十三日代理外交部長、二十八日署理外交部長、三十日正式に外交部長となり、蔣介石の下野とともに十二月三十日辞職した。しかし翌一九三二年三月国際連盟リットン調査団の中国側参与に就任、調査団の現地東北調査に同行、調査団が報告書を完成させると八月駐仏公使、十月国連代表としてジュネーブでの満州事変の最終審議に活躍、日本代表松岡洋右と応酬した。すなわち満州事変の初めから終わりまで最も活躍した中国外交官として彼の名を挙げることに異議はないであろう。しかし彼は国民党員ではなく政策決定の最高段階にも連なることはなかった。

顧が満州事変対策として国際連盟への提訴を上申しそれが実行に移され、以後中国は連盟の決議、世界輿論の喚起に全力を傾倒、成功を収めつつあったのは事実であったが、同時に列強の支援に過度の期待をよせたのも否定できない。顧は十二月次のように云っている。

「……満州問題は、中国の問題のみならず、国際問題である。……満州の地位は国際交通上重要である。もし他国が満州を占領すれば国際勢力との均衡が必ず破れ、太平洋沿岸各国の地位に重大な危険が発生し、その結果国際戦争を惹起することは必至である」(12)。満州地域の世界政治における地位をやや過大視していると云えよう。

ここで連盟調査団実現の背景を瞥見する必要があろう。連盟調査団の現地満州への派遣は事変勃発時から論議されていたが、終始反対したのは日中直接交渉による事変解決を主張した日本であった。しかし十二月段階で調査団の組織、派遣を理事会に提案したのは日本である。

満州事変への有効な対応策がなく苦しんでいた連盟首脳は日本提案を歓迎した。幣原外相は調査団に二つの条件を付した。一、調査団の構成員は大国に限ること、二、調査対象を満州だけでなく中国全域とすること、の二つであった。委員を大国代表と限定したのは、植民地を持つ大国は日本の立場を了解しやすいと見られること、実情を無視して連盟規約の厳格な適用を固執する小国を排除する必要があったのである。中国全土を調査の対象としたのは、中国の無秩序、中央政府の形骸化の実態が判明しそのような国を隣国にもつ日本の対応が了解されやすいという判断であった。中国は、被侵略国である自国が何故調査の対象となるのかと強い不満を持った。しかし連盟首脳の説得で理事会は十二月十日調査団の派遣を全会一致で決議した。期を同じくして若槻内閣は倒れ幣原外相もその地位を去り、「幣原外交」の終焉となった。

幣原が高く評価されるのは彼が自己の外交理念を持ち、不利な状況のなかでその実現に終始努力したことである。

さて一九三二年三月英人リットンを長とする連盟調査団の中国到来とともに顧維鈞が参与として調査団に参加し一行と行動をともにした。日本側参与に比してキャリアーも陣容も段違いであったが、リットンたちの信頼もまた厚かった。八月末調査団は北京で五国代表一致の報告書〔リットン報告〕を完成した。その内容は周知のように満州における日中間の軋轢の歴史的縁由、事変そのものへの評決〔日本の主張する自衛論、満州国の現地中国人民による自発的建国が否認された〕、そして今後の収拾策などであった。ここで問題にしたいのは、調査団の提案した満州の将来構想についてである。

リットン報告における満州の将来構想の核心は、九一八以前への復帰も現在の満州国の是認もともに否認したところにある。満州国体制の否認は報告書の道筋から当然予見されたことであるが、九一八以前の状態への復帰が同じ文脈のなかで明確に否認されたのは重要な意義を持つと見られる。なぜならば事変勃発まで満州を掌握していた張学良の軍閥的支配体制が否認されたことを意味するからである。

この発想の根源はどこにあるのか。リットン一行は二月二十八日日本着、三月十四日、日本から上海に到着した。出迎えた顧維鈞参与とリットンは十五日、二十七日の二回会談した。どちらの日か判明しないが、リットンは満州中立化の構想を顧に打診した[13]。在日中も日本に打診があり、中立構想は最初からリットンの解決構想のなかにあったと見られる。一行は次いで南京に赴き三月二十九日から四月一日までの間中国政府の要人と次々に会談した。そのなかで汪行政院長が示した十項目の方針が注目される［これは三月上海でヤング（Walter Young）が羅外交部長の要請で作成したもの[14]］。

その第五項に「中国は満州における行政組織を改革あるいは再組織する。軍閥政府に代わって文民を任命し、特別憲兵隊を派遣する」とある。これが満州政治組織の改革に関し中国側から示された最初の構想であり、中央勢力による満州の統制を意味する。張学良はどのような地位を与えられるのであろうか。

六月五日満州から北平に帰り、愈々報告書の作成に着手する調査団と国民政府首脳、汪兆銘行政院長、宋子文財政部長、羅文幹外交部長との会談は七月十九日、二十日の両日行われた。この際リットンは満州で得た新しい知見として、満州の住民が前体制［張学良軍閥支配］への復帰を望んでいないことを強調したのが注目される。

調査団の張学良個人への印象は決して悪くなかった。しかし軍閥としての専制支配とその腐敗についての調査団の評価は厳しかった。一方調査団は国民政府首脳ならびに官僚についてはその優秀さに高い評価を与え、その将来を嘱望していた。

汪兆銘は東三省に新しい体制を考えていると調査団の見解に同調した。国民政府側の思惑と調査団の見解が相互に影響しながら今後の満州の新しい政治形態の構想が徐々に確立してゆく過程が見られるのであるが、調査団の構想し提案しようとする新しい満州の政治、外交形態を瞥見してみたい。

満州を中国主権のもとに置くという大前提のもとに、満州全域からの軍隊［中国・日本］の撤退、外国人顧問のもとでの中国保安隊による治安維持、日本、ソ連など周辺国による外辺からの安全保障、高度の自治政府による統治、司法など多くの分野での外国人顧問［日本人が相当の比率を占める］の傭聘などである。

一方報告書は中国最大の対日抵抗の武器であり、日本に事変勃発以来重大な打撃を与えた対日ボイコットを違法行為と認定した。

満州事変自体について日本の主張を完全に斥けた調査団であるが、今後の満州地域の構想については日本の立場を相当に理解した内容になっていた。総論としては中国を近代的な意味で組織された近代国家ではないとする日本のかねての主張を肯定した形となった。しかし両者の見解の最大の違いは、日本は中国は現在破綻への道を辿っているとの認識であるが、調査団はそれでもなお中国は統一発展への過程にあるとの積極的な評価を与えた点である。

報告書発表の直前［二週間前］日本は九月十五日日満議定書を締結して満州国を正式に承認した。斎藤実内閣にとって「満州国」を完全に否認した報告書はすでに無視する以外になかったのである。しかし日本の提案による連盟調査団が報告書を発表する直前、満州国を正式に承認したのは、連盟に対する意図的な挑戦だととられてもやむを得ない措置であった。この正式な「条約」という形で満州国を承認したことは日本の外交を完全に硬直化させた。世論の尻馬に乗るかたちで「焦土外交」などむしろ承認を積極的に煽動した内田（康哉）外相の責任はきわめて重大であった。斎藤首相の責任ももとよりであるが、斎藤はこの「承認」を最大の失策と認識した。

連盟理事会は報告書の提出を受けて審議を開始したが、中国は報告書の勧告を原則的に受け入れると表明した。自国の広大な領土満州からの自国軍隊の撤退、満州地域の事実上の国際管理［日本は有力な一員］という提案に若干の条件は付したが中国は原則的に同意を表明した。なぜこのようないわば中国を近代国家として認めない屈辱的な提案を中国が受け入れたのか。

先ず考えられるのは「満州国」という形で満州地域が中国主権から強制的に剝奪され日本の単独支配下に置かれるよりも、中国主権下における満州の国際管理のほうがベターであるという認識である。そして同時に日本がこの提案を拒否することは明らかであるから、提案の原則的な受諾を表明することによって国際社会の中国への同情と支持を維持しておくのが得策との打算的判断があったことも事実であろう。

満州地域の中国主権からの剝奪、日本による単独管理か、とにかく中国主権のもとでの国際的管理かという選択肢の中で中国が後者を選んだのは戦略的に見てもやむを得ないと見られるが、しかし一面一九三一—三三年の段階で中国が国際的に近代国家としての充分な評価を確立していないことをも暴露した結果になったことも疑いなかった。

一九三三年二月二十四日ジュネーブで開かれた国際連盟総会はリットン報告書に基づく決議案を裁決に付した。結果は賛成四十二票、反対一票、棄権一票、反対の一票は日本である。松岡全権は日本代表団とともに議場を去った［日本が正式に連盟に脱退を通告したのは三月二十七日である］。

総括

一九三三年二月国際連盟の満州事変審議が最終段階に到達したころ、現地満州では日本軍が熱河省へ侵攻する気配が強まっていた。二月十一日宋子文財政部長［行政院長代理］は南京から北平に飛んだ。二十一日まで宋は張学良はじめ各界有力者、内外の記者団と会談、熱河の失陥は南京の失陥と同じであり総力を挙げて防衛しなければならないとその重要性を強調した。宋は十六日外交大楼で開かれた東北熱河後援協進会に出席、翌十七日張学良とともに熱河に向け出発、承徳で直接主席湯玉麟を激励した。

宋子文は十八日歓迎会で「中央政府を代表して我々は決して東北を放棄しない、熱河を放棄しない、たとえ敵が我が首都を占領しても城下の盟をすることはないと誓う。また現在国際連盟十九人委員会は詳細に研究の末中国の立場を全面的に擁護すると主張している。日本の軍閥がいかに強大でも一国で世界に抗することは出来ず、最後の勝利は必ず我にある。しかし他人に全てを依託することは断じてすべきではなく、自己努力が必要である」と演説した(15)。同日張学良、湯玉麟など二十七将領は承徳から抗日通電を発し最後の一兵まで戦う決意を示し全国の支援を求めた［『中華民国大事記』］。

宋、張は午後飛行機で承徳を立ち十九日未明北平に帰った［宋は二十一日朝上海に向け出発］。

一方関東軍は二月十七日第六、第八師団に熱河省内の反満抗日勢力撃滅のための作戦開始を命じた。第八師団先遣隊は早くも二十五日朝陽に入城、一部挺身隊は三月四日熱河省城承徳を無血占領した。湯玉麟はすでに戦うことなく逃亡していた。彼はすでに私財を天津租界に多くのトラックで運んでいた。

さらに前進した同師団は三月十二日長城古北口を占領、九日喜峰口に達した部隊は奮戦の末十八日潘家口［喜峰口西方約五キロ］より喜峰口を経て董家口に亙る長城の線を占領した。第六師団は三月十一日界嶺口西側長城の一角を占領した。

三月四日、熱河があまりにも早くしかも無抵抗で陥落したことは中国各方面に重大な衝撃と失望を与えた。

共産軍討伐を指揮していた蒋介石は三月六日急遽南昌から漢口に飛び、漢口から列車で北上、九日保定で張学良と会見、僅か十数分の会談で張の下野、出国を決定した。東北軍は四軍［于学忠、萬福麟、王以哲、何柱国］編成とし河北省主席は于学忠が続任したが、張学良が占めていた軍事委員会北平分会の代理委員長は蔣介石の股肱何応欽軍政部長が引き継いだ。

　張学良は十二日北平から上海に飛び、約一ヶ月麻薬中毒の治療に専念したのち、四月十日イタリアに向けて出帆した。

　さきに東北三省を失った張学良東北軍閥は漸く残存した華北の支配権をも中央権力に委ねざるを得なくなった。張学良軍閥の事実上の崩壊は「満州国」の成立とならぶ満州事変の最大の痕跡の一つである。

　以後国民政府と日本の間に満州事変終結のためのセレモニーが続く。中国軍は長城の攻防戦、五月の日本軍の長城以南、北平、天津へ迫った関内作戦に於て真に戦ったのであろうか。

　長城攻防戦における日本側の被害の顕著なのは、

　古北口をめぐる攻防、三月十日―十二日、戦死三十一、戦傷八十四、四月二十日―二十八日、戦死八十、戦傷一三六〔以上第八師団〕

　冷口をめぐる戦闘、　四月十日―十一日、戦死三十八、戦傷一三一〔第六師団〕である。

　〔三月九日―十日の喜峰口をめぐる戦闘（第二十九軍の大刀隊で有名）での混成第十四旅団の損害は記述なく不明〕

　五月六日から二十五日の関内大作戦〔北平、天津の日本軍による占領が危惧されたのは事実〕における損害は次の表の通りである。[16]

	戦死	戦傷
第八師団	九十七	四七三
第六師団	二十八	一五八
服部部隊	二十三	一〇四
平賀部隊	十五	一〇三
計	一六三	八三八

　この段階においても、中国軍には戦意なく停戦にもちこむ意欲だけが顕著であった。

　満州事変全作戦において張学良東北軍はもとよりそれ以外の諸軍、さらに中央軍も含めて一回の「会戦」も実施することなく東北四省を喪失に任せたのである。

　五月三十一日長城以南に広大な中立地域の設定を同意した塘沽停戦協定が締結された。表面は日中双方の軍代表による停戦協定であるが、これは中国国民政府と日本との間の事実上の講和協定であった。蔣介石が中国は「臥薪嘗胆」の時代に入ると宣言したのは空言ではなかった。

　疑似国家「満州国」は一九四五年まで十四年間存続し、ソ連軍の侵攻によって崩壊した。中国によって回復されたものでないことは重要な意義を持つと云わざるを得ない。ソ連はこの年二月のヤルタ会談でこれも中国からではなく米英から満州における利権の回復について保証を獲得した。

ソ連の満州侵攻はこの保証を確実にするための軍事行動であった。すなわち満州地域は日本の軍事支配からソ連の軍事占領に移ったのである。

本稿の目的は「一九三一年の中国」と「一九三七年の中国」が大きく異なっているのと同じく「満州事変」と「日中戦争」は異なった性格の戦争で、「満州事変」がそのまま「日中戦争」に発展継続するものではないことを指摘するにある。本稿で東北四省が中央国民政府、東北張学良軍閥によって事実上放棄されたと述べたが、それは中国があるいは中国の「国民」が放棄したことを直接意味するものではない。

註

（1）許育銘『汪兆銘与国民政府一九三一至一九三六年　対日問題下的政治変動』（国士館、一九九九）一七六－七頁。
（2）陳志奇輯編『中華民国外交史料彙編　八』（渤海堂文化公司）三四一三－六頁。
（3）角田順編『石原莞爾資料〔増補版〕国防国策論』（原書房、一九九四）七六頁。
（4）国際政治学会『太平洋戦争への道』資料編（朝日新聞社、一九六三）一二四頁。
（5）本庄繁『本庄日記』島田俊彦解説（原書房、一九六七）。
（6）外務省『日本外交文書』満州事変第一巻第一冊事項三二七四文書。
（7）外務省『日本外交史年表竝主要文書』下（原書房、一九六六）一六八－九頁。
（8）参謀本部『満州事変史第一巻・満州事変作戦経過の概要』上（一九三五年八月）。
（9）ＮＨＫ取材班。臼井勝美『張学良の昭和史最後の証言』（角川書店、一九九一年）。
（10）呉景平『宋子文政治生涯編年』（福建人民出版社、一九九八）。焞
（11）兪辛「九一八事変的張学良和蒋介石」（『抗日戦争研究』一九九一の一）四二－六三頁。
（12）蒋永敬「顧維鈞訴諸国連的外交活動」（『抗日戦争研究』一九九二の一）七七－一〇九頁。
（13）金光耀『顧維鈞』（河北人民出版社、一九九九）一四四頁。
（14）Susan Bradshaw *"The United States and East Asia: Frank Ross Mccoy and the Lytton Commission 1931"* p. 269 [Georgetown University Ph. D. 1974]
（15）前掲、『宋子文政治生涯編年』。
（16）参謀本部『満州事変史第二巻・満州事変作戦経過の概要』下（一九三八年三月）二二七頁。

（筑波大学名誉教授）

満州事変と「八紘一宇」
――石原莞爾を中心に――

三輪公忠

はじめに

本稿の目的は、満州事変を時代変遷の中心において、戦前日本の精神を、「八紘一宇」という成句の誕生、展開、消長を、それぞれの時代の中にいて、その時代を動かした人物の言動にさぐることにある。その中心的人物は石原莞爾（一八八九～一九四九）である。

われわれは、しきりとグローバリズムをうたう。しかし心のどこかでその言葉の意味するところを心地よく受け入れているとはいえない。なにがしかの疑念と懸念がつきまとっている。それを人は、今はもう過去のものとなりつつある「近代国民国家」の亡霊にとりつかれているのだと嘲笑ったりする。近ごろかまびすしい「教科書問題」の批評家たちのあいだでは、一国の歴史は、ことに近代以降では、孤立して成立するなどということはあり得ないという見解が主流である。[1]

しかし自国中心の歴史が、国民の意識を律し、国家を動かしていた時代はたしかにあった。それもそんなに遠い昔でなく、戦前の日本はそれであった。それは「国体」意識であり、その属性である「八紘一宇」概念であった。外国に例を取れば、アメリカ発展史を支えてきた思想は「明白な宿命[2]」であった。太平洋戦争中の一九四三年に作成された「我々はなぜ中国で戦うのか」と題した対日戦のための宣伝映画は「八紘一宇」を蛸の八本脚が東京を起点として、同心円的にアジア大陸へオセアニアへと伸張し、ついには太平洋を越えてアメリカ大陸さえ飲み込まんばかりのおぞましい姿で描いた。それは、日本人の立場からいえば、日本の鏡に映ったアメリカ自身の「明白な宿命」という拡張主義の姿だったはずである。「八紘一宇」という概念の起源は『日本書紀』にあるが、それが成句となったのは大正二（一九一三）年であった。[3]「大正＝昭和天皇制の危機」はすでに始まっていた。それは近代国民国家として発展してきた日本が次の段階に達するためにクリアーしなければならないハードルであった。対外的には初め、「国際協調」の方向に道は選択された。国内的には、「大正デモクラシー」という選択肢があった。しかし満州事変を境に「国体」と「八紘一宇」の方向に収斂していった。この歴史のダイナミズムの分水界をなしたのが、満州事変であった。「大正デモクラシー」は「国体明徴」に取って代わられた。それを動かしたのは五・一五事件であった。文部省編の『国体の本義』は二・二六事件の一年後の一九三七年のことであった。そしてまさに「八紘一宇」と「皇紀」の起源となった神武天皇の橿原遷都から二六〇〇年の年、昭和一五（一九四〇）年七月二六日、松岡洋右を外相とする第二次近衛内閣は「基本国策要綱」を閣議決定したが、「八紘一宇」を日本国家の根幹をなす大精神とし、国民的使命をこのように規定したのである。

「皇国ノ国是ハ八紘ヲ一宇トスル肇国ノ大精神ニ基キ世界平和ノ確立ヲ招来スルコトヲ以テ根本トシ先ツ皇国ヲ核心トスル日満支ノ強固ナル結合ヲ根幹トスル大東亜ノ新秩序ヲ建設スルニ在リ」[4]

翌年開始した「大東亜戦争」は、この国策遂行のためと位置づけられた。そして「吾は八紘一宇の大義に付く」といって戦場の死を受け入れた兵士もたしかにいたのである。エリート職業軍人の息子であったとはいえ、山本五十六の結婚の仲人だった四竈孝輔海軍中将の四男四竈信治は、一九四二年一二月一三日ゴビ砂漠上空で訓練中二四歳で殉職したが、母宛の遺書には「天命である世界新秩序建設の為……」とあり、弟には「我は欣んで『八紘一宇』の礎石となろう」と覚悟を書き送っていた。[5]

戦争指導者、満蒙開拓に係った人々、世論形成者などに広く「八紘一宇」の表現がある。しかし必ずしも全ての軍人にそれがあったわけでもない。それは戦時下の日本国民の精神の「踏み絵」であり、信仰告白の証しとすることができるかも知れない。たとえ「八紘一宇」といっていたとしても、単なる「徳治主義」の一表現としてであって、国体教条主義の時代のリップサーヴィスに過ぎない場合もあったろう。陸軍大学校教官陸軍少将四手井綱正（一八九四～一九四五）の一九四三年の場合はそれに近いといえる。それに対し、真珠湾攻撃を構想し実行した連合艦隊司令長官の海軍大将山本五十六には、「八紘一宇」をとなえた様子がない。この差はなにによるものであろうか。総力戦と呼ばれたあの戦争を支えていた国民の一人一人の間に存在したかなり重大な精神の差異がここにあるように思われる。

一九四五年九月一九日、占領軍総司令部は『新聞遵則』を発表し、それにのっとった細則で「大東亜戦争、大東亜共栄圏、八紘一宇、英霊」の如き軍国主義、侵略主義を煽った語句の使用の自粛を命じた。それは言葉狩りであった。同じ主旨で文部省は、秘かに国公立の図書館等から図書を抜き取り、廃棄（「パルプ」に）するよう指令された。[6] しかし戦時下の日本人の心に浸透していた「八紘一宇」は、戦後を構想する知識人、戦略家の着想の起点としてのこっていた。その一人は岩波書店の店主、岩波茂雄（一八八一〜一九四六）であり、もう一人はかつて満州奪取の首謀者であり「最終戦争論」を喧伝した石原莞爾であった。このような精神は、「改憲」作業に係った「国体護持」派の学者、政治家にもあったと考えられる。『新聞遵則』に先立つ九月一五日、文部省は国体護持、平和国家建設、科学的思考力の養成を強調する新日本建設の教育方針を公表していたのである。

このように、「八紘一宇」は、戦後の日本で政治的に抹殺された成句となったが、そのために「見えなくなった」ものは多々あったと思う。いいかえれば、「八紘一宇」のたどった軌跡を追えば、戦前の歴史に新たな光を当てることになるだろう。そしてそれは今日われわれがさらされている国民国家の大変動に、大過なく対処するための叡智を授けてくれるかも知れない。

一　大正＝昭和天皇制の危機

大日本帝国憲法（一八八九年発布）、教育勅語（一八九〇年発布）は、天皇を神とはしていなかった。大正時代には、天皇機関説は憲法学会では定説になっていた。しかし明治天皇は、民衆の間の「王」信仰に重なって、カリスマ性を生み出していた。それに対し大正天皇にはそれがなかった。天皇制への危機は、明治末年から始まっていた。大逆事件（一九一〇〜一一）、南北朝正閏問題（一九一一）などがあった。大正天皇即位二年後の一九一四年にはヨーロッパ大戦が始まり、その一つの結果としてロシア、ドイツ、オーストリアの三大王朝が倒れ、日本にも共産主義の「危険」思想が流れ込んできた。一九一九年の戦後恐慌、二三年の関東大震災、そのさなかの憲兵大尉甘粕正彦らによるアナーキスト惨殺、そしてその年末には帝国議会発会式に向かう途上の摂政裕仁親王が狙撃される「虎ノ門事件」が起こった。

滞日歴の長いイギリス人知日家バシル・ホール・チェンバレンは、明治末年の日本の政治と思想の状況を捉えて天皇を信仰の対象とする新しい宗教が作り出されつつあるといい、このいわば「天皇教」を、彼の大正元（一九一二）年出版の著書『新宗教の発明』で批判した(7)。神仏分離（一八六八）、招魂社（一八六九）の靖国神社への改称（一八七九）、国家神道の制度的発足（一八八二）、神社統合の推進（一九〇六〜一〇）と進んできた「天皇教」への動きは、昭和にいたって危機の肥大化にともない一気に加速し、一九三七年三月発行の文部省思想局制定の『国体の本義』では天皇は遂に「現御神《あまつかみ》」、「現人神《あらひとがみ》」とされたのである。現御神とは人の身体をした神をいい、現人神とは人の姿をしてこの世に現れた神をいう(8)。その影響は広大だった。「爆弾三勇士」の美談が小学校改め「国民学校」とされた一九四一年の『国語読本』に採用されたのである。

大正＝昭和天皇制の危機はいいかえれば明治が西洋の文物を取り入れてそそくさと作り上げた「半出来」の近代国民国家の危機であった。ひとびとの口に「大正維新」あるいは「昭和維新」がのぼったのは、「未完」の明治維新への熱い思いからであった。ひとびとはこの新たな危機の中で、原理的なものへと遡及したが、天皇教にまで高まった「発明された伝統」の中では、行き着く先は知れていた。一八八八年、奈良県の一農民県会議員によって「橿原御神跡保存の儀」が内務大臣山縣有朋に建言された。田中智学（一八六一〜一九三九）の「八紘一宇」の発想の原点もこの頃だったろうか。神社は九〇年には完成し、明治天皇によって「橿原神宮」と命名され、伊勢神宮を別格とすれば最高ランクの官幣大社に列せられた(9)。こうしてこの危機のとっぱなで、「八紘一宇」は『日本書紀』の神武天皇橿原遷都の詔から取られ、大正の初めまでに田中智学によって成句として用意されていた。そしてそれは満州事変を経て満蒙開拓関係者の心構えとして流通し始め、時代風潮が「皇室中心主義」に塗り込められていく昭和一五（一九四〇）年の「皇紀二六〇〇年」には遂に国策表現のキーワードになったのである。

日蓮宗の僧侶だった田中智学が還俗した後の在家活動は一九一四年には国家主義を仏教に取り込んだ国柱会となり、各方面に多大な影響を与えたが、一九二〇年には石原莞爾大尉も会員となった。ときはあたかも第一次大戦が終息したばかりのころで、ヨーロッパではドイツ人オスヴァルド・シュペングラーが『西洋の没落』（一九一八〜二七）を執筆出版の真最中だった。石原はそのドイツに二三年初めから留学し、二五年秋帰国の途次ハルビンで講演し「最終戦争」が近い事を予言した(10)。

九州高千穂の峰の「八紘一宇」のオベリスクは日本全国の石の他「大東亜」各地の石も持ち寄られて造られたが、それに先だって危機における帝国国家日本は独特の建築様式を生んでいた。一九二〇年、国会議事堂設計コンペ参加作品を点検した下田菊太郎は、意匠変更請願を帝国議会に提出し「帝冠併合式」を提案した。「皇室中心の国体を表現し……他の模倣的建築物の間に世界を風靡する大観たるべし」とした。ある建築史家によればそれは「国粋的憂国の情熱の発露」であった。反近代の日本趣味あるいは東洋趣味ともいえるこの様式は、やがて日本の建築界を席巻する勢いになる。なかでも満州事変の年にコンペに入選した東京帝室博物館のデザインは、単純な日本趣味を超えてヒトラー総統お気に入りの新古典主義的傾向を合わせ持ち、時代の行く先を先鋭に切り取って見せていた(11)。

「八紘一宇」が『基本国策要綱』に登場したのは「紀元二六〇〇年」のことだったが、この年には、その他、九月締結の三国同盟に関する詔書に、そして対米英開戦一ケ月後の一九四二年一月八日、東条英機陸軍大臣による『戦陣訓』にも現れた。特に後者は捕虜になることを禁じていたので、「天皇陛下万歳」、「悠久の大義」などとともに、「八紘一宇」という国家目標は兵士達の戦場における死の合理化を助ける観念とも呪文ともなったといえよう。

「精神教育資料・号外」『萬邦に冠絶せる我が国体』(教育総監部、一九四〇年二月増補)は「国体国粋等の強調は、徒らなる本能的排他主義の鼓吹」ではない。「人類共存共栄の目的に基づくもの」である。それは「偏狭なる愛国心」を煽るものでは「断じてない」。わが国の建国の精神は神武天皇の橿原の都への遷都詔勅の中にある「八紘ヲ掩ヒテ宇ト為ム」、つまり「八紘一宇」という「世界を善導する大精神」であって「偏狭な愛国心の如きは毛頭もない」とした(12)。最後の文書は除くとしても、これらの文書では「八紘一宇」は『日本書紀』の原典では日本の国をまとめるという意味であったものが、漢字文化圏のみか、ブロック経済に必要な地域への広がりを意味するようになってきていた。

陸軍少将四手井綱正は陸大教官としての著書『戦争史概観』(岩波書店、一九四三)の緒言で次のように言った。「人類の幸福を永遠に固むべき世界平和の大業は、八紘一宇の大理想に依り国を建て、萬邦無比の国体と光輝ある歴史とを有するわが国にして始めて之を完成し得べく……破邪顕正の義戦は之を必要とする場合其の断行を躊躇すべからず。而して絶対に勝利を獲得するの要あるは言を俟たず。……勝利とは何ぞや。敵をして我が意志に屈従せしむること是なり(13)。(傍点、三輪)」教育総監部の場合は「世界を善導する大精神」などと紛らわしいことをいっているが、四手井の主旨は道義主義に建国の理念を見る日本人のアイデンティティーの確認であって、世界制覇の合理化などでないのは明らかである。

二　漢字文化圏の中の「八紘一宇」

「天皇制の危機」とはいえ、「八紘一宇」というがごとき「漢語」的=呪術的標語（スローガン）の氾濫は一つの奇異なる現象と言わねばならない。というのは出典が『日本書紀』の橿原遷都の巻にあったとはいえ、神話の時代に日本の理想世界を見いだそうとし、大和言葉をもてはやす、まさに「古典回帰」の時代の一頂点で、「外来」の漢字という表意文字で国粋思想を表現して怪しまなかったことである。それは他の文化現象、たとえば建築様式にも見られた「和魂洋才」の一つの帰結、キメラ現象の言語的表出であったといえるかも知れない。

「八紘一宇」についてだけ言えば、発想の原典で意識されていたかどうかは別として、日本の「価値」の漢字化は、その概念の漢字文化圏への輸出を、それが受容されたかどうかは別として、用意していたのである。かつては国際法秩序に参入するに当たり、その構成単位である「ネイション・ステート」という欧米の用語を、日本人が初めて創作した「国民」という漢字合成語を組み込んで「国民国家」と訳出したのだが、その日本語は漢字文化圏の共通語となったのである。石原莞爾らの「王道」に対して松岡洋右、小牧実繁のように「皇道」を言い立て中国文化と峻別されるべき日本の「徳治主義」を掲げる論客もいた。しかし「王道」論者も「皇道」論者もともに彼らの主張を「八紘一宇」とセットにして怪しむところがなかった。彼らの脳中では、日本語的漢字文化圏が既成事実になっていたのである。

明治国家は欧米列強に伍するため覚悟して「伝統」を捨て、「近代化」を目指し、「徳治」を秩序原理とする東アジア歴史世界を後にしてグレコ=ローマン・ジュデオ=クリスチャンの国際法の「法治」を秩序原理とし、国民国家を構成単位とする国際政治場裡に向かった。そもそも国民国家になるということは、一定の条件をクリアーし、一定の属性を確保しなければならないことを意味していた。何よりも先に、欧米の権力政治の中で安全保障を確保するには、彼らの造りあげて来た国際法秩序の中に確乎たる位置を確立することが緊要であった。

幸いなことに外圧がかかったとき、徳川政権の日本には国民国家形成に向かうべき国内的条件が整っていた。その因果関係の機微を、第一回ノーベル文学賞に輝く印度の詩聖ラビンドゥラナス・タゴールは一九二二年の著書『ナショナリズム』で、西洋列強の巨砲の轟がたちどころに日本に近代国民国家を誕生させたとした。[14] しかし、明治維新—

戊辰戦争―の結果生まれた近代国家日本は、一直線に、モデルとした欧米先進国のようになったわけではない。そこには、よく言われる通りに、「和魂洋才」という、「接ぎ木」的、「ぬたくり」主義的、「仮装舞踏会」的、「借物文化」対「土着文化」の対立、抗争があり、その中から「大東亜戦争」開始までには復古主義的な近代の超克論も生起したのである。

第一次大戦中に開始されたシベリア出兵とそれに伴う主としてアメリカとの利害の対立の中では、かつて日露戦争前には対露強硬論で名を馳せた建部遯吾は、今度は「仁義は正義を包有す。……正義は空名のみ、抽象的概念のみ。国は各其拠りて立つ所の国体あり、列国皆其実力を全うして以て宇内の平和と景福とに組織的に貢献する、是れ実に国際正義の極地に非ずや。」[15]とした。これはアメリカ大統領ウッドロー・ウィルソンの言い立てる「正義」への批判的コメントであったが、これはまた東アジアには漢字文化圏としての東アジア独自の言語=概念の空間があったことを意味していた。二十一世紀初頭の今日起こっている「価値」のグローバリゼーションに対する地域文明からの批判と抵抗の原形がここに始まっていたとすることができよう。

このような場合、日本人は外国人、それも欧米の先進国の言論人のモーラル・サポートを求めがちである。大川周明（一八八六～一九五七）が捜しあてたのはフランス人哲学者ポール・リシャルであった。そしてその発見は日本人の満州について抱く思想を支持するものと理解されるのであった。リシャルの『告日本国』は一九一七年一月脱稿されると直ちに大川周明はこれを邦訳し、満州王朝に「明治の夢」をかけ続けてきた川島浪速（一八六五～一九四九）に示した。正義の国日本の使命として弱者の解放、東西文明の融合を訴え、天皇を中心に統一された日本民族を賛美するこの文章は、その後一九年三月二三日と四月二四日の二回の東京での講演「亜細亜連盟の提唱」などとともにリシャルの滞日中の日本人へのアピールの書『第11時』（東京大鐙閣、一九二一）に収録された。[16]

この気脈の中で大川は一九二六年八月一～三日に長崎市で開催された第一回汎亜細亜会議の中心にいた。三三年三月はなばなしく発足した大亜細亜協会はその前年四月頃には下中弥三郎を中心に、猶存社からは五・一五事件関係で三七年一〇月まで服役中の大川を除き満川亀太郎、中谷武世の他、中山優、ラス・ビハリ・ボース、ヴェトナムのコンデイ（彊柢）などを同人として活動していた。そこに参謀本部第二（作戦）部長陸軍中将松井石根が入会してきたので、それを機に政策形成に積極的に係ることを目的に、発起人に近衛文麿を担ぎ出して大亜細亜協会が創立された。

評議員には矢野仁一（一八七二～一九七〇）、理事には平泉澄（一八九五～一九八四）、幹事には影佐禎昭などがいた[17]。

三　明治維新の残像と満州国の夢

満州事変は日本近代史のみでなく、近代国際関係史においても一大転換点、分水界であった。血盟団事件、五・一五事件（一九三二）の結果、国内政治的には議院内閣制の完全な終息、軍閥政治の跳梁となり、国際的には国際連盟の脱退によって、ヴェルサイユ＝ワシントン条約、パリ不戦条約などによる国際平和協調のための条約秩序破壊に先鞭をつけた。それはやがて、盧溝橋事件（一九三七）を発端とする第二次日中戦争へ、そして「大東亜戦争」へと展開し、大日本帝国の解体をもたらす。

この歴史の大転換点の満州事変の源流は、日本近代精神史の文脈では初めに「満蒙分離独立」という明治の夢にあったとすることができる。山縣有朋（一八三八～一九二二）、福島安正（一八五二～一九一九）、川島浪速を含む人物の、朝鮮併合後の一つの思想の流れであった。その夢の流れは明治末年から大正期を通じて垂れ下がっていた天皇制の危機のもとにあった。この危機の一端は外来の革命思想にあった。これに対抗する土着的変革思想が生まれていた。代表的なものは権藤成卿（一八六八～一九三七）の『自治民範』（一九二七）に示された「社稷」国家論であった。一方この危機の中ですでに前で触れたように、田中智学は「八紘一宇」の成句を作り出していた。田中智学の国柱会の会員であった石原莞爾は、満州を自らが構想する世界最終戦争の前哨戦に想定された対ソ戦に備えるために、その戦争経済資源基地とすべく満州事変を策謀した。初めの計画では日本の直轄領土とするつもりでいたが、事変の進行する中で、「民族自決」主義に添ったところで「五族協和」の「独立国」構想を受け入れたのである。そこには国家至上主義を否定し、自然村的な共同体のゆるやかな結びつきから成る国を理想とする橘樸の思想が取り込まれていた[18]。こうして関東軍の軍事行動と東京の中央政府の追認で成立した復興「満州王朝」は川島浪速らの「明治の夢」である「満蒙独立」の部分的達成であった。

「八紘一宇」には日本を「盟主」とする漢字文化圏再編に向かう思想がある。中国の中華思想の畑地に、「八紘一宇」という名の日本の天皇による「徳治」の帝国を完成しようというものであった。しかし幕末開国以来、初めから階統秩序の不平等な関係を目指していたわけではない。第一次英清（阿片）戦争を教訓として近代化の道を選択していた日本には中国に対して運命共同体意識を持つ者がいた。「日清修好条規」（一八七二）は欧米列強の侮りを防ぐための日中同盟の色合いさえあった。当時陸軍大尉だった福島安正の中国語会話教本『自邇集平仄編四声聯珠』（一八八六）は中国の慣習儀礼にも詳しく、日中の相互意識が釣合っていた束の間の象徴になっている[19]。それに対し樽井藤吉の『大東合邦論』（一八八四）は、日本の天皇制が李王朝体制に優っているとして、朝鮮半島の民族にとっての「合邦」の利点に挙げていた[20]。

反日独立運動家でありながら、石原莞爾の「東亜連盟」運動に身を投じた曹寧柱という青年がいた。一九四九年八月二五日、石原の遺志に従って葬儀を取り仕切った彼は、式後「私は朝鮮人であります。故人の特別の恩顧は生涯忘却致しません。日本人の全てが、天皇に背いても、我々朝鮮青年同盟は、日本天皇を護持します。茲にお出での皆様の前に之を誓います」と宣言したのである。彼は石原を通して「八紘一宇」の信奉者になっていたといえるかも知れない[21]。石原の「東亜連盟」とは、天皇を信仰の「象徴」とした「一種の複合国家」を想定していたものと思われるからである[22]。

石原莞爾が満州を中国から奪取するに至るまでの間に、複数の超国家的シナリオが日本人によって構想されていた。いずれも一九一九年という時点で展開されていたのである。一つは北一輝（一八八三～一九三七）の『日本改造法案大綱』（一九一九）の朝鮮半島を「西海道」と改称しロシアの沿海州を併合して、日本海を庭の池のごとくにする大日本帝国の構想であった[23]。もう一つは満州・沿海州・朝鮮半島をもって古代の大高麗国を復元しようとするもので、一九二〇年三月『東京日日新聞』紙上に発表された。提案者は福島安正の著書と並び称せられる中国語会話書も著していた「朝鮮浪人」末永節であった。時はあたかもシベリア出兵中（一九一八～一九二二）であり、沿海州は日本軍の占領下にあった。そして一九一〇年に併合されていた朝鮮では、期待された「天皇の徳治」とはあまりにもかけ離れた統治に反対して独立恢復を求める大衆参加のいわゆる三・一事件が勃発しており、国際的な批判も高まる中、日本政府は事後処理に妙案を欠いていた。

そこに現れたのが前記の二案であり、二一年末から二二年春にかけては、矢野仁一の「支那無国境論」と「支那は国に非る論」のいわゆる「中国非国論」が大阪『朝日』の紙上に発表され、アメリカ人国際政治学者＝ジャーナリストのH・A・ギボンズの「中国は国家にあらず。文明にしかず。……外国人による擬定に過ぎない。……文明から土地をとり権利を取ることはできぬので、……強いて国扱いをし、それと談判して土地や権利を取ったのである」という彼の著書『アジアの新地図』（一九一九）の言葉も紹介された[24]。矢野は米沢市の出身、石原とは同じ山形県人である。このころ石原莞爾は陸大の兵学教官であったが、京都帝国大学の支那学の教授矢野には関東軍の機密費が出ていたという噂があった。

偽書ではあるが「田中上奏文」（一九二七）には、満州奪取の正当化のために矢野の「中国非国論」が引用されている。満州における石原が画策した軍事行動は国際的に、連盟規約（一九一九）、九ケ国条約（一九二二）並びにパリ不戦条約（一九二八）に抵触すると非難され、アメリカ政府はスティムソンの「不承認政策」で対応し、国際連盟はリットン調査団を派遣した。その間に樹立されていた満州国の承認は枢密院本会議（三二・九・一三）で決定され、帝国議会では労農派の社会大衆党までが「侵略」の事実には目をつむりこれを支持した。かつて東京帝国大学で植民政策論を講じ、連盟の事務次長も務めた勅選貴族院議員の新渡戸稲造（一八六二〜一九三三）は北米で満州国擁護の遊説中客死した。三三年三月日本は連盟脱退を通告し、国際的孤立化への道を歩み始めるが、そこに至る連盟総会では石原莞爾は特命全権大使松岡洋右に随行していた。

四　満州開拓の「八紘一宇」

満州への日本人の組織的移民の発端は、一九一四年、関東都督の福島安正大将の世話で、関東州の大魏家屯付近へ入植した時にあった。山口県の愛宕村と下川村の出身者だったので、「愛川村」と名付けた。政府機関が国策的な意図のもとで補助もしたが、入植者の三分の二が村を去り、結果的に失敗した。日露戦争直後にアメリカのサンフランシスコで始まった排日移民の動きはこの頃までにはアメリカ、カナダ、オーストラリアと太平洋沿岸のアングロサクソン系国家の間の連携プレイのようになっていた。一九一三年にはカリフォルニア州議会は立法で日本人の土地所有を禁じた。こんな折りにもかかわらず為政者の間には、満州への移民は必要だが困難との考えが広がっていて、この問題に取り組もうとする態度はほとんど見られなくなった[25]。

満州国の成立に至る過程にはおよそ二種類の日本人の思いが係っていた。一つはその出発点で、日中運命共同体感を抱き、具体的には満州王朝を支え、また復興を計った人々であり、もう一つは衰え行く中国から奪い取れる物は何もかも奪っていこうとする者たちである。川島浪速は前者であり、石原莞爾は彼独自の最終戦争論のゆえとはいえ後者の一例といえるだろう。一八九九年、北清事変の折り、紫禁城の無血開城は川島の功績であった。辛亥革命後の一九一二年二月、王朝の復活を策す粛親王は旅順を脱出したが、三度蜂起に失敗、一九二二年死去した。彼の娘二人は川島の養女になり川島の出身地長野県松本市に移り住み、地元の高等女学校に学んだ。姉の方の金壁輝は川島芳子と改姓したが「東洋のマタハリ」として満州国の歴史の裏舞台で活躍した。川島は廃された大清帝国皇帝溥儀とは一九二七年三月旅順で接見していたが、三二年三月には成立したばかりの満州国の首都長春で会見している。このとき溥儀は「ただただそちを頼りに思う」「予は父祖の地、満州に帰郷したのだ」と言い、「粛王家の者には、川島の恩誼を忘れるなといってある」と言った。一九三五年四月、「日満一体」の演出の中で溥儀は満州国皇帝として昭和天皇に迎えられたが、川島邸には勅使を参向させた[26]。川島が生涯をかけた満蒙「独立」の夢は、石原ら軍部の思惑の中で一つの形体をなした。

一九三二年六月一四日、石原莞爾が「縁結び」した「屯墾軍案」の東宮鉄男(一八九二～一九三七)と、後に拓務省に働きかけて満蒙青少年義勇軍を制度化させた加藤完治(一八八四～一九六七)のコンビが生まれた。二人の最初の試みは「大和北進寮」に結実した。「寮生心得」の第三条には「世界の平和は全世界を　天皇陛下が統治し給う日に来る。満州国建設の大精神もまたここに存す」とあった[27]。三五年三月、完治の教え子だった寮生の一人が「匪賊」に狙撃され二日後に死亡したが、このときこの少年は「皇国の為に來のだから、今さらなんら言う事無し……天皇陛下の万歳を唱えよう」といい、「すめらみこと、いやさか!」と二唱したという。この少年の言動は「基本国策要綱」に示される「八紘一宇」のオーソドクシーを先取りしているかの如くである。

石原莞爾は、三七年三月、少将、七月、盧溝橋事件発生時には、参謀本部第一(作戦)部長として、事実上の最高責任者であって、「最終戦争論」の立場から紛争の拡大に反対した。九月、関東軍参謀副長となるが、満州の支配方式につき参謀長東条英機中将と対立、仇敵となる。三八年八月、石原は予備役編入を願って帰国、舞鶴要塞司令官を経て三九年八月中将、第一六師団長。四一年三月、予備役編入、立命館大学で国防論開講。六月東亜連盟協会(一九三九年九月設立)顧問に就任。この民間組織は満州で東条との対立の原因になっていた満州青年連盟の理念を継承していた。そしてこの協会が発行した『昭和維新論』(初版・一九四〇年三月五日)は五・一五事件の権藤成卿の「社稷」思想を反映したごとくに、「官治の制限と自治の再建」を中心的目標に設定していた[28]。同じころ(一九四〇・五・二九)京都で「世界最終戦論」と題して講演している。その後一九四三年ごろから「最終戦争論」と呼び名が変わっている。

五　昭和維新の精神空間

昭和天皇の即位礼から二年の昭和五（一九三〇）年、折口信夫（一八八七〜一九五三）は「大嘗祭の本義」を発表し、「天子様の御身体は、魂の容れ物である、と考えられていた。天子様の御身体の事をすめみまのみことと申し上げて居た。……単に、神聖という意味である。……御身体即、肉体は、生死があるが、此肉体を充たす処の魂は、終始一貫して不変である。故に譬い、肉体は変っても、此魂が這入ると、全く同一な天子様となるのである。……此魂を持って居られる御方の事を、日の神子《ミコ》という」と言い、「万世一系」という「皇位」の「不変性」を魂の「連続性」、そして「霊魂の付着」にみていた[29]。

平泉澄は『我が歴史観』（至文堂、一九二六）で、「明治以来の学風は、往々にして実を詮索して能事了れりとした。所謂科学的研究これである。その研究方法は分析である。分析は解体である。解体は死である。之に反して真を求むるは綜合である。綜合は生である。而してそは科学よりはむしろ芸術であり、更に究竟すれば信仰である。……歴史を生かすものは、その歴史を継承し、その歴史の信に生くる人の、奇しき霊魂の力である。この霊魂の力によって、実は真となる。歴史家の求むる所は、かくの如き真でなければならない」としていた。平泉の歴史学は「皇国史観」であったと呼ばれ、「日本ファシズムをささえる歴史観」であったとさえ極言する者もいるが、「精神史」「精神生活」という概念を導入して、東大史学科の文化史派の先駆けとなったと評価されもする[30]。

満州事変の翌年、血盟団事件に続いて五・一五事件が起こったとき、東京帝国大学教授平泉澄はそれが一般社会に与えた感動を「清涼剤」に譬えた[31]。この直接行動を起こした若者達海軍軍人の何人かは平泉の私邸で開かれていた私塾で平泉の講義を玄関寄り付きの部屋で欄間越しに聞いたことがあった。主犯の海軍中尉三上卓作詞、佐世保の海軍軍楽隊の佐藤楽長作曲「青年日本の歌」（別称昭和維新の歌）は歌詞が一〇番まであり、公判中に新聞に発表された。その歌は、第二次大戦に至る間もまたその大戦中も、地方都市の中学生によってもうたわれていた。その悲壮美が少年達の正義感にアピールしたものであろう。その一番は「汨羅《べきら》の淵に波騒ぎ、巫山《ふざん》の雲は乱れ飛ぶ、混濁の世に我立てば、義憤に燃えて血潮湧く」そして二番は「権門上に傲れども、国を憂うる誠なく、財閥富を誇れども、社稷を思う心なし[32]」と続くのであった。

それから四年、二・二六事件に決起した青年将校らは「勤王」「討奸」を合言葉にしたが、この年一九三六年、林柳波作詞の「ああわが戦友」は、「君の血潮は満州の、赤い夕陽に色そえて、大和心の花桜、ぱっと散ったと書こかしら。……弾丸にあたったあのときに、天皇陛下ばんざいと、三度叫んだあの声を、そのまま書いて送ろうか……」(33)と切々と歌った。

五・一五の主導的変革思想、権藤成卿の「社稷」とは自然の地形によって区切られ、衣食住男女関係の調整を基本にし、構成員の真情に発した道徳律が行われ、それが固定して習慣となり、制度となり、律令となる郷団自治の行われるところであり、「社稷」は中央集権、官僚統治に反対する思想であるが、「君民共治」は受け入れるのである。(34)五・一五事件の直前に、権藤は草民「革命」の機未だ熟さずと考えていた。権藤に私淑していた海軍大尉濱勇治(一九〇六〜四五)も、自分の出身地長野県諏訪地方の農民達が生活に困窮し遂に電気代の不払い運動を始めたと聞いていて、それが大きな政治的うねりになるのも時間の問題だと考え、権藤と同意見で、決起尚早と考えていた。

濱の遺稿「制度の起源と古事記」(一九四四・八・一)は、「欧州法の全面的な反省期に入れるにも係らず」「社稷」の「典範」への回帰が起こっていないと前置きしつつ「古事記」を読み込んで、「高天原を中心とする八紘の思想」をあげている。(35)その著『道の国に道の人』(一九四三・八・二八自費出版)では「八紘一宇ノ大維新」「人類文化ノ根本原則ノ転換乃至ハ復古ヲ具現セントスル世界維新」「真ノ社稷恢興ハ日本ニ始マリ大東亜ニ及ブ、是世界維新ヘノ道デアル」などと訴えた。(36)この思想は明らかに、大東亜戦争下に「植民地的支配」まやかしのスローガン化してしまっていた政府の掲げる「八紘一宇」とは異なっていた。

六 「地域的普遍主義」としての自覚

「八紘一宇」は知られている「天下」の全てに天皇の「徳治」を及ぼそうというものであったから、ある時代までは今日の日本の国土と同じ地域を想定していたわけである。しかし知られた「天下」が広がれば、「支配」の範囲も解釈しだいで拡大することがありえた。ここに侵略主義になるか、道義主義的理念に止まるかの別れ道があった。また拡張主義的に解釈された場合でも、それを伝統的な漢字文化圏の範囲に止めるか否かで、その結果も変わる。「八紘一宇」が世界の隅々まで普遍性を持つと心から思っていた人はそうは多くないだろう。大抵の人は地域限定の普遍性と思っていたろう。以下にそのような場合の例をいくつか拾っておこう。

その一つは地政学の場合である。一九二五年、日本に初めて地政学が紹介されたときは、学問としての精緻さに欠けるとして否定的評価であった。しかし満州国の成立がもたらした国際環境の激変とともに、政策科学としての有用性が理解され、東京帝国大学教授蝋山政道（一八九五〜一九八〇）は一九四〇年、政府がぶち挙げた「大東亜共栄圏」に科学的根拠を与えるために、地政学を応用して「広域経済圏構想」とした。そこに浮かび上がってきた一つの結論は、大東亜を経済的に統合しようと思えばそこには先ず政治的プレゼンスがなければならないというものであった。早急な政治統合は権力的になされねばならず、軍事行動はその一つの手段に想定されざるをえないのであった[37]。

　このような地政学をドイツ輸入の「覇道の地政学」と呼ぶ立場があった。自らの学問を「皇道の地政学」と呼ぶ京都帝国大学教授小牧実繁（一八九八〜一九九〇）の場合がそれである。小牧はその著『日本地政学宣言』（一九四〇）で次のように言う。「……皇道の実体的顕現者として、内外一体、古今一貫、和魂、荒魂、奇魂、幸魂、四魂一如の体現者として、現人神にまします　天皇が、日本国家の中核的帰一点、日本民族の中心的帰趨点として厳存ましますということは、何たる有難い現実であらうか。『狭《サ》き国は広く、峡《サカ》しき国は平らけく、遠き国は八十綱打掛けて引寄する』てふ八紘一宇の大理想は、かかる崇高無比、神霊的絶対者にして、而も実体的絶対者、唯一絶対者にまします　天皇によってのみ実現せられるのであらう。日本地政学は……当来歴史の創造、天皇中心世界秩序の建設に指導理念を与ふべく……精進を積まんとするものである[38]。」（傍点、三輪）

　日清戦争直前の著書ですでに日米拡張主義の衝突の不可避性を警告し、三国干渉の後では、ロシアへの復讐戦のために国民に臥薪嘗胆を訴えた徳富蘇峰（一八六三〜一九五七）は昭和二（一九二七）年正月に書き上げられた『昭和一新論』で早くも「大日本帝国の理想」は「皇風をして六合に洽からしむる事也」としていたが、対米英開戦の年の著書『皇国日本の大道』（明治書院、一九四一・一〇・一五）には「八紘一宇は……内に於ては政治を倫理化し、外に向かっては国際を道義化するものである」と明記した[39]。そして「八紘一宇」を天命と考え、「大東亜戦争」を勝ち抜くためにマスメディアを通して国民の「聖戦」意識高揚に努め、敗戦後は東京の焼け跡に立って再び「臥薪嘗胆」を訴えた。

　西田幾多郎（一八七〇〜一九四五）の『善の研究』（一九一一）は、主客未分の「純粋経験」の立場から「実在」「善」「美」「愛」などを統一的に解明しようとしたものだったが、彼の形而上学には鈴木大拙の禅の影響が指摘され、いわゆる「西田哲学」とは西洋哲学から学んだ「論理」で禅を主とする東洋思想を定式化する試みであったといわれる[40]。京都帝国大学教授西田は大東亜戦争中に「世界新秩序の原理」と題して次のように論じた。「今日の世界は、私は世界的自覚の時代と考える。各国家は各自世界的使命を自覚することによって一つの世界史的世界すなわち世界的世界を構成せなければならない。……各自自己を越えて、それぞれの地域伝統に従って、先ず一つの特殊的世界を構成することでなければならない。而して［かかる］特殊的地域が結合して、全世界が一つの世界的世界に構成せられるのである……我国の八紘為宇の理念とは、此の如きものであろう[41]」（傍点、三輪）と。英米が一九四〇年八月に制定していた「大西洋憲章」を意識して、それを越える戦争目的を示そうとしたものとされる一九四三年一一月六日の東京における「大東亜共同宣言」の謳いあげた「万邦共栄」「世界平和」「道義」「伝統」「各民族ノ創造性」「人種差別ノ撤廃」など西田の「八紘一宇」観の反映を読み取ることはそれほど難しいことではない。

七　石原莞爾の歴史弁証法と戦後の日本

クラウゼヴィッツの『戦争論』の有名な言葉「戦争は別の手段による政策の継続である」を、敗戦日本は「平和は他の手段を以てする政策の継続である」と読み替えたように見える。占領軍によって、「大東亜戦争」、「大東亜共栄圏」、「八紘一宇」、「英霊」など戦時用語の使用を避けるようにとのプレス・コード（一九四五・九・一九）の「細則」にもかかわらず、「国体護持」という名の「皇位」の保全はまっとうされ、「八紘一宇」の価値観さえ石原莞爾らによって堂々と継承された。日本浪漫派のリーダーとしてマルクス御法度の時代にインテリ青年らの革新を求める心の空洞を満たしていた日本浪漫派の保田與重郎（一九一〇〜八一）は、「文明開化日本が……文明開化の帰結としての近代戦に敗北したのである」とした[42]。

石原莞爾の「新日本の建設」（一九四五・一〇・六）は「八紘一宇の道義的基礎」という章を立て、「世界統一」の迫る中、この原理の重要性を再確認した。彼は言う「八紘一宇は日本民族の建国以来の世界観である。……八紘一宇は平天下と同じく道義による世界一家の実現を期することであるが、その特異点は天皇家が全人類の総本家であり、天皇は世界唯一天成の君主であらせられるという信仰である[43]」。そしてその「八紘一宇」の基地としての「新日本」について、次のような認識を示した。「敗戦の結果日本民族は日清戦争以前の領土に圧縮され、しかも人口は当時の二倍に近いものとなった。……常識を以てすれば前途悲観せざるを得ない。しかし皇祖御選定のこの国土が八紘一宇の基地として不充分なはずはなく、この狭小な国土に見事な文化を建設する難事業を課せられた真意を拝察すれば、ただ感激の外はない。この聖業を完遂し得てこそ、はじめて国民総懺悔の誠心が神に通じたものと見るべきである(44)」。

「新日本の建設」を添削したのは私だと、日本国際政治学会のある大会の折りに立命館大学の田中直吉教授にうかがったことがある。これより早く、マッカーサーの占領軍が東京に入った九月九日の翌日の『山形新聞』に石原は「再生日本への道」を発表していた。それは「新日本の道」の原形といえたが、同時にそれはかつて東亜連盟協会から出版された『昭和維新論』（初版一九四〇年三月五日）に示されていた「社稷」国家論的な自然村的自治共同体論を、敗戦を「神意」として受け止めた石原が、「都市解体」＝「農工一体」＝「簡素生活」という人為的な理想の共同体論へと止揚したものであった。石原莞爾はヘーゲルの歴史弁証法によって『最終戦争論』を立論していた。それゆえ敗戦と共に論理的に「永久平和論」に向かうことができたのだと言うことができよう。『日本国憲法』の平和条項もこの論理と重なっているとみることができる。

一九四九年七月八日、石原が他界する一ケ月ほど前に書き上げたマッカーサー元帥への進言「新日本の進路」には、そのまま中国共産党政権が実施する人民公社のブループリントかと思われるほどの日本国家改造案が示されていたのである(45)。石原が戦争犯罪に問われず、「天皇中心主義」の「八紘一宇思想」を戦後も表明し続けえたことが、「国体護持」の「憲法改正」派に自信を与え続けたと想像される。

一方出版界の雄、岩波茂雄は、『世界』創刊号（一九四一年一二月末発行）の巻頭言の草稿に、再出発日本の覚悟を「……国家権力を増強して世界を支配しようと考えず、天地の公道を踏んで、燃ゆる情熱を以て真理を探究し、八紘一宇を実現することを望む(46)」（傍点、三輪）と表現したのである。

敗戦の三日後、かつて陸大教官として「八紘一宇」に日本の道義的アイデンティティーとしてだけ触れたことのあった四手井綱正は、南方総軍参謀副長から関東軍総参謀副長に転出する途上、日本軍の協力をえてソ連に亡命飛行中の自由印度首席チャンドラ・ボース（一八九七〜一九四五）と共に台北で事故死した。また印度独立の志士ビハリ・ボースが日本亡命の際、新宿中村屋に秘かに送り届けた玄洋社の杉山茂丸の孫息子、元関東軍参謀杉山龍丸はガンジー・ハウス運動に余生を捧げた(47)。

二・二六事件に関与した元「青年将校」にとって、占領下の諸改革は、農地改革など、優れて「昭和維新」の完成と思われた。「あの事件で死んだ人の魂が、終戦とともに財閥を解体し、重臣政治をつぶし、民主主義の時代を実現させ、そして今日の繁栄をもたらした。だから終戦によって二・二六は成就された」のだと言う[48]。これは「全体主義は自由主義に勝てない、日本が負けるのは自明のことだ」としつつも、「自分が死ななければ日本は変わらない」と覚悟して、特攻の使命に飛び立った上原良司（一九二三～四五）陸軍少尉が期待した理想の日本と見かけは似ていたかも知れない。しかし実体は違っていたのではないか。そうはいっても、青年将校の内には、やがては上原の到達した政治的信念に至るような、理念の核をその思想の中に宿していたものもいたかもしれない。天皇という「絶対者」に絶望した青年将校のうちには、普遍宗教の絶対神に到達し、天皇を原理とする日本国民のための「一君万民」平等思想でなくて、神の御前に人類は平等なりとの信念に至っていたかも知れない。またあるいは二・二六事件が、上原の考えたような全体主義そのものであって、その生き残りメンバーが戦後改革を彼らが始めた「昭和維新」の完成であったとの認識に誤りがなかったとするのなら、我々が今日まで体験してきた戦後民主主義は自由主義と無縁な政治社会制度として、戦前の全体主義国家の背骨をそのまま受け継いだものであったことを意味している。「国体護持」はそんな風にも達成されていたということか。そしてそれが、戦後半世紀以上もたった今日でも「自分が死ななければ日本は変わらない」といって負けると解っている戦争に、特攻の使命を負って戦死した「自由主義者」上原良司の夢から、いまだに遠いところに日本がとどまっているわけだろう。

　上原は死の前夜、報道班員高木俊郎の勧めで「所感」を書き遺した。そこには「ただ願わくば愛する日本を偉大ならしめられん事を、国民の方々にお願いするのみです[49]」とあった。その彼の願いに少しでもこの日本を近付けることが、生き残った我々に託された使命ではないか。

註

（1）テッサ・モーリス鈴木「『自国史』越える空間創造を」『朝日新聞』（二〇〇一・四・五夕）。

（2）紀平英作・亀井俊介『アメリカ合衆国の膨張』（中央公論社、一九九八）一二〇―一二一頁。

（3）五百旗頭真「石原莞爾関係年表」（上）（『政経論叢』二一巻一号、一九七一年七月）六八頁。

（4）外務省編『日本外交年表竝主要文書、一八四〇―一九四五』下巻、（原書房、一九六六）四三六頁。

（5）拙著『日本・一九四五年の視点』（東京大学出版会、一九八六）二五頁。

（6）同右、二五―二七頁。

（7） Bassil Hall Chamberlain, *Invention of a New Religion* (London, 1912) p. 6. Yuzo Ota, *Basil Hall Chamberlain: Portrait of Japanologist* (Japan Library, 1998) pp. 204 ~ 205.
（8） 副田義也『教育勅語の社会史』（有信堂高文社、一九九七）二七二―二七三頁。
（9） 古川隆久『皇紀・万博・オリンピック』（中公新書、一九九八）七―一〇頁。
（10） 前掲「石原莞爾関係年表」、七二頁。
（11） 飯島洋一『王の身体都市――昭和天皇の時代と建築』（青土社、一九九六）四〇―四五頁。
（12） 一二―一四頁。
（13） 三頁。
（14） 前掲『日本・一九四五年の視点』四二頁。
（15） 高倉徹一他編『田中義一伝記』下巻（原書房、一九六〇）二頁。
（16） [解説]『大川周明全集』第一巻（岩崎書店、一九六一）八八一頁。
（17） 前掲『日本・一九四五年の視点』一二七―一三一頁。
（18） 判沢弘『土着の思想』（紀伊國屋新書、一九六七）二一三頁。前掲『日本・一九四五年の視点』一四三頁。
（19） 安藤彦太郎『中国語と近代日本』（岩波新書、一九八八）三八―三九頁。
（20） 前掲『日本・一九四五年の視点』五九頁。
（21） 藤本治毅『人間石原莞爾』（太千産業社、一九六九）一八三―一八五頁。
（22） 秦郁彦『増補再版・軍ファシズム運動史』（河出書房新社、一九七二）二五七頁。
（23） 拙著『地方主義の研究』（南窓社、一九七五）五二―五三頁。
（24） 拙著『共同体意識の土着性』（三一書房、一九七八）二六―三〇頁。
（25） 上笙一郎『満蒙開拓青少年義勇軍』（中公新書、一九七二）一二―一三頁。
（26） 波多野勝『満蒙独立運動』（ＰＨＰ新書、二〇〇一）七四、七五、八九―九三、一六八、一九四―一九六、二二八―二三三、二七〇―二七二頁。
（27） 前掲『満蒙開拓青少年義勇軍』二七―三〇、三三、五九頁。
（28） 前掲『地方主義の研究』八六―八九頁。
（29） 前掲『王の身体都市――昭和天皇の時代と建築』八二頁。
（30） 阿部猛『太平洋戦争と歴史学』（吉川弘文館、一九九九）四〇―四一頁。
（31） 平泉澄『悲劇縦走』（皇學館大學出版部、一九八〇）三九三頁。
（32） 加太こうじ『歌の昭和史』（時事通信社、一九七五）五八頁。
（33） 同右、八三頁。
（34） 瀧澤誠『権藤成卿』（紀伊國屋新書、一九七一）九八、一二〇―一二一頁。
（35） 五味幸雄・濱廣匡編著『五・一五事件の謎――濱大尉の思想と行動』（鳥影社、一九九六）二四六頁。
（36） 同右、二〇五―二〇六頁。
（37） 拙編著『再考・太平洋戦争前夜』（創世記、一九八一）

二一八—二二四頁。
(38) 一七二—一七三頁。
(39) 二五五頁。
(40) 橋本峰雄「西田幾多郎」(『世界伝記大辞典』四巻、ほるぷ出版、一九七八)一九二—一九五頁。
(41) 柄谷行人『〈戦前〉の思考』(講談社学術文庫、二〇〇一)二二一—二二三頁。
(42) 橋川文三『増補日本浪漫派批判序説』(未来社、一九六五)一八九頁。
(43) 石原莞爾『最終戦争論』(経済往来社、一九七二)一七五頁。
(44) 同右、一五七—一五八頁。
(45) 前掲『地方主義の研究』九五頁。
(46) 安倍能成『岩波茂雄伝』(岩波書店、一九五七)三八五頁。
(47) 杉山竜丸『印度を歩いて——ガンディー翁のあとをつぐ人々』(非売品、一九六八)。
(48) 前掲『五・一・五事件の謎——濱大尉の思想と行動』五頁。湯川康平少尉他「われらが遺言・五〇年目の二・二六事件」(『文藝春秋』一九八六年三月号)。
(49) 日本戦没学生記念会編『新版・きけわだつみのこえ』(岩波文庫、一九九五)一九頁。

(上智大学名誉教授)

満州領有の思想的源流

秦　郁彦

人間や国家・民族の領土欲と領土拡張欲は不変不易の「業《ごう》」のようなものなのだろうか。

この疑問に答えるのは、決して簡単なことではない。古くは国際連盟、今だと国際連合加盟国なら建前では否定するかしたに決まっているが、ホンネの部分は逆である実例があまりにも多い。

少なくとも第一次大戦以降、領土拡張のための戦争はペイしなくなっている。それ以前、新領土や賠償金が戦勝国にころげこんでくる構造があったが、軍事技術の発展で破壊と殺人のスケールが飛躍的に拡大、勝者も敗者とあまり違わない人的・物的損害を蒙るようになった。植民地の経営も同様にペイしなくなった。

わが国の場合、すでに第一次大戦より一〇年早い日露戦争（一九〇四―〇五）で、領土の獲得はわずかに南樺太（サハリン）のみ、賠償金はゼロという結果に終り、憤慨した民衆が日比谷焼打ち事件をひきおこしている。使った戦費二四億円、死傷者二〇万人に比べ、明らかに引きあわぬ帳尻であった。その代り、日本は朝鮮半島の支配権を獲得、五年後の一九一〇年、韓国を併合した。

しかし、その直後に竹越与三郎や石橋湛山が「朝鮮経営はペイせず[1]」と主張した予言は当っていた。一九三六年に外務省調査部の報告書が結論づけたように、台湾などをふくめた日本の植民地経営は持ち出しになっており、今後二〇年や三〇年の植民地統治では償還されないことが確認されている[2]。

例外は、理事の一人から一時は「暴利を得ていた[3]」と評された南満州鉄道株式会社（満鉄）を軸とする満州の経営であるが、この点についてはあとで触れることにしたい。

しかし経済的採算だけで領土や植民地問題を論じるわけにはいかないのは、それを無視した日本の対外膨張が一九四五年まで続いた事実だけで明らかだ。詳論はしないが、おそらく領土欲には支配者や国民各層の体面、怨念、政治的利便といった非合理的な要素がからんでいるのだろう。

現在では過去における領土拡張の事実でさえ、恥ずべき歴史と理解するのがグローバル・スタンダードとなっているようだが、例外がないわけではない。

冷戦時代に国際平和運動の旗振り役をつとめていた旧ソ連の高校教科書には「地図に一九三九―四〇年にソ連邦に加入した領土を示しなさい」(4)という練習問題があった。ポーランドやバルト三国の併合を指しているのだが、国内向けのホンネでは領土拡張欲を肯定していたことがわかる。

似た例では韓国の現用中学生用国定教科書に「2領土の拡張」という章があり、学習問題として「高句麗が全盛時代に支配した領土はどこであったか」とある。「古朝鮮の勢力範囲」と題した地図もあって、BC二三〇〇年には古朝鮮が華北の北京あたりまで支配していたかに見える(5)。

檀君を始祖とする古朝鮮という国家の存在は、中国はもとより国際的には認められていないのだが、その心情は「今は落ちぶれたが、昔は駅のあたりまで他人の土地を踏まないで行けるほどの大地主でした」と過去の栄光を語る老人の思いに近いのかもしれない。

中国も決して負けていない。檀君に当るのは黄帝だが、中国の小学校用教科書だと、四〇〇〇年余り前の人物だというから、檀君より三〇〇年ばかりおそい。それから二〇〇〇年近くあと漢の武帝が登場するが、教科書には「漢の武帝のとき、領域が拡大したのはどのような地区か」という練習問題がある。

満州事変七〇周年というタイミングで、表題のようなテーマを論じるのは、韓国教科書の亜流的発想かと誤解されそうだが、そんなつもりはない。

これまで満州事変や満州国について書かれた本や論文はきわめて多く、ある意味では論じつくされたと言えなくもない状況で、論及されることが少なかったポイントの一つを洗い直してみよう、という程度の軽い気持ちにすぎない。

一　軍部主動で国家を強引

満州事変の首謀者的役割を演じたのが石原莞爾であったことは今や定説化している。もちろん石原が一人で事変を起したわけではない。関東軍作戦主任参謀の任にあった石原中佐と絶妙なコンビを組んだ高級参謀板垣征四郎大佐の役割も大きいし、彼らの行動を追認した本庄関東軍司令官、林朝鮮軍司令官、陸軍中央部の同志的将校団や幹部など、満鉄や浪人層までひろがる協力者も無視できない。

手法は「謀略により機会を作製し軍部主動となり国家を

強引する」(6)(「満蒙問題私見、三一年五月」)と石原自身が宣言したとおり、正規の統帥命令ではないクーデターによる武力占領と領有であった。だが満州の獲得という目標は、日露戦争以後においては陸軍主流が一貫して願望してきた「一般意思」(Volonté General)でもあった。

そうだとすれば、石原は孤独な暴発者ではなく、「一般意思」の執行者でもあったことになる。

さりとて、プランナー兼デザイナーである石原抜きの満州事変も考えにくい。では過大評価も過小評価も避けた石原独自の役割はと問われれば、筆者は満州占領＝領有を正当化する理論の構築にあったと答えたい。

何しろ大命に抗し国家を強引するクーデター的行動に踏み切ろうとするのだから、「一般意思」に頼るだけでは説得力に乏しく推進力が弱い。石原はその機微を察していた。幸い彼は、事変の直前期に書いた多数の文書やメモを残し、後に『石原莞爾資料　国防論策』として刊行されているので、目についた関連部分を抜き出してみる。

A　「満蒙問題の解決は日本が同地方を領有することによりて始めて完全達成せらる」(「国運転回の根本国策たる満蒙問題解決案」、一九二九年七月五日)

B　「歴史的関係等により観察するも満蒙は漢民族よりも寧ろ日本民族に属すべきものなり」(同前)

C　「日米戦争は必至の運命」(三〇年五月二十日)

D　「支那は統一するものにあらず。支那民族を救う天職は日本にあり」(三〇年七月十日)

E　「更に支那本部を占領すべきや否やは重大なる問題なり。何れにせよ満蒙を領有せざるべからざるは絶対的」(「現在及将来に於ける日本の国防」、三一年四月)

F　「満蒙は漢民族の領土に非ず……満州及蒙古人のものにして……漢民族よりも寧《むし》ろ大和民族に近きこと」(同前)

G　「国内の政治は……要すれば戒厳令下に於て重要なる内部改造を断行す」(「満蒙問題解決の為の戦争計画大綱」、三一年四月)

H　「満蒙を我領土となす……フィリッピン、ガムを我領土となす……成し得ればハワイを我領土とする……(対支戦争は)先づ中支那以北と予定す」(同前)

一読して、神がかりないし誇大妄想かと疑いたくもなる大風呂敷だが、石原らしい明快きわまりない断定の連続で、「一般意思」の同調者なら壮大なスケールに酔う者もいたにちがいない。

さすがに石原自身も「侵略的帝国主義」ではあるまいか、

と気にしているが、その種の懐疑派には満州が漢民族の固有領土ではないから奪っても可と安心させている。根拠は示してないし、満人と蒙古人のものをなぜ日本が取って構わないのか論理に飛躍があるにせよ、これほど明快に断定されると迷いも吹きとぶというもの。

石原はまた、これらの論稿の中で満州占領のメリットとして、①景気回復、②失業救済、③人口問題の解決、④必要資源の獲得、⑤張政権の悪政から民衆を解放、⑥世界最終戦争へのステップ、のような項目を並べたてている。良いことづくめだが、専門家の目からみると、いずれも論証不足との批判が出そうだ。偶然とはいえ、的中したのは①だけかもしれない。

なかでも陸軍は仮想敵国としてソ連しか想定していなかったので、石原周辺の将校たちにとって⑥は突飛すぎて理解しかねたろうが、D、E、Gの結論部分だけで満足してしまったか、満蒙の領有は最終目標の途中経過なので、かえって後ろめたさを感じないですんだかもしれない。ともあれ、こうした石原の「啓示」はどんな曲折を経て形成されたのだろうか。

①〜⑥についても検討すべきだろうが、ここでは石原を主に同時代の関係者が満州領有を正当化しようと苦心した理論的根拠をたどってみたい。そのためには、まず日露戦争直後からの歴史的背景を検分する必要がありそうだ。

すでに書いたように、ポーツマス条約（一九〇五）で日本はめぼしい領土も賠償も得られず、関東州の租借権に満鉄（旅順—長春）および付属地の行政権、鉱山の採掘権などを得たのみであった。いずれもロシアが清国から獲得していたものを北京条約で肩代わりしたにすぎない。

それだけに日本は、これら南満州の諸権益を足がかりとして拡張強化していく方針をとり、中国に対する二十一カ条要求（一九一五）などによって目的の一部を達成した。またロシアとの間に第一次（一九〇七）ないし第四次（一九一六）にわたる日露協商を結び、南満（日本）と北満（ロシア）の勢力範囲を協定する。

日本が満州開放の約束を守らず、日露が米、英、仏など欧米資本の割りこみを協同して阻止する体制をとったことは、欧米諸国の不満を買った。

一九一二年、辛亥革命によって清朝が倒れると、列国の中国本土分割への動きが加速される。日本も陸軍や大陸浪人が清朝を満州に復活させようとして、二次の満蒙独立運動（一九一二年と一六年）を企てるが挫折、満州は関東軍を後盾にした馬賊あがりの軍閥・張作霖によって支配されることになった。

中国本土でも、北京に共和政府が成立するが、実態は各地に軍閥が割拠して争い、一九二五年には張作霖大元帥が北京へ進出したものの、統治権は中、南部中国には及ばず、国民党の創立者孫文の遺志を継いだ蒋介石が一九二七年に全国統一をめざす北伐を開始した。そして翌年六月敗れて満州へ帰還する途中、関東軍高級参謀河本大作大佐らの陰謀により、搭乗列車が爆破され、張は死亡した。

河本らはこれを機に全満州の占領をもくろんでいたのだが不発に終り、父親の後継者となった張学良は国民政府への合流を表明（易幟）、満鉄平行線の建設を進めるなど反日政策へ転じた。

張作霖爆殺の首謀者が河本だったことはやがて日本政府の知るところとなったが、昭和天皇に処罰を約束したにもかかわらず陸軍あげての反発にあって窮した田中義一首相は辞任、対中国強硬政策を推進した田中外交の失敗が明らかとなった。

しかし復活登場した幣原外交は、満州や中国本土における外国権益の実力回収を呼号する国府の「革命外交」に対応できず、「堅実に行きづまる」（重光葵駐華公使）しかなかった。

河本の遺志を継ぐと期待された形で、石原が関東軍へ赴任したのは一九二八年十月であった。一年後に板垣が来た。彼らは大正末期に陸軍の近代化や満蒙問題の解決策を論じあう中堅将校グループ（二葉会、木曜会など）に属していた。

満州事変は、石原の赴任から三年後に起きる。一―二年で交替する陸軍人事で、彼の在任期間（二八年十月～三二年八月）は異例に長かった。明確な証拠はないが、石原が陸軍における「一般意思」の実行者として期待された役割を果したのはまちがいないだろう。

二　経済競争では勝てない

「赤い夕陽の満州に……」と歌われた満州の地は、明治末から昭和初年にかけて日本の青少年たちのロマンチックな夢をかきたてる舞台であった。

腕に覚えのあるアウトロー型青年の間では「満州へ行って馬賊になろう」と夢想する者もいた。『夕陽と拳銃』（檀一雄）の主人公伊達順之助は代表格だが、のちに軽演劇界の実力者となる菊田一夫も「ボクは若い頃から馬賊になりたかった(7)」と語っているくらいだ。

おそらく彼らの感覚では満州は主権が確立していない、いわば「切り取り勝手の地」と映じていたのだろう。他ならぬ河本大作も、日露戦争末期に中尉で南満に駐屯していた時、馬賊の群に身を投じ上官がやっとつれ戻したエピソードを持つ。

だがそれは庶民か浪人レベルの話で、日本の外交当局は一貫して満州に対する清国（および後継政府の）主権を認めていた。日露戦争後に急増した日本企業や居留民にからむ多数の外交案件を処理するためにも、この原則は曲げたくても曲げられなかった。

例外は関東州の租借地で、国際法学者の蜷川新《にながわあらた》は、一九一三年に東大から法学博士を受けた「南満州に於ける帝国の権利」と題した論文（著書）で欧州の先例をひきつつ「関東州租借地は清国の領土にあらざること、満鉄付属地に対しても日本帝国は解除条件付領土権を有するものなり」[8]と主張していた。清国からではなく、ロシアから譲渡されたのは、債権譲渡と同じことだという論理である。論拠はかなり強引に思えるが、東京帝大の国際法教授高橋作衛が寄せた序文から察すると、高橋も同意見らしい。

似たような論理をもう一歩進めたのは北一輝である。一九一五年に書いた文章で、彼は「南満州はロシアより奪いたるものにして、すでに清国の領有にあらざりしなり」[9]と論じた。

それにしても関東州や南満にとどまらず全満州に日本の支配権を拡大しようとする立場から見ると、この程度でも物足りぬということになろう。

実効支配を強めるには、農業移民の増加も有力な方策と考えられた。小村外相は、一九〇九年二月の議会演説で排斥問題が起きていたアメリカ、カナダへの移民は制限し、二〇年間に一〇〇万人を満州へ送りたいと提言した。後藤新平満鉄総裁も熱心な移民論者で、前年六月に西園寺首相へ意見書を送り「年月のすすむと共に満州は事実上帝国の領土となり、還付の必要がなくなる」[10]と説いた。

清国政府は発祥の地である満州を「封禁の地」として、久しく漢民族の移住を禁じていた。十九世紀半ばから封禁はゆるみはじめ、とくに日清戦争後、ロシアに対抗する必要もあって積極的に移民を奨励するようになる。そのペースはしだいに高まり、年間三〇万～四〇万人の水準に達し、一九二七年には一〇〇万人を突破した。小村や後藤は、明らかにこうした移民競争を意識していたのだが、南満への日本人の移民は不振をきわめた。

後藤は「わが国民は母国風土の佳なると、生計の容易なるとにより性来外に出ずるを喜ばず」と観察しているが、実際に一九三一年まで南満への農業移民は約一千人にすぎず、約二三万人の日本在留民のほとんどが満鉄および関連企業の職員か、彼らを顧客とする商人などであった[11]。

この時点で、すでに山東省、河北省などから移住してきた漢民族は、三千万の総人口のうち約八五％という圧倒的多数を占めていた。原住民である満州族（三〇〇万）の九倍以上に当るが、この状況に深刻な危機感を持ったのが、一九二六年に関東軍へ赴任して来た河本大佐である。

表1　満州の総人口（万人）

年	人数
一八四〇	一二五
一八九八	五〇〇
一九一五	二、〇一一
一九三〇	三、〇〇〇
一九四〇	四、二二三

表2　満州の人口の民族別内訳（万人）

日本人	六・六（一九〇九年）
〃	二三（一九三一年）
朝鮮人	二三（一九一二年）
〃	六三（一九三〇年）
〃	二二〇（一九四〇年）
満州人	三〇〇（一九三一年）
蒙古人	八〇（〃）
漢民族	二、六〇〇（〃）

（註）深瀬進『中国近代東北経済史研究』（東方書店、一九九三）など各種文献より合成。

二八年四月に内地の磯谷廉介大佐へあてた手紙で、彼は「経済的抗争は支那人の労力を基礎とせる満州の施設では、日本が敗けをとるが必然[12]」として、張作霖爆殺の決意を書き送った。ところが、幣原外相は中国人に経済競争で負けたら引き揚げればよい、との考え方だったから、河本とは対極的な発想と言ってよい。

三　権益維持から独立国案まで

このように、日本人の満州に対する観念と策案は十人十様と言ってよいぐらい多彩をきわめるが、ここでカテゴリー別に一応の整理をしておきたい。なお満州はしばしば満蒙の呼び名で登場することが多い。のちに満州国の一部となる内蒙古東部をふくめた呼称だが、満州とほぼ同じ意味で使われているので、あえて区別はしないことにする。

A　権益維持方針　幣原外交が代表的。条約で獲得した諸権益をむりに拡張はしないが、既得権益は譲らないとする。経済外交を重視する幣原は満州より中国本土を重視していた。

B　特殊権益の拡張　田中外交に代表される。日露戦争の遺産でもある在満権益は、他の諸外国が有する権益とは異なる別格の特殊権益であるとし、満州を特殊地域と見なした。そして中国本土から切り離す方向で満蒙五鉄道の建設計画など権益の拡張策を進めた。

C　自治政権の育成　張作霖時代に中国本土からの自立をめざす王永江が唱えた「保境安民」主義に対応するも

の。一九二七年、満鉄社員の山口重次が書いて入選した懸賞論文で満蒙自治国の建設を提案、翌年満鉄の中堅若手社員を中心に結成された満州青年連盟のスローガンとなる[13]。のちに占領論者の石原と合流して満州国建国のイデオロギーに変わる。

D1　平和的領有論　中国と平和的取引や買いとりなどの交換条件で平和的に満州を取得しようとするもの。一九二一年に執筆した『支那革命外史』で、北一輝は対露日支同盟を提唱、露支戦争を日本が援助する代償として全満州を獲得し得ると論じた[14]。

一九一三年には、三井財閥の森恪が桂首相の内諾を得て、山田純三郎を通じ孫文ら革命派の軍資金を提供する代わりに満州を買収しようと画策した。孫文らの真意は必ずしも明瞭ではないが、黙っていても満州は日本の手中に入ると目算した元老山県有朋の反対で流れたと言われている[15]。

D2　武力領有論　久しく陸軍や右翼、大陸浪人たちの「一般意思」でもあったが、石原の主導で領有をめざす武力行動が関東軍によって発動された。しかし占領後に領有論は変型し、次の独立国家構想へ転移する。

E　独立国家論　明治・大正期から、内田良平、川島浪速、末永節ら大陸浪人たちによる独立国家案の流れ[16]があったが、実現したのは在満五族（漢、満、蒙、日、鮮の各民族）を構成員とする満州国（一九三二―四五）であった。

F　国際管理化　ノックス米国務長官が提唱した満州中立化案いらい、満州を日本やロシアの独占に任せず国際化しようとする流れがあった。一九三三年のリットン報告書は、日本の優越を黙認しつつも、形式上は国際連盟の管理下に置こうとする妥協案を提示したが、日本は拒否して連盟から脱退する。

ここでA―Fには、それぞれにもっともらしい正当化の論理が用いられている。ただしA、Bは対立的に見えても外務省ないし政府当局の官製論理だからおのずから限界があった。たとえば吉田茂は田中内閣の外務次官就任直前の一九二八年四月に書いた意見書の中で、「国民の活力の収容しがたきを想致すれば」として（一）「民族自決」等の戦後の反動的思想に聴従するな、（二）日支親善の空言にとらわれすぎるな、（三）排日は覚悟すべく……怖るべからず、と述べ、多年の間支那の統一達成に協力してやったのも……自然満州を我が思うように導けると思ったからだ、と軍人もびっくりするような強硬論を主張していた[17]。

しかし、幣原の「軟弱外交」にあきたらず、中国に対する交渉姿勢を説くにとどまり、武力行使を視野に入れたものではない。
また一九三二年一月の議会演説で「満州は日本の生命線」と唱えた松岡洋右代議士は、三三年二月国際連盟脱退時の連盟総会で「満州のみが昨年まで支那の名目のみの主権の下に……支那の一部として残っていた」とか「満州が完全に支那の主権下に在ったというが如きは実際的かつ歴史的事実に対する歪曲[18]」と演説しているが、いかにタカ派の政治家とはいえ、彼も外交官出身だけに条件付きながら中国の主権を否認してはいない。

国際関係に対する配慮も無視しえないから、軍部さえ同様の制約を意識していた。

その軍部中央は、いわゆる満蒙の危機が切迫し、幣原外交に問題解決能力がなさそうだと認識されてきた一九三一年夏、約一年をかけて国際的理解を得るように努力したのち、武力行使に移る方策を立案する[19]。責任ある当局としては、国際連盟の役割を無視し、ベルサイユ=ワシントン体制を実力で壊すだけの度胸はなかったのである。

四　石原と稲葉君山

ここではA－Fに至る七つのカテゴリーのうち、D2の武力領有論、なかでも石原莞爾が展開した正当化の論理に焦点をあててみる。そしてどこまでが自前か、他者の影響力に負っているかを検証し、本論の主題である満州領有の思想的源流を探ることにしたい。

現役軍人には言論の制約があるうえ、イデオロギーを自家生産する能力に乏しく、あるかに見えても、実は他者からの借り物である例が多い。自前の軍事思想家として遇されている石原といえども、必ずしも例外ではなさそうだと筆者は仮定したい。

くり返すようになるが、石原は「満蒙を我領土となす」根拠として「B　歴史的関係等により観察するも、満蒙は漢民族よりもむしろ日本民族に属すべきものなり」（一九二九年七月）とか「F　満蒙は漢民族の領土に非ずして寧ろ満州及蒙古人のもの」（三一年四月）と断じている。いずれも具体的な典拠は示されていず、BとFには矛盾する個所もあるとはいえ、「漢民族の領土に非ず」としているところは共通する。

「満州及蒙古人のもの」のくだりは、単に彼らが原住民だからという常識的観察を述べただけかもしれない。だが、「歴史的観察等により……日本民族に」は飛躍があって、なぜだと聞き返したくなる。満・蒙・日本人の共有ともとれるし、日本人の専属と主張しているのか。

いずれにせよ、歴史学者の学説が背後にありそうな感じは受ける。では誰の学説なのか。石原の伝記資料などを当ると、まず浮かんだのは稲葉君山（岩吉、一八七六―一九四〇）の名である。

稲葉は外国語学校の出身だが、内藤湖南の弟子格に当り、清国留学を経て長く朝鮮総督府の修史官を務めた。在野の清国、満州史の専門家として知られ、『清朝全史』上下（一九一四）、『満州発達史』（一九一五）、『最新支那史講話――近世の部』（一九二二）などの著書がある。

一九一六年から二三年まで陸軍大学校の東洋史講師だったので、一九一五年から一八年にかけて陸大学生の石原とは接点があった。石原の陸士同期生で一緒に陸大で学んだ横山臣平（のち少将）は、石原伝の中で「中国民族史の教官は稲葉君山であった。講義は先生独自の研究発表で充実していて学生の評判はよく、石原はとくに熱心に耳を傾け先生と意見を交わし、師弟互いに意気投合の様子であった[20]」と回想している。

石原と稲葉の親密な関係は、陸大卒業後もつづいたようである。断片的に残っている石原の日記に一九二〇年（大正九年）一月から五月分があり[21]、関連記事を拾うと
一月十日……漢民族の政治的腐敗は遂に自ら治むる能わず。『清朝全史』満蒙を説く、実に詳なり。

一月十七日……（教育総監部を）退庁後、君山先生訪問、日本の上古史に関する御意見を承り、種々頭を擾乱せらる。

二月七日……帰途君山先生訪問。

（四月）……田中智学（国柱会創立者）に入門。

五月二十日……漢口（の中支那派遣隊司令部）着任。

五月二十五日……支那は清廉なる外国人により統治せらるるを要す。国際管理？否、我大和民族が断じて此重任に当らざるべからず。

一見すると、三〇歳前後のエリート青年将校らしい気負いや浅薄さがめだつ。後年の石原らしさがあまり感じられないが、この時期はまだ彼の思想形成期で、関心は満州よりも中国全般に向かっていたのかもしれない。

ところで稲葉の著書を点検してみるかぎり、日本の満州占領を正当化する解釈や主張は見当らない。『清朝全史』は古代から説きおこし、清朝全盛期に至る通史であるが、高句麗、渤海、女真、契丹、金など満州諸王朝の興亡は「東洋の大勢に関与せず」と言い切っているように、漢民族の主導力を重視した冷静な叙述に終始している。

『最新支那史講話』は、稲葉が「余が陸軍大学校に於て多年講述している東洋史稿本」に手を加えたものと序文で付言しているから、石原が学生のとき熱心に聴講したテキストの公算が高い。しかし全文を通読しても刺激的な部分

はなく、淡々とした筆致で通している。

むしろ満州問題が詳しいのは『満州発達史』で、珍しく当時の政情にも言及、「我国朝野の対満州意見は幾変遷し、大正中年よりは殆んど冷却し去り、放棄論さえも台頭……（支那本土と有利にやるには）東北一隅を犠牲にしてもあえて惜しまずといった見解もあり[22]」と観察している。

清朝のとった満州封禁政策をも詳細に紹介（前記の二冊にも概要が書かれているが）しているが、「予は満州における漢民族の進出を拒否し或は嫌悪するものではない」とあることから察せられるように、漢人が大量に流入した原因を満州出身の清朝歴代皇帝に求めている。

どうやら、石原たちが稲葉に傾倒したのは、特定の歴史観というよりも、彼の中国近代史に対する豊富な学識に対してらしいと結論づけてよさそうだ。

五　矢野仁一と内藤湖南の満州観

稲葉君山とは対照的な見解を打ち出していたのは、京都帝大の東洋史家である矢野仁一教授（一八七二—一九七〇）である。学生時代に友人から「国士」と皮肉られていた矢野は、一九二三年に刊行した『近代支那論』で「支那には独《ひと》り国境がないのみならず……国家も亦無い」ときめつけ、「満州の支那本来の領土に非《あらざ》る歴史的証拠[23]」なる所論を展開した。

また『満州における我が特殊権益』（一九二八）では「満州における漢人は侵入者」とか「満州が清朝の領域であったことを以て、支那の領土とみなす理由にはならない」とか、「清朝が滅びた今日、支那は祖宗発祥の地として満州の領土権を主張するものではあるまい[24]」といった持論を述べ、日露戦争前に「ロシアに取られても仕方がない」として、中国は満州を捨てたのではないかと極論する。

戦時中の矢野の論調は益々エスカレートして、「白色人種に対する黄色人種の復讐戦において、日本が指導者」であることを中国人が承認するかどうかが問題、と論じた（『大東亜史の構想』目黒書店、一九四四）。

石原や「一般意思」を信奉する軍人たちにとっては、まことに好都合な論旨に見えるが、今のところ石原と矢野の接点は見つかっていない。

思うに、学者としての領分を守る稲葉に好意を抱く石原は、あやふやな政治論に走りがちな矢野の学説を信用しなかったのではないか。

稲葉との交情は長くつづき、一九三八年彼は石原の推挙で満州建国大学の教授に就任するが、一九二九年、石原は内藤湖南への紹介を稲葉に依頼した。

時期的に見て、それは横山臣平が言うように「すでに満州事変が胸中に燃焼しつつあった頃」である。

最初にこの出会いを指摘したのは、石原の伝記を書いた青江舜二郎[25]であろう。彼は二九年一月十五日の石原の日記風メモに「質問要領（内藤博士訪問の際）」として

一、支那を占領して長年月の持久戦は可能なりや

二、支那は如何なる方向に進むべきものなりや

我統治の根本方針　切開すべき支那の病根

とあるのに注目した。

この質問を持って石原が内地出張の一日を割き、京都郊外に隠棲していた内藤湖南（京都帝国大学名誉教授）を訪ねたのは二月十二日である。内藤は病臥中だったらしいが、「特に長時間御話あり、但し主目的は十分達する能わざりき」と石原は書きとめている。

石原がまだ現役教授だった矢野に聞かず、内藤をえらんだのは稲葉の推奨かと思われるが、「主目的は十分達する能わざりき」のくだりは意味深長だ。

推理はいろいろと可能だが、内藤訪問のあと上京した石原は、陸軍の関係幹部を歴訪、出張最終日の二十三日の項には、小磯、東条、岡村と会し「方針を決定」とメモしている。

岡村大佐の日記によると「東条及石原来談鼎談密議……河本事件の善後策につき打合せ」となっているが、舩木繁はこの内容を五月に石原が司会し「今後中国側から重大な挑発行為があった場合には、断乎として武力を発動し、一挙に満州問題を解決[26]」とした全満特務機関長会議の決議と同じものではなかったかと推測する。

七月には日本による満蒙領有を論じた前記の「満蒙問題解決案」が完成しているから、彼はこの部分に東洋史学の泰斗と目された内藤の裏付けが欲しかったのではあるまいか。だが内藤にそれを期待するのは無理というものだった。『内藤湖南全集』（全一四巻）には、大正から昭和にかけて石原のかかえたテーマに触れた論稿は見当らない。また内藤から稲葉にあてた書簡は八〇通ばかり収録されているが、石原に言及したものはない。

一方、内藤が一九〇七年に京大に就職する前の約一〇年、大阪朝日新聞の論説記者時代に書いたものに、彼の満州観を窺わせるものがある。一つは一九〇〇年の「明東北疆域弁誤」と題した論稿で、満州の主要領域は明《みん》王朝時代からすでにその統治下にあり、清《しん》王朝は発祥の地である満州を根拠に全中国本土を征服したものと説いていた[27]。

つまり満州が歴史的にも中国の領土であるゆえんを、文献によりつつ論証したといえるもので、のちに国民政府はリットン調査団へこの内藤論文を提出、日本側は反論できなかったと青江舜二郎は書いている[28]。

一九一三年の「南満州論」には、植民地政策に対する内藤の強烈な批判が展開されている。二個師団の朝鮮増設は不要。関東都督府も不要、満鉄経営の合理化を説き、陸軍の大陸政策に反対して満州放棄論の域に行きついていた[29]。この姿勢は満州事変後もほとんど変わらず、宴会の席で矢野仁一が満州国を賛美すると、内藤に「痛烈にやっつけられました[30]」という情景を貝塚茂樹が目撃している。石原が内藤から「お墨付き」をもらえなかったのは当然だろう。

六　失われた正当性

おそらく一九二九年頃の石原莞爾は、武力による満州領有について不退転の信念に達していたかと思われる。もはや彼は、一九一九年頃の日記に窺えるような青年客気の気分ではなかったろう。

欧州戦争史研究と日蓮宗（国柱会）への信仰が結びついた石原独自の戦争論、日米決戦を想定した最終戦の構想が固まり始めるのは一九二五年、二年半のドイツ留学から帰国、陸大教官のポストにつく頃からである。

満州問題に彼の現実的関心が向くのはさらにおくれ、一九二七年木曜会という同志的な「共同謀議」の組織に加入し、メンバーとの討議を通じ、「一般意思」を共有、共感した頃かと思われる。

木曜会の会合の議事録[31]は、第二回（十二月一日）、第三回（二月十六日）、第四回（二月十六日）からあとは、断片的に二九年二月七日までの分が残っている。

会の設立事情は必ずしも明らかではないが、中大佐クラスの二葉会（永田鉄山、岡村寧次、小畑敏四郎、河本大作ら）とやや若手の木曜会が併立、二九年五月に合流して一夕会と名のったようである。木曜会のメンバーは永田鉄山大佐（陸軍省整備局動員課長、ついで軍務局軍事課長）を筆頭に、東条英機中佐、鈴木貞一少佐、土橋勇逸少佐ら省部の中堅エリート将校十数人で多少の出入りはあるが、石原少佐（陸大教官）は当初からのメンバーであった。

第三回会合の主役は石原で、「我が国防方針」と題し、近世戦争術の発達景況（殲滅戦略と消耗戦略、線→面→体への隊形変化）を紹介した。ついで将来戦を「国家総動員に依る消耗戦略にあらずして政治家等に文句を言わせざるに先立ち一挙に而かも徹底的に敵を殲滅するに在り」と予想し、「日米が両横綱となり末輩之に従い航空機を以て勝敗を一挙に決するときが世界最後の戦争」と得意の戦争論を展開した。

満州問題にはまったく触れていないが、最終戦論はＳＦめいて誰も本気にしなかったらしく、報告後の討議で永田が「将来戦は消耗戦だろう、次の対手は英、米、露―支那は無理に自分のものにする」と言い出すが、結論は次回に持ちこされる。

次の二回は石原も永田も欠席、三月一日の研究会では根本博少佐（参謀本部支那班）が「今後三十年を経過せば恐くは満州は支那人のもの……我日本の人口問題解決地は東部西比利《シベリア》なるべし」と結論したのに対し、深山少佐が「西伯利は寒冷なり、満州を取りては如何」と疑問を出す。それに対し、根本は「満蒙はとる。其の上に西伯利を必要とす」と応じ、東条中佐が、仮想敵はソ連だがそのためにも「満蒙に完全なる政治的勢力を確立する」と主張、それは取ることなりやとの質問に、東条が「然《しか》り」と答えている。

誰からも異議が出なかったせいか、研究会は「帝国自存の為満蒙に完全なる政治的権力を確立するを要す」と「判決」した。

その後の研究会では満州領有の大義名分や宣伝用標語などが論議されたらしく、二九年一月には「国際プロレタリア」「貧強日本」、はては「込み合いますから大陸へ」のような珍案が乱舞する。

石原はその間の二八年十月、関東軍へ去るが、前記の「判決」を具体化する決意を秘めて赴任したと考えてよい。それは単なる決意というより、のちに石原自身が「伊勢参拝のとき眼前に地球の姿がみえ、日本から金色の光りが満州に向って光り渡った(32)」と回想したような霊示に導かれての使命感だったらしい。

こうして見てくると、石原が構築した満州領有の思想は稲葉君山や内藤湖南のような学者の見解に刺激されヒントを得たにせよ、かなりおそい時点に自前で作り上げたものと結論してよさそうである。それは日露戦争後に陸軍の主流が暖めてきた「一般意思」に沿うものであったが、歴史的経緯や未来戦構想を粉飾することで説得力と麻酔効果を高めたものと評せよう。

一九三一年九月十八日、関東軍将校による満鉄線爆破を中国軍の仕わざとこじつけて武力を発動（柳条湖事件）、半年の間に全満州を占領して満州国というカイライ国家が誕生した。領有が満州国という独立国家へ切り替った点を除き、ほぼ石原莞爾が画いたプロット通りであった。

だが、国際協調主義を放擲し、ベルサイユ＝ワシントン体制から離脱したこと、天皇大権を犯し、下克上の悪例を作ったこと、無抵抗の張学良軍を一方的に撃破したことなどは、長い目で見て、日本の国家行動に対する正当性を失わせてしまったのである。

註

（1）雑誌『太陽』一九一〇年十一月臨時増刊号の竹越論文、草生政恒論文、『東洋経済新報』一九一〇年三月以降の社説（石橋をふくむ）。
（2）外務省調査部「日本固有の外交指導原理綱領」（一九三六年十二月、外交史料館蔵）。
（3）一九三〇年十二月七日の拓務省会議における木村鋭市満鉄理事の発言（『季刊・現代史』一九七二年十一月号、一六二頁）。
（4）『世界の歴史教科書』シリーズ（帝国書院版）参照。
（5）韓国政府文教部『入門韓国の歴史』（明石書店、一九九八）五一頁、三三頁。『中国の歴史』（明石書店、二〇〇〇）三四頁。
（6）角田順編『石原莞爾資料　国防論策』（原書房、一九七一）七八頁。
（7）渡辺竜策『馬賊』（中公新書）の序文。
（8）蜷川新『南満州に於ける帝国の権利』（清水書店、一九一二）三―四頁。
（9）『北一輝著作集』第二巻（みすず書房、一九五九）一〇二頁。
（10）『満州開拓史』（一九六六）三―四頁。
（11）満州史研究会編『日本帝国主義下の満州』（御茶の水書房、一九七二）の松村高一論文。
（12）相良俊輔『赤い夕陽の満州野が原に』（光人社、一九七八）一四九頁。
（13）鈴木隆史『日本帝国主義と満州　一九〇〇－一九四五』下（塙書房、一九九二）四〇―四一頁。
（14）前掲『北一輝全集』第二巻。
（15）一九〇七年から一九一八年まで何回も出た孫文との満州売却交渉については、山浦貫一『森恪』（一九四〇）四〇二－六頁参照。
（16）内田、川島は独立国家としたのち、日本の保護国とする構想で、詳細は波多野勝『満蒙独立運動』（ＰＨＰ新書、二〇〇一）九六、二〇三頁参照。末永節の大高麗国建設運動については『東亜先覚志士記伝』（黒龍会出版部、一九三六）二二頁を参照。
（17）臼井勝美『日中外交史――北伐の時代』（塙新書、一九七一）一五七－五八頁。
（18）外務省編『日本外交年表竝主要文書一八四〇－一九四五』下（原書房、一九六五）二六四頁。
（19）『太平洋戦争への道』第一巻（関寛治論文）三九二頁、舩木繁『岡村寧次大将』（河出書房新社、一九八四）二三〇頁。
（20）横山臣平『秘録石原莞爾』（芙蓉書房、一九七一）。
（21）日記原本は鶴岡市立図書館が所蔵、日記の一部は玉井礼一郎編『石原莞爾選集』合本版（たまいらぼ、一九九三）に収録されている。
（22）稲葉君山『満州発達史』（一九一五、再版は一九三五、日本評論社）。
（23）矢野仁一『近代支那論』（弘文堂書房、一九二三）一頁、一〇二－七頁。
（24）矢野仁一『満州における我が特殊権益』（弘文堂書房、一九二八）三九、四五頁。
（25）青江舜二郎『石原莞爾』（読売新聞社、一九七三）一三

四頁、メモは前掲『石原莞爾資料　国防論策』にある。
(26)　前掲『岡村寧次大将』二〇二頁。
(27)　初出は『地理と歴史』第一巻第五号で、『内藤湖南全集』第七巻（筑摩書房、一九七〇）三〇一－一〇頁に収録されている。一九二八年十二月付の注記も付してあるが、所論の変更は見られない。
(28)　前掲『石原莞爾』一三六頁。
(29)　『内藤湖南全集』第四巻、四九五―九九頁。
(30)　東方学会編『東方学回想』第一巻（刀水書房、二〇〇〇）一一三頁。
(31)　日本近代史料叢書B―四「鈴木貞一氏談話速記録（下）」の付録に「木曜会記事」がある。
(32)　玉井礼一郎『石原莞爾』（たまいらぼ、一九八五）八二頁。石原が一九四三年一月、伊知地則彦へ語ったもので、石原の「戦争史大観の由来記」にも記述がある。霊示の時機は二七年晩秋だったという。

（日本大学教授）

石原莞爾の満州事変

——満州事変のモデルはむしろロシア革命であった——

野村乙二朗

はじめに——従来の石原論の問題点

井本熊男（陸士三七期）は石原莞爾の満州事変に始まる対米持久戦略について、「二百年前の欧州の一角における歴史を世界的に国際関係の複雑な現代の状況に当てはめたところに大きな齟齬があったと思う(1)」と批判している。井本は昭和九年に陸大を卒業し、翌十年十二月からは参謀本部作戦課に勤務し、以後、ほぼ一年半にわたって直属の部下として石原に仕えたというばかりでなく、戦後も旧日本陸軍の戦略に関して広く研究し、石原思想についてもかなりの理解を示している人である。この人にしてこの言葉があるところに石原理解の困難があるように思われる。

本稿は石原の満州事変及びそれ以後の対米持久戦略が、決して単に、「二百年前の欧州の一角における歴史を世界的に国際関係の複雑な現代の状況に当てはめた」ようなものではなく、むしろロシア革命から総力戦を克服する思想戦略を学んだことを示し、満州事変の持つ戦略的意味を考え直したいと思う。

一　石原と軍中央官僚との思想的異質性の問題

満州事変に対する石原莞爾の基本認識は、昭和四年七月四日、北満参謀旅行の第一日目に石原によって提示し説明された「戦争史大観」の中に端的に示されている。よく知られた資料ではあるが、石原に対する誤解の基になっているものであるから次に掲げておく。

目下われらが考えおる日本の消耗戦争は作戦地域の広大なるために来たるものにして、欧州大戦のそれとは根本を異にし、むしろナポレオンの対英戦争と相似たるものあり。いわゆる国家総動員には重大なる誤断あり。もし百万の軍を動かさざるべからずとせば日本は破産の外なく、またもし勝利を得たりとするも戦後立つべからざる苦境に陥るべし。……露国の崩壊は天与の好機なり。日本は目下の状態に於ては世界を相手とし東亜の天地に於て持久戦争を行ない、戦争を以て戦争を養う主義により、長年月の戦争により、良く工業の独立を全うし国力を充実して、次いで来たるべき殲滅戦争を迎うるを得べし[2]

井本熊男が「二百年前の欧州の一角における歴史を世界的に国際関係の複雑な現代の状況に当てはめた」と考えるのはこうした言い方を鵜呑みにするからであるが、次節で述べるように、石原は、むしろロシア革命から影響を受けながら、思想的誤解を避ける為と、少しでも総力戦の匂いを消す為にそのことを省略し、ナポレオンを強調したのである。

　この戦略思想は翌五日、北満参謀旅行の第二日目に示された「国運転回ノ根本国策タル満蒙問題解決案」で具体化されている。その骨子は「満蒙問題ノ解決ハ日本カ同地方ヲ領有スルコトニヨリテ始メテ完全達成セラル　対支外交即チ対米外交ナリ　即チ前記目的ヲ達成スル為メニハ対米戦争ノ覚悟ヲ要ス[3]」ということにある。言い換えれば、対米戦争の危険を犯しても満蒙を領有しなければならないということである。

　その戦略的過激性は、昭和六年四月には「満蒙問題解決ノ為ノ戦争計画大綱（対米戦争計画大綱）[4]」にまで徹底された。この中では「戦争目的」も満蒙領有のみならず西太平洋の制海権の確保にまで広げられているが、「戦争指導方針」においては、目的達成の為には殆ど全世界を相手の戦争と国内改造を覚悟しなければならないというものであった。これは、その本質がアジア解放の革命戦略（昭和維新）であるという視点を外すと全く気違いざたという以外にないものである。

　この石原戦略の革命的狂気に対比すれば、昭和六年（一九三一）六月段階に軍中央が作成した「満州問題解決方策の大綱」は、極めて常識的な帝国主義的膨張路線である。これも満蒙問題の解決に「軍事行動の已むなきに至る」場合のあることを認めてはいるが、重要な点は、「内外の理解を得ることが絶対に必要」と考えている点である。しかも「緊密に外務省関係局課と連絡の上、関係列国に満州で行われている排日行動の実際を承知させ、万一にもわが軍事行動を必要とする事態にはいったときは列国をして日本の決意を諒とし、不当の反対や圧迫の挙に出でしめないよう事前に周到な工作案を立て、予め上司の決裁を得ておき、その実行を順ならしめる」というのである[5]。幣原外交と言っても、満蒙権益擁護の態度に変わりはなかったことから考えれば、幣原外交と軍中央と石原の三者の関係から言えば、決定的な対立は幣原外交と陸軍の間ではなく、軍中央と石原の間にあったと言えるのである。一体、こうした思想戦略上の間隙はどこから生じたのであろうか。

二　石原の対米持久戦論の形成過程におけるロシア革命の影響

石原莞爾の戦略理論への出発が日露戦争への疑惑であったことはよく知られているが[6]、疑念のもち方に既に彼の基本姿勢が表れている。彼は「いかに考究しても、その勝利が僥倖の上に立っていたように感ぜられる。もしロシヤが、もう少し頑張って抗戦を持続したなら、日本の勝利は危なかったのではなかろうか[7]」という。ここで石原が「僥倖」と言っていることは、英米による好意的中立と戦費借款と講和斡旋等を意味することは間違いないであろう。とすれば、これは松村正義等の一連の研究に待つまでもなく明治政府にとっては決して単なる「僥倖」ではなく、むしろ懸命に作り出した外交活動の成果であった。これを「僥倖」とし、しかも「世界列強が日本を嫉視している時代」にはそうした姿勢を続けることは不可能と突き詰める所に欧米との妥協を拒否する石原の世界観が表れている。

石原の対米持久戦略が形成されたのは日露戦争後、特に第一次大戦中から昭和初期までの間である。その時期、石原は陸大学生から、教育総監部勤務を経て中支那派遣隊司令部付としての漢口駐在、さらに陸大教官となってドイツに出張、帰国しても陸大教官を続けている。その時代の彼の戦略構想形成については石原自身は次のように要約している。

ロシヤ帝国の崩壊は日本の在来の対露中心の研究に大変化をもたらした。それは実に日本陸軍に至大の影響を及ぼし、様々に形を変えて今日まで、すこぶる大きな作用を為している。ロシヤは崩壊したが米国の東亜に対する関心は増大した。日米抗争の重苦しい空気は日に月に甚だしくなり、結局は東亜の問題を解決するためには対米戦争の準備が根底を為すべきなりとの判断の下に、この持続的戦争に対する思索に漢口時代の大部分を費やしたのであった。当時、日本の国防論として最高権威と目された佐藤鉄太郎中将の『帝国国防史論』も一読した。この史論は、明治以後に日本人によって書かれた軍事学の中で最も権威あるものと信ぜられるが、日本の国防を英国の国防と余りに同一視し、両国の間に重大な差異のあることを見遁している点は、遺憾ながら承服できなかった。かくて私は当時の思索研究の結論としてナポレオンの対英戦争が、我らの尤も価値ある研究対象であるとの年来の考を一層深くした[8]。

「対米戦争の準備が根底を為すべきなり」という「思索研究」が、「ナポレオンの対英戦争」に決着するまでには、石原が故意に省略している途中経過がある。

欧州大戦の真っ只中から戦後にかけての時期に対米戦争を考えるのに、欧州大戦とロシア革命を考察の対象にしなかった筈はない。ただ、欧州大戦とロシア革命は総力戦とその帰結であり、「そもそも持久戦争は大体互角の戦争力を有する相手の間に於てのみ行われるもの[9]」と考える石原にとって、総力戦を突き詰めてゆけば対米戦争の可能性などなくなってしまう。しかも、彼自身は日米持久戦争の可能性をあきらめきれず、総力戦克服の可能性を必死に追求して行った時、「ロシア革命」が次のように見えて来たのである。

ソ連革命でさえも、その成功の最重要要素は、マルクスの理論ではない。レーニンがあの革命をやった時に、資本主義国家が、若しも「レーニン君確かりやれ」という調子で、煙草でも吹かしながらゆっくり見物しておったならば、恐らくソビエト革命は人民の反抗を受けて、レーニンは失敗したのではないかと考える。ソ連にとって幸いなことは、資本主義の国家がソ連革命にびっくりして、ソビエト・ロシアを潰してしまえと、武力で押しかけて来たことであった。イギリスやフランスは勿論のこと、日本もアメリカ合衆国も共同して、殆ど全世界を挙げてレーニンの革命に反対したのである。これをレーニンが巧みに利用した。ロシアの大衆は何のことかまるきり解らないが、しかし外国人が自分の祖国を攻めて来るというので、主義の如何を問わず、これを防衛した。レーニンはこの資本主義諸国家の圧迫ということをうまく利用して、とにかく一億数千万の民心をつかみ、広大なロシアを統一したのである[10]。

彼の対米持久戦争の骨格がこの「ロシア革命」をモデルとして形成されたことはほぼ間違いない。というのは石原は第一次欧州大戦を「自由主義から統制主義への革新」の開始期とするばかりでなく、ロシア革命を次のように戦略的に高く評価しているからである。石原は「最初から方針を確立し一挙に迅速に決戦を求める」会戦のやり方を第一線決戦主義と名付け、「最初は先ず敵を傷める事に努力し機を見て決戦を行なう」会戦のやり方を第二線決戦主義と名付けるが、[11]そうした戦略論からロシア革命を次のように意義づける。

ソ連邦革命は人類歴史上未曾有の事が多い。特にマルクスの理論が百年近くも多数の学者によって研究発展し、その理論は階級闘争として無数の犠牲を払いながら実験せられ、革命の原理、方法間然するところ無きまでに細部の計画成立した後、第一次欧州大戦を利用してツアー帝国を崩壊せしめ、後に天才レーニンを指導者として実演したのである。第一線決戦主義の真に徹底せる模範と言わねばならぬ。

しかし人知は儚いものである。あれだけの準備計画があっても、やって見ると容易に思うように行かない。詳しい事は研究した事もないから私には判らないが、列国が放任して置いたらあの革命も不成功におわったのではなかろうか。少なくもその恐れはあったろうと想像せられる。資本主義諸列強の攻撃がレーニンを救ったとも見る事が出来るのではないか。資本主義国家の圧迫が、レーニンをしていわゆる「国防国家建設」への明瞭な目標を与え大衆を掌握せしめた。

もちろん「無産者独裁」が大衆を動かし得たる事は勿論であるが、大衆生活の改善は簡単にうまく行かず、大なる危機が幾度か襲来した事と思う。それを乗り越え得たのは「祖国の急」に対する大衆の本能的衝動であった。マルクス主義の理論が自由主義の次に来るべき全体主義の方向に合するものであり、殊に民度の低いロシア民族には相当適合している事がソ連革命の一因をなしていることを否定するのではないが、列強の圧迫とあらゆる困難矛盾に対し、臨機応変の対処を断行したレーニン、スターリンの政治的能力が今日のソ連を築き上げた現実の力である。第一線決戦主義で堂々開始せられた革命建設も結局第二線決戦的になったと見るべきである。……

［中略］……蓋し困難が国民を統一する最良の方法である。[12]

このようにロシア革命を「第一線決戦主義の真に徹底せる模範と言わねばならぬ」と評価したことは、当然、彼の「国防国家建設」の大枠のモデルとなった。そのことは何よりも第一次欧州戦争以後の世界を「大きな革命の進行中にある」とし、後にここを「昭和維新」の起点とする見方[13]に表れている。また石原は、持久戦争を可能にする戦略的条件を、主として「欧州古戦史」を例として「一　軍隊価値の低下、二　防御威力の強大、三　国土の広大」という三点[14]に集約しているが、これもロシア革命がその着想の下敷きになっていたと考えて少しもおかしくない。

ただ、石原は「列国が放任して置いたらあの革命も不成功におわった」といっていることにも表れているように、当初、国家体制としてはソ連をそれほど高く評価していなかった。[15]このことはソ連軍事力の復活に対する彼の誤算ともつながったと思われるが、軍人としての限界もあり、またアジア革命の直接のモデルとするには思想的、組織的距離があり過ぎた。

そこで具体的にアジアの舞台に適用するためには、当然、ボルシェビズムに匹敵するアジアの革命思想が求められねばならなかった。石原が「外国人にまで納得させる自信」をもてる思想[16]として田中智学の国体論をえらび、国柱会に入るのは大正九年（一九二〇）五月の漢口赴任直前のことである。

ただ、対米持久戦の作戦地域として「国土の広大」を求める石原としては、本来はもっと普遍性のある思想を選びたかったと思われる。その年二月四日の日記に石原は「樗牛ノ日蓮ノ国家観ヲ見テ感ズル所アリ。所詮、徒ニ『日本人』タル私心ニ捉ハレタル精神ヲ以テシテハ到底、世界統一ノ天業ヲ完ウスル能ハザルナリ」と書き、また二月八日には「日蓮ハ蒙古ヲ調伏セズト称スル所、吾人モ亦然リシナラント思フ所アリ」とも書いている。更に樗牛の日蓮観については、その後、漢口に赴任してから銻子夫人に対する手紙で「高山樗牛ノ、日蓮上人ト日本（?）トカイフ論文ニ、大聖人ハ日本ノ亡国ヲ憂ヘナカッタ、蒙古調伏ヲイノラナカッタ。其処ニ本化上行タル絶対ノ大ガアルトイフ様ナ意味ノコトガアッタト記憶シテイマス」と書き、「田中先生ノ国体観ハ大聖人ノ真意ニアラズ、一歩ヲ譲ルモノ[17]」とまで書いている。しかし、樗牛ほどにまで徹底して日本を捨象した「日蓮」では、普通の日本人の「国防国家」の思想としては不適当と考えたのであろう。彼が選んだのは、まさに、その「一歩ヲ譲ル」田中智学の国体論であった。

石原が国柱会に入ってからの、この思想普及に努力する意気込みにはすさまじいものがあるが、それに対する論及はここでは差し控える。ただ我々としては石原の思想的立場が国柱会の立場よりも、はるかに柔軟に日本のナショナリズムを超越した立場に立ち得るものであったことは理解しておく必要があるように思う。石原の信仰は一般の日本人の信仰よりもはなはだしく能動的創造的である。これは、晩年に国柱会の意向に背いても第五五百歳二重説を打ち立てた石原の立場を理解する上でも重要である。

次に「国防国家建設」の舞台となり得る「広大な国土」

の領域としてはどこまでが適当であるのか。陸大卒業後の石原が、優等卒業生の権利ともなっていた留学先に欧州でなく「漢口」を選んだことにそのことが窺える。大正九年（一九二〇）六月に石原は漢口に赴任するが、その八月五日、石原は陸大同期首席の鈴木率道を漢口の南東の大冶鉄山に案内して西沢博士の家に泊まった。六日の妻銻子宛の手紙で石原は次のように書いている。

西沢博士ハ此大冶ニ来ラレテカラ二十数年ニナラレ、当時生レタ支那人ノ子供ガ結婚スル様ニナッタト笑ッテ居ラレマス。昨夜宴会等ハ支那人ノ主ナル者四五名ト、ソレニ日本人三名計リデシタガ誠ニ和気アイアイタルモノデス。……日支両国人ハ全ク同胞ノ感ガアリマス。(18)

「広大な国土」の範囲が日本・朝鮮・満蒙・中国を含む東アジアという範囲に固まって行った過程についてもここではこれ以上の論及を差し控えるが、石原は「日本海、支那海を湖水として日満支三国に密集生活している五億の優秀な人口」は対米持久戦のためには「真に世界最大の宝」であると言っている。(19)

そうするうちにも日本の国際的な孤立はますます深まって来た。これは「困難が国民を統一する最良の方法」と考える石原にとっては決してマイナスの条件ではなかった。日蓮主義によるアジア規模での革命と国際的な干渉戦争を通じての日中親善の可能性を確信している石原は大正九年八月十四日にはそのことを妻銻子宛てに次のように書いている。

ドウモ日本ハ益々孤立ニナッテ来ル様デハアリマセヌカ。米国ノ遣リ方等ハ中々猛烈ナ様デス。成金気分ノ米国ハ、日本成金ガ半可通ノ骨董ヲイジクルト同ジ心理状態デ、不徹底ナ正義・人道トカヲ看板ニシ、彼等ガ本心ノ利益問題トカラマッテ、或ハ日本ニ我慢ヲ強ヒル様ナコトガナイトモ限ラナイト思ヒマス。ソウナッタラ支那ハ勿論、恐ク英国モ露西亜迄モ其味方トナリ、日本ハ全世界ヲ敵トシナケレバナラナイ様ニナリマセウ。私ガソンナ事ヲイフト、人ハ皆ソンナ戦ハ日本ガ出来ルモノカト本気デ受ケ付ケマセヌ。少クモ日本トシテハ強ヒラレタナラ此困難極マル戦デモ決シテ恐レナイ度胸ヲ定メナケレバ一日モ速ニ米国ニ降参スルノガヨイ訳デス(20)

ここには昭和六年四月の「満蒙問題解決ノ為ノ戦争計画大綱（対米戦争計画大綱）」の思想的骨格がほぼ完全に表れている。第一次欧州戦争以後は世界規模の革命が進行中であると考える石原は、最初はそのままアジアに於ける革命実践に乗り出すつもりではなかったかとも思われる。

しかし、漢口から帰国した段階で、第一次欧州大戦の教訓としての総力戦思想と対決するためにも、本格的にヨーロッパでの研究の必要性を感ずるようになった。大正十一年四月、田中智学の三男の里見岸雄が欧州に留学すると聞いて、里見に対し「私はこれまでに何度も陸軍から欧州に行けと言われていたのですが、余り必要性を感じないので断ってきました。しかし、今回先生が御渡欧なさることを知り、急に行きたくなりましたので、来年までには必ず独逸に参るつもりでおりますから、その節はよろしく」と挨拶したという。国柱会の思想を深めることと平行して総力戦に対する研究、その裏返しの総力戦克服戦略としての欧州古戦史の研究の必要性が自覚されるようになったのである。

石原は大正十二年（一九二三）一月に横浜を出港、三月にベルリンに到着、以後大正十四年（一九二五）九月にベルリンを出発するまで、丸二年半をドイツにあって、主として欧州大戦が殲滅戦略から消耗戦略に転換するところに興味をもって研究した[21]のである。同時に、安田武雄大尉からベルリン大学のデルブリュック教授とルーデンドルフ一党との間に展開されていた論争のことを聞き、特にデルブリュック教授の殲滅戦略、消耗戦略の理論を学んだのである。こうしてフリードリッヒ大王の消耗戦略からナポレオンの殲滅戦略への変化は欧州大戦の変化とともに石原にとっては軍事上最も興味深い研究対象となった。

その成果は、大正十四年（一九二五）九月に帰国して陸軍大学校教官となった石原が大正十五年（一九二六）暮から昭和二年（一九二七）三月三十日まで原則として毎週火曜日に第三年学生に対して行った十六回の講義、及び同年五月三十日から昭和三年二月十八日まで第二年学生に対して行った三十五回の講義で示された[22]。戦史としては面白いものであったと思われるが、総力戦の時代に、故意に欧州大戦から欧州古戦史に視点をずらしたことの意味が学生に分かったかどうかは疑問である。それに学生にとっては、講義録もなく、しかも早口でノートを取るのが大変だったようである。昭和二年七月十二日の石原莞爾日記に「試験ヲ行フ　成績ヨロシカラス」とあるが、今日、印刷された内容からみても、内容の正確な理解は困難だったと思われる。

欧州古戦史の研究を主体とするようになっても、石原にはソ連の「革命戦略」は基本的研究課題の一つであった。彼は「革命」概念を、「世の中は、あることに徹底したときが革命の時なんです」と一般化する。フランス革命における横隊戦術から散兵戦術への変化なども「それが時代の性格に最も良く合っていたのです。革命の時代は大体そういうものだと思われます[23]」として説明される。

しかし石原は内容もないのに「革命、革新」という観念的議論を振り回すことを好まなかった。例えば、ナポレオンの戦略戦術を論じたデルブリュック教授の「仏人は自己が親しく目撃する変化をほとんど意識せず、また諸種の例証に徴して新形式を組織的に完成する事にあまり意を用いざりし事実を窺い得る」という言葉を紹介した後で、「革命、革新の実体は多くかくの如きものであろう。具体案の持ち合わせもないくせに『革新』『革新』と観念的論議のみを事とする日本の革新論者は冷静にかかる事を考うべきであろう[24]」と言っている。

フリードリッヒ大王の研究が、大陸での持久戦争研究を目的とした石原にとって欠かせない問題であったとはいえ、欧州古戦史研究の第一の目的がナポレオンの対英持久戦争、すなわち対英大陸封鎖作戦の研究であったことは、究極の目標が対米持久戦争準備であったことから当然のことであった。しかも石原は昭和二年から三年にかけての陸大での講義の中では、その対英持久戦争を⑴エジプト遠征と⑵英国侵入策までは書き上げながら、ついに⑶大陸封鎖に関しては「起草ニ就テ」研究資料を用意し、四項目にわたる着眼要点を記述するに止まった。それは彼がその執筆直前に病気になったからであるが、そのことは石原にとって、この課題がいかに精神的重圧を伴うものであったかを示しているようにも見える。石原自身、昭和三年三月二十二日の日記に「誠ニオカシキ次第也　此間イヨイヨ大陸封鎖ノ執筆ニ着手セントセシ時風邪トナリ　此回亦更ニ準備ヲ新ニシテ正ニ着手セントスルヤ病臥ス」と書いていることはむしろ悲惨ともいえる彼の切実な気持ちを語るものである。

理論としては未完成のままに彼は参謀として関東軍に赴任し満州事変を引き起こす。研究としては未完成でも、軍人としての石原には目前に解決を待っている満蒙問題があった。彼は現実の課題を解きつつ理論の完成をも平行して進めるつもりであった。彼はそのことを「関東軍に転任の際も、今後とも欧州古戦史の研究を必ず続ける意気込みで赴任した。特に万難を排しナポレオンの対英戦争を仕上げる決心であった[25]」といっていた。

以上のように石原の対米持久戦論は、第一次欧州戦争を契機に起こったロシア革命において列強の干渉戦争を耐え抜いたソ連政権を模範にして出発し、フリードリッヒ大王のシュレージェン戦争やナポレオンの対英戦略の研究の上に構築された総力戦克服の戦略であった。したがってその対米持久戦争論に基づく彼の満州事変は、短期的には成功でも、中・長期的には日本を死地に置くことで日本を含めた東アジアの革命的変革を目論んだ極めて思想的次元の高い革命的持久戦争の始まりであった。石原の満州事変は昭和維新と規定して理解しなければ分からないと主張するのはそういう意味である。

三　満州事変以後、石原の戦略は、何故、変化したか

それでは満州事変以後、特に昭和十年八月、石原が参謀本部に入ってからどうして彼の対欧米革命戦略は通常の総力戦論に近い所にまでトーンダウンしたのであろうか。これについては本論のテーマを外れるので、簡単に見通しのみ述べることにする。

石原莞爾自身は昭和十年八月、参謀本部課長になった時の驚きを「満州事変から僅かに四年、満州事変当初の東亜に於ける日・ソの戦争力は大体平衡がとれていたのに、昭和十一年には既に日本の在満兵力はソ連の数分の一に過ぎず、殊に空軍や戦車では比較にならないことが世界の常識になりつつあった(26)」と言っている。

見込み違いというには余りにも予想外に急激なソ連軍事力の強大化であった。石原自身、大正十四年九月、ベルリンからの帰途、わざわざシベリヤ鉄道を通って視察した民度の低さからも想像を絶したことであった。ただ一九二九年に始まるアメリカを中心とした世界恐慌の中で、ソ連の計画経済は唯一、恐慌を免れたばかりか逆に最も理想的な発展を示したと思われる。

しかし、日本陸軍では、石原が満州事変前に意図的に総力戦を否定したことが満州事変のあまりにも鮮やかな成功で裏目に出た面がある。事変以後、日本陸軍の戦略思想に対立と混乱を生み、予算上の制約と相俟ってソ連軍事力の急激な復活に対する日本陸軍の対応を遅らせた。石原にも責任のあることであった。

当然、このことは石原の戦略に全面的な変更を余儀なくさせた。まず、ソ連の急激な復活を計画経済の成果であると見た彼は、従来の「戦争で戦争を養う」という自由主義経済に遠慮した戦争自給政策を止め、統制経済による急激な軍備増強を図ることとした。「現在の日本の財政では無理である」とか「無い袖は振られない」と渋る大蔵省を、「私ども軍人には明治天皇から『世論に惑わず政治に拘らず只一途に己が本分』を尽くすべきお諭しがある。財政がどうであろうと皆様がお困りであろうと、国防上必要最小限度のことは断々固として要求する」として押し切ったのである(27)。しかし、政府は軍事費を鵜呑みにしても、自由主義経済を基礎とする日本では、ソ連の軍備に追いつくよう

な経済力の建設がにわかにできる見込みはない。何とかして生産力拡充の具体案をもって政府に迫るべきだと考えて、宮崎正義に「日満経済財政研究会」を作らせて、日本経済建設の立案をさせたのである。この宮崎の作った計画が成果を見るまでは何としても平和を維持しなければならぬというのが石原の立場となった。こうして、従来のアメリカに的を絞った石原のアジア革命戦略は大幅にトーンダウンせざるを得なかったのである。

だが、皮肉なことに満州事変の成功によって、逆に他の軍人たちは中国のナショナリズムを見くびり、総力戦や計画経済を軽視するようになっていた。その結果、昭和十二年に勃発した日中戦争で石原構想が破綻を来したことは周知のことである。

おわりに

石原莞爾の満州事変はナポレオンよりもむしろロシア革命を念頭に描かれた対米持久戦争の始まりであった。石原がロシア革命を「第一線決戦主義の真に徹底せる模範」と称賛しながらも、これが結局は「第二線決戦的になった」と評価し、革命戦争が持つ困難性を指摘したのはそのためである。しかも、石原は、総力戦が支配的な時代、革命戦争以外に対米持久戦争に敗北しない戦略を見いだすことは出来なかった。したがって、石原の満州事変は短期的には成功でも、中・長期的には日本を「死地」に置くことで、東アジア全体の革命的変革と一体化を目論んだ、思想的次元の高い革命的持久戦争の始まりを意味した。

最近の黒沢文貴・黒野耐・戸部良一等の研究によっても、第一次大戦が国防思想に与えた影響としては総力戦が圧倒的であった。しかも、総力戦となればアメリカに対抗する可能性など皆無であろう。石原はロシア革命を見て、初めて総力戦を回避する戦略思想を着想出来たのである。にもかかわらず石原がロシア革命を直接のモデルとしてあげなかったのは、戦略思想としての未熟の外に、無用の思想的誤解を避ける為と、少しでも総力戦のにおいを消したかったからである。軍人としての限界もあった。石原は思想としては日蓮主義による国体論信仰に止め、戦略の研究としてはフリードリッヒやナポレオンに打ち込んだのである。

しかも、ひとたび満州事変が成功すると、ことさらに総力戦戦略を回避したことは裏目に出た。満州事変のあまりに鮮やかな成功に印象づけられて、日本陸軍では対外戦略を巡る対立が起こり、予算上の制約とあいまってソ連軍事力の急激な復活に対する対応が遅れた。

参謀本部に入って、そのことに気づいた石原は戦略を百八十度転換するが、今度は多くの陸軍エリートたちは彼の転換に追随できなかった。そのことが石原の権威を傷つけ、彼が作戦部長の要職にありながら日中戦争の勃発を阻止できない背景をなした。

井本熊男の例に限らず、石原に関しては、身近にいた人々の間にも必ずしも十分な理解があったとは考えられない。福田和也が、石原は「軍内に全然人望がなかった」と(28)し、それは彼が傲慢だったからだと言っているが誤解であろう。石原は軍内にも人望がなくはなかったし、それによって人々が離れて行ったわけでもない。ただ井本の例が物語るように石原の戦略思想を理解できたものは少なかった。そして石原に対する誤解の多くはやはり彼の満州事変戦略思想に対する誤解に発している。

最近、福田和也に限らず花輪莞爾、佐高信らのようなむしろ文学畑の評論家による石原莞爾論が盛んである。これらを読んでみて改めて四半世紀以上も前に出されたピーティの石原伝(29)が未だに本格的な伝記としての魅力を失っていないことを痛感させられる。それだけにこの作品が持つ石原莞爾像の歪みは残念である。満州事変に関しても、五百旗頭真の書評(30)に関東軍と軍中央の関係などに問題が残るとの指摘が見られた。にもかかわらず、これまで、管見による限り本格的な欠陥の克服は果たされてこなかった。石原の生涯に対する比較的にバランスの取れた叙述に呑まれて問題点の的確な把握が為されてこなかったためもあるが、石原と他の軍人、特に軍中央にあった人々との思想的な距離を理解しないところからくる誤解によるところが大きいように思われる。

石原莞爾にはまだ解かれていない謎が多いのである。

註

(1) 井本熊男「国防の基本問題を考え戦時中の経験を語る」『偕行』一九九三年五月号。
(2) 石原莞爾『最終戦争論・戦争史大観』(中公文庫、一九九三年)一三六頁。『石原莞爾資料　国防論策』(原書房、一九六七年)にも採録されているが、ここでは敢えてわかりやすい表現を採用している中公文庫から引用した。
(3) 前掲『石原莞爾資料　国防論策』四〇頁。
(4) 同右、七〇―七一頁。
(5) 『現代史資料7』(みすず書房、一九六四年四月)一六四頁。
(6) 五百旗頭真は石原の『最終戦争論・戦争史大観』(中公文庫)の解説で、日露戦争は石原の原体験　と説明している。
(7) 同右『最終戦争論・戦争史大観』一一三頁。
(8) 同右、一二五―一二六頁。
(9) 同右、三一頁。
(10) 『国防論』四四―四五頁、『石原莞爾全集』第一巻所収。
(11) 前掲『最終戦争論・戦争史大観』二三〇頁。

(12) 同右、二四六―二四八頁。ただし傍線は引用者。

(13) 石原は最終戦争論中の昭和維新の定義（同右、四七頁）で第一次欧州大戦をその開始期とし、また昭和十五年三月一日の「満州建国と支那事変」という講話の中で「欧州戦争というもの以後世界は大きな革命の進行中にある」と言っている（『東亜聯盟』昭和十五年四月号、復刻版第三巻、十六頁）。

(14) 同右、九〇―九四頁。

(15) 同右、四三頁、ソ連は「瀬戸物のようではないか。堅いけれど落とすと割れそうだ」とか「スターリンに、もしものことがあるならば、内部から崩壊してしまうのではなかろうか」とか言っている。

(16) 同右、一二九頁。

(17) 『石原莞爾選集』1（たまいらぼ、一九八五年）二二四頁。事実、日蓮は『撰時抄』において「国主等其のいさめを用ずば隣国にをほせつけて、彼々の国々の悪王悪比丘等をせめらるるならば、前代未聞の大闘諍一閻浮提に起るべし」と為政者を脅迫している。

(18) 前掲『最終戦争論・戦争史大観』一〇三頁。

(19) 前掲『石原莞爾選集』1、八六―八七頁。

(20) 同右、九六―九七頁。

(21) 前掲『最終戦争論・戦争史大観』一二七頁。

(22) 稲葉正夫は『石原莞爾資料　戦争史論』の「解題」で、第二年学生に対して行った三十五回の講義は昭和二年五月三十日から同年十一月までと書いているが、日記によると昭和三年二月十八日まで行われている。

(23) 前掲『最終戦争論・戦争史大観』十八―十九頁。

(24) 同右、一九三頁。

(25) 同右、一三一―一三二頁。

(26) 同右、一三八頁。

(27) 同右、一三九頁。

(28) 「20世紀日本の戦争」『文藝春秋』平成十一年十二月号。

(29) Peattie, Mark R. *Ishiwara Kanji and Japan's Confrontation with the West*. Princeton University Press, 1975. 大塚健洋等訳『日米対決と石原莞爾』たまいらぼ、一九九三年。

(30) 『国際政治』五六号（一九七七年三月）一六五―一七一頁。

（軍事史学会会員）

石原構想の限界と可能性

荒川憲一

はじめに――問題意識――

筆者が分析の対象としている「石原構想」とは一九三五年（昭和一〇年）夏参謀本部第二課長に着任した石原莞爾が「日満財政経済調査会」を組織し作成させた重要産業五ヵ年計画などの国力（生産力）拡充構想である。この構想が生まれたキッカケは石原が第二課長に着任し満州における関東軍と極東ソ連軍の軍事力の格差に驚かされたことに始まる。「満州事変当時には日ソの軍事力は概ね均衡がとれていたが、一九三五年には日本の在満鮮兵力は在極東ソ連軍に比し師団数で約三分の一、飛行機、戦車は約五分の一と劣勢になり、また日本のソ連に対する戦略的輸送力の優越も逆転した結果、対ソ国防上に重大な欠陥が生じている」と石原は認識し翌月（九月）、杉山元参謀次長に「バイカル湖以東のソ連軍の八割に相当する八個師団（現在五個師団）を満鮮に配置し、空軍・機械化部隊を早急に充実して、対ソ国防体制を確立する構想」を具申した。(1) このような軍備の充実・近代化は、それを支える国力すなわち経済力なしには実現できない。つまり、軍備拡張の基盤としての経済力、生産力の充実なしには実現できないのである。現にソ連が極東ソ連軍の軍備を増強させることが出来たのもソ連の経済五ヵ年計画の成功があったからである。ここに本稿の分析対象である「石原構想」が生まれた背景があった。従って、この構想は経済機構、政治機構の改革を含む総合経済政策の形をとっていたが、分析の焦点は対ソ八割の兵力を維持しうるまでに産業の生産能力を拡張しようという産業政策にある。

本稿は、この産業政策としての「石原構想」の誕生から終焉までの経緯を踏まえた上で、その限界と可能性を主として経済学的視点から分析評価しようというものである。

石原莞爾が亡くなって半世紀、石原に関する研究や著作は数多いが、産業政策としての「石原構想」に着目しこれを分析の対象とした研究は多くない[2]。中村隆英[3]、原朗[4]、小林英夫[5]の著書論文に限定される。諸氏の研究は石原構想を実証的に論じ、主としてその限界を指摘している。筆者はこれら先行研究の成果を踏まえながら問題点とともにむしろその可能性に焦点を絞って、これを論述したい。

一　石原構想の展開——事実経緯——

（一）　構想の発意——一九三五年夏——

石原は、この構想を計画化するため、満鉄嘱託宮崎正義を主宰者とした「日満財政経済調査会」（爾後、宮崎機関と略称）を組織した。宮崎正義は革命当時のソ連に学び、のち満鉄調査部にあって、関東軍の満州事変計画に参画し、満州建国の際はその経済建設計画を樹立して国家による経済統制と日満経済ブロック結成の方針を主張していた人物である[6]（なお、宮崎は、石原が参謀本部を去った一九三七年（昭和一二年）九月以後も、企画院の委員として生産力拡充計画の立案に参画しつづけていた）。

石原が参謀本部に着任した当時は岡田内閣であり、蔵相は高橋是清であった（高橋は、一九三六年の二・二六事件で殺害される）。石原が作戦課長に着任した時、岡田内閣は昭和一一年度（一九三六年度）予算を編成中であった。高橋蔵相のこの頃の財政政策は、過熱してきた景気を引き締めにかかっていた時期である。例えば歳出合計に占める軍事費の割合を見ると高橋が蔵相となり、最初に取り組んだ昭和七年度予算では、満州事変の関連で前年度の三〇・五%から三五・二%に急上昇した。しかし昭和八年度から一〇年度までは三八・七%、三八・〇%そして四〇・三%と高率を示したが安定していた。またGNPに占める軍事費の割合も昭和六年度は三・六%であったのが、七年度は五・三%と上昇したが、八年度から一〇年度までは五・九%、六・〇%、六・二%とこれも安定していた[7]。このような財政当局の予算編成方針は、前述の膨大な財政支出を必要とする石原構想とは当然衝突せざるを得ない。石原は、国防の重責を担う陸軍統帥の主務幕僚として昭和一一年度予算編成に関して、対ソ軍備拡張の必要性と、これに伴う大型予算編成の必要なことを、部内外の関係者に説いて回ったと思われる。その中、大蔵当局との打ち合せで、石原の要望に対し「現在のわが財政では無理だ」と反論した関係官に、石原は次のように放言した記録がある[8]。「わたしは軍人として財政がどうであろうと、あなた方が困ろうと関係ない。国防上必要最小限度を要求するもので、この要求を充たすようにするのが、あなた方の仕事で、高橋大蔵大臣が出せないというなら、出せる人が大臣になり、出せる方法を講じてもらうだけのことだ。……」

（二）　構想の形成とその影響

産業政策としての石原構想が具体的な形をとり始めたのは参謀本部が、一九三六年（昭和一一年）二月二二日「軍事費を中心とする帝国将来の財政目標」を提示した時からである。宮崎機関はこれにもとづいて「昭和一二年度以降五年間帝国歳入歳出計画（附緊急実施国策大綱）」を作成した。[9] その内容は軍需産業拡充計画を日満にわたって――ほぼ日本七、満州三の比率で――建設するための経済計画と、それを促進する財政計画と金融政策、さらに行政機構の改革案を含んでいた。これらのプランのうち、軍需工業の拡充計画はさらに産業別計画の細目におよび「満州に於ける軍需産業建設拡充計画」（一九三六年九月）、「帝国軍需産業拡充計画」（同年一一月）となった。満州についての計画は、ただちに関東軍にとりあげられ、当時満州にあった革新官僚（岸信介、星野直樹ら）が参画して改訂された上、一九三七年から「満州産業開発五年計画」として実施に移された。[10] 一方国内では参謀本部がこの計画を陸軍省に提示し、一九三七年五月「日満綜合軍需工業拡充五ヵ年計画」が改訂作成された。六月、陸軍省の「重要産業五年計画要綱」が成り、これに附属する「同計画実施に関する政策大綱」「同要綱説明資料」が宮崎機関によって完成された。

完成された重要産業五ヵ年計画には様々な問題があったが、それは後述するとして、その考え方の骨子は次のようなものである。軍から要望される航空機などの兵器の生産規模が前提となり、それを成立させるように鉄鋼、石炭、電力、アルミなどの基礎物資の生産規模を決定する。拡大すべき生産能力は、この目標生産能力から現有生産能力をマイナスしたものである。この拡大されるべき生産能力に一単位当りの推定設備費を乗じて所要資金を算出し、この資金を、財政と貿易でやりくりしようと意図された（つまり、この計画の成否は、財政と貿易、特に後者にかかっていた）。この際、資金ばかりでなく、労働力も必要となるのでその養成計画も建てられたのである。

（三）　構想の変質――日中戦争――

成案した陸軍省の「重要産業五年計画要綱」は林、近衛内閣に提示され、その遂行が要請された。その矢先の七月初め「盧溝橋事件」が勃発した。内閣も陸軍もこの事変の対応に追われ、この計画の件は先送りされた。また、その九月、事変への対応を巡って孤立した石原は参謀本部第一部長の職を解かれ、満州の関東軍参謀副長に転出させられた。

こうして「重要産業五ヵ年計画」が「生産力拡充計画」として閣議決定されたのは一九三九年一月になってからであった。この計画の、それまでの変転を振りかえると、林内閣当時、一度商工省などで具体的な案がつくられかかった。そのあと、林内閣から第一次近衛内閣への政権交代があり、日華事変が生起し、事変の総合的処理問題もからんで、企画庁が企画院となった。それでこの計画は企画院に移り一九三八年一月からあらためて立案がはじまり、四月に第一次案が完成し、一〇月に第二次案、一二月になってから決定案が完成という経路をたどったのである(11)。

この計画に事変が与えた影響は実行の時期を遅らし規模を縮小させたことだけでなく、「生産力拡充計画」(爾後、「生拡」と略称)より「物資動員計画」(爾後、「物動」と略称)の方を優先的に作成、実行させたことである。これは事変による軍需の急膨張によりそれでなくても逼迫していた輸入力(外貨)のやりくりがより苦しくなったからである。つまり、輸入力の直接統制を急速かつ大規模に具体化せねばならなくなったからである。この統制を具体化する手法が「物動」であった。

「物動」と「生拡」とは相互を規定する関係にあったが、「生拡」の運命は「物動」に握られており、主導権は「物動」にあった(「物動」は主要物資の部門別配分計画だが、その部門のひとつに「生産力拡充」部門があった)。

(四) 構想の最終形態

——何が消滅して何が残ったか——

「生産力拡充計画」がオーソライズされた一九三九年(昭和一四年)という年は、日本が抱えていた重要な諸問題を規定する政治的要因が激しく動いた年である。事変の処理問題では、汪兆銘の件があり、第二次大戦が勃発した。このような激動の一九三九年から四〇年にかけて、日本の政権は四回交代した。一月早々、近衛内閣から平沼内閣へ、八月末平沼内閣から阿部信行内閣へ、翌年(一五年)一月阿部内閣から米内光政内閣へ、そして七月再び近衛内閣(この時、陸軍が米内内閣を倒閣させている)へという具合である。この間、一九三九年二月海軍が海南島を占領し、六月日本軍は天津英仏租界を封鎖した。五月頃から小競り合いが続いていたソ満国境の武力衝突ノモンハン事件は七月から八月に大規模なものとなり関東軍は大敗した。七月末には米国が日本に通商航海条約廃棄を通告し九月一日第二次大戦が勃発した。

目標が縮小されて実行された「生産力拡充計画」である

表1　日本の資本収支と海外投資に対満投資が占める割合

年次	資本収支	海外投資総額	対満投資額	投資総額比
1935年	−259	586	387	66%
1936年	−206	654	229	35%
1937年	−319	849	348	41%
1938年	−132	1,126	439	39%
1939年	−817	1,186	1,103	93%
1940年	−327	1,402	1,010	72%
1941年	858	1,628	1,433	88%

〔備考〕 1）資本収支は山澤・山本『貿易と国際収支（長期経済統計14）』（東洋経済新報社、1979年）226-7頁より筆者算定。（単位：百万円）
2）投資関係は山本義彦「資本輸出入の推移と危機激化」（山崎隆三編『両大戦間の日本資本主義下巻』大月書店、1978年）239頁より再引。

が、それでも実績は目標を下回り、翌年下方修正せねばならなくなった。その原因には大戦の勃発や、電力問題などの外生的要因が挙げられているが、筆者は既に満州で実行されていた「満州産業開発五ヵ年計画」の件を挙げたい。

つまり、満州側の計画は一九三七年から実行され、軌道にのっているため、「生拡」の遂行の燃料ともいうべき資本を吸収するネットワークが定着し稼動していたということである（現に、一九三九年の日本の資本収支は八億一七〇〇万円の出超であり、海外投資総額一二億円の九三％は満州向けであった(12)。表1参照）。

日本経済は、日中戦争を契機に上からの統制化を強めたが、経済はタイタニックのような巨船であり、舵をきったからといってすぐに方向変換できるものではない。物動を基軸とした政府による上からの統制が市場との摩擦を経ながら経済全体に浸透しだしたのは一九三九年（昭和一四年）に入ってからである(13)。その意味で既に稼動していた満州側の生拡の方が資本を引き寄せる力が強かったと考えられる。その後、日満両方の生産力拡充計画が縮小していった原因は、米英の経済制裁にあったことは、従来いわれているとおりである。そして真珠湾を迎え、生産力拡充計画は新たな段階に入った。この間、昭和一六年から生産力拡充計画は生産拡充計画となり長期的な国力の拡充よりも今日の戦力が優先された。この時点で軍事力の基盤である生産力を拡充するという石原構想の特性は失われ、構想は終焉を迎えたといえる。

二　石原構想の経済学的分析

（一）　限界（問題点）と可能性

従来、石原構想（生産力拡充構想）は事変に日本が深く介入し石原が参謀本部を去った段階で実質的に日中戦争となってその役目を終えたと総括された。しかし、筆者の見解は「石原構想は石原が去り、日中戦争が拡大しても日中戦争の軍事的解決を掣肘する形で機能し続けた」というものである（企画院に宮崎正義が委員として立案に参画しつづけたこと、石原派と目される堀場一雄や革新官僚（商工省）の存在など、拙稿「物資動員計画から見た日中戦争」参照）。事変で生産力拡充構想は縮小されたとされるが、事実は「物動」の普通鋼鋼材の部門別配当を見る限り、「生産力拡充部門C2」への配当は一九四一年まで終始三〇％以上を保持していた。「事変が生産力拡充構想を掣肘したのではなく、生産力拡充構想が事変の短期解決を掣肘した」ともいえる。

ただ事変が経済の統制化を促進したことは確かである。物動における主要物資の部門別配当において一般民需を圧縮し、軍需と「生産力拡充部門C2」の両方に重点を志向するように統制したということである（事変を通して陸軍は対ソ戦備をストック、海軍は航空戦力を充実させた。なお、③計画が議会を通過したのは一九三六年である）。

従来、石原構想の根本問題として資本の件が挙げられている。満州に航空機産業などの軍需関連の重工業地帯を造成するためには膨大な資本、特に外資が必要になってくる。当時、このような資本を有していたのは、アメリカだが、満州重工業の鮎川義介が（モルガン商会などの国際金融資本からの）外資導入に失敗した事例などから、このような外資導入に失敗したのはアメリカ政府が満州国そのものを認知していないため、つまり満州事変を引起こした石原の思想そのものを認めていないため国際金融資本に融資を規制したことにあると考えられていた。つまり、石原の思想そのものに構想が実現しない原因があると指摘されていた。これに加えて、中村隆英が指摘したのは、資本や労働力の件とともに、平時そのような軍需品の生産設備を拡張したら設備過剰で採算がとれなくなるのではないかというものだ。

この資本特に外資導入の問題や採算の問題について若干検討してみよう。

藤原銀次郎は、一九三八年（昭和一三年）一一月二日東京の工業倶楽部で行われた日満支経済懇談会準備委員会に出席し次のような論述をしている[14]。

藤原はその日、次のような新聞記事を読んだ。記事で気になったのが、英国のチェンバレン首相が議会で労働党の党首からの質問に答えている内容である。質問の趣旨は、日本の支那（ママ）攻略が成功したら、世界最大の市場たる支那市場より、日本は各国を締め出す可能性があるが、首相はどう考えるかというものであった。これに対して、チェンバレンは戦争で疲弊した支那の戦後再建は、資本の流入なしには成り立たない。日本にはその資本がないのは明らかだ。従って英国の資本の援助なしには為し得ないと答弁した。藤原はこれに憤慨して「それで私は、日本の生産力の発達を調べてみました。北海道、台湾、朝鮮どの地域も、この十年で一八〜二〇倍に発達している。一方、カナダやオーストラリアは、最近二〇年に却って退歩している。ニュージーランドは発達しているものの、この一五〜二〇年間に三・五倍程度である。このような事実と実績を見たとき、日本が台湾や朝鮮でそのような急速な経済進歩を為し得たのは決して外国の資本を借りてなしたものではないということだ。殆ど全て日本の資本によって、日本人の力によって、日本人の努力によって為し得た所の進歩である。我々日本民族が、今後満州において又支那において経済上の発展に努力しましたならば、満州若しくは支那においても、朝鮮台湾若しくは北海道の例の如く長足の進歩発達を為すことは何人も疑うものはない」と言い切った。また、中国（支那）経済の固有の貿易構造、すなわち農産物や工業原料を輸出して製造品、工業品を輸入するという構造を促進することに日本の技術を投入することこそが、中国経済の発展につながり、支那何億の民に幸福を与えるものだし、それが同時に日本人の幸福につながり、世界経済の世界文化の利益に貢献するものだと、論説したのである。

この藤原の資本に対する見解の含意は、次のようなものである。石原構想で外資を導入せねばならなくなったのは、石原構想が要求する財やサービスが日本では入手できない軍需品に直結した重工業力を整備するのに必要な工作機械や鉱物資源・稀少資源そして先端技術だからだ。当時、円は世界中に通用する通貨ではなかった。それで構想が要求するドル・ポンド圏の財やサービスを入手するためには、ドルやポンドもしくは正貨（金）が必要だった。

採算の問題は、平時、設備が過剰となり、遊休するというものだが、平時需要のある民生財（軽工業品）ならば、このような問題は起きる可能性は減少する。従って資本が問題になったのは、その拡充分野の偏り（軍需産業関連の重工業部門）と拡充速度が急速なことにある（現に、重要産業五ヵ年計画での資金捻出のための貿易対策では輸出促進の対象となっている製品は軍需工業品と生産財である）[15]。日中戦争が生起しなかった場合でも、生産力拡充構想の性格そのものが、資本（外資）の問題と採算の問題を抱えていたのである。

しかし、逆にこの生産力拡充構想を外国資源集約型の軍需関連財ではなく、民生財（軽工業品）の生産力拡充構想に改修した場合、遠回りであるが、軍事力の質を高めることにつながっていくと考えられる（富国を優先しそれを実現すれば自ずと強兵は結果する)。

強力な政治力で、撤兵を実行し、米国による道義的禁輸の口実をなくさせる。汪兆銘に全てを委任し事実上の撤退する。よしんば撤兵できなくても、汪兆銘政権地域に豊かな財を提供できれば、すなわち、生産力拡充構想を民需中心のシステムに改修することによって豊かな民生財を提供できれば、汪兆銘政権を安定させ、民衆の信頼を勝ち得ることができた可能性があった。

(二) 可能性の根拠

右のような、可能性を示唆する幾つかの事実を指摘する。一九三〇年代の日本の産業構造を概観すると、その前半の五年間は高橋財政により軽工業と重工業そして農業とバランス良く発展、順調に成長していた。これを石原構想と日華事変は軍拡を目標とした重工業偏重の経済構造に無理やり改造することとなった。

一九三〇年代における日本の経済構造の変容を一言で特徴付ければ、経済が軍事化した一〇年と呼ぶことができる。安場保吉は一九三〇年代の日本経済について次のような仮説を提起している。「一九三〇年代に、軍需産業を中心とする資本集約的・資源集約的な重厚長大型産業を拡大せずに、軽工業を中心とし軽機械工業への展開を図るような発展を続けていたならば、戦争に突入することなく生活水準を引き上げられたはずだ」[16]。その根拠として日本では軽工業の方が重工業より技術進歩が速かったこと、一九三〇年代には軍事費の対国民総生産比率が異常に高くなったことなどを挙げている。安場は一九三〇年代の一〇年を軍拡と対外侵略の時代と一様に取り扱っているが、筆者は実質的に軍事化したのは後半の五年間(二・二六事件で高橋是清が殺害された以降)と考えている。この経済の軍事化をリードした思想が石原構想である。一九三七年七月日華事変が勃発したために、戦時となり急増する軍需が前面にでてきたため、石原構想は後景に退いたが日華事変が勃発する前から日本の経済構造特に産業構造は軍需工業関連の重工業に偏重する方向に動いていた。その根拠を、関連マクロデータから論じてみよう。

表2は軽工業品としての綿糸と重工業品としての普通鋼鋼材の生産量指数が一九三〇年代どう推移したかを示したものである。一九三一―三三年を基準とすると、綿糸の生産ピークは一九三七年であり、普通鋼材のピークは一九三八年で前者の生産は以後急激に減少、後者は爾後停滞というものだった。表3は同じく軽工業の紡績業部門と重工業の金属工業と機械・器具工業部門への実質投資(新設増資資本マイナス解散減資資本)の推移を調査したものである。

表2　工業生産量指数推移（1931-33年基準）

年　次	綿　糸	普通鋼鋼材
1930年	89.4	88.5
1931年	90.9	77.1
1932年	99.5	96.9
1933年	109.7	126
1934年	122.9	150
1935年	126	180
1936年	127.7	205.4
1937年	140.4	225.2
1938年	115.7	234.7
1939年	107.9	223.6
1940年	86.7	217.9

表3　部門別実質投資推移

年　次	紡績業	金属工業	機械・器具工業
1930年	−2,222	−2,138	4,939
1931年	−7,168	5,005	−14,797
1932年	26,778	−6,393	20,836
1933年	23,014	32,936	41,876
1934年	44,321	484,738	134,294
1935年	34,778	95,902	143,464
1936年	75,990	84,880	162,731
1937年	76,876	392,555	563,863
1938年	79,343	413,130	614,151
1939年	31,984	664,244	895,641
1940年	16,716	333,766	583,594

〔備考〕１）出典は日本銀行調査局『本邦経済統計』(昭和13年、15・16年、21・22年)より。
２）実質投資とは新設増資資本マイナス解散減資資本、単位は千円。

一九三五年から三六年、三七年にかけて大きな変化があった。紡績業は三五年を一〇〇とすると三六年は二一八、三七年は二二一であったが、金属工業は三六年が八八、三七年は四〇九であり、機械・器具工業は三六年が一一三、三七年が三九三であった。この数字からも明白なように、一九三七年には重工業部門に投資が急増した。一九三八年には前年、日華事変が始まっているため、軍需関連で重工業部門が重視されるのは当然であるが、一九三六年から三七年にかけての重工業部門における実質投資の急増に石原構想の影響が看取される。

次に、機械・器具工業部門の中の、紡織機械製造業（繊維産業向け機械）と工作機械製造業の小規模工場群（従業員五～四九人）の一九三〇年、一九三五年そして一九四〇年パネル・データの変化に注目すると以下のような点に気づく。

まず工場数の変化である。一九三〇年から一九三五年紡織機械製造業部門の工場数は三二八から八三四と五〇六の増であった。ところが一九四〇年には、五二〇に激減している（三一四の減少）。他方工作機械の方は、一九三〇年は四四二で一九三五年には七〇四と二六二の増であったのが一九四〇年には一、〇八〇に急増している（三七六の増加）。同じく従業員数も同様の変化をしている。三〇年から三五

表4　1930・1935・1940年の紡織機械製造業と工作機械製造業

	紡織機械製造工場数	工作機械製造工場数
1930年	328	442
1935年	834（+506）	704（+262）
1940年	520（−314）	1,080（+376）
	紡織機械製造業従業員数	**工作機械製造従業員数**
1930年	4,612	4,159
1935年	12,218（+7,606）	9,527（+5,368）
1940年	6,579（−5,639）	16,064（+6,537）

年紡織機械製造業部門は従業員数四、六一二人から一二、二一八人と七、六〇六人の増であり、それが四〇年には六、五七九人とこれも五、六三九人の減である。他方工作機械の部門は、一九三〇年から一九三五年に四、一五九人から九、五二七人へと倍以上に上昇し、四〇年にも一六、〇六四人まで急増した（六、五三七人の増加）。数字の出入りだけ見ると、一九三〇年代の前半の五年間で両部門がそろって飛躍的に成長し、後半の五年間では紡織機械製造業の工場や従業員の半数近くが工作機械工業のそれに転換した（前半五年間は均等に発展し、後半は後者に偏重したといえる）。

　このような一九三〇年代の前半と後半の変化は、貿易部門についても確認できる。工業品における類別輸出（入）

表5　類別輸出品構成の変化（1930年代）（不変価格）

（単位：上段％、下段100円）

年	加工食料品	繊維品	木製品	化学品	窯業品	金属品	機械	雑製品	工業品(計)
平均（5-10）	7.1	57	1.2	10.3	3.2	7.4	6.2	7.6	100
	147.6	1180.8	22.7	214.3	67	152.8	128.8	157.4	2071.5
平均（11-14）	6.9	47.3	2.1	11.3	3.7	8	12.8	7.9	100
	221.3	1518	71.1	363.7	117.3	255.8	410.1	253.2	3210.4

〔備考〕山澤・山本『貿易と国際収支（長期経済統計14）』（東洋経済新報社、1979年）186-7頁より筆者作成。平均（5-10）とは、昭和5年から10年までの算術平均、平均（11-14）も同様。

表6　類別輸入品構成の変化（1930年代）（不変価格）

（単位：上段％、下段100万円）

年	加工食料品	繊維品	木製品	化学品	窯業品	金属品	機械	雑製品	工業品（計）
平均（5-10）	20.8	7.5	2.1	28.8	1.4	24.9	12.6	1.9	100
	211.1	75.9	21.3	292.7	14.8	252.6	127.6	19.6	1015.6
平均（11-14）	14.1	4	0.6	21.4	0.9	43.2	14.4	1.4	100
	218.7	61.7	9.3	333.2	14.8	672.8	224.6	21.1	1556.2

〔備考〕同上、190-1頁より筆者作成、平均も同じ。

品の構成比率の変化を調査すると、次のような特徴があった（表5、6参照）。

輸出品に関しては一九三〇年代前半期（三〇―三五年）、輸出工業品総額の平均五七％を占めていた繊維品は後半期（三六―三九年）には一〇ポイント減少し、前半期六・二％であった機械類が後半期には一二・八％と倍増している。他方、輸入品の方では、前半期二四・九％の金属品が後半期四三・二％と二〇ポイントも上昇していた。つまり、安場が指摘した資源需要の増大、経済の重心が決定的に資源集約的産業に移ったのは一九三〇年代後半期であることがわかる。

それでは一九三〇年代の日本農業部門の状況を概観してみよう。一九三〇年日本の農業は恐慌にうちのめされていた。しかし、行政主導ではあったが、一九三二年からの経済更正運動などを基軸に力強く恐慌克服に向かっていた。農村の負債を行政が介入して整理軽減し、同時に農家経営の多角化が図られた。この時期の農業生産指数を、恐慌前の一九二七～二九年と恐慌後の三四～三六年を比較すると、綜合で二・七％の増であり果実が二〇・四％、野菜は一九・一％特に畜産が四三・三％増と際立っていた[17]。ところが、一九三七年以降の資本の動きに象徴される軍拡を目標とした重工業偏重の経済構造への改造と日華事変は、産業別就業構造を大きく変化させ、農家経営の多角化を困難にした。男性労働力が第二次産業に移動したり兵員として動員されたため、農家の労働力は女性によって補填された。

表7　産業別・男女別・就業者数（1930年-1940年）

（単位：千人）

項目	1930年			1940年		
	計	男	女	計	男	女
総　数	29,341	18,878	10,463	32,231	19,599	12,632
				2,890	721	2,169
	100	60.9	39.1	100	60.9	39.1
第一次産業	14,490	8,129	6,360	14,192	6,994	7,198
				−298	−1,135	838
	49.4	27.7	21.7	44	21.7	22.3
第二次産業	5,993	4,516	1,477	8,419	6,441	1,978
				2,426	1,925	501
	20.4	15.4	5	26.1	20	6.1
第三次産業	8,788	6,169	2,619	9,403	6,010	3,393
				615	−159	774
	30.2	21.2	9	29.9	19.1	10.8

〔備考〕1）出典は、日本銀行統計局『本邦主要経済統計』（1966年）53頁より。筆者作成、中段は、1940年の1930年に対する差、下段は構成比で％。

この女性労働力が米の生産を一九三七年から四四年まで安定させたといえるかもしれない（表7参照）。多角化の指標として家畜の飼養頭羽数に注目すると、豚の飼育頭数のピークは一九三八年（昭和一三年）、蜜蜂の養数のそれが一九三五年であった。つまり、農業部門も一九三〇年代前半部は時局匡救事業という追い風もあり順調に発展していたのである。

パウル・アインチヒ（Paul Einzig）は、その著書『戦争経済論』で来るべき大戦における経済問題について論じ、日本に忠告している（著者は英国の経済評論家であり、本書は第二次大戦直前の一九三八年に書かれ、日本では大戦が勃発した一九三九年の九月四日に翻訳出版された）。この論説の特筆すべき点は、来るべき欧州戦争には日本はドイツと決して同盟してはならない、中立を保持し、そして支那事変を処理できれば欧州大戦は政治的にも経済的にも日本に極めて利益になると忠告している点である。

「日本はヨーロッパ戦争から隔絶することが望ましい。この事は政治的にも経済的にも日本の利益である。即ち政治的にはヨーロッパ戦争は、日本をして支那で得た収穫を、整理する余地を与える。経済的には、日本が支那事変を終結せしめ得るならば、交戦国に対し軍需品を供給する地位に立つ。同時に、交戦国の産業は戦争状態によって桎梏を課せられるから、日本の輸出業者は新市場開拓の生涯一度の好機に恵まれるのである。日本は高度の繁栄を受け、支那事変で負った痛手も忽ち治癒するであろう。日本銀行の

表8　旧蘭印相手国別輸出入構成比（%）

相手国	1936	1937	1938	1939	1940
輸出					
ヨーロッパ	38.6	36.4	37.3	27.8	14.6
アメリカ	19	19.5	15	20.9	34.3
日本	5.6	4.4	3.1	3.3	5.7
その他アジア	21.9	26.8	26.1	31.5	32
オセアニア	4.7	3.9	5.5	5.6	4.3
アフリカ	3.7	4.1	5.6	4.6	2.2
総額（千グルデン）	537,658	951,194	657,795	746,327	881,911
輸入					
ヨーロッパ	40.7	44.8	50.1	45.9	30.2
アメリカ	8.6	10.9	13.4	14.3	24.5
日本	23	17.7	14.7	24.9	26.1
その他アジア	23.4	22.9	17.5	9.8	13.8
オセアニア	2.9	2.4	2.7	3.2	3.8
アフリカ	0.9	0.7	0.9	1.3	1.2
総額（千グルデン）	281,792	490,759	478,450	472,443	432,522

〔備考〕岩武照彦『南方軍政下の経済施策　下巻』（龍渓書舎、1995年）471-5頁、その他アジアの太宗はシンガポールである。

金準備は豊富となり、政府は多額の外債を償還し、又これによって日本の一等国としての特権が増すであろう。他面において、もし日本が誤ってドイツに味方して参戦するならば、日本の経済組織は、支那事変のそれよりも遥かに過重なる苦難を蒙ることは不可避であろう」[18]（続いて、日本が実際にその後辿った困難な状況が予測せられ、これらの点を考えると、日本がドイツに味方することは、容易に信じ難いと結ばれる。しかし、日本はその信じ難い道を選択した）。

表9　旧蘭印卸売物価指数の推移

	ジャワ・バタビア	スマトラ・メダン
1941年12月	100	100
1942年3月	102	
1942年6月	140	
9月	139	
12月	134	308
1943年3月	150	384
6月	166	432
9月	199	
12月	227	707
1944年3月	304	
6月	492	986
9月	1,279	1,279
12月		1,698
1945年3月	1,752	2,253
6月	2,421	3,252
8月	3,197	3,300

〔備考〕沢井実「戦時期」（『日本経済辞典』日本経済新聞社、1996年）66頁より再引。

大戦勃発により東南アジア経済と宗主国との貿易がどう変化したか、オランダ領インドネシアの大戦前後における貿易構造の変化に注目してみよう。この蘭印の平時の貿易構造を単純化すると、生ゴムや原油などの原材料・資源を輸出し、織物などの繊維や機械・器具類などの完成品を輸入するという構造である。相手国別輸出入構成比を見ると、一九三九年から四〇年にかけて、それ以前に比べて、ヨーロッパ州の構成比が激減し、輸出・輸入ともアメリカと日本がそれを肩代わりする形になっている。しかし、日米開戦となり、日本軍がこの地域を占領することによって、必然的にアメリカとの貿易は途絶える。それで唯一この地域に繊維製品や機械・器具類を供給できる国は日本だけとなった。その日本も、蘭印から資源を一方的に輸入するだけでこの地域に戦前の水準の財を輸出する（供給する）ことはできなかった。ヨーロッパ・アメリカからの輸入が途絶し、日本からの供給が減少すれば、当然、蘭印はモノ不足となり、急激なインフレとなった（表8、9参照）。

　中国大陸では日華事変の拡大とともに、軍票をはじめとする円系通貨と法幣や共産党系通貨との通貨戦争が熾烈になった。とりわけ、華中地域では日本軍は軍票政策を採用し、国民党政権の法幣政策に対抗した。この「通貨戦」はこの地域の物資争奪戦の帰趨を決定するものであり、日本軍はこの戦いに勝ち抜くために、軍票の価値維持工作を進める必要があり、そのため軍配組合を組織した。軍配組合は太平洋戦争に入ってからはその機能を華中物資の日本への搬出機構へと変質させたが、本来の目的は軍票の価値を維持するため物資による軍票の買い付けを行う物資統制団体であった。軍票と法幣の戦いの勝敗を判定するのは容易ではない。一九四一年から儲備券が発行され、軍票と併存していた時期が一九四三年まで続いた。これら通貨の強弱を計る指標としてはそれぞれの相場や重慶と上海の卸売物価指数の変化などが挙げられる。これを見ると軍配組合が地域に物資を供給し軍票を回収することができた太平洋戦争前は、軍票や儲備券は優勢に戦いを進めることができたと評価できる。しかし、太平洋戦争になって、そのような民生財を供給できなくなり、逆に、華中の物資を日本に搬出するようになってからは急激なインフレとなり、軍票や儲備券などの円系通貨は信用が低下した。(19)

むすび

政治が経済の行方を決定した。高橋是清の経済政策・産業政策には燻し銀の輝きがあった。石原は国防の使命を担う軍人の責任感から軍備充実を目標とした石原構想を掲げ冒頭のような放言におよんだ。高橋是清が健在でその財政・経済政策を継続し軍拡をコントロールしていたならば、日本経済は順調に発展していた可能性がある。

そういう意味では、二・二六事件はクーデター首謀者が目指していた「軍事独裁・軍事優先の国家支配体制」を実現させたといえる。二・二六事件以後に成立した広田内閣の馬場蔵相下で承認された海軍の③計画、陸軍の軍備充実計画は、日本の国力や経済力への考慮なき軍事優先の軍備拡充計画であった。これに対して、石原構想は軍事力の基盤となる経済力、生産力を充実させて軍事力の拡充に結びつけるという意味では画期的であった。しかし、この石原構想も、軍備造成に直結した軍需産業を優先させる限り、重工業偏重となり日本経済の成長にゆがみを生じさせた。従って、もし強力な政治力で「生産力拡充計画」を軍備充実のためのそれではなく、民需産業のための生産力拡充計画に改修した場合、加えて一九三九年の欧州大戦にドイツと同盟せずに中立を守り、日華事変を平和裡に処理していたならば大戦は日本がアジア太平洋経済圏における民需産業工場として英、仏、独、蘭の肩代わりをする絶好の機会であった。この時、戦後日本が実質的に成し遂げた（財に裏打ちされた円による）アジア太平洋共栄圏出現の可能性があったと考える。

註

（1）「日満財政経済調査会」（島田俊彦・稲葉正夫解説『現代史資料（八）』〈みすず書房、一九六四年〉七〇三頁）及び黒野耐『帝国国防方針の研究』（総和社、二〇〇〇年）三〇三頁。

（2）石原構想関連文書は、日本近代史料研究会『日満財政経済研究会資料』や前掲『現代史資料（八）』そして角田順編『石原莞爾資料　国防論策篇』（原書房、一九七一年）そして原朗・山崎志郎編集・解説『生産力拡充計画立案資料』（現代史料出版、一九九六年）などで公刊されているが、これを分析した著書・論文は意外にすくない。

（3）中村隆英『戦前期日本経済成長の分析』（岩波書店、一九七一年）の第九章に「石原構想」という概念がでてくる。本稿で筆者が論じている石原構想はこの中村隆英の概念を引用した。

（4）原朗「資金統制と産業金融――日華事変期における生産力拡充政策の金融的側面――」（土地制度史学会『土地制度史学』第三四号、一九六七年）。

（5）小林英夫「石原莞爾と総力戦思想」（『歴史評論』第三六〇号、一九八〇年四月）。

（6）前掲『戦前期日本経済成長の分析』二三六頁。

（7）高橋是清の財政政策については、幾多の研究がある。特に三和良一「高橋財政期の経済政策」（東京大学社会科学研究所編『ファシズム期の国家と社会2　戦時日本経済』東京大学出版会、一九七九年所収）は、その視点の総体性、分析の深さ、実証性において、これをこえたものを筆者はいまだ見ていない。GNPに占める軍事費の割合については拙稿「開戦経緯の経済的側面」（『防衛研究所戦史部年報』第2号、一九九九年三月）三九頁参照。

（8）横山臣平『秘録 石原莞爾』（芙蓉書房、一九七二年）二六四頁、ただこの発言の情報源が本書では明確でない。

（9）前掲『戦前期日本経済成長の分析』二三六－七頁。

（10）同右、二三七頁。「満州産業開発五ヵ年計画」の実績などについては原朗「一九三〇年代の満州経済統制政策」（満州史研究会編『日本帝国主義下の満州』御茶の水書房、一九七二年所収）一〇四－八頁参照。

（11）前掲『戦前期日本経済成長の分析』二七四頁。

（12）前掲「開戦経緯の経済的側面」四〇頁。

（13）一九三八年（昭和一三年）の三月に国家総動員法が成立しているがこの段階では総動員法はまだ機能していない。経済統制の基軸となる物資動員計画が計画され始めたのは一九三八年（昭和一三年）である。従ってこの物動が実際機能しだすのは翌年の一九三九年からとなる。

（14）日満中央協会『日満支経済懇談会報告書』（日満支経済懇談会事務局、一九三九年五月）。

（15）前掲『現代史資料（八）』七三六頁、「二十七重要産業五ヵ年計画要綱実施に関する政策大綱（案）」。

（16）安場保吉「資源」（西川・尾高・斉藤編著『日本経済の二〇〇年』日本評論社、一九九六年所収）二四頁。

（17）『農林水産省百年史』編纂委員会『農林水産省百年史　中巻』（『農林水産省百年史』刊行会、一九八〇年）四九－五〇頁。

（18）パウル・アインチヒ著、田中信太郎訳『戦争経済論――次期世界大戦の経済問題』（高山書院、一九三九年九月）

一七一－二頁。

(19) 中村・高村・小林編『戦時華中の物資動員と軍票』（多賀出版、一九九四年）および岩武照彦『近代中国通貨統一史　上』（みすず書房、一九九〇年）五〇七－二七頁、同「中国占領地の経済施策の全貌」（軍事史学会編『日中戦争の諸相』錦正社、一九九七年）二七三－六頁。

（防衛研究所戦史部所員）

第二篇　政治・外交からの視座

満洲事変直前の日中間の懸案交渉

浜口裕子

一　問題の所在

本稿は満洲事変直前の日中間における懸案交渉をとりあげ、緊迫しつつある当時の日本と中国の関係の一面を描くものである。

満洲においては一九二八年六月の張作霖爆殺事件後その子張学良が実権を握り易幟を断行、排日政策をとり、日中間の空気は悪化する一方であった。特に当時日本の満洲権益の中核であった南満洲鉄道（満鉄）に対する中国側鉄道による包囲網の形成の動きに、日本側は危機感を強めていた。中国側は満鉄に対し並行線建設による包囲網形成のみならず、満鉄がこれまで有したさまざまな特権の回収の動きを示した。これらのいずれも在満日本人にとっては生活の根幹を揺さぶられる大問題であったのである。

本稿ではこうした中国側の満洲における権益回収の動きの中で鉱業権回収問題を中心に日中交渉を追い、中国側の主張と日本側がいかにこれに対応しようとしたかを検討する。

二　並行線と満鉄経営

中国による満鉄並行線敷設は一九二一年九月の打通線建設工事着手に始まる。日本側は一九〇五年一二月の日清善後協約附属秘密議定書第三条の「清国政府ハ南満洲鉄道ノ利益ヲ保護スルノ目的ヲ以テ該鉄道ヲ未タ回収セサル以前ニ於テハ該鉄道附近ニ之ト併行スル幹線又ハ該鉄道ノ利益ヲ害スヘキ枝線ヲ敷設セサルコトヲ承諾ス」(1)という条文を根拠に再三抗議するが、中国側は受け入れることなく一九二七年一〇月にこれを完成させた。中国側はさらに満蒙四鉄道のひとつとして日本が敷設権保有を主張する吉海線の敷設に着手し、一九二九年八月にこれを完成させた。また、斎克（斉斉哈爾《チチハル》—克山）、洮昂（洮南—昂昂渓）、四洮（四平街—洮南）、打通（打虎山—通遼）、北寧（北平—瀋陽）の直通連絡も成立させ、一九三〇年一〇月には吉林、瀋陽、北平間に直通列車が運転されるに至った。

この前年の一九二九年よりの世界恐慌の影響は満洲においても顕著であった。中国の対外購買力は著しく後退し、輸出入額は落ち込んだ。これは当然満鉄の輸送額の減少をもたらした。その上銀が暴落し、銀建て運賃をとっていた中国鉄道の運賃は、金建て運賃をとっていた満鉄の運賃よりも相当割安となり、中国側の鉄道利用に拍車がかかった。満鉄の鉄道収入は、一九三〇年四月一日から八月二九日の五ヶ月で総計約三二〇〇万円となり、前年同期に比し約八〇〇万円の大減収となったのである[2]。さらに日本は中国側の運賃割引政策に神経をとがらせた。中国はたとえば一九二九年一一月より吉海—瀋海連絡割引運賃を実施したが、三〇年五月においては長春で満鉄と連絡する吉長線発送穀類は皆無であったのに対し、吉海線の方は一七二車の出回りがあったという。このままでは吉林発の穀類の大部分は吉海線に奪われるのではないかというのが満鉄側の懸念であった[3]。

中国側は銀安を満鉄包囲網建設の好機とみなした。東北交通委員会は東北四省各鉄路に対し、培養線を延長し連絡運輸を図り外国側鉄路を「抵制」すべしとの訓令を発したと伝えられた。その上機関車等の運転材料の購入や修理にあたっても、中国側は極力満鉄系工場以外の工場に注文するという厳しい満鉄排除政策をとったのである[4]。

このような状況の中で、日本側は外務省から転出し満鉄の交渉部長となった木村鋭市理事が主として中国側との交渉にあたることになった。日本側奉天総領事の林久治郎は並行線問題は、一九二七年の打通線完成時に中国側の競争線が形をなしており、この時以来の日中間の政治的懸案として、すでに三年経過した時期にあたり、この間の日本の抗議に対する中国側の頑なな態度から、これを早期に解決するのは不可能と考えた。並行線問題の早期解決の可能性が薄いという点は木村満鉄理事も一致していた。このため公式交渉として並行線問題を取り上げる前に満鉄の事務的懸案に力を注ぎ、そこから何らかの解決の糸口を見いだそうというのが林の考えであった[5]。しかし、外務省は並行線問題を含めた交渉を望んでいた。

幣原喜重郎外相は一九三〇年一一月上旬には鉄道交渉について大幅な譲歩方針を示した。すなわち山本・張協定によって正式請負契約が成立している二線のうち長大線は中国が自弁鉄道を建設するようつとめ、敦化—会寧については慎重に取り扱い、正式契約が成立していない三線に関しては、全部中国側の自弁敷設に任せる、従来抗議を続けてきた打通線、吉海線については満鉄と中国鉄道の間に永続性のある連絡協定を結ぶことを条件に抗議を撤回し、中国側が建設予定の洮南―通遼間等その建設によって満鉄が致命的打撃を被ると思われる路線については建設阻止を至上命題とする、というものであった[6]。幣原は軍関係者との協議の後一二月一九日付で改めて訓令を発した。

一九三一年一月二二日満鉄木村理事は張学良と会見した。ここで木村は交渉の要点として次の四点を掲げた。すなわち、新線問題、並行線問題、鉄道の接続連絡運輸協定問題、借款整理問題である。木村理事は並行線問題につき、同地域に複数の鉄道があれば競争になるのは当然で、満鉄が熾烈な競争の中で業績を悪化させ不測の事態を引き起こすようなことになれば結果的に日中双方の利益に反することとなると強調、従来政治的問題として対立が続いていた並行線問題を経済的側面から解きほぐすことを試みた[7]。張学良は中国側の交渉主任として東北交通委員会委員長高紀毅を任命した。木村・高の間には三回の交渉が行われたが、高は並行線問題、新線問題に関しては、政治問題として触れたがらず、交渉は鉄道連絡協定、借款整理といった事務的問題のみとなった。日本側としてはそれでは一般の期待を裏切ることになるとの焦燥があったものの、結局比較的軽微な事務的懸案を解決し、対日状況が緩和した後に新線問題などの懸案交渉に移るということにした。並行線をめぐる鉄道交渉は遅々として進まないまま、二月末に張学良が、三月に高紀毅が関内に去り、事実上頓挫した。

三　鉱業権回収問題

並行線問題は当時の日中間の最大懸案であったが、妥協点が見いだせぬまま、時間ばかりが空しく経過した。中国側の満鉄に対する排除政策が顕在化する中で、それに付随して多くの問題が起こった。満鉄は満鉄沿線にさまざまな鉱業権益を有していたが、中国側の利権回収熱が高ずるにしたがってこれらの権益をめぐる日中間の摩擦が顕著になっていった。そのうちここでは満鉄の直接事業の中核的存在であった撫順炭鉱及び鞍山鉄鉱区に関する日中間の摩擦と交渉を検討する。

(一)　撫順炭鉱

満鉄沿線における鉱山経営はポーツマス条約により東清鉄道会社の有する鉱山採掘権をロシアから日本が譲り受けたものであった。そこでは「長春（寛城子）旅順口間ノ鉄道及其ノ一切ノ支線並同地方ニ於テ之ニ附属スル一切ノ権利、特権及財産及同地方ニ於テ該鉄道ニ属シ又ハ其ノ利益ノ為メニ経営セラルル一切ノ炭坑ヲ補償ヲ受クルコトナク且清国政府ノ承諾ヲ以テ日本帝国政府ニ移転譲渡スヘキコトヲ約ス」(8)となっていた。またこの直後に調印された「日清満洲に関する条約」において「清国政府ハ露国カ日露講和条約第五条及第六条ニヨリ日本国ニ対シテ為シタル一切ノ譲渡ヲ承諾ス」(9)とされたことから、石炭以外の鉱山採掘権については日本が原則としてこれを有すが細則の協定は留保され、炭鉱に関しては東清鉄道が有する鉄道両側三〇支里以内における独占的採掘権、三〇支里以外における優先権および他の外国会社または外国と中国との合弁会社の採掘に対する容言権は日本に譲渡されたものと解された(10)。しかし中国側は撫順炭鉱は、元来東清鉄道会社の直系ではなく、露清合弁の華興利公司及撫順炭坑公司の経営に属するものと見なし、煙台炭鉱とともに日中間紛糾の火種となった。さらに満鉄幹線に含まれない安奉線沿線の鉱山採掘権が一九〇七年に日中合弁で経営することになったのであるが、中国側はその適用範囲を拡げて満鉄幹線にある鉱山にも及ばせることを提起した。撫順・煙台両炭鉱の合同経営が問題になっているおり、日本側はこれを受け入れなかった。

一九〇九年の「満洲五案件に関する協約」により撫順・煙台両炭鉱を除いて満鉄幹線及び安奉線沿線の鉱山はすべて日中合弁とすることを要すとなった(11)。日本にしてみれば撫順・煙台両炭鉱は「例外」として単独の鉱業権を確保したものの、ポーツマス条約より大幅な譲歩であったが、日本側はこれに則って日中合弁という形をとり鉱山経営を行っていた。中国の鉱業条例でも中国人・中国法人及び外資合弁法人に対して鉱山の採掘を許可していた。ところが奉天実業庁は一九二七年一一月奉天省内の各鉱業は中国の官民の合同となすべしとの布告を発し、日本との合弁経営に圧力をかけ、急速な利権の回収を図った(12)。

また、一九三〇年五月に公布され、一二月に実施の運びとなった中国の新鉱業法は、その趣旨が「対内的には鉱業国営主義を採り、対外的には鉱業権回収主義に出」(13)たものとされた。これによれば鉱業権の主体たるべきものは中華民国人、中華民国法人、採掘鉱物所在地の県市政に限られ、外国人の鉱業権獲得は認められなくなった。旧鉱業条例における中華民国人民との合弁組織による締約国人民の鉱業権は削除されたのである。外国人の鉱山業に対する参加はわずかに中国人経営の鉱山が株式会社である場合の株主として許可するのみとなった。その際外国人は会社総株数の半数未満の株数しか所有を認めないとされ、なおかつ鉱業権者としての株式会社は中国の国籍を有するものでなければならず、理事の過半数は中国人で、理事長、支配人も中国人でなければならないとされた(14)。日本の満洲における鉱業権は大きく揺らいでいたのである。

一九〇九年の条約において例外的に日中合弁の要件からはずされた撫順・煙台両炭鉱であるが、一九一一年に「撫順煙台両鉱採掘細則」が議定され、鉱区が画定され、標石が立てられた。ところが、細部にわたる鉱区の範囲となると必ずしも日中間で一致していたわけではなく、日中間の火種のひとつとなっていた。日本としてはこの問題はいわば日本側の「弱点」として「触ルルヲ極力避ケ」て「曖昧ニ葬リ(15)」おいていたのである。一九三一年に入り中国側は日本が「右原定境界以外ノ地方モ既ニ私ニ擅ニ侵占」しているとして抗議してきた(16)。また、満鉄は中国側県長の仲介で鉱業上必要な民間の土地を買収していたが、中国側は利権回収運動の台頭に伴い、一九二四年からこれを拒否するようになった(17)。

さらに課税問題も日本にとって危機感を煽るものであった。鉱産税については毎日の出炭量が三千噸未満の時は毎噸庫平銀一両とし、三千噸を超過する時は毎噸日本金一円として、毎年一月、四月、七月、十月各月に分けてこれを納付するのだが釐金を免除する代わりに毎年日本金五万円を包納することとなっていた。しかしこの時の撫順炭鉱の毎日の出炭量は二万から三万噸という膨大なもので、中国側は噸数に応じて銀で支払えば納付額が増大するはずとして「出炭量ニ相当スル互恵的条件ニテ納税(18)」するよう交渉を申し出た。そこへ輸出税の問題が起きた。撫順・煙台炭の輸出税に関しては先の「細則」にしたがって毎噸海関銀十分の一両（銀一銭）で算出した輸出税を納付してきたが、南京政府は一九三一年六月一日より新輸出税を実施することとし、外国輸出は一噸に付き〇・三四海関両、中国商港向け同〇・一五海関両を徴収すべしとの通達を発した。これにより、撫順炭の輸出は毎噸日本及び外国向け〇・二四海関両、中国商港向け〇・〇五海関両の大増税となり、撫順炭鉱経営に大きな打撃を与えることが予想された(19)。

加えて数年来の日中間の懸案となっていた撫順炭鉱の油頁岩（オイルセール）採掘問題が一九三〇年頃から日中間の政府間レベルの懸案にまでなっていた。日本は撫順炭鉱において一九二一年頃より石炭の上層にかぶった油頁岩の利用について研究を始め、一九二五年にこれを石油に加工する方法として「撫順式乾餾法」を完成させた。ところが一九二七年六月六日中国側撫順県知事より、油頁岩の採掘に関し撫順炭鉱は石炭採掘に局限されているにもかかわらず満鉄はその利用を調査研究中であるとして、採掘の有無、計画方法、数量等について梅野炭鉱長宛照会があった。満鉄側は六月一六日付けで油頁岩からの乾餾製油は目下研究中であるとし、それも従来廃棄していたものを利用しようとする研究であると回答する。日本側は一九二九年には「撫順式乾餾法」の工場を建設、石油資源の欠乏に悩む日本への貢献が期待されるに至る(20)。

しかし一九三〇年二月になり中国側王鏡寰遼寧交渉員から林総領事宛に、油頁岩の採掘は鉱業条例に違反するばかりでなく、撫順・煙台両炭鉱に関する協定は石炭採掘に限定されたものであるから、石炭と同一鉱床でない油頁岩の採取はこの協定の範囲を逸脱するので、総領事はその採掘を禁止させるよう抗議があった。これに対し、林総領事は、撫順炭鉱は特別の条約により採掘しており、鉱業条例の規束を受けず、また油頁岩からの採油は廃物利用にして協定違反ではないと回答した。中国側は国民政府外交部が油頁岩の採掘並びに製油につき同年四月二二日付けで南京総領事に対し、条約違反としてこれを禁止し、油頁岩鉱は中国側に引き渡すよう申し出、日中両国の政府レベルの懸案となった。さらに五月二〇日付で王遼寧交渉員より林総領事に対し、油頁岩採掘並びに製油を条約違反主権侵害と断じ、採掘を停止させ、時期を定めて正式判断により公平なる解決をなすことにするとの提議があった。満鉄としては油頁岩採掘並びに製油は石炭採掘と不可分の関係にして条約違反にあらず、また鉱業条例にも規律されるものではないとの旨を七月五日付で外務省、関東庁、在中国代理公使へ申達する手続きをなした。一方中国側は国民政府外交部長王正廷より一九三一年三月二六日さらなる抗議を重光代理公使に提出した(21)。それによると中国側の抗議は、以下のようなものであった。「満洲五案件交渉条約」により中国政府は日本政府が撫順・煙台炭鉱を開発する権利、日本政府は中国の一切の主権を尊重することが規定されている。しかるに撫順における油頁岩は炭層の上にあるといっても特別な鉱質でしかも世界における鉱物中の主要な鉱質であるから、「廃物ニテハ無之其ノ主権ハ当然中国ニ属スルモノ」であり、奉天総領事が廃物利用だとしているのは「明ニ未タ条約ヲ顧ミサルモノ」で「中国一切ノ主権ヲ尊重スルノ規定ニ最モ違背スル」ものである。したがって「採煉ヲ停止セシメラレ成ル可ク速ニ」中国に返還するよう求めたのである(22)。

(二) 鞍山振興公司

中国の権益回収の動きによる日中間の摩擦は、撫順以外にもさまざま起こった。撫順炭鉱は、「満洲五案件に関する協約」により例外的に日本の鉱業権が認められたが、それ以外の鉱業は日中合弁としなければならなかった。鞍山の鉄鉱開発も日中合弁の鞍山鉄鉱振興無限公司が行っていた。鞍山一帯の鉄鉱区の開発は一九一五年五月に調印されたいわゆる対華二一カ条要求にもとづく日華条約で認められたもので、満鉄が同地域の所有権者から永久借地の名義のもとに同地域一帯を買収し、一九一七年日中合弁の鞍山鉄鉱無限公司を設立した。

一九三〇年半ば頃からこの公司をめぐり鉱区の範囲や課税について日中間の見解の相違が顕在化するようになった。一九三〇年六月頃突然遼寧省農鉱庁より採掘執照査閲の要求があった。振興公司は事の重大性に鑑み領事館や他の鉱山等に先例を問い合わせ、すぐに手続きをしなかったところ、中国側は七月二五日付で次のように通知してきた。すなわち、一九一五年一一月に制定された特准探採鉄鉱暫定辦法第二条により、一九二八年八月以前の発給の鉱業執照ならびに許可証を農鉱庁に提出し査閲を受けるべしとあるにもかかわらずこれをやらないのは怠慢である、二週間以内に査閲を受けなければ鉱業権を取り消すと警告したのである。[23]あわてた振興公司は鎌田彌助振興公司総理を出むかせ八月七日付で執照を農鉱庁に提出した。これに対し農鉱庁は八月二〇日付けで、日中合弁なのは鞍山、大孤山等八鉄鉱区のみで追加の三鉄鉱区（一擔山、新関門山、白家堡子）は公司の中国人代表である于冲漢個人のもので合弁鉱区として出願しているものではない、苦土、長石鉱は公司にとって不要なものなのに公司の名をもって検査を受ける理由はなぜか、公司名義の鉄鉱区の採掘許可について保証人が死亡しているので他に保証人を立てるべし、との照会ならびに命令があった。会社は前二項目について文治派の大物であった袁金鎧を通し釈明、また新たな保証人を立てることにした。

ところが九月初旬にまた農鉱庁より一九一六年公布の特別修正鉄鉱試採掘暫定行辦法第四条により鉱石毎一屯につき銀四〇仙の割で一九一七年の公司創業以来の鉄捐を計算して半月以内に詳細な表を提出するよう指令があった。当惑した会社はさらに催促がある場合には于冲漢より日本側と協議する旨回答させることにしてそれまではこれに触れないよう態度を決した。また奉天総領事を通じて本溪湖煤鉄公司に鉄捐納付の有無を問い合わせたところそのような例はないとの回答を得る。

中国側からはさらに一〇月二日付けで先に振興公司が提出した執照に対し、振興公司名義の鞍山他七鉱区の執照は保証人死亡につき、新たに保証人を立て審査を申請すること、公司代表于冲漢、鎌田彌助名義の一擔山他二鉱区は公司契約中に追加されておらず公司名義の分と混同することなく区分を明らかにすること、両人名義の聖水寺他三鉱区の菱苦土鉱ならびに楊家南沟他一鉱区の長石鉱は公司が熔鉱炉を設けていない以上必需品とは認められず許可証は農鉱庁に保留すること、于冲漢個人名義の范家堡子他五鉱区の苦土鉱は明らかに于個人のもので公司の分と混淆すべきでなく期限内に採掘する時は鉱権を取り消すこと、という訓令があった。袁金鎧の斡旋による釈明も功を奏さなかったのであった。

さらに公司は一二月一三日付けで昭和五年度（一九三〇年度）下半期分鉱区税の納入を催促され従来通り鉄鉱区のみならず雑鉱区の分も公司所有として鉱区税を納入したところ、翌一九三一年一月一六日付けで農鉱庁長名で雑鉱区分の鉱区税は未納鉄砂捐に充当すると通達された。事態の悪化を憂慮した満鉄は、一月二六日鎌田振興公司総理より張学良宛農鉱庁の非違を申し出た。二月四日中国側の要求により鎌田総理はその要点を摘起して提出し、同時に農鉱庁長を訪問し「反省ヲ促」した。それにもかかわらず、農鉱庁は公司開業以来の鉄捐を計上し、四月二七日付で一ヶ月以内に納入するよう請求してきた。

加えて農鉱庁は従来振興公司が直接購入してきた公司用爆薬について、将来は軍政部で代弁購入すべしとの旨の訓令を一月二〇日付で発した。これは満鉄の製鉄原価に極めて大きな影響を及ぼすとして満鉄側は協議の末、中国側が供給できない種類の爆薬購入を申し出ること、その他は炭鉱部からの流用を受けること、を決定した[24]。以上のように従来通りの営業を続けようとする日本側と権益回収熱が高ずる中国側との溝は深まる一方であった。

四　満洲事変への道

一九三一年の前半には日中関係をさらに険悪化させるいくつかの出来事が起きた。一九三一年二月八日撫順炭鉱大山本坑排気坑道において発火事故が発生した。日本側の報告によればこれは自然発火で損害は軽微であり死傷者はなかった。ところが哈爾濱、天津、北京、上海等の日中両国の言論機関はことさらにこれを大げさにとりあげ、「撫順炭砿爆発！」「支那人抗夫三千、日本人監督十数名埋没！」「人命救助ノ見込ナシ」と書きたて、「異常ナセンセーションヲ捲キ起[25]」す事態に発展した。中国側の新聞は奉天政府農鉱庁が災害の実情調査を、奉天当局は犠牲者の遺族に対する損害賠償について炭鉱幹部と交渉をすべしとする一方で、満鉄に対し中国側の専門家の炭鉱及び必要設備の臨検を許可すべしと主張した[26]。そんな中でちょうど一ヶ月後の三月八日に撫順炭鉱東郷坑内で再度発火事件が起きた。この事故は日中双方に数名の死傷者を出す惨事となった。このような状況を受けて三月一一日中国側は日本に対し、農鉱庁技師による視察を申し出た。しかし日本側はもとよりこれに応ずる気はなく中国側の視察要求については一切拒絶した。四月八日国民政府駐遼特派員王鏡寰より公式の抗議が林奉天総領事のもとに届いた。これによれば炭坑は一ヶ月前にも事故を起こしており再発は予測されたもので不測の禍を避けるよう十分予防の方法を講ずるべきであったにもかかわらずこうした「惨劇」の発生をみたのは撫順炭鉱当局が「華人ノ生命ヲ聊モ顧恤セサル」ゆえである、撫順・煙台両鉱は中日の所訂条約において「中国一切ノ主権ヲ尊重スル旨規定アルニ拘ハラス」中国側の農鉱庁調査員の坑内立ち会い視察要求を拒絶するのは「条約違反ニシテ洵ニ遺憾」につき抗議する、条約に照らし中国の一切の主権を尊重するよう、総領事から炭鉱当局に「厳命」し、今後派遣調査を拒否することのないようにしてほしい、というものであった[27]。

中国側の権益回収運動はさらに熱を帯びた。四月五日より国民党系の遼寧全省国民外交協会が連合大会を開催した。打ち合わせ会議に提出された議案は、旅大回収、満鉄回収をはじめ、領事裁判権の回収、日本の東北における鉄道敷設絶対拒絶、撫順鉱区拡張拒絶、日本の警察権回収、中国人と日鮮人との婚姻禁止、外国人の鉱山開発禁止案等、日本にとっては極めて厳しいものが並んだ。正式議論の末、領事裁判権撤廃と東支鉄道回収の主張をなすことが決議された。そして「日本ハ貧弱ナル一小国ニシテ只不平等条約ニヨリ我カ国ヨリ炭、鉄ヲ強奪シテ武器ヲ製造シ中国人ヲ殺傷シ、我国ノ原料ニヨリテ棉布、棉糸ヲ製造シテ輸出シ我国ノ金銭ヲ奪フ　我等ハ対日敵愾心ヲ子々孫々ニ伝ヘテ日本ヲ我等代々ノ仇敵トナシ、経済手段ヲ以テ彼等ノ侵略ヲ防カハ二三十年内ニハ失ヒタル権利ヲ挽回スヘシ」と掲げ、閉会後直ちに撫順油頁岩採取反対運動、領事裁判権撤廃宣伝等を実行に移していった。このような動きに対し東北の官憲の態度は「寧ロ冷淡」であったともされ、地元政治家の中には対外関係を憂慮し協会の行動の監視取締方訓令を発した者もあった[28]。だが民衆の中にわきあがる国権回復熱は隠しようがなかった。

さらに課税問題も日中間の摩擦を増長させた。一九三〇年五月に日中間の新関税協定が成立、中国は一応関税自主権を認められるが、その際、中国は通商の促進の障害たる釐金等の租税並びに課税をなるべく速やかに廃止するという意向を表明、この年の一〇月一〇日からの釐金廃止を声明した。中国政府はこれに代わり一九三一年一月に綿糸、マッチ、セメントの統税条例を公布、遼寧省においては五月一日より営業税ならびに綿糸、セメント、小麦、巻たばこに関し独立の統税の附加を実施することが発表された。しかしこの新税についてその課税対象や課税方法をめぐり日中間に様々な紛争が起きた。日本としてはこのような統税が輸入品に対しても課されるのは関税協定違反であり、認められないとした。また日本は鉄道附属地の行政権は日本に属するという前提で附属地内において中国が課税することはできないという立場をとっていたが、中国側は附属地内の中国人に対し、出産税をはじめ各種の税を課税し、加えて統税と営業税も施行されることとなり、日本側の抗議の対象となっていた。統税ならびに営業税は附属地外の邦人商人に課される場合もあった(29)。そんな中、安東では五月二九日市民が市民大会を開催し、附属地における中国の課税行使ならびに日本人に対する中国の課税を絶対に否認する旨の決議が可決された(30)。さらに前述の新輸出税の実施は六月一日に迫っていた。

このような中で五月二八日満鉄は林総領事と打合の会合を開き、その対策を協議した。その結果、撫順炭鉱に関しては、油頁岩石発掘に対する中国側の抗議についてはその要求を「全然拒絶スルコト」、発火事件をめぐり中国側が要求する坑内立ち会い調査については、鉱区内における行政権に明らかでない点があるのを中国側が利用して日本側を侵蝕してくることは明らかなため、「一切之ヲ拒絶スルコト」、鉱区に関しては日中官憲立ち会いの上にその境界を明確にしてあるので、鉱区内の未買収地の買収問題以外に心配はない、との了解がなされた。鞍山に関しては、鉱区の画定ならびに課税問題は今後相当紛糾するかもしれないが、実施視察の結果、鉄鉱区域そのものは現在所有する鉱区のみでも余るほどあり現有の鉄鉱区を確保するだけで十分で、その他の鉱石の採掘権は適当調査の上「不要ナルモノヲ」中国側に返す決心を有すとされた。満鉄としてはこの段階で鉱山関係においては中国側に対し債務者の立場にあり、あくまで占有者の占有権を固持して中国側が進んで何等かの妥協案を提出するようにならない限り「遷延主義ヲ取リ着々実行ノ歩ヲ進」め「明白ナル解決ヲ急クコトハ、会社ヨリ進テハ為サヌ」方針であった(31)。

一九三一年半ば以降日中間の対立の激化に拍車をかける大きな事件が起こった。六月には参謀本部歩兵大尉中村震太郎等二名の日本軍人が満洲を調査旅行中に奉天軍によって殺害された中村大尉事件が、七月には長春郊外の万宝山で中国農民と朝鮮農民が衝突し、日本人警官も出動、騒動が朝鮮半島にまで及ぶことになる万宝山事件が起こった。日本においては「中村大尉の仇」として武力行使を主張する声が支持を集め、中国における排日活動に対し大幅な現状変革が必要であるという強硬論が広まっていった。

八月、鞍山振興無限公司の係争問題が『東京国民新聞』の社員により新聞記事となり世上の論議にのぼることになった。それによれば、鞍山製鉄所一帯の土地は満鉄がその所有者より永久借地の名義で買収したものであったが、この売り主より六月中旬満鉄に対し、調査のため一時この地券を借用したい旨申し出があり、満鉄が貸与したところ、売り主はその後鞍山一帯の土地は永久借地契約ではなく一時的なものであり、支払われた借地料はすでに消尽したため地券は満鉄に返還せず、土地の所有権は自分に復帰した、との通達を行ってきた。驚愕した満鉄は売り主に不当であると抗議したものの要領を得ず、出先外交官を通じて中国側との交渉を開始したがこれも一蹴された。

この記事を契機として鞍山振興公司に関する様々な問題が露呈した。中国側国権回復運動の先頭に立つ遼寧省外交協会および法制学会は同公司について数十年にわたり約百万元にのぼる脱税滞納を発見したとした。日本の調査機関の調査によれば日中合弁企業である鞍山振興公司の中国側の代表者である于冲漢が最初の土地買収に際し、契約金の全額を地主に支払わなかったようであり、かつ振興公司は鉱区税は支払っているものの鉱産税は約原洋五〇万元内外の滞納となっていた。滞納の原因は于冲漢が張作霖の信頼を得た奉天政府内の有数の有力者であったため徴税機関が遠慮したためとみられるが、于の勢力失墜とともに鉱産税の滞納を口実として中国側が鉱業権の取消を主張し、また土地買収に不満をもっていた地主をして土地の所有権の返還を主張させたものと思われた。これらの問題は鞍山のみならず他の多くの日中合弁事業を含めその根底を揺るがす恐れがあった。そもそも中国は鉱業に関することは新鉱業条例に依拠して律するとの立場をとるが、日本としてはこれをほとんど認めておらず、両者の主張は根本的に平行線をたどったのである[32]。

以上のように満洲をめぐる日中間の懸案交渉はいずれも打開策を見いだせぬまま、その空気は険悪化の一途をたどった。日本にとって日中関係修復の見込みが全くたたない状況で満洲事変が起きたのである。

五　結　び

『満鐵附屬地經營沿革全史』は満洲における日本の石炭業に関し、満洲事変前に中国側が満鉄沿線以外の地域の業務に「極力圧迫ヲ加」えたため、総退却を余儀なくされ、加えて中国側は事変直前には撫順の油頁岩に対し抗議する一方、撫順に対抗する鉱山の開発に意を注ぎ、「日本側ノ圧迫ニ努メタ」という。満洲事変により中国側のこうした「横暴ハ其ノ跡ヲ絶ツト共ニ自由ナ活動カ出来ルコトトナツタ」としている。石炭の産額は一九三〇年、三一年と前年を下まわったものの、三二年より上昇に転じた。同じく鞍山の鉱区に関しても中国側が「漸次圧迫手段ヲ講」じ、満洲事変直前には「可成危機」と思われたが、「事変ニ依リ全ク好転シタ」とする。(33)

本稿で見たように中国側の満鉄並行線建設は日本にとって満洲経営の根幹にかかわる問題であったため、早急な対策が必要とされたが交渉はさしたる進展をみないまま頓挫した。それに加えて中国側の鉱業権回収の動きは、日露戦争以来の満洲の利権に固執しようとする日本側にとっては受け入れがたいものであった。一九二〇年代の後半頃の中国においてナショナリズムの高揚は顕著であったが、満洲においては張学良が政権をとって以降露骨な排日政策を掲げたため、日中間の各種の紛争が二〇年代末より一気に顕在化していた。中国の「主権」をたてに利権回収を主張する中国側と、日露戦争以降の満洲権益の維持を前提に満洲経営の発展を期待する在満日本人との溝は深まる一方であった。満鉄並行線建設問題にしろ、鉱業権回収問題にしろ、満洲に居住する日本人にとっては生活の根底が覆される可能性をもつ大きな問題であったにもかかわらず、事態は悪化の一途をたどった。『經營沿革全史』に書かれている満洲事変に対する評価は、在満日本人の多くを代表する感情と考えてよいだろう。

日中交渉が八方ふさがりの状態の中、交渉の矢面にたっていた林久治郎奉天総領事ですら日中間の衝突が「不可避」(34)であると考えるようになっていた。林はしかしこの衝突は日本にとって国際的に有利に展開させる必要があり、軍の活動の表面化を憂い、政府を無視して軍が行動を起こすことには大きな懸念を抱いていた。しかし事態は林の憂慮した方向へと進んだのである。

註

(1) 外務省編纂『日本外交年表竝主要文書、上』(財団法人日本国際連合協会、一九五五年)二五六頁。

(2) 「昭和五年度交資綜・第十三號・銀落ト滿洲日支經濟界不況實情」(一九三〇年九月二三日)、南滿洲鐵道株式會社交渉部資料課(スタンフォード大学フーバー研究所所蔵「戦前戦後直後国外雑纂・Box 1」本資料は当時満鉄理事兼交渉部長であった木村鋭市氏の保管したものと考えられる。資料の閲覧にあたり、現東京大学助教授加藤陽子、現新潟大学教授井村哲郎の両先生が整理した目録を参考にした。以下、「木村資料」とする)。

(3) 「昭和五年度交資綜・第六号・最近ニ於ケル東北四省ノ對滿鐵交通政策」(一九三〇年八月二八日)、南滿洲鐵道株式會社交渉部資料課(同右所収)。

(4) 同右、尾形洋一によれば、中国側鉄路から満鉄が受けた経済的影響は、不況によるものよりはるかに軽微であった。しかし並行線建設を張学良と蔣介石の「合作事業」とみた場合、日本の危機感を煽る政治的要因となった(尾形洋一

「東北交通委員会と所謂『満鉄包囲鉄道網計画』」、『史學雑誌』第八六編第八号、一九七七年、三九－四四頁）。

（5）林久治郎『満洲事変と奉天総領事』（原書房、一九七八年）九二－九三頁。

（6）臼井勝美『満州事変――戦争と外交――』（中央公論社、一九七四年）一一－一二頁。

（7）同右、一五－一六頁。

（8）前掲『日本外交年表竝主要文書、上』二四六頁。

（9）同右、二五三頁。

（10）ここで三〇支里の根拠は、一九〇二年一月に東支（東清）鉄道会社と黒龍江省との間に結ばれた「採炭ニ關スル露（東支鉄道会社）支（黒龍江省）間ノ協定」によるものと思われる。ここでは「（イ）東支鉄道会社ハ東支鉄道線ノ両側三十支里ヲ超エサル範圍内ニ於テ石炭ヲ試掘及採掘スルノ独占権ヲ有スヘシ（ロ）外国人（東支鉄道以外ノ会社又ハ支那人株主及外国人株主ノ共同会社）カ東支鉄道ノ両側前記三十里制限ノ外ニ於テ石炭ヲ試掘又ハ採掘セムト希望スル場合ニ於テハ都統ハ之ニ採掘ヲ許可スルニ先チ東支鉄道会社ト商議スヘキコトヲ約ス（ハ）東支鉄道会社カ東支鉄道線ノ両側前記三十里ノ制限外ニ於テ石炭ヲ試掘又ハ採掘セムト希望スルトキハ同社ハ他ノ一切ノ出願者ニ対スル優先権ヲ与ヘラルヘシ尤モ会社ハ石炭採掘ニ関スル支那国ノ一般規則ヲ遵守スルコトヲ要ス」とある（鐵道運輸局『支那鐵道關係條約彙纂』、一九二六年、三五二頁）。さらに一九〇七年八月吉林省における採炭に関しても、これに準ずる内容をもつ「吉林省ニ於ケル採炭ニ關スル露清條約」（同右、三五五－三五六頁）が結ばれているが、これはポーツマス条約後に締結されたものであり、奉天省に関してはこのような内容を含む条約は結ばれていない。したがって「長春旅順口間」と限った場合、三〇支里の条約上の根拠は実は曖昧である。

（11）滿鐵太平洋問題調査準備會『滿洲事變に關する諸誘因雜輯』（南滿洲鐵道株式會社、一九三一年）七八－八〇頁。

（12）大連商工會議所『滿洲事變前に於ける我が權益侵害事例』（大連商工會議所、一九三一年）二〇頁。

（13）前掲『滿洲事變に關する諸誘因雜輯』五二頁。

（14）同右、五二－五三頁。

（15）炭礦部庶務課・高久肇「煙台鑛区ニ就テ」〈一九三一年六月〉「木村資料・Box 2・炭鑛区問題」）。

（16）「交渉署より日本総領事館宛公文」（「奉天公所より撫順炭坑庶務課長宛」〈一九三一年五月一六日〉に添付された文書［同右所収］）。

（17）前掲『滿洲事變前に於ける我が權益侵害事例』二二頁。

（18）前掲「交渉署より日本総領事館宛公文」。

（19）前掲『滿洲事變に關する諸誘因雜輯』六六頁。

（20）滿鐵地方部殘務整理委員會編纂係『滿鐵附屬地經營沿革全史・總論之部・八・産業』、一九三九年、復刻版、富士ゼロックス株式会社、一九七五年。

（21）「油頁岩採掘問題経過概要」（「木村資料・Box 2・炭鐵礦区問題」）。

（22）「外交部長王正廷より重光葵駐華代理公使宛書簡」〈一九三一年三月二六日〉（同右所収）。

（23）「遼寧省農鑛廳長劉鶴齡より中日振興公司宛・遼寧省農鑛廳訓令第六六七一号執照査閲ヲ受クル為廳及納費ノ件」

〈一九三〇年七月二五日〉「振興公司關係諸問題經過概要」付（同右所収）。
(24) 以上の記述は「振興公司關係諸問題經過概要」（同右所収）による。
(25) （戸倉執筆）「昭和五年度綜合資料・第四一号・撫順炭礦発火事件ノ誤報ニ就テ」〈一九三一年三月三日〉、南滿洲鐵道株式會社交渉部資料課、一頁（「木村資料・Box 1」）一頁。
(26) 同右、二一―三頁。
(27) 「外交部駐遼特派員王鏡寰より林総領事宛」〈一九三一年四月八日〉（「木村資料・Box 2・炭鐵礦区問題」）。
(28) 「昭和六年版・綜合資料・第四号・遼寧全省国民外交協會ノ活動（遼寧国民外交協會聯合大會）」〈一九三一年四月二四日〉、南滿洲鐵道株式會社資料課（「木村資料・Box 1」）。
(29) 前掲『滿洲事變に關する諸誘因雜輯』一〇―一三頁。
(30) （大泉執筆）「昭和六年度版・綜合資料・第一三号・附属地課税問題ノ現状」〈一九三一年六月八日〉、南滿洲鐵道株式會社交渉部資料課（「木村資料・Box 1」）。
(31) 「記録」〈一九三一年五月二八日〉（「木村資料・Box 2・炭鐵礦区問題」）。
(32) 東亜興信公所「鞍山振興無限公司係争問題ニ関スル件」〈一九三一年九月九日〉（同右所収）。
(33) 前掲『滿鐵附屬地經營沿革全史・總論之部・八・産業』。
(34) 前掲『滿州事変と奉天総領事』一一六―一一七頁。

（文化女子大学助教授）

「宥和」の変容——満州事変時の外務省——

小池聖一

はじめに

昭和六年（一九三一年）九月十八日、中国東北地方（満州）で、日中両軍が戦闘状態となった。

重光葵駐中国公使（昭和六年八月より）にとって柳条湖事件・満州事変の勃発は、提携の相手である宋子文国民政府財政部長とともに、「満州」に赴き懸案解決の道筋をつけようとしていた最中の出来事であった。

重光は、「最近兎角両国間ノ感情カ満州ノ問題ニ付昂ナリ居ル次第ナレハ根本重要ノ問題ハ暫ク措キ差当リ枝葉ノ問題ニ付出来得ル丈ノ調節ヲ為シ良好ナル空気ヲ齎サントノ意思」を共有する宋子文をして張学良を説得せしめ、[1]内田康哉満鉄総裁を交えた三者会談による事態の打開を図っていた。[2]

満州事変から七〇年の歳月が経とうとしている今、日本の「満州事変」研究は、それを大きく次の二点で解釈してきた。その一つが、満州事変を矛盾の蓄積過程における一つの飽和点として理解するものである。この観点にたつ研究は、必然としての事件原因を明らかにし、満州事変を起点とする「十五年戦争」を日本の「侵略」として捉え、今日的な「加害責任」という視点から分析しようとするものである。[3]いま一つが、前者同様の「〜への道」として、国際政治と国内政治への影響について実証的な過程分析を行う研究である。[4]

しかし、前者につづく諸研究は、中国共産党の抗日戦争史観と親和的ではあるが、当該期、中国を支配していた国民政府・国民党の存在を組み込むことができず、中国東北地方の実態を軽視したものであった。[5]また、満州事変後、日本が国際聯盟から脱退したにもかかわらず、日本をとりまく国際環境が安定的であったことが説明できない。[6]さらに、昭和十二年七月七日の蘆溝橋事件に始まる日中戦争までの(もちろんこれ以降の和平工作を含めて)、日本の対中国宥和政策も説明することができないのである。[7]

一方、後者の政治過程分析は、満州事変を大正十一年(一九二二年)に成立したワシントン会議の諸成果に基づく「ワシントン体制」の崩壊過程として位置付けるに急であり、主体としての中国を正当に評価できない。[8] その政治過程分析も、政策決定過程にのみ焦点をあてたため、執行過程での読み替え等、現地外交官の活動を分析の対象に組み入れることが十分にできなかった。[9] このため、満州事変への過程における対中国経済政策を中心とする「宥和」政策は、評価の対象とならず、結果として「国際協調」路線の限界として「幣原外交」の有効性に議論を集中させたのであった。

その後、酒井哲哉氏は、「新外交」の影響から日本外交が中国の客体化を前提とする「英米協調」と、「非植民地化」要求に対応する「日中提携」の二つの座標軸を設定し、[10] また、西村成雄氏が「リットン調査委員会報告書ニ対スル意見書」を日本政府の対中国認識の理念型として設定し、中国から分離した存在としている。[11]

そこで本稿では、満州事変の与えた衝撃を重光葵駐中国公使による対中国「宥和」政策と外務省亜細亜局に焦点をあてて分析する。それは、提携を前提とする「宥和」政策の可能性を実証しつつ、満州事変により、外務省とその対外認識がいかに変容したかを明らかにする作業であると考えている。

一 「宥和」の限界

満州事変・柳条湖事件発生直後の九月十九日午前から、事件を地方的問題として解決すべく、重光葵駐中国公使と宋子文財政部長は行動する。重光は、宋の日中共同委員会設置案に同意し、外務省中央に提案を報告。[12] 同日午後には、この宋提案を「先ツ主義トシテ賛成ヲ表セラレテ然ルヘシト存セラル」と決定を急ぐよう意見具申した。[13] しかし、幣原外相から日中共同委員会設置提案を承諾する至急電が重光に届いたのは三日後の二十二日であった。[14] 重光は、その日のうちに日中共同委員会設置を承諾する旨、国民政府に伝達したものの、事件が拡大しつつあるなか、宋より若槻内閣の陸軍に対する統制力に疑義が出され、委員会案も撤回されたのであった。[15] これにより、中国・関内を舞台とする日中の「提携」関係は、満州事変解決にあたって機能不全となった。結果、満州事変に関する日中直接交渉の場はなくなり、代わって国際聯盟が問題討議の場となったのであった。[16]

以下では、満州事変前の対中国「宥和」政策の可能性を前提として「提携」関係が成立していたことに求め、まず、その問題点および障害について分析することとしたい。

（一）「提携」の行方

満州事変前、外務省の対中国交渉ルートは、外務省（主管・亜細亜局）―在北京（上海）中国公使と外務省（主管・亜細亜局）―在奉天総領事という二元的な体制から、基本的に駐中国公使に比重が置かれつつあった。それは、北伐の結果として東三省の易幟によって形式的ではあるが国民政府による統一が成立していたことに対応するものであった。

このようななか、昭和五年（一九三〇年）三月十二日、重光臨時代理公使と宋子文財政部長との「提携」により、日中関税協定が成立した（仮調印、批准〔成立〕は五月六日）。日中関税協定の成立により、関税収入の安定化に成功し、一定の財政基盤を獲得した国民政府は、国内統一・対軍閥戦（中原大戦）のためにも釐金《リキン》等の内地税撤廃を次なる目標とした。一方、日本は、恐慌下にある程度、安定的な市場を確保し、その維持を図ったのであった[17]。

重光臨時代理公使は、交渉後の三月十九日外務省着の電報公第三二一号で「王正廷ヲ頭トスル外交部ニ於テハ常ニ輿論ノ潮流ニ副ヒ最急進的政策ニ出ツル」と「蔣介石ヲ中心トスル宋家一派ノ勢力ハ胡漢民等ノ党部理論派ノ勢力ヲ断然圧迫シ居ル」との二つの認識から「蔣介石ハ勿論各方面ノ裏面ノ実勢力ニ対シテ聯絡交歓シ外交部ヲ牽制シツツ交渉ヲ理論的ヨリ幾分ニテモ実際的ニ導キ我方ノ有利ノ地歩ヲ造ルニ努ムルノ必要アリ」としていた[18]。重光は、外交部が主導する「革命外交」を回避し、蔣介石・宋子文ライン、特に、宋子文財政部長との「提携」により、「宥和」を図っていたのである。

しかし、このような日中間の提携には、以下の問題が存在していた。それは、

①日中関税協定の施行にあたっての諸問題
②重光と宋子文財政部長による経済「提携」の維持
③不平等条約を象徴する治外法権撤廃問題の解決
④対日ボイコット問題

の四点であった。満州事変前、これらの問題点がいかなる状況下にあったかを概述する。

①日中関税協定の施行にあたっての諸問題[19]

国民政府は、関税自主権回復後、国定税率の導入に邁進することとなった。この国定税率の導入に対する日本側の関心は、第一に、税率（特に輸入税）がどの程度に設定さ

れるか、であった[20]。第二に、国定税率が「いつ」導入されるか、そして、第三の関心は、国定税率の導入が、日本側が希望していた釐金および釐金類似の内地通過税の廃止（裁釐）と同時に行われるかどうか、であった。

このうち、税率については、日本側要求と中国側が設定した国定税率との間に大きな差異はなかった。それゆえ、導入時期は、第三の裁釐との関連で問題となった。国民政府の裁釐に対して、外務省中央は、統一中央政府としての国民政府に対する不信感から中国の地方政府・省政府にとって有力な財源である釐金および釐金類似の内地通過税の廃止（裁釐）の実行を疑問視していた。しかし、この裁釐も、最終的に蒋介石の強い意志を表明した通電等により、昭和六年一月一日、国定税率の導入とともに公布されたのであった。

国定税率の導入は、国貨提倡運動（中国の国産品購入運動）、銀価の暴落とそれにともなう中国側購買力の減少と海関金単位制導入とともに、東北の日本商の経営を厳しいものにした。なかでも、資本の小さいものは、売掛金の回収も不可能な状況に追込まれていった[21]。釐金および釐金類似の内地通過税にかわる新たな課税（営業税・統税）も、租界内での徴収が問題となったが、関内では日本側も租界内中国商に対する営業税の課税を黙認していった。裁釐課税として新たに導入された営業税・統税等は、中国本土・関内で治外法権の漸進的撤廃の範囲内で、「満州」でも統税は地方的交渉によって、営業税についても部分的かつ地方的に、妥協が成立していたのである。

また、中国側が国定税率の導入にあたり、大連港を中国港として課税対象としたことは、「大連海関設置ニ関スル協定」（明治四〇年）に依拠してきた日本側特権を否定し、新たな問題（大連二重課税問題）を惹起した。大連港の二重性格に依拠してきた日本側は、明確に中国港として扱おうとする中国側の対応により、大連港を「外国港」（＝日本港）とするならば経済的に中国各地との連係を断たれて孤立を余儀なくされ、内国港（＝中国港）と規定するならば、租借地としての関東州の意義を根本から失うというジレンマに陥ることとなったのである。

当初、日本側、現地および外務省中央では、強制通関により、大連海関協定の維持を図ったが、本問題も重光・宋子文間に交渉がもたれ、九月十日、日中両国間で覚書が交換され、一応の解決がなされたのであった[22]。

②重光と宋子文財政部長による経済「提携」の維持[23]

日中関税協定成立から満州事変勃発前後における重光～宋子文関係＝日中間の「提携」を具体化するものの一つと

して、債務整理問題にともなう経済提携案があげられる。
この債務整理は、日中関税協定成立にあたって枢密院が義務付けたため、日中間の交渉となった。しかし、国民政府にとって対日債務の多くは、西原借款に代表される無担保不確実債であり、一部は北京政府の兵器借款であった[24]。それゆえ、国民政府は、西原借款を存在すら公に認めるわけにいかなかった。

このため債務整理交渉は困難が予想されたが、重光は、西原借款を表面に出させず、中国側債務を一括して整理する債務整理一括整理方針を提案。これを受けて宋子文財政部長も西原借款問題を浮上させずに債務整理資金の分配を行い、一九六〇年償還を目途とする案をたてつつあった。出先・現地における債務一括整理方針での一致は、日中関税協定の締結ともあいまって日中間の宥和を促進させ、宋子文をして国民政府財政顧問の派遣を要請するまでになっていた。宋子文案は中国に金本位制を導入することを意図したものであり、日本にとっては銀価に連動した不安定な為替相場に翻弄されることの多かった中国市場の安定につながるものであった。重光は、日中「経済」提携を促進させる格好の機会と考えていた[25]。さらに、重光は、国民政府の国際的信用を高めるため債権の中国再投資を提唱したのであった[26]。

しかし、重光が日中関係好転の鍵として推進した債務整理資金の中国再投資案は、昭和六年に入っても大蔵省側の承認をえられなかった。この間、イギリスの対中国借款計画、国際聯盟による対中国経済援助が浮上。さらに、外務省中央・幣原は、日本の旧債整理→中国の国際信用の回復→日本の仲介による外債の導入（英米からの）というシナリオを四国借款団の利用を通じて実現しようと考えたのである[27]。

このような外務省中央の「列国協調」政策への傾斜は、重光と同じ中国認識に立っていた亜細亜局内部にも変化を与え、重光の経済提携策は外務省内で孤立していった。

③不平等条約を象徴する治外法権撤廃問題の解決[28]

治外法権の撤廃は、中国にとって最後に残った不平等条約を象徴する問題であり、王正廷外交部長が主導する「革命外交」の中心的課題であった[29]。中国側は、治外法権の即時全面撤廃を要求していた。

これに対し日本は、昭和五年一月二十日に「治外法権根本方針」を閣議決定していた[30]。日本の治外法権根本方針は、民事・刑事とも段階的撤廃による漸進主義をとっていた。そして、治外法権実施の対象から共同租界と鉄道付属地を除き、民事については治外法権撤廃の代償として内地の居住営業権を、刑事については土地利用権を代償に求めている所に特徴があった。日本側方針は、同時期出された英米両国の治外法権撤廃案と比べて最も中国側要求とかけ離れていた。それは、日本が経済・在中国居留民の面で、治外法権に依拠する部分を多く有していたためであった。このため、国民政府との交渉は平行線をたどることが予想され、重光臨時代理公使は、前記の債務整理問題に期待をかけ、治外法権問題について交渉を先延ばしにする遅延策をとった。しかし、昭和五年十二月一日、王正廷外交部長は、即時全廃を主義とする対案を提示。同月十七日には、英、米、仏、蘭、ノルウェー、ブラジルの六カ国に対して覚書を提出して、一九三一年（昭和六年）二月末という期限を付けて治外法権の撤廃を迫った。列国は、王覚書を脅迫的なものと認識したが、対応は不揃いなものであった。仏は強硬な姿勢をとりつつあったが、蘭は事実上屈伏、英米両国は宥和の方向に進んでいった。状況は、日本を孤立させつつあった。

一方で実態としての治外法権の撤廃は、現地の日本人・日本法人に受け入れられていった。民事訴訟で中国人を相手とする場合、中国法廷に提訴していたのである[31]。このような動きは、領事裁判権の一部を機能させなくするものであった。そして、外務省中央でも、通商条約の有効性に依拠し原則的な対応を行う条約局（第二課）と現地動向に順応する亜細亜局との間で差異を生んでいた。また、中国国内の在外公館でも地域差があり、台湾対岸の厦門等では、在留邦人が殆ど台湾籍であることから中国の領事裁判権撤廃に宥和的姿勢をしめしていた[32]。日本権益の強いとされている「満州」等の地域でも、当初の対応は条約局に近い認識を持っていたものの、徐々に宥和的になりつつ（ならざるをえない）あった。

このように治外法権撤廃問題は、当初から行き詰まる問題としてではなく、困難な問題を多く含みながらも実態としては「漸進的」に解決しうる素地も有し、事実上の治外法権の撤廃が行われつつあったのである。

④対日ボイコット問題[33]

国民党部の指導下、組織的に行われた昭和四年段階対日ボイコット以後、対日ボイコット運動は国民政府により政治的側面においては廃約促進会等の治外法権撤廃運動へ、経済的側面で国貨提倡等による国産奨励運動へと転化していった。昭和六年に入ると、中国東北で外交協会等による反日ボイコットが顕在化して行き、中国関内でも国貨提倡運動が起きていった。

昭和六年七月七日の朝鮮事件（萬寳山事件に刺激された朝

鮮民衆により平壌で華僑が撲殺された事件）に連動して、上海を中心とする関内では、国貨提倡運動とともに日貨排斥の動きが顕在化しつつあった。現地、外務省出先はこの動きを警戒して、朝鮮事件に遺憾の意をしめして事態の鎮静化を図りつつ、報復的な排日貨運動が発生しないよう中国側に取締を申し入れたのであった[34]。結果、七月十三日、反日大会が開催され、日貨排斥が決議されたものの、有力団体の参加も少なく、十四日の市場にも影響はでなかった。だが、八月に入り、上海商工会議所内で強硬論が強くなり、反日会による日貨の抑留等が顕在化すると、これに現地海軍・第一遣外艦隊が過敏に反応した[35]。しかし、現地交渉の結果、八月末の段階で上海の反日会抑留日貨も全て返還され、九月上旬には萬寶山事件と中村大尉事件に対する一般世論の鎮静化に伴い「反日会員ハ従来各活動写真館ニ現ハレ排日演説ヲナシ居タルカ萬寶山及朝鮮事件ニ対スル一般輿論殆ト鎮静ニ帰シタル今日是以上活動ノ余地ナカルヘシト思料セラル」と終息へ向かうものと予想されていた[36]。

実態の排日運動は漢口の水害等もあり、上海、南京以外では盛り上がりに欠けていた。中国内部でも反日会と華商側との対立が生じ、過激な反日が寧ろ日本の介入を促すと考えている国民政府首脳は、反日会による活動を抑制し、華商側の主張する国貨提倡運動の方向に誘導していたのである。

（二）「宥和」の障害

前節で概観した「提携」を前提とし、重光によって主導された対中国「宥和」政策には、内なるところに障害が存在していた。

それは、①外務省中央の対応、②現地居留民、③日本の新聞報道、の三点に整理できる。以下では、これらの「障害」について述べることとしたい。

①外務省中央の対応――幣原外交の実態――

関税協定が成立しえた理由は、外務省本省がロンドン海軍軍縮会議に忙殺されていたため、外務省中央で亜細亜局が主導権を持ちつつ、相対的に現地・出先（重光）の裁量権が大きくなったためであった。また、その後の債務整理問題で中国再投資案が現地で成立しえたのも、浜口雄幸首相の遭難により、幣原喜重郎外務大臣が首相を兼摂したことが、亜細亜局同意のもと重光の行動を自由にした結果であった。

日中関税協定交渉にあたって、幣原が、上海の重光と、南京の上村伸一領事を二元的に交渉にあたらせたことに対する不信感を持っていた重光は、中国側の「機敏」な意思決定に対抗するためにも「交渉開始後ハ大綱以外ハ努メテ之ヲ出先官憲ニ委スルコト然ルヘク特ニ中央ハ勿論関係官憲ニ於テハ対外的ニハ統一的態度ヲ以テ終始一貫スルヲ要スル」と、主張していた(37)。しかし、外務省中央は、債務整理問題で重光が期待していた大蔵省の説得（債権の減額と再投資）等について力を発揮できなかった。そればかりか、宋子文に対する不信感を露にし、日本側に有利に展開しつつあった債務整理問題を、失われて久しい中国における列国「協調」政策の象徴でもあった四国借款団を持ち出し、重光を抑制したのであった(38)。

英国が鉄道借款等の確実債権の回収・再投資を交渉しつつあるなか、西原借款に代表される日本の不確実債権が整理の対象となるのか、さらに、四国借款団に英国が参加するかも疑問であった。そして、国際聯盟による対中国経済援助が裏面においてイギリスが主導していることが判明したとき、幣原の「協調」政策は、行き詰まったのである。

若槻内閣の成立により、対中国政策に幣原外相が乗り出したことは、現地で展開していた重光―宋ラインによる「提携」関係と、これによる「宥和」政策の障害であったということができよう(39)。そして、皮肉なことに重光の関内各総領事館に対する指導権が確立されたのは、満州事変後の九月二十七日のことであった(40)。

②在中国日本人居留民

国家建設途上にあって安定した関税収入確保をはかる国民政府と長江流域市場を重視する日本との利害が一致して成立した日中関税協定は、反面、国民政府が「革命外交」にみられるナショナリズムを抑制し、日本側も関東庁・満鉄や在「満州」日本商等の不満を押さえた結果でもあった。

このように成立した日中関税協定は、その施行にあたって関内の外務省出先では、昭和六年四月四日から八日まで青島で開催された山東領事会議で、経済的発展を遂げる方法として大資本の誘致を提案する反面「官憲ニ対スル依頼心強ク」「実力ナク而モ射倖心旺盛ナル」在留邦人を切り捨てる答申を決定していた(41)。つまり、日中関税協定の実施・執行過程において現地外務省出先は、当初、中小資本の切り捨て＝産業の高度化をもって対応しようとしており、この方向性は、綿糸統一税の成立に見られるように日中間での合意形成が可能であった(42)。しかし、そのことを中小商工業者が多数を占める在留日本人に受け入れられるはずもなかった。

同様に東北地方でも、外務省側は、不満を蓄積しつつある在「満州」勢力のうち、撫順炭の二重課税問題に見られるように満鉄の利益保護について解決に努力していたものの、営業税・統税の導入にあたって外務省側は、最後に至るまで零細な現地日本商の利益を守るような交渉をしなかった。それゆえ、外務省側に見捨てられたかたちの現地日本商は、満州事変後の関東軍による治安維持行動を積極的に支持し「満州国」建国への過程を実質的に下支えしていったのである。[43]

③日本の新聞報道

従来、満州事変により日本の新聞報道は「転向」し、軍部に追従する存在となったとされるが、実態は「国家」としての中国を否定し、「報道の自由」の名のもとに国民政府・蔣介石批判を繰り返す存在であった。

そして、現地の在留日本人が期待の対象を外務省から陸・海軍に移すなか、日本側報道機関は、在留日本人の強硬論を日本国内に還流させ、中国への対外硬的な世論を形成していったのである。このような報道のあり方は、「言論・報道の自由」という立場から国民政府と対立した連合通信問題をへて、自立化していく過程で形成されていった。さらに、一地方問題（日本側に原因がある傷害事件）に過ぎない青島国粋会事件を「号外」という手段を通じて、外務省より早く国内へ情報を伝達し、センセーショナリズムに世論を「喚起」してもいったのである。

結果、青島国粋会事件では、個別解決可能な地方的解決が不可能となっていった。また、蔣介石の演説を反日的に拡大解釈して伝えたことは、両国間の信頼関係を損なうものであった。彼らの「言論・報道の自由」は、霞ヶ関外交・秘密外交に対する非難となり、宋子文との「秘密外交」に依拠していた重光の基盤を揺るがすこととなった。また、外交が「世論」に依拠する必要が生じたことも、外務省中央から孤立しつつある出先の重光には荷が重い「障害」となったのである。

この三つの「障害」は、満州事変を契機に噴出することとなったのである。

二　満州事変下の外務省亜細亜局

満州事変の勃発は、重光公使が主導していた対中国宥和政策を破綻させ、それを支えていた「亜細亜局の仕事を一切停止せしめてしまった」。[44]

対中国政策の中心は、関内から「満州」へ移動し、それを司る者も外務省から関東軍・陸軍へと移っていった。

そこで本章では、関東軍により同時代の閉塞感とともに突破された外務省亜細亜局に焦点を当てて「宥和」の変容について分析することとしたい。

（一）　亜細亜局一事務官の認識

満州事変勃発時の亜細亜局は、同局第一課員であった川村茂久事務官の目からは、次のように映っていた。「谷［著者註　正之・亜細亜］局長ウロウロと大臣室と局長室を行ききする。兎に角奉天の現状をたしかめねばと云ふのでこの日に守島［伍郎・亜細亜局第二］課長を奉天に派遣することとなった。守島課長は悲壮な決心（?）のもとにその日の夜九時の特急で西下。所が事件はグングン進展する。（中略）遥かかなたの寿府ではえらいさわぎが持ち上がった。腹のない芳沢［謙吉］全権、松田［道一］全権、佐藤［尚武］全権それに小学校の訓導みたいな沢田［節蔵］局長我国際聯盟事務局のあわて様。くる電報くる電報の泣きごと。すべての電報が「憂慮」にたへずで結ばれる」といった状況であった[45]。

上記のように記した川村茂久は、明治三十四年（一九〇一年）生まれ。外務省には、大正十三年（一九二四年）に高等試験外交科試験に合格、東京帝国大学法学部政治学科を卒業後任官している。川村が任官した頃の外務省は、機構が拡大し、これにともなうキャリア外交官を大量に採用した時期にあった。川村は、昭和四年（一九二九年）二月から同七年十月まで、亜細亜局第一課に勤務し、満州事変を体験したのであった。

この川村の中国認識とは、彼が担当官として著した「支那政況概観（民国十八年）」で明らかとなる。このなかで、川村は「支那最近ノ状況ハ国民党ノ統一政府ノ下ニ在リト称スルモ其ノ実群雄各地ニ割拠シテ中央政府ノ威力ハ僅カニ武漢、南京、上海等ノ長江一帯ニ及フニ過キス各派合縦連衡互ニ勢力拡張ノ機ヲ窺フノ状ハ多ク従前ト異ラス只支那カ既ニ国民党主義（三民主義）ニヨリ風靡セラレツツアルハ否ム可ラサル所ニシテ自己勢力ノ保全乃至拡張ニ余念ナキ各地大小軍閥ト雖均シク国民党主義ヲ標榜シテ国内ノ和平統一、対外硬ヲ口号シツツアル実情ナリ従ツテ現在中央政府ハ偏ニ対外硬ヲ唱ヘ国内一般ノ信望ヲ博スルニ努ムル一面左傾派（改組派乃至共産党）弾圧ヲ標榜シテ右傾派タル張学良、閻錫山等北方諸軍閥ノ同情ヲ繋キ以テ其地位ヲ維持スルニ腐心シ居ルノ観アリ」としていた[46]。川村は、昭和五年（一九三〇年）九月七日付の谷正之亜細亜局第一課長宛の報告でも、中原大戦について、大橋忠一書記官等や鈴木貞一中佐（支那公使館附武官補佐官）等の見解に基づき、戦線が膠着し、「支那は南北両政府二分の形」になるとしていた[47]。そして、同九月十一日の報告では、当該期の対中国外交を次のように論難していた。

（一）　一般論として日本目下の対支外交の馬鹿正直なる

を非難する向多く日本人側は外務省殊に上海方面責任者が南京政府のブラフ外交に引っ掛り管只王正廷宋子文輩の鼻息をうかがふに汲々として此時局変転の好機に際しながら何等施すに策なき無能振りを慨嘆し一方支那人側は此際日本よりの援助を望むこと切なるものあるも其希望実現の望みなきを察知し却って日本の官僚外交を嘲笑し内心憤懣を抱きをるものの如くに之有候。

（二）　目下北方に於ける最大問題は武器輸入問題なるが如く北方政府側の日本に対する要求には一種せい（マヽ）そうなるものあり流石の大橋氏といへいささか手こづりをる模様に候処一方陸海軍並一般民間に於ては何故に日本が武器の輸出を禁止しをるや其理由を了解し得ざるものの如く口を極めて外務省現在の方針を痛論しをり要するに外務省現在の対支外交の不評（北方に関する限り）は主として武器輸出禁止問題に起因するものなるやに察せられ候。

　尤も在北平公使館幹部は夙に能く上局の意の在る所を察し専念本省の方針を実現するに腐心しをる模様に候へとも只外務省が此際武器問題を利用して南京政府の不誠実を制して一挙に諸種懸案（アグレマン問題、債務整理問題、其他南京事件、済南事件、長沙事件等）を解決せむことを切望しをるが如くに候。

（三）　海関問題に関し南北妥協は全く不可能事に属し之を促進せむとするが如きは北方の実情に通せざる者なりと評するもの多く一部皮肉なる論者は上海方面にをいて（マヽ）南北妥協を焦慮するは之に依りて債務整理問題解決に資し以って関税自主権協定の「尻り拭ひ」をなさむとするものなりと称する有様にして要するに現在南京政府の実力と時局の紛乱に鑑み債務整理の如き到底解決の望みなかるべく如斯実現不可能の問題の為に徒らに北方と事を構へ新たなる日支実利外交（北方政府は目下の処日本に対して互譲妥協の態度あり、大体にをいて（マヽ）南京政府の如く神経質の処なく其主張並方策比較的「リーゾナブル」の様観測せられ候）の発生を犠牲にするの不得策を主張するものの如くに之有候。

　因に債務整理問題に関し極端論者は南京政府が関税協定の義務を履行し得す又之を履行するの誠意なきに於ては関税自主協定そのものを廃棄するか又は其の実施を無期延期すべしと主張する者あり

とするものであった[48]。そして、外務省の系統的な対満蒙政策が不十分であるとして、外務省に「満蒙局」乃至「満蒙課」の設置を意見具申している[49]。

つまり、川村にとって、中国とは分裂した「場」であり、交渉の対象は「国家」でなく「軍閥」であった。それゆえ、前述のような中国を「国家」として認識し、国民国家として歩み始めた国民政府との経済提携を背景とする重光の対中国政策とは、正反対に位置するものであった。

（二）満州事変下の亜細亜局

満州事変・柳条湖事件は、亜細亜局にとって「全く寝耳に水の大事件であった[50]」。中村大尉事件等により、「満州」で緊張が高まり、「何故か陸軍側は没常識的に強硬なる態度を執った」ものの、「守島の鼻いきはとても荒」く、軍務局員であった「鈴木（貞一）中佐をどなりつけてゐた[51]」。そして、事件に対する外交交渉は着々と進み、解決の方向性にあったのである。そのようなかでの事件であった。

事変の勃発にあたって川村は、亜細亜局に二つの問題があったと指摘している。その一つが、「守島が事件第一報の取扱ひを誤ったことである。事件発生当時外務省の無能として世人の批難を浴びたことだった。と云ふのは事件の第一報は十八日夜半奉天総領事かん《（ママ）》より電信課にのった《（ママ）》。電信課長佐久間はすく《（ママ）》これを守島氏に電話した。守島はそれをキキ《（ママ）》とどめて翌朝九時頃のこのこやってきた。局長［谷正之］は烈火の如くおこったそうだ。と云ふのは何故に夜半でも自分に知らせてくれなかった《（ママ）》と云うのだ。御尤なことだ。処が外務省の無能はそれに止まらぬ、これほどの重大事件の評価がつかなかったのだ[52]」。第二に、川村は、「折柄ジュネーブでは聯盟総《（ママ）》が開催されてゐた。事件がおこるや否や電光のようにジュネーブの総会を棘りつ《（ママ）》せしめた。支那側はこれに乗じてある事ない事矢つき早に電報を送る。すべての努力をジュネーブに集めたかの観があった。もっともそれは上海あたりのロイテルのやった仕事ではあるらしいが　しかるに我外務省では支那の仕事と聯めいの仕事は全く分業である。亜細亜局と条約局との関係は外務省と陸軍省との関係以上に隔してゐる。（中略）亜細亜局の谷、守島両大先生には事件と聯めい総会との相関関係に気がつかなかった」としている[53]。このように初期段階でのミスとともに、川村は、根本的な問題点として、中村大尉事件にあたって「新聞紙に向って『陸軍は只国民の要求によって動くのだ。国民の声をきこうとするのだ』」と「豪語」した南（次郎）陸軍大臣に比べ、外務省が「世論」に対応できないことを挙げている[54]。このような組織的問題を具現するものが幣原外交であり、川村は、幣原外交を「属吏外交」と称し、「幣原は嘗て『自分は政党政治には縁はない』と放言したと聞く。腐敗せる政党には組しないと解すれば納得も行くが内政は解らぬといふ意味であったとすれば恐るべき失言である。そして事実は寧ろ後者であることを証明する。幣原の声は霞ヶ関の声である。外交無能、国民の外交無視、外務省の隠遁、この三者は相伴っていよいよ外交を国政から乖離した」としている。(55)また、川村から見た幣原外相は、満州事変にあって「その墨守してた退嬰外交をかなぐりすてて時代の急潮を泳ぎ切ると云ふことは生理的にも出来ない」存在であった。そして、当時の外務省首脳部も「幣原イデオロギーの最も忠実な使徒であり又不思議なほど揃って高潔な人格者である。しかし温良《ママ》や高潔は非常時用のものではない」としていた。(56)「この外相の生理的欠陥に乗じて雄々しくも先陣の名乗りを上げた花武者」として谷亜細亜局長と白鳥敏夫情報部長を挙げるのである。(57)この二人が「満州事変勃発直後の外交事務」を切り盛りし、「二人共親分幣原のイデオロギーを如何にかして軍部の主張に適合させようと腐心した」とする。(58)結果として、外務省当局が「『言ひ訳』外交、『虚言』外交の譏りを招いた」ものの、この二人の存在が、「幣原外交清算が茲に端なくも外務省内新旧思潮対立の端緒を開いた」として評価するのである。(59)この谷、白鳥の「叛逆が尤も深刻にひびいたのは」「聯盟一座に踊る在欧州大公使団と在米大使」であったとする。(60)

川村は、石原莞爾関東軍作戦参謀による「錦州爆撃カ大成功裡ニ終リ　英、米、佛等モ其手際ニ啞然タル有様。サテモコレカラ愈々満蒙経略ノ時期トナツタ。早クモ満州統治機関ノ統一ガ唱ヘラレル。其際イツモ毛嫌サレルノカ外務省。奉天総領事廃止説サヘアル仕末。外務省ハ何ントカセネバナラヌ。国民ノ声ヲ聴ケ、国民ト共ニ生キヨ。要ハ只夫レダケダ。政友会内閣ニナツテ以来、日本ノ外交ノ本拠カ亜細亜局長室カラ森書記官長室ニ移ツテシマツタ」とし、(61)上海事変についても、「俺は終始『上海事件はへのようなものだ』といってゐた。問題は満蒙承認問題だ」としていた。(62)上海事変によるアメリカの対日世論が悪化し、経済封鎖まで考慮されるなか、川村は「さわぐことはない驚くことはない。尤も如何にしてこれを打開する考へ《ママ》ればよいのだ。決心はきまっている。国民的決心がすでに出来上がってるような気がする」としている。(63)

一方、出淵勝次駐米大使から見れば、対米協調から「幣原男ノ態度曖昧、殊ニ錦州事件ヲ小事件ト見做サル、ニハ驚キタリ、愈々平和論者モ武断派ト合流シタルニアラスヤ」との不信感を露にし、(64)上海事変が一段落した昭和七年四月二十九日の爆弾テロも「被害者ニハ万々同情ヲ表スルモ、天ハ遂ニ不都合モノヲ所罰スル也。重光ハ出兵ノ元兇ナルニ於テ殊ニ然リ。情ハ情トシテ、我ハ理ニ於テ、冷ナル理ニ於テ、今尚ホ内閣諸公ヲ始メ重光等出兵論者ヲ責メサルヲ得ス」とするものであったのである。(65)

おわりに

満州事変直後まで、重光と宋子文との提携関係は維持された。中国中央の交渉で債務整理問題と治外法権問題が停滞していたものの、大連二重課税問題、対日ボイコット問題等は事実上終息しており、治外法権問題についても、実態として漸進的に受け入れられていった（地方的解決）。王正廷外交部長の主導する「革命外交」という「障害」があるものの、重光の対中国「宥和」政策にとっては折込み済みのものであった。全体的な状況は、満州事変を必然とするものではなかった(66)。重光主導の対中国「宥和」政策を断絶させ、幣原外交・英米協調による対中国政策を葬り去らせたのは、満州事変が「必然」でなく、「謀略」であったためである。

とはいえ、対中国「宥和」政策は、満州事変後も対象を宋子文から汪兆銘に代えて、次官となった重光のもと、有吉明駐中国公使により模索された。しかし、宋子文との提携関係を失い、「満州事変勃発と共に最も早く幣原外交の清算を唱導し爾来本省の谷、白鳥と呼応して在欧米大公使の認識不足を是正するに努めた」重光は、華北侵略が進むなか、陸軍との「宥和」も顧慮しなければならなかった(67)。国民政府内に確固とした基盤を持たない汪兆銘との提携ということもあり、対中国「宥和」政策が成立する可能性は著しく低いものであった。結果として、継承された対中国「宥和」政策は、中国にとっては「時間稼ぎ」に、日本にとっては、その実効性が低いがゆえに、結果として国内における外務省の立場を弱める方向に作用したのであった。

また、現地における交渉の方向性（＝地方的解決）も「満州事変」や「満州国」の成立によって断たれた訳ではない。関内における債務整理は進み、租借地および鉄道付属地内中小日本商も「切られ」た(68)。「満州国」による海関の回収や、治外法権の撤廃等も、形式制度上「交渉」を必要とし、満州事変前の「交渉」の延長線上に存在していた。そして、現地解決の方向性が満州事変にもかかわらず「連続」して存在したことが、この後の日本が戦線を拡大していく過程で、傀儡政権下にあっても治外法権の撤廃等・不平等条約の改正を希求していかざるをえない状況をつくっていったのである。

そして、満州事変は、外務省・外交官の認識に、いくつかの選択を強要し、その認識を分化させることとなった。大橋忠一在ハルビン総領事のように自らすすんで満州国に入る者もいたが(69)、重光や谷、白鳥のように、多くは「世論」との折り合いをつけつつ、外務省外交を維持する方向に向かうこととなった。一方、幣原外交における対英米協調路線（国際協調）も、英米との関係において経済制裁等を回避しえたことで、維持されることとなった[70]。そして、川村が指摘した二つの潮流の一つ、後の「皇道外交」および「枢軸外交」に連なる「外務省革新派」が国内との連関性を重視する外務省考査部問題等をへて生成されていくのである[71]。

註

（1）昭和六年八月二十五日着在中国重光公使より幣原外務大臣宛電報第七九二号（外務省編『日本外交文書』昭和期I第一部第五巻）第九九文書。

（2）宋子文も、東北地方、具体的には大連での三者会談に前向きであり（昭和六年九月十一日発在中国重光公使より幣原外務大臣宛電報第九一二号（同右）第一〇二文書）、そして重光は勿論のこと、内田も「衷心宋子文ノ来連ヲ歓迎シ懇談ヲ熱望」していたとされる（昭和六年九月十八日発在中国重光公使より幣原外務大臣宛電報第九六八号（同右）第一一一文書）。

（3）基本的な文献としては、江口圭一著『日本帝国主義史論』（青木書店、昭和五十年）等をあげることができる。

（4）代表的な研究として細谷千博他編『太平洋戦争への道』第一巻（朝日新聞社、昭和三十八年）等をあげることができる。

（5）塚瀬進『中国近代東北経済史研究』（東方書店、平成五年）参照。

（6）井上寿一『危機のなかの協調外交――日中戦争に至る対外政策の形成と展開――』（山川出版社、平成六年）。

（7）戸部良一『ピース・フィーラー――支那事変和平工作の群像――』（論創社、平成三年）、松浦正孝『日中戦争期における経済と政治――近衛文麿と池田成彬――』（東京大学出版会、平成七年）。

（8）「ワシントン体制」については、拙稿「ワシントン体制理解の変遷」（『中央史学』第二一巻、平成十年三月）を参照。

（9）拙稿「「国家」としての中国、「場」としての中国――満州事変前、外交官の対中国認識――」（日本国際政治学会編『国際政治』第一〇八号――武器移転の研究――平成七年三月）参照。

（10）酒井哲哉「『英米協調』と『日中提携』」（『協調政策の限界』年報近代日本研究十一、山川出版社、平成二年）。後に、同著『大正デモクラシー体制の崩壊』（東京大学出版会、平成四年）に収録。

（11）西村成雄「日本政府の中華民国認識と張学良政権――民族主義的凝集性の再評価――」（山本有造編『「満洲国」の研究』、京都大学人文科学研究所、平成五年）。

（12）昭和六年九月十九日発在中国重光公使より幣原外務大臣宛電報第九七四号（『日本外交文書』満州事変、第一巻第二冊、事項目六）第一文書。

（13）昭和六年九月十九日発在中国重光公使より幣原外務大臣宛電報第九七四号（同右『日本外交文書』満州事変、第一巻第二冊、事項目六）第八文書。

（14）昭和六年九月二十一日発幣原外務大臣より在上海重光公

使宛電報第三七二号（同右『日本外交文書』満州事変、第一巻第二冊、事項目六）、第二九文書。

(15) 昭和六年九月二十二日発在中国重光公使より幣原外務大臣宛電報第一〇一二号（同右『日本外交文書』満州事変、第一巻第二冊、事項目六）第三三文書。宋の提案が国民政府・国民党によって受け入れられる可能性も必ずしも高いものではなかった（「中国国民党中央執行委員会政治会議第二九〇次会議速記録」（民国二十年九月二十三日）における王正廷外交部長発言、『国民政府処理九一八事変之重要文献』党史委員会、一九九二年、一七八～九頁）。

(16) 国際聯盟における日本側対応については、臼井勝美著『満州事変』（中公新書、昭和五十四年）、および同著『満洲国と国際連盟』（吉川弘文館、平成七年）、クリストファー・ソーン著『満州事変とは何だったのか』上下巻（草思社、平成六年）等参照。また、中国側動向については、鹿錫俊著『中国国民政府の対日政策 1931-1933』（東京大学出版会、平成十三年）参照。

(17) 拙稿「第8章 提携の成立——日中関税協定成立の条件——」（曽田三郎編著『近代中国と日本——提携と敵対の半世紀』御茶の水書房、平成十三年）参照。および、久保亨著『戦間期中国〈自立への模索〉——関税通貨政策と経済発展——』（東京大学出版会、平成十一年）参照。なお、久保氏の著作から本稿は、多くの点で知的刺激を受けた。

(18) 外務省編『日本外交文書』昭和期Ⅰ第一部第四巻、三一二文書。

(19) 拙稿「『交渉』と『蓄積』～日中関税協定施行における諸問題への日本側対応～」（『近代日本研究年報十七 政府と民間』近代日本研究会、山川出版社、平成七年）参照。

(20) なぜならば日中関税協定で互恵税率が設定されたのは、対中国輸出総額の約四四％であり、残りの約五六％が国定税率の対象となったからである。

(21) 当該期における在中国日本人居留民の動向については、柳沢遊「「満洲」商工移民の具体像」（『歴史評論』第五一三号、校倉書房［歴史科学評議会］、平成五年一月）参照。

(22) なお、満州事変後、海関内に対日強硬論が台頭し、現地交渉は、九月二十八日の段階で一時延期、十一月十七日に中断され、以後、二重課税を払うことなく強制通関が行われた。そして、日本の「満州国」樹立の動きのなかで根本的解決としての海関回収が日程にのぼっていく。

(23) 拙稿「経済提携の蹉跌——満州事変前の債務整理問題をめぐって——」（『史学研究』第二一六号、青木書店、平成九年七月）参照。

(24) 西原借款については、能地清・大森とく子「第二章 第一次大戦期の日本の対中国借款」（『日本の資本輸出～対中国借款の研究～』国家資本輸出研究会編、多賀出版、昭和六十一年）を参照。なお、日本の対中国政府不確実債務は、当該期、日本政府歳入額の約三四％に相当する巨額なものであった。

(25) 昭和五年六月三日着在上海重光臨時代理公使より幣原外務大臣宛電報公第五六〇号（『不確実及無担保債権整理方交渉関係雑件』（E. 1. 6. 0. J. 5））。

(26) 昭和五年六月五日付在上海重光臨時代理公使より幣原外務大臣宛機密公第一〇九号公信（前掲『日本外交史』昭和期Ⅰ第一部第四巻）四〇〇文書。

(27) 昭和六年二月四日発幣原外務大臣発在英国松平・在米国出淵大使宛電報合第八四号および同合第八五号（前掲『日本外交文書』昭和期Ⅰ第一部第五巻）六一八文書および同文書別電。
(28) 拙稿「『治外法権の撤廃』と『治安維持』」（『広島平和科学』第十八号、平成八年三月）。
(29) 最近の先行研究としては、副島昭一「第四章 不平等条約撤廃と対外ナショナリズム」（西村成雄編『現代中国の構造変動3 ナショナリズム――歴史からの接近』東京大学出版会、平成十二年）がある。
(30) 昭和五年十二月『（極秘）条約局調書（第五十九回帝国議会参考資料）』条約局第二課、十九〜二〇頁、外交史料館所蔵。しかし、この根本方針は、大正十四年（一九二五年）十一月に閣議決定された「治外法権委員会ニ対スル一般方針」に比べ、内容面で後退したものであった（大正十四年十二月十五日発幣原外務大臣より在北京日置治外法権委員宛第七三六号電報『日本外交文書』大正十五年第二冊下巻七九五文書付記五）。
(31) ただし、日本人が民事被告となることについては穏便に処理された。刑事事件について日本側は、明確に条約違反であると抗議している。
(32) 昭和五年九月二十五日付在厦門寺嶋領事より幣原外務大臣宛機密第四四四号公信（『在支帝国領事裁判関係雑件（在満洲国ヲ含ム）』第一巻（D. 1. 2. 0. 2）外交史料館所蔵）。
(33) 拙稿「情報の歪曲・宥和の障害〜満州事変前、対日ボイコットと日本新聞〜」（三上昭美先生古稀記念論文集刊行会編『近代日本の政治と社会』岩田書院、平成十三年）参照。
(34) 昭和六年七月十三日着在上海村井総領事より幣原外務大臣第三一七号、（前掲『日本外交文書』昭和期Ⅰ第一部五巻）六七六文書。
(35) 後藤春美「上海排日貨と日本海軍陸戦隊の出動」（『歴史学研究』第七〇〇号、青木書店、平成九年八月）参照。
(36) 昭和六年九月九日発在南京上村領事より幣原外務大臣宛電報第五二七号（『万寳山農場事件 排日関係』第五巻（A. 1. 1. 0. 20-2））。
(37) 前掲『日本外交文書』昭和期Ⅰ第一部第四巻、三一二文書。
(38) 昭和六年二月四日発幣原外務大臣発在英国松平・在米国出淵大使宛電報合第八四号および同合第八五号（前掲『日本外交文書』昭和期Ⅰ第一部第五巻）六一八文書および同文書別電。なお、この時点で「協調」が失われていたことは、北岡伸一「「ワシントン体制」と「国際協調」の精神――マクマリ・メモランダム（一九三五年）によせて」（『立教法学』第二三号、昭和五十九年十二月）、および、ジョン・アントワープ・マクマリー原著、アーサー・ウォルドロン編著、衣川宏訳『平和はいかに失われたか』（原書房、平成九年）参照。
(39) その後、昭和八年にはいり、日本側で再度「宥和」的政策がとられた時、民間を中心とする中小の債務整理は進捗していることでも、債務整理問題が、他方的解決を積み重ねた場合、解決する方向性があったことを示している（定田康行「一九三〇年代前半の日本の対中国経済政策の一側面〜債務整理問題を中心に〜」野沢豊編『中国の幣制改革

と国際関係』東京大学出版会、昭和五十六年）。

（40）昭和六年九月二十七日発幣原外務大臣より在中国重光公使宛電報第三八八号（前掲『日本外交文書』満州事変、第一巻第二冊、事項七）六九文書。

（41）昭和六年四月二十三日付在青島川越総領事より幣原外務大臣宛機密第二〇一号公信「在山東領事会議ニ関スル件」（前掲『日本外交文書』昭和期Ⅰ第一部第五巻）八三六文書。

（42）富澤芳亜「綿紗統税の導入をめぐる日中紡績資本」（『史学研究』第一九三号、平成三年六月）。

（43）前掲「『治外法権の撤廃』と『治安維持』」。

（44）川村茂久「満州事変勃発ト亜細亜局ノ動向」（『満州事変事変ニ対スル川村茂久事務官ノ意見集』外交史料館所蔵）。

（45）同右。例外的に川村が高く評価したのは、小幡酉吉駐独大使と吉田茂駐伊大使からの電報であった（「大使連の作文競争」『満州事変　事変ニ対スル川村茂久事務官ノ意見集』外交史料館所蔵）。

（46）「支那政況概観（民国十八年）」（昭和四年十二月末調）、三三一〜四頁（同右）。

（47）昭和五年九月七日付川村事務官より谷亜細亜局第一課長宛半公信（同右）。

（48）昭和五年九月十一日付川村事務官より谷亜細亜局第一課長宛半公信（同右）。

（49）同右。

（50）川村茂久「満州事件うらおもて」（同右）。

（51）同右。

（52）同前註（50）。この点、事実ならば、十九日午前一時七分に事件勃発の第一報に接し、南陸軍大臣へ午前三時に連絡し、事態の把握に努めた陸軍側とは認識に大きな差があったといわざるをえないだろう。また、奉天総領事館において午後十時四十分に特務機関からの第一報をもって館員の非常招集をかけて特務機関に駆けつけた森島守人領事との認識の差も歴然としている（森島守人著『陰謀・暗殺・軍刀』岩波新書、昭和二十五年、五二頁）。また、森島は関東軍の計画に関する極秘書類を入手しており、特派された森島に「右極秘書類の内容を詳細に伝えた上、私個人の考えとして、宣統帝出馬の可能性のあることをもつけ加えて説明した。守島はこれをいちいちメモにとっていたが、帰京の上外務省の上局に対して、私の説明をどのように伝達し、また、中央の政府当局が、どれほど私の報告に信頼をおいていたかは、今日まで疑問である」とし、結果として「事件処理上にもいたずらに後手のみを打たず、先んじて軍をある程度制肘、指導し得たのではないかと、遺憾の感なきを得ない」とも記している（同前書、六二頁）。

（53）前掲「満州事件のうらおもて」。

（54）瀬川杢四郎（川村茂久）「霞ヶ関太平記——陣営以上ありやなきや——」（昭和七年十一月十一日稿）『満州事変事変ニ対スル川村茂久事務官ノ意見集』外交史料館所蔵。川村同様に森島守人も幣原を「あまりにも内政に無関心で、また、性格上あまりにも形式的論理にとらわれ過ぎていた」としている（森島守人著『陰謀・暗殺・軍刀』岩波新書、昭和二十五年、七一頁）。

（55）同右。

（56）同右。

(57) 前掲「霞ヶ関太平記――陣営以上ありやなきや――」。しかし、川村は谷に対して「自分は谷局長に対する「ブルータス」である。彼は到底衆を率ひて行く人物ではない。大げさすぎる考へが軽い」と酷評している（前掲『川村茂久日記　昭和七年』昭和七年二月二十一日）。

(58) 同右。

(59) 同右。

(60) 同右。

(61) 『川村茂久日記　昭和七年』昭和七年一月七日、外交史料館所蔵。

(62) 同前註（61）昭和七年二月十七日。

(63) 同前註（61）昭和七年二月二十一日。

(64) 昭和六年十月十日、高橋勝浩編著「出淵勝次日記（三）――昭和六年～八年――」（『國學院大學日本文化研究所紀要』第八十六輯、平成十二年九月）一〇九頁。

(65) 昭和七年五月一日、同右「出淵勝次日記（三）」一三九頁。

(66) 同様のことを金子文夫氏は、満鉄の経営分析等を通じて、「満鉄の危機」が満鉄の国家資本性に基づくものであり、実態と乖離していることを明らかにしている（『近代日本対満州投資の研究』近藤出版社、平成三年）。

(67) 前掲「霞ヶ関太平記――陣営以上ありやなきや――」。それゆえ、重光は、「革命外交」を記して自らの営為を否定したのである（『支那ノ対外政策関係雑纂「革命外交」（重光駐支公使報告書）』（松 A. 2. 1. 0. C1-1）外交史料館所蔵）。なお、その史料的意義については、拙稿「（史料紹介）外務省記録と「重光葵関係文書」について」『外交史料館報』第七号（平成六年三月）を参照。

(68) キメラの尻尾は、「満州国」誕生以前から切られる存在であったといえよう（山室信一『キメラ――満洲国の肖像』中公新書、平成三年）。

(69) 大橋は、満州事変にあたって居留民保護を口実とする関東軍の「北満」進出を演出し、満州国外交部の設立に参画、外交部次長となった。大橋を関東軍参謀片倉衷は「外交官ヲ抛棄シ決意シ国際聯盟調査員ヲ探リテ心境ノ変化ヲ示シ日満共存共栄説クコト最モ熱心トナル、気骨アリ時ニ脱線スルモ雅気愛スヘキモノアリ保護スヘキ人物」と評している（昭和七年八月、片倉参謀「申送事項」『片倉衷文書』国立国会図書館憲政資料室所蔵）。

(70) しかし、英米協調＝「国際協調」それ自体の意味も、対英米協調による日本の大陸進出（「侵略」）の抑制を目指す方向性と、日本の大陸進出を英米等に理解させ、あるいは満州国整備の時間稼ぎ的な手段としての協調に分化する（拙稿「「親英米派」の国際関係観」『外交時報』第一三三七号、平成九年四月、参照）。

(71) 塩崎弘明著『国内新体制を求めて――両大戦後にわたる革新運動・思想の軌跡――』（九州大学出版会、平成十年）、「第二章　外務省革新派の現状打破認識と政策」を参照。外務省考査部問題については、馬場明「満州事変と外務省考査部問題」（『日本外交史の諸問題Ⅲ』国際政治学会編、昭和四十三年）参照。

（広島大学助教授）

一九三二年未発の「満洲PKF」？

——リットン報告書にみられる特別憲兵隊構想——

等松春夫

はじめに

一九三二年一〇月に公表された国際連盟の「リットン報告書」は、満洲をめぐる日中紛争解決の一可能性として、中国の主権を維持しかつ日本の条約上の諸権利に配慮しつつ満洲地域を連盟主導の国際管理下に置くことを提案した。政治的枠組みとしては日中ソ三国の間に不可侵協定を締結した上で満洲地域から日中両軍を撤退させて地域を非武装化し、同地域を中華民国の主権下に日中両国の代表も含む多国籍委員会が助言する自治政府の施政下に置き、地域内の治安維持は外国人顧問の指導のもと中国政府が編成する特別憲兵隊が担当する、という基本構想であった(1)。結局、一九三二年三月の「満洲国」建国の強行と翌一九三三年三月の日本の国際連盟脱退宣言により、このリットン構想は画餅に帰したが、同構想中には注目すべき点がいくつかみられる。とりわけ日中両軍の撤退後に地域の治安維持にあたる「特別憲兵隊」(special gendarmerie) は、仮にリットン構想が採択された場合、成否のカギを握る存在であった。

従来この「特別憲兵隊」は外国人教官が指導するが、あくまでも中華民国政府が編成し満洲自治政府の管轄下に置かれる、中国人によって構成される保安隊であると考えられてきた。しかしながら、「リットン報告書」作成の過程ではこれ以外の可能性が検討された形跡がみられる。具体的には国際連盟が主導する多国籍警察軍の満洲地域への派遣であり、同時期に類似の実例が存在した。たとえば、第一次世界大戦後独仏間の係争地となり、一九二〇－三五年の間、国際連盟の管理下に置かれたザールラントにおいては英国、ベルギー、カナダ、オランダ、イタリア、スウェーデンの軍隊から構成される多国籍軍が域内の治安維持や住民投票監視に従事していた。また、満洲事変最中の一九三二―三三年にジュネーヴにおいて開催されていた国際連盟の一般軍縮会議においては、常設の連盟警察軍設立の可能性が論議され、その任務のひとつとして「国際係争地域の治安維持」があげられた。そして同時期に発生していた南米のコロンビア・ペルー間のレティシア紛争の解決にあたっては変則的ながら実際に国際連盟軍の出動をみたのである。一方、中国においては一九〇〇年の北清事変以来、多国籍の外国軍隊および警察による租借地と租界の治安維持の先例があり、とりわけ有名なものが上海共同租界の工部局警察であった。「リットン報告書」作成の過程で「特別憲兵隊」が構想される際、これらの事例と論議が参考とされたことは疑いない。

第二次世界大戦後、国際連合の発展に伴い国際紛争解決の一手段として国連平和維持活動（Peace Keeping Operations: PKO）がみられるようになり、その軍事部門を担うのが平和維持軍（Peace Keeping Force: PKF）である。これは国連安全保障理事会の主導のもとに編成された中小国主体・軽武装の多国籍部隊が、紛争当事国の同意のもと係争地域に展開して停戦監視や治安維持に従事し、当事国間の紛争の平和的解決を促進するものであり、一九五六年のスエズ動乱に際しての緊急軍派遣以来、国連の平和維持活動の中心を占めている(2)。本稿ではリットン構想が国際的係争地の治安維持にあたる国際的性格を有する軍隊・特別警察の発展の文脈中に占める位置を明らかにしたい。なお、本稿のいわば総論に相当する満洲国際管理論の全体像については他の拙稿を参照されたい(3)。

一　中国および欧州における先例

一九〇〇年の北清事変（義和団の乱）に際し中国に権益を有する欧米列強および日本が共同干渉を行ない、その軍事行動の側面には多国籍軍隊による治安維持活動の要素があった。軍事行動が一段落し地域の占領が長期化した場合、当然のことながら行政や警察活動を伴うからである(4)。

また一九〇五年二月の日露戦争さなか、日本陸軍の国際法顧問、有賀長雄が『満洲委任統治論』の中で日露戦後の満洲地域を清国の主権を保持しつつ日本の委任統治下に置き、地域の防衛と治安の維持に駐留日本軍・警察と並んで中国人義勇隊の活用を提唱したが、これも一種の多国籍軍・警察の構想といえよう(5)。有賀の発想には後年の「リットン報告書」にみられる満洲紛争解決の構想に通じる部分が少なからずみられて興味深い。

しかし、「リットン報告書」作成当時の中国において、もっとも活動が顕著であった類似の事例は上海共同租界の工部局警察であった(6)。上海の共同租界は工部局とよばれる多国籍参事会の行政下に置かれており、一九三〇年ごろの構成は英国人五名、米国人二名、日本人二名、中国人五名の計一四名であった。工部局の下には治安維持を任務とする警察部が置かれ、運営は警視総監（英国人一名）、特務副総監（日本人一名）、副総監（日本人、中国人各一名）が担当し、約五〇〇〇名の警察隊の指揮は日本人、中国人、インド人各一名の総監輔が行なった。この五〇〇〇名の警察隊の構成は英国人四二〇名、日本人二八〇名、インド人五二〇名、中国人三六五〇名であった。また、正規の警察隊のほか軍務経験を持つ住民有志による約二五〇〇名の義勇巡査隊が併置され、暴動などの非常事態に際しては警察隊の補助に任じた。これら合計約七五〇〇名の正規・補助警察隊がトムプソン短機関銃三五、カービン銃五二六、自動拳銃六七九、拳銃四六四七（一九三〇年現在）などを装備して、約四万の外国人と一二〇万の中国人が居住する上海共同租界の治安の維持に従事していたのである。[7]この編成は重砲、戦車等の本格的火力は欠くものの、通常の警察概念をはるかに超えており、軽装備の一個歩兵旅団に相当する戦力であったといえよう。

一方、一九二〇―三〇年代のヨーロッパでは国際連盟のもとで停戦監視や国際管理地域における治安維持に従事する多国籍協力の事例がみられた。ダンチヒ（ドイツ・ポーランド間で連盟の任命する委員会が管理）、ラインラント（ヴェルサイユ条約およびロカルノ条約で非武装化）、ヴィルナ（ポーランド・リトアニア間の係争地）などである。[8]しかしながら、もっとも有名かつ成功した例とみられたのがザールラントにおける国際警察部隊による治安維持および住民投票の監視であった。[9]

ドイツ領土であったザールラントは第一次世界大戦直後にフランス軍が保障占領した。戦後独仏間の係争地域となったザールラントは結局ヴェルサイユ条約第四五―五〇条に基づきドイツから分離され、一九二〇年に国際連盟が監督する多国籍施政委員会の行政下に置かれた。この施政委員会の構成はフランス人一名、非仏系ザール人一名、独仏以外の国際連盟加盟国人三名の計五名である。そして同地域の最終的地位は一九三五年に行なう住民投票によって決定されるものとされた。ここで問題となったのは、住民投票実施までの期間におけるザールラントの治安の維持方法である。ヴェルサイユ条約附属書の規定によれば域内の治安の維持は連盟主導のもと施政委員会が組織する地方憲兵隊が担当することになっており、外国正規軍の駐留は認められていなかった。しかしながら、戦勝国フランスはザールラントのなし崩し的な併合をもくろんでヴェルサイユ条約発効後も占領を継続し、五〇〇〇名から八〇〇〇名のフランス兵を駐留させていた。フランスのこの態度は国際的非難を浴び、国際連盟においても再三違法性が指弾された。この結果一九二七年以降フランスは駐留軍を徐々に削減し、その補填を英国とベルギーの部隊が行なうことによりザールラント駐留軍は本来の多国籍地方憲兵隊の性格を持つに至った[10]。また、一九三〇年代初め頃より国際連盟理事会は一九三五年の住民投票に向けて、投票が円滑に実施されることを保障するための投票監視を任務とする国際警察軍の編成と派遣を検討していた。この過程ではロカルノ条約の締約国やベルギー、アイルランド、スイスからの部隊参加も審議されたが、最終的には英国人将官を司令官として英国軍一五〇〇名、イタリア軍一三〇〇名、スウェーデン軍二五〇名、オランダ軍二五〇名から構成された三三〇〇名のザール国際軍が編成され、一九三四年末までにザールラントに展開した[11]。これは歩兵連隊一個半に相当する兵力であり、住民投票に際して投票妨害や暴動など万が一の不測の事態にそなえてイタリア隊は数輛の軽戦車を、また英国隊は装甲車まで配置した。翌一九三五年一月に住民投票が滞りなく終了し、その結果三月に同地域がドイツに復帰するまでの期間、このザール国際軍は面積一九一二平方キロメートル、人口約八三万のザールラント地域の治安維持に従事したのである。ザール国際軍は国際連盟が主導した大規模な多国籍警察軍の活動が成功をおさめた初めての事例であった。

リットン調査団が満洲をめぐる日中紛争解決のシナリオを模索していた前後、中国とヨーロッパにはこのような多国籍的性格を有する警察活動が存在していたのである。

二　国際連盟常設警察軍構想

満洲事変が進行中の一九三二—三三年、ジュネーヴにおいては国際連盟が主催する一般軍縮会議が開催されており、この会議における議題のひとつは常設の国際連盟警察軍設置の可能性であった[12]。この種の構想は実は一九二〇年代を通じて連盟の内外で既にいくたびか論議されており、日本においても例外ではなかった。たとえば満洲事変が始まる三年前の一九二八年一一月、植民地政策学者で京城帝国大学教授であった泉哲は日本国際連盟協会の機関誌『国際知識』に「日本と満洲の国際警察」という論説を発表し、この問題を論じている[13]。泉は世界的な軍備縮小と並行して国際連盟が主導する国際警察軍が組織される可能性に触れ、従来個別の主権国家が国益を擁護するために行なってきた自国外における警察的行動が将来には集団性・多国籍性を強めていくことを示唆した。すなわち日露戦争以降、日本は満洲地域における日本人の生命・財産の保護を目的に事実上同地域に対して警察的行動を行なってきたが、ワシントン会議後「九国条約は[満洲地域に対する]日本の単独警察権をとりあげて九カ国の手に移した形を示している。[14]」泉は基本的には満洲地域に対する日本のモンロー主義的な単独警察行動を是認するが、一方では満洲地域で紛争が生じ日本を含めた各国の権益が危機に曝された場合、国際連盟主導のもと九カ国条約締結国を主体とする国際警察軍が派遣され域内の治安の回復と維持にあたる可能性を間接的ながら示唆していた。泉のこの発想は国際連盟という普遍的原理に基づく国際機構と九カ国条約締約国といういわば地域的原理に立脚する国家群の協力を論じたものといえよう。

一九三二年、満洲問題をめぐって連盟理事会と日本の応酬が続けられていたころ、同じくジュネーヴで開催中であった国際連盟一般軍縮会議においてフランス政府は「戦争を阻止することを目的とする国際警察軍」を設置して連盟がその指揮管理を行なうことを提案した。そして、この国際警察軍設置の暁にはフランスは一個旅団規模の陸上兵力(六〇〇〇―七〇〇〇名)、軽巡洋艦二―三隻を中心とする小艦隊および偵察機・戦闘機三―四個中隊(五〇機前後)程度を提供する準備があることを明らかにした。[15]この提案はフランスと並ぶ連盟の機軸国である英国が消極的であったため具体化されなかったが、その英国においても一般世論には国際連盟指揮下の国際警察軍設置を支持する声が少なくなかった。たとえば一九二〇―三〇年代の英国において指導者とする国際協調・軍縮運動の一大推進団体であったロバート・セシル卿(Viscount Robert Cecil of Chelwood)を指導者とする国際協調・軍縮運動の一大推進団体であった国際連盟同盟(League of Nations Union)が一九三三年一月に作成した試案では、連盟指揮下の国際警察軍の任務のひとつとして「紛争地域(満洲、リベリアのような)において国際憲兵隊の役割を果たし、紛争当事国の軍隊の間に設けられる中立地域の警備に従事する」ことを挙げていた。[16]同年三月日本が国際連盟からの脱退を宣言した頃、連盟一般軍縮会議においては、今度は国際航空警察の問題が論議されていた。これは各国が軍用航空を廃止すると共に国際航空の当事国になる可能性の低い小国に本部を置く国際航空警察を設置し「国際紛争勃発ノ可能性ヲ生ジタル『危険地帯』ノ監視…武力行使発生ヲ防止…」する構想であった。[17]

国際連盟の指揮下に常設の国際警察軍の組織化を図るこれらの一連の提案は政治的または技術的な諸般の困難から陽の目をみなかったが、紛争の防止または鎮静化の補助を目的とする多国籍警察軍を、暫定的ではあれ連盟の主導のもとで編成する機運が存在したことを示していた。事実、常設の連盟警察軍ではなかったが、前述のように一九三四―三五年にはザールラントの住民投票監視を目的とする英国・イタリア・スウェーデン・オランダによる三三〇〇名のザール国際軍が連盟によって編成され任務を達成したのであった。

三　リットン報告書と特別憲兵隊構想

一九三二年二月から八月にかけてリットン調査団は中国、日本、「満洲国」をまわり、この年の一〇月二日に有名な「リットン報告書」を発表した。報告書作成の過程で調査団は日中両国の政府と個別に協議し、紛争解決のための暫定的措置として満洲地域を国際連盟が主導する国際管理下に置く可能性を打診した。「満洲国」を建国育成し、それを日本の事実上の勢力圏に組み込むことを決意していた日本政府の反応は否定的であったが、これとは対照的に中華民国政府の反応は当初から肯定的であった[18]。満洲事変の本質を中華民国と日本の紛争ではなく、満洲地域を実効支配する張學良軍閥と関東軍急進派の衝突とみるならば、満洲地域から張學良軍閥の影響力を排除したい中国政府にとって、満洲回収の一段階として地域を連盟が保障する国際管理下に置くことは悪い選択肢ではなかった。

このような背景から、一九三二年三月末から四月初めにかけて南京に滞在したリットン調査団が中華民国政府首脳と会談した際、汪兆銘行政院長は以下の考えを表明したのだった。すなわち、(一) 満洲地域から日本軍を撤退させた後、中華民国の正規軍とは別個に編成される中国人による特別憲兵隊 (special gendarmerie) を派遣して地域内の治安を維持する、(二) 満洲地域に文民行政を確立するための準備委員会が中華民国政府内に一九三一年秋以来設置され活動を開始している。半年後に発表される「リットン報告書」の基本構想は、実はこのときの中国側の提案に触発された可能性もある。さらに注目すべきことに汪は、もし中国政府が満洲に設置を検討している文民行政機構と特別憲兵隊の治安維持能力に日本政府が疑念を抱いているのであれば、それを払拭するために国際連盟が勧告する改善策にしたがう意思があると述べた[19]。当時中国には中華民国の中央軍、地方政府軍、軍閥軍など各種の軍隊が存在したが、「良い鉄は釘にならない、良い人間は兵隊にならない」の諺に示されるように、これらの軍隊を構成する中国人兵士の能力および軍紀は低かった。この傾向は少数の中央直系軍を除いて中華民国政府の正規軍においても例外ではなかった。北伐の過程で中央政府の統制に服さない過激化した中華民国軍隊の一部が英米日をはじめとする諸外国の権益を侵して南京事件、済南事件などの国際紛争を惹起したことはいまだ記憶に新しく、かくして前述の汪の発言となったのである。ここで汪が述べた「国際連盟の勧告」には当然、治安維持を担う特別警察隊の構成方法や任務の規定が含まれていたと考えられよう。この汪の発言を受けて、リットン調査団が上海工部局警察や後のザール国際軍に類した多国籍警察軍の編成を考えた可能性は否定できない。

「満洲国」の調査を終えた調査団は一九三二年六月に北平に滞在し、再び中華民国政府首脳と会談した。このときリットンは三月の南京会談をふまえて（一）中華民国政府が満洲地域に自治的性格を持つ新規の行政機構を設置し、（二）地域内の治安の維持は特別憲兵隊によって行なうこと（a special gendarmerie for the purpose of maintaining order）を示唆した[20]。こうして半年におよぶ調査を終えたリットン調査団は、中華民国の主権を維持しながらも満洲地域に自治政府を設立して連盟が主導する国際管理下に置き、治安の維持を特別憲兵隊に担当させ、さらに満洲地域に大きな利害関係を持つ日本、中国、ソ連の三国間に不可侵協定を締結させて地域の安定を図る、という基本構想を固めていったのである。報告書の大部分は七―八月に北平で執筆され、その作成過程の文書には最終報告書に記載されなかった興味深い点がいくつかみられる。「特別憲兵隊」についてみると（一）中華民国政府は特別憲兵隊の編成を二年以内に行なう、（二）編成については外国人顧問が助言するが顧問の半数は日本人、残りの半数は中華民国政府が任命する他の国籍の者（中国人を含むか否かは不明）とすることが検討された[21]。しかし、最終報告書では特別憲兵隊編成までの具体的時限は設定されず、また外国人顧問に占める日本人の割合についても明記されなかった。特別憲兵隊の具体的規模や装備に言及せず、またリットン調査団の最終報告書に記載されなかったとはいえ、これは満洲地域の治安維持に従事する特別憲兵隊について提示されたもっとも具体的な青写真であった。

このような過程を経て一九三二年一〇月二日「リットン報告書」が公表された。報告書は全一〇章からなり、第九章「解決ノ原則及条件」および第一〇章「理事会ニ対スル考察及提議」において満洲をめぐる日中紛争解決の具体的提言がなされていた。この中で地域の治安維持にあたる特別憲兵隊に言及したのは次の個所である。

満洲ノ内部的秩序ハ有効ナル地方憲兵隊（an effective local gendarmerie force）ニ依リ確保セラルルコトヲ要シ外部的侵略ニ対スル安全保障ハ憲兵隊以外ノ一切ノ武装隊ノ撤退ト利害関係国間ニ於ケル不侵略条約ノ締結トニ依リ与ヘラレルコトヲ要ス[22]

東三省内ニ於ケル唯一ノ武装隊タルベキ特別憲兵隊ヲ外

国人教官ノ協力ノ下ニ組織スベキコトヲ提議スル（a special gendarmerie should be organised, with the collaboration of foreign instructors）…之ガ編制完成ノ暁ニハ該地域ヨリ支那又ハ日本ノ何レニ属スルヲ問ハズ警察又ハ鉄道守備兵等有ラユル特別隊ヲ含ム他ノ一切ノ武装隊ノ撤退行ハルベシ(23)

前述のように「満洲国」建国を既定方針としていた日本政府に「リットン報告書」を受け入れる余地はなかったが、中国政府の反応は条件付ながら肯定的であった(24)。一見すればわかるように「リットン報告書」の提言の文言は原則を記したに過ぎず、「有効ナル地方憲兵隊」と「特別憲兵隊」の性質と規模については具体的説明がない。ここに中国政府が「特別憲兵隊」の内容に危惧する理由と同時に連盟と交渉する余地があったのである。「リットン報告書」の公表後まもなく作成されたとみられる日付不明の中国政府の覚書は、中華民国の主権が維持されるとはいえ満洲地域が連盟主導の国際管理下に置かれることで事実上の巨大な共同租界になることを惧れ、「特別憲兵隊」構想に以下の条件をつけることを示唆したのである。

すなわち（一）「特別憲兵隊」の編成に外国人顧問の関与は認めるが、その権限はあくまでも助言的性質のものにとどめ部隊の指揮権を与えてはならない、（二）「特別憲兵隊」が多国籍化した場合再び日本に干渉の機会を与えかねないので部隊を構成する人員は中国人であらねばならない、の二点である(25)。換言すれば「リットン報告書」に基づく解決法を受け入れ、外国人顧問の関与を認めることにより「特別憲兵隊」に形式上一定の国際性と中立性をそなえさせはするが、実質は中国政府の強い影響下にある部隊の編成である。したがって中国政府が提示する線に沿ってリットン構想が修正されて採用されたとすれば、次はこの「特別憲兵隊」を構成する中国人の性質が論議の焦点となることは必至であった。

中国の事実上の管制下にある「特別憲兵隊」を編成するために中華民国政府は政治的忠誠心の高い中央直系軍系の部隊からの人員派遣を図ったであろう。それに対し一定の国際性と中立性を維持したい連盟は中央直系軍以外の各種の中国軍隊による混成部隊あるいは上海工部局警察と義勇巡査隊の中国人隊員からの人員採用を主張したかもしれない。また「リットン報告書」にある「外国人教官」に相当数の日本人が含まれていたとすれば、当然のことながら、これらの日本人教官は親日的傾向の中国人が「特別憲兵隊」の主体になるよう工作したであろう。事実、後年華北分離工作の過程で日本軍によって設立された各種の地方自治政府の中国人保安隊はこの種の性質を有するものであった。いずれにせよ、仮に中国政府の修正案に沿ったリットン構想を日本が受け入れたとしても、「特別憲兵隊」編成の過程では中国、日本、連盟間で紛糾が重なった可能性が高い。そして「外国人顧問の助言を受ける中国人を主体とした特別憲兵隊」が実現困難となった場合、上海工部局警察またはザール国際軍に類似した多国籍警察軍の編成が再び検討されることになったかもしれない。中国政府の覚書にわざわざ特別憲兵隊は中国人で構成されねばならないと記されていることは、却って「リットン報告書」の構想に多国籍警察軍設立の可能性が含まれていたことを示唆するようである。

四　未発の「満洲ＰＫＦ」——まとめにかえて

以上みてきたように「リットン報告書」作成の過程では、日中両軍撤退後の満洲自治地域の治安維持に従事する特別憲兵隊設置の提案に際して、当初は国際連盟の主導下で上海工部局警察またはザール国際軍に準じた多国籍警察軍が構想されていたことが考えられる。ザール国際軍がザールラントをめぐる対立の当事国である独仏を除いたロカルノ条約締結国である英国とイタリアの部隊が中心になったことから類推するに、リットン構想に立脚して満洲地域に展開する特別憲兵隊が実現された暁には日中を除く複数の九カ国条約締結国が兵力提供に応じた公算が高かったであろう。しかしながら満洲地域が列強支配のもと新たに巨大な共同租界と化すことを危惧した中国政府が、外国人顧問の助言を受けることは認めながらも「特別憲兵隊」の構成は中国人に限定することを主張した結果、「地方憲兵隊」なる表現が最終報告書では用いられたようである。

このような経緯からリットン構想にあらわれた「特別憲兵隊」は「外国人顧問によって指導される中国人によって構成された保安隊」と解釈されるにいたったのであるが、この「特別憲兵隊」の性格について必ずしも国際的な意見の一致があったとは言いきれない。このことを示す興味深いエピソードがある。ジョージ・ブレイクスリー（George H. Blakeslee）は米国のクラーク大学の国際関係論教授であり、一九二一－二二年のワシントン会議にも国務省顧問として参加したアジア太平洋問題の専門家であった。ブレイクスリーは米国代表フランク・マッコイ少将（Franck Ross McCoy）を補佐してリットン調査団に同行し「リットン報告書」の歴史叙述の大部分を執筆した。報告書公表後、米国に戻ったブレイクスリーは一九三二年一二月七日、米国陸軍大学において満洲紛争について講演を行なった。講演後の質疑応答に際して、米国陸軍の高級将校と思われる聴講者のひとりは満洲地域からの日本軍撤退後にリットン調査団の米国代表であったマッコイ少将が警察部隊の指揮にあたる（in charge of the constabulary）可能性を質問した。これに対しブレイクスリーは満洲地域をめぐる国際情勢がいまだ流動的であることを理由に確答を避けたが可能性を否定もしなかった。[26] ここには質問者とブレイクスリーが「リットン報告書」に記された「特別憲兵隊」が多国籍的性格を持ち、かつ日中以外の国籍の人間がその指揮にあたる可能性もあったことを考えていたことが示されている。

ところでもしこのような多国籍警察部隊が実現したとすればいかなる性質と規模のものになったであろうか。たとえばザール国際軍または上海工部局警察をモデルとして、国際連盟一般軍縮会議における常設連盟軍の論議を加味した九カ国条約締結国（日中を除く）による多国籍警察軍が編成されて満洲地域に展開し、紛争が日中間で政治的に解決されるまでの間地域の治安維持に従事したかもしれない。その際の「外国人教官」には上海工部局警察の運営やザール国際軍の編成に関与しつつあった連盟および各国の行政、警察、軍事、国際法の専門家が任命された可能性が高い。満洲地域を実見したリットン調査団中の軍人である米国代表マッコイ少将またはフランス代表アンリ・クローデル中将（Henri Claudel）が多国籍警察軍の司令官または外国人顧問団の長を務めることも、「特別憲兵隊」における国際連盟のプレゼンス維持のためにありえたかもしれない。

しかしながら独仏両国に匹敵する広大な面積と三〇〇〇万の人口を有する地域における多国籍警察軍の治安維持活動の先例は皆無であり、したがって実現には多くの技術的困難の克服が必要となったであろう。奇妙なことに「リットン報告書」は「特別憲兵隊」の編成を提案しながらも、その規模について具体的に記していないが、その規模はどれほどのものとなったであろうか。仮に上海工部局の警察を例に試算し、約四万の外国人と一二〇万の中国人が居住する共同租界を五〇〇〇名の警察と二五〇〇名の義勇巡査隊合計七五〇〇名の人員で担当していた一九三〇年頃の比率を人口三〇〇〇万の満洲地域に適用してみると「特別憲兵隊」の規模は約一八万強となる。また一九三二年四月末にリットン調査団が発表した「中間報告」によれば一九三一年九月中旬柳条湖事件勃発時に満洲地域に存在していた中国軍隊（実体は張學良軍）は約一九万、日本の関東軍が一万強、地方政府の各種の警察部隊は約一二万、合計約三二万強である。[27] この試算にしたがえば満洲地域の治安維持には少なくて一八万、多くて三二万の兵力が必要となる。仮に大都市および鉄道沿線と港湾など主要地点に重点を置く警察活動に限定しても、この五分の一程度の人員が必要であったろう。したがって多国籍警察軍は三万六〇〇〇から六万四〇〇〇名程度の規模となり、これは三個から五個師団に匹敵する。一九三二年の国際連盟一般軍縮会議で、常設の連盟警察軍を設置する場合フランス政府は約一個旅団(六〇〇〇－七〇〇〇名程度)の陸上兵力を提供する準備があると表明したが、ヨーロッパ有数の陸軍大国であるフランスが提供できる兵力の規模がこの程度であり、ザール国際軍編成の際英国が提供した数が一五〇〇、イタリアのそれが一三〇〇であったことを考えると、いまだに孤立主義の風潮が強い米国が提供できる軍隊の規模もフランスのそれと大同小異であったと思われる。したがって満洲のような広大な面積と大人口を擁する地域に十分な規模の多国籍警察軍を投入することは紙上の計画としてはともかく、現実には不可能に近かったのではないであろうか。このことから「リットン報告書」の「特別憲兵隊」が「外国人顧問の助言を受けて編成される中国人による保安隊」という、より実現性のある解釈に落ち着いたのであろう。

実際問題として自国に死活的利害のない地域に、国際平和維持の大義のためとはいえ大量の人員を派遣することを各国が躊躇することは、国際社会の相互依存と組織化がはるかに進んだ二一世紀初めの今日でもみられるところである。ここから直接的利害の深い国の軍隊に一定の国際的正統性を付与して紛争地域の治安維持にあたらせるとの発想が生まれる。満洲事変とまったく同時期に地球の裏側で生じていた領域をめぐる国際紛争ではまさにこの方式が採用された。

一九三二－三四年、南米のコロンビアとペルーの間では両国国境に広がるレティシア地方(Leticia)をめぐる紛争が発生していた。一九二二年のサロモン・ロザーノ条約によってコロンビア領になっていたレティシアを一九三二年九月一日(「リットン報告書」が公表される一ヶ月前)、ペルーの民兵が不法占拠し、一九三三年一月から四月(日本が連盟からの脱退を決意し宣言した頃)にかけてレティシア周辺では両国正規軍の間で散発的戦闘が発生した。しかし同年五月国際連盟の調停が効を奏し、両国は連盟理事会が指名しコロンビア政府の管轄下に置かれるレティシア委員会(League of Nations Leticia Commission)の暫定統治下にレティシア地方を置くことに同意し、ペルーは民兵と正規軍の撤退に同意した。このレティシア委員会は米国、ブラジル、スペインの将校によって構成された。ペルー軍の撤退を監視し、かつ両国間で政治的解決が達成されるまでの間、係争地域の治安維持はコロンビア軍から選抜されレティシア委員会の指揮下に置かれた一五〇名の歩兵が担当した。この歩兵部隊は「レティシア委員会」と表記した旗を使用し、白地に紺色で「国際連盟」S. D. N.（Société des Nations）と記した腕章を着用して任務にあたった。

一九三四年五月二四日にコロンビア・ペルー友好協力議定書と附属議定書が締結され、以下のことが定められた。（一）コロンビア・ペルー両国の外交関係の回復、（二）レティシア主要地域の非武装化、（三）両国軍隊の撤退、（四）以下は略。議定書発効と同時にレティシア委員会は任務を終了し、レティシア連盟軍も解散した[28]。

紛争の一方の当事国（コロンビア・中国）の管轄下にあり連盟が主導する国際的正統性を有する行政機構（レティシア委員会・満洲自治政府）のもとに紛争地域（レティシア・満洲地域）を置き、紛争当事国（コロンビアとペルー、中国と日本）の間で交渉による政治的解決がつくまで国際連盟が正統性を付与し助力する一方の当事国（コロンビア・中国）が編成する警察軍が地域の治安維持に従事し、紛争当事国（コロンビアとペルー・中国と日本）の正規軍を撤収させ地域（レティシア・満洲地域）を中立化するという構図には「リットン報告書」が提示した構想との驚くべき類似がみられる。国際連盟が主導的役割を果たしたレティシア紛争の解決は、満洲事変解決の失敗からわずか一年後のことであった。国際連盟が満洲で失敗した計画を、はるかに小規模ながらレティシアで実行し成功に導いたと考えてはならないであろうか。たしかに一九三一－三三年の満洲紛争は「世界ノ他ノ部分ニ於イテ正確ナル類例ノ存セサル[29]」事態であったかもしれないが、レティシア紛争の解決においては「リットン報告書」に基づく未発の「満洲ＰＫＦ」という先例があったのである。

註

（1） 臼井勝美『満洲国と国際連盟』（吉川弘文館、一九九五年）一〇三頁。

（2） 国際連合の平和維持活動については香西茂『国連の平和維持活動』（有斐閣、一九九一年）を参照。

（3） 等松春夫「満洲国際管理論の系譜――リットン報告書の背後にあるもの――」（『国際法外交雑誌』第九九巻第六号、二〇〇一年二月）二六－六〇頁。

（4） 北清事変における列強の共同干渉については小林一美『義和団戦争と明治国家』（汲古書院、一九八六年）第三章第二節「日本軍、列国軍戦史」を参照。

（5） 前掲「満洲国際管理論の系譜」三六頁。

（6） 以下、上海工部局警察については野口謹次郎・渡邊義雄『上海共同租界と工部局』（日光書院、一九三九年）七六－九二頁およびＮＨＫ〝ドキュメント昭和〟取材班『上海共同租界』（角川書店、一九八六年）二八－二九頁を参照。

（7） 同右『上海共同租界と工部局』二三－二四頁。

（8） ヴィルナについては前掲『国連の平和維持活動』四一－四三頁を参照。

（9）ザールラントについては同右、四五—五〇頁および宮崎繁樹『ザールラントの法的地位』（未来社、一九六四年）四六—五〇頁を参照。

（10）同右『ザールラントの法的地位』四七頁。一九二七年六月から一九三〇年末までザール駐留軍は仏軍六三〇名、英軍一〇〇名、ベルギー軍六八名に改編され、任務を鉄道警備に限定した。前掲「国連の平和維持活動」四九頁。

（11）同右、四六—四七頁。松田幹夫「PKOに対するアイルランドの貢献」（『獨協法学』第五〇号、二〇〇〇年一月）一七—一八頁。

（12）一九三二—三三年の国際連盟一般軍縮会議については藤田久一『軍縮の国際法』（日本評論社、一九八五年）一五—一七頁を参照。また軍縮会議における国際警察軍をめぐる論議については John W. Wheeler-Bennett, *The Disarmament Deadlock*(London: George Routledge, 1934), pp. 14-15を参照。

（13）泉哲「日本と満洲の国際警察」（『国際知識』第三巻第一一号、一九二八年一一月）一五—二四頁。

（14）同右、二四頁。

（15）Conference for the Reduction and Limitation of Armaments, Geneva, 1932. Proposals of the French Delegation', Appendix K, p. 766, in David Davies, *An International Police Force* (London: Ernest Benn, 1932)

（16）'*Memorandum on an International Police Force*,' 20 January, 1933, MSS Gilbert Murray, Reel 68, 216, f. 88-97, p.10. (Bodleian Library, University of Oxford)

（17）外務省編『日本外交文書』「国際連盟一般軍縮会議報告書」（外務省、一九八八年）三〇七—三〇八頁。

（18）前掲『満洲国と国際連盟』六一—六二頁。

（19）前掲「満洲国際管理論の系譜」四八頁。

（20）同右。

（21）同右、四九頁。

（22）「リットン報告書」第九章、二四三頁。外務省編『日本外交文書』「満州事変」（別巻）（外務省、一九八一年）二五一頁。

（23）「リットン報告書」第一〇章、二五〇頁。同右、二五八頁。

（24）前掲「満洲国際管理論の系譜」五〇頁。

（25）同右、五一頁。

（26）George H. Blakeslee, '*The Lytton Commission*,' Lecture delivered at the Army War College, Washington, D.C., December 7, 1932, p. 19. File 3, Box 6, George Blakeslee Papers. (Goddard Library, Clark University)

（27）『日支紛争に関する国際連盟調査委員会の報告附属書』（国際連盟協会、一九三三年）四—五頁。

（28）レティシア委員会の活動については前掲『国連の平和維持活動』四三—四四頁参照。

（29）「リットン報告書」第九章、二三五頁。前掲『日本外交文書』「満州事変」（別巻）二四三頁。

追記　本稿執筆にあたり満洲事変前後の日中関係全般について臼井勝美教授に、レティシアPKFを初め一九二〇—三〇年代の国際連盟の国際警察軍構想については臼杵英一博士に多大のご教示をいただいた。記して深謝する。

（玉川大学講師）

近代日本の政治過程と「九・一八」事変

李　樹泉
伊藤信之訳

「九・一八」事変（すなわち「満州事変」）は中日両国関係に重大な影響を及ぼした歴史的事件である。「九・一八」事変は表面上は日本の少壮派軍人が画策したものであるが、明治維新以来の政治社会の変遷を考察するならば、その発生には歴史的必然性があった。事変は近代日本の軍国主義化と対外侵略政策の必然的産物である。

一　近代日本政治の基本進路

日本は晩生ながらも早熟な資本主義国家であるとともに、欧米列強と対抗できる近代アジアで唯一の国家であった。近代日本が歩んだ資本主義の歴史から見れば、明治維新は日本が近代化を達成するのに不可欠ではあったが、改革が不徹底であったこともまた明らかである。特に政治と思想面で多くの遅れた封建的遺物を残したことは、日本の軍国主義化の社会的基盤となり、最終的には軍事封建的特質を持つ天皇制専制制度を確立させた。このことが近代日本の政治発展の基本的特徴である。

一八八九年に発布された帝国憲法は明確に、国家主権は「神聖不可侵」の天皇が所有すると規定している。「天皇は国家元首にして統治権を総攬」し、これには立法権、軍隊統帥権、議会の召集と解散権等が含まれる。内閣の構成員は天皇が任命し、また天皇に対してのみ責任を持つ。明治政府初期の権力は実際には藩閥出身の官僚の手に収められていたが、彼らは資本主義階級の政治的・経済的利益を代表する政党勢力を政権から排斥した。藩閥官僚は自らの態度を「超然主義」と称したが、これは政府が各政党間の紛争に超然的態度を保つことを名目とするものの、実質は専制的な官僚が政党勢力を凌駕するためのものであった。

甲午中日戦争（日清戦争）の後、日本資本主義の迅速な発展にともない、資産階級の勢力は日増しに増大した。彼らは政治参与の希望を強め、政党政治の実現を要求したが、このことは一貫して政治権力を保持してきた藩閥官僚との間に矛盾を生じさせた。やがて藩閥官僚は政党を政権から完全に排除することは不可能と悟り、また商工業者層から広範な支持を得るため、政党に対して利用と制限、抱き込みを組み合わせた政策を採り、条件的に政党の参加を認めた。一八九五年末、首相伊藤博文は自由党首脳板垣退助を内務大臣として入閣させたが、条件は板垣が自由党からの党籍離脱を声明することであった。一八九六年、薩摩士族出身の松方正義は組閣の際、進歩党党首大隈重信を党員の身分を保持することを認めて外務大臣として入閣させた。これは政府内部における藩閥官僚と政党勢力の初めての公的協力であった。ただし、政党と藩閥官僚間の矛盾は解消されず、政府による言論・集会の自由の制限、増税、軍備拡張等に対する資産階級の不満は双方の協力関係に亀裂を生じさせた。ついに地租の増額問題で激突が起こり、大隈は外相の地位を辞して内閣は倒れた。

この後、日本の政界は走馬灯のように長州、薩摩の二つの藩閥勢力、自由党と進歩党の二大政党が離合集散を繰り返した。長州閥の伊藤博文は一八九八年一月に第三次伊藤内閣を組閣した。しかし、伊藤内閣が提出した地租増額法案は自由党が支配する議会に否決され、伊藤は議会を解散した。この時、伊藤は政府党を組織して議会をコントロールすることを思いついた。一方、進歩、自由両党は藩閥政府の支配から脱却し政党勢力が独自に組閣することを目的に、合併して憲政党を結成した。藩閥官僚の地位はこれにより大いに脅かされた。一八九八年六月二四日、長州、薩摩の藩閥勢力を代表する六人の元老、伊藤博文、山県有朋、西郷従道、大山巌、黒田清隆、井上馨は御前会議を開き、新たな状況への対策を協議した。伊藤は政党を分裂・吸収し、新たな政党を結成して議会をコントロールすることを主張したが、山県有朋は強硬論の立場から新党の結成に断固反対した。山県は「明治政府の歴史と憲法の精神とは、我より政党内閣を組織するを容《ゆる》さざるは勿論、若し政党内閣にして組織せらるるに至らば、我が国家は西班牙《スペイン》又は希臘《ギリシャ》と一般の運命に陥るは火を睹《み》るよりも明也(1)」と述べて、議会権力の削減と、議会の対政府干渉を取り締まるよう主張した。双方の対立は埋まらず、伊藤内閣は瓦解した。そこで伊藤が天皇に推挙した結果、大隈と板垣が後継内閣を組閣することになった。憲政党内閣は政党が単独で組閣する先鞭をつけた。

一八九八年六月三〇日に憲政党内閣が発足した。元進歩党の大隈重信は首相兼外相、元自由党の板垣退助は内相に就任した。世に言う「隈板内閣」である。「隈板内閣」の出現は日本近代政治史上の重要な事件であった。

このことは日本の資産階級が日清戦争後にその経済力を急速に増大させ、しだいに政治的に重要な地位を占めたことを意味する。しかしまた、日本の資産階級の先天的脆弱性と天皇制の近代的専制主義は政党内閣の短命をも決定づけた。

まず、大隈、板垣への大命降下は政党の領袖であるだけではなく、彼らが明治維新の功臣であり、かつ華族であることが考慮された。また、この内閣は軍部勢力の承認を受けておらず、組閣時の陸海軍大臣の人選は難航した。慣例によれば陸海軍大臣は軍人が就任するものであったが、時の参謀総長川上操六は憲政党内閣を国家を害するものと考え、前内閣の陸相桂太郎と海相西郷従道を辞職せしめ、後任人事の推薦を拒絶した。これにより政党内閣の誕生を阻止しようとしたのである。

伊藤博文の調停で、勅命により桂太郎と西郷従道を留任させることでなんとか組閣が完了したが、その条件は軍備予算の縮小方針を放棄し、軍拡政策を断固実行するというものであった。すなわち、およそ軍で必要とするものは一律に予算措置し、内閣の干渉を許さずというのである。

この決定は必然的に政党内閣を弱体化した。陸相桂太郎は、「彼の政党者流は『政党内閣』を自称するけれども、陸海軍大臣はいずれも政党以外の人間をあてている。したがって、政党を基礎とするも全体の活力に欠け、半身不随の内閣と言える」[2]と嘲笑した。

この発言は一つの事実を反映している。すなわち、軍部大臣に軍人が就任する現状を変更しなければ、軍部の意志に反するいかなる政党も独立した政治力で政権を維持できないということである。実際、「隈板内閣」は四ヶ月しか存続できなかった。一八九八年一〇月三一日、首相大隈重信は辞職し、初の政党内閣は解体した。政党内閣の短命と失敗は次のことを示している。天皇制の加護の下で侵略戦争によって自らを発展させてきた資産階級が、政治的に軍閥勢力に挑戦する能力を持つことはあり得ない。彼らには藩閥強硬派と軍閥勢力に付き従うほか、別の道はなかった。

政党内閣の瓦解は、著名な陸軍の元老である山県有朋に組閣の機会を与えた。山県有朋は強硬派をもって知られ、日清戦争前から対外拡張と対内専制を主張していた。彼のまわりには桂太郎、児玉源太郎、寺内正毅らの長州閥軍人が集まり、陸軍を完全に支配していた。

薩摩閥軍人は海軍に勢力を張り、西郷従道、山本権兵衛らが次々に海軍大臣に就任した。長州と薩摩藩出身の軍人がそれぞれ陸軍省、海軍省、参謀本部、軍令部を掌握し、政府の外に独立した軍部勢力を形成したのである。彼らは徴兵、訓練、派兵、指揮、軍需工業の管理、士官の任免をコントロールし、独特の組織構造を形成した。

日清戦争後は軍人の政治的地位はいっそう強化された。軍内部では幾つかの派閥が激しく抗争したが、軍部と文官勢力、あるいは政党勢力との間で衝突が発生した際は、軍人はできる限り一致協力した。十九世紀末、軍部は天皇制の下で最も組織化され、有力な特殊団体になっていた。

一八九八年に成立した山県内閣は利用できる政党勢力は可能な限り利用したが、政党政治の趨勢を仇敵視し、これを圧迫した。山県有朋の腹心である桂太郎は「後継内閣は、第一政党に対しては須らく非常に強硬の態度を取るべし。何となれば、若も彼等にして敢て反抗を逞くするあらば、解散に次ぐに解散を以てし、憲法中止の已むを得ざるに至るとも……」(3)と述べている。

一八九九年三月、山県内閣は文官任用令、文官分限令、文官懲戒令を公布し、官吏の身分地位を保障するとともに、政党人が官職に就く道を閉ざした。規定によれば、判任官を除けば天皇が任命する勅任官と内閣が推薦する奏任官が特別に任用されるだけで、それ以外は高等文官試験を経なければ任用されることはない。これと同時に、山県内閣は勃興する労働者運動に対してさらに強力な鎮圧措置を採用した。治安警察法、行政執行法を公布して労働者・小作農・市民の集会、請願、ストライキを制限し、彼らを引き続き政治上まったく権利を持たない地位に置いた。山県内閣は法律という形式を通して、ますますその専制統治を強化したのである。

山県内閣のもう一つの重大な措置は軍部の権力をさらに強化したことであった。一九〇〇年に修正された陸海軍官制は、陸海軍大臣は必ず現役の大将あるいは中将、次官は必ず現役の中将あるいは少将を充てることが規定された。この時の法改正は陸海軍大臣と次官の人事を現役の将官に限定したもので、文官が軍を指揮する可能性を徹底して排除した。これは軍部が軍隊をコントロールすることを法律化したもので、軍が政治に干渉するための便利な道具になった。

一九〇〇年一〇月、山県内閣は政党の抵抗によって倒れ、伊藤博文による第四次伊藤内閣が成立した。伊藤は国家権力を操縦する目的で、在野時に政界と実業界の支持の下に政友会を結成し、自ら総裁となった。伊藤は元老且つ重臣であり、声望も極めて高く、また多くの財閥の支持を受けていた。このため、自由党員であった者が次々に政友会に加入し、自由党は最後には官僚勢力に降伏して、専制主義と合流した。政友会は議会の第一党であり、閣僚は海・陸相と外相を除くと、皆政友会の構成員であった。このようにして、日本の近代史上に山県が掌握する軍部勢力、伊藤がコントロールする文官系統と政党勢力が並立する局面が生まれた。

二十世紀に入ると、日本の政界と軍部は人事上の新陳代謝により、権力は新たに少壮派の手に移った。ただし、軍国主義を推進する専制制度と対外侵略の基本国策は完全に継承され、さらに激しさを増した。帝国主義列強の競争が激烈になるに従い、桂太郎内閣が一九〇二年一〇月に閣議決定した文書では、欧米列強と覇権を争う構想が明確に打ち出された。この文書では、「商工的活動（商品の輸出）と国外起業（資本の輸出）の競争は、近時国際関係上の一大特徴にして、其発動、極東に於て最も著しとなす。試に数年以来欧米諸邦が東亜大陸、就中清国に於て企画する所を見るに、或は鉱山に、或は鉄道に、或は内地水路の利用に、其他各種の方面に於て、各其利権の拡張に熱中し、鋭意経営、敢て或は及ばざらんことを恐る。……日清戦役に於て昂騰せる帝国の地位は、輓近の北清事変〔義和団事件〕に因り更に一進し、之と同時に東洋に於ける我勢威は頓《とみ》に大に発揚あり、尋《つい》で日英同盟の訂結あり、東洋の平和は茲に確保せられ、帝国の声望は更に一層の大を加ふ。此機に乗じ、清韓に於ける我事業の経営を拡張し、以て帝国現有の地位に副ふの利権を収むるは当務の急にして、敢て一日を緩《ゆる》ふすべきにあらず。(4)」としている。

ここまで見てきたように、近代日本の専制的な軍国主義化はその政治発展の必然的結果であるとともに基本特性である。その表現されたものが対内的専制と対外的侵略拡張であり、両者は日本の近代化過程の中を貫き通している。

二　軍人集団と日本政治

世界各国の近代史を覗くと、軍人集団が変革期の社会政治構造の中で中心的役割を果たしたことは珍しくもない。特に、多くの「外発型」近代化の国家では軍人集団の主導的役割は突出している。日本では社会変革を達成した後、軍人集団の機能は削減されないどころか、一貫して強化される趨勢にあり、最後には国家権力を主導した。

明治憲法は天皇が陸海軍を統帥すること、天皇が陸海軍の編制と常備兵力を決定することを明確に規定した。このようにして軍権と天皇大権は直結され、軍権は権力の階層を上昇して一種の絶対権力となった。議会、内閣、司法機構などの系統の外に置かれた軍は、監督と制約を受けない特殊な権力となった。この特殊な地位と国が実施している武力拡張の基本国策と富国強兵の戦略目標、戦争に依存する経済の現実とが結合し、軍を国家の政治体制の中で最も有力で最も実質的権威を持つ政治力とした。近代日本で軍は政治に最も影響力を持つ権力であった。

明治憲法が制定される以前に、軍は国家の行政系統から分離を始め、一種独立した権力となっていた。軍と行政との関係を明確にするために「内閣官制」で規定されたのは、軍機・軍令に関しては天皇に直接上奏でき、内閣を通さなくてよいという所謂帷幄上奏権である。これにより、内閣は軍機・軍令に関与する権利を完全に失い、軍人が国家の命運と安全保障を決することになった。

仮に軍の独立性が平時には国家の行政系統と対等の力を持っていたと言えるならば、戦時にはこの種の独立性は行政権力を凌駕するほどの特権的地位を占めた。例えば、一八九三年五月に「戦時大本営条例」が公布され、一八九四年六月には大本営が設置された。皇族が幕僚長となり、陸海軍人が幕僚を務めた。大本営が制定する軍事行動計画は国内政治や経済生活の各方面に関係したけれども、軍人以外の行政人員が参加することは一切許されなかった。これには内閣総理大臣も含まれていた。

軍は政治上一般の行政権力から独立するだけではなく、組織上からも一つの独立王国だった。王国の最上部は天皇の最高軍事諮問機関である元帥府で、構成員は終身現役軍人の身分を保ち、軍隊で極めて高い発言権と影響力を持つ。主な職責は重大な軍事問題で天皇から諮問を受けることであった。

中堅に位置するのは、陸海軍の将校によって構成される最高軍事指揮機関——陸軍参謀本部と海軍軍令部、および内閣での軍の行政代表——陸軍省と海軍省である。これらが軍部の中枢的組織であり、軍権独立の代表的部分である。また、帷幄上奏権や戦時大本営最高指揮権、およびその他もろもろに体現された軍権独立の執行機関でもある。仮に元帥府が多分に象徴的な諮問機関であるとすれば、軍部はより実質的で中堅的な組織と言える。軍部を中枢とする膨大な軍事力は完全に自律的決定権を持ち、国家のいかなる行政部門の同意も必要としない。天皇の行政事務への最高指令である「勅令」に対応して、軍事面での最高指令を「軍令」と言う。軍令の特殊性は、勅令が主管大臣の副書を必要とするだけでなく、同時に内閣総理大臣の副書の後に初めて効力を発するのに対し、軍令は陸海軍大臣の副書だけで内閣総理大臣の副書はいらず、内閣の決議や枢密院の諮問も必要としないという点にある。

軍は独自の系統を形成するだけでなく、さらに重要なのは深く国政に介入し、各種の異なった方式で国家の重要決定や執行、実施に強力に関与できることにある。

軍による政治介入の方式の一つが帷幄上奏で、内閣が関与できない有利な条件を利用して、上奏の範囲を最大限に拡大し、内閣を極度に受動的な立場に追い詰めることができた。

古くは憲政実施初期にすでに軍は行政系統への浸透を開始した。第二次伊藤内閣の一八九六年には、総理大臣が軍に対して「事ノ軍機軍令ニ係リ奏上スルモノハ首トシテ軍ノ機密軍事命令ニ属スルモノニ在ルヘキハ今更論ヲ待タサル儀ニ候処其分界明劃ナラサルヨリ往々行政事項ニ属スル事件モ帷幄上奏ニ依リ允裁ヲ経ルノ虞ナキニ非サルニヨリ其行政事項ニ直接関係アル者或ハ閣議ヲ経ルニ非サレハ行政各部ノ統一ヲ保持スルニ支障ヲ生スルモノニ付テハ上奏前予メ閣議ヲ経候様御取計有之度此段及通牒候也[5]」と申し入れた。

しかし歴史が証明したように、軍事と政治の間の不可分の有機的連携は内閣の「境を定めて互いに侵さず」の呼びかけを一方的なものにしただけでなく、統帥権は行政権をますます凌駕するようになった。特に二十世紀の三十年代以降、国際政治の情勢と国内政治経済の情勢がより緊迫するのにしたがって、軍事力は政策決定者の注目を集めるようになり、政治はかえって軍事の従属物となっていった。

軍人の政治干渉の表れとして、軍を強固な背景とした人が直接に政界に入る例があげられる。戦前の首相名簿を繰ると、東久邇皇族内閣を含めた四四代の内閣の中で、軍人が首相を務めた内閣が二〇代と総数の約半分を占める。就任期間から見れば、四七・九％である[6]。明治国家が成立して以来、政治家の軍人的色彩と軍人政治家は政権で注目を集める現象だった。

黒田清隆から山県有朋、桂太郎、山本権兵衛、田中義一等々は政治家とも軍人とも区別しがたい。彼らは政軍両界に跨がった混合型の人物である。山県有朋は終生現役軍人であったし、首相となった後に参謀総長となり、元帥となった後に枢密院議長を務めた。桂太郎は現役軍人の身分のまま首相となり、首相在任中に政党同志会を結成した。彼は軍人、官僚、政党人の三者に跨がる人物だった。軍人出身の田中義一は後に政友会総裁として内閣を組閣したが、彼も同様に三者に跨がる人物だった。

その他の軍人首相の大半は単純な意味での軍人ではなく、軍人型の政治家だった。彼ら自身の背景の特殊性がその思考の起点を決定した。すなわち、純軍事的領域に限定されない、軍事を基礎とする政治を指向する点である。

内閣の各行政部門の国務大臣の中にも軍人は相当な比率を占めていた。全く軍人閣僚のいない内閣（陸海軍大臣を除く）は総数の四〇％にも達していない[7]。言葉を変えれば、六〇％以上の内閣で不特定数の軍人が行政部門のトップを務めたことになる。ある内閣では軍人閣僚が六〇％以上に達した。(8) 同様に、各行政機構と地方行政機構の中で、植民地機構を含めて、軍人官僚はみな相当高い比率を占めていた。

軍人が大規模に各レベルの行政機構に参入していたことは、軍が国内政治全体の中である特殊な地位を占めていた重要な指標である。これら各行政機構に参入した軍事的要素は、行政系統の外に独立していた軍部と相呼応し、協力して国家の内政と外交に影響を与えた。

軍人はまた内閣制度の規定を通じて政治に干渉した。戦前の内閣制度はいかなる内閣にも必ず二名の軍務大臣、すなわち陸軍大臣と海軍大臣を含まねばならず、かつ軍人をこれに充てなければならないと規定していた。同時に、陸海軍大臣の地位の特殊性は、言うならば一般の閣僚とはまったく異なり、内閣の交替に際しても必要があれば統帥権が天皇に属することを理由に、天皇の勅許を受けて無期限に留任することができた。この内閣制度の特殊規定が、軍による政治介入を容易にさせた。

陸海軍大臣の留任は大臣の人選を早めに確定できることを意味するが、これは組閣の必要条件でもあった。そのため、陸海軍大臣は留任を新内閣との交渉の賭け金として用いることができた。また、陸海軍大臣は内閣がまだ交替しないか調整過程にある中で、軍の要望に基づいて独自に交替することができた。陸海軍大臣の席が埋まらないことには内閣が存続する必要条件が欠落し、内閣が倒れることを意味する。このため、陸海軍大臣の去就は内閣の命運を左右し、行政に干渉する有力な手段となった。

陸海軍大臣は国家の予算に軍事費が占める比率を確定するだけでなく、対外関係で採られる基本方針など軍事と国防と密接な関係を持つ国務事項に重大な発言力を有する。軍事と直接関係を持たないその他の重要な国務事項にも同様に甚大な作用を発揮する。

軍が国政で圧倒的な特殊な地位を占めていたことが、最終的には明治憲法体制を破壊し、資産階級が追い求めた憲政の成果をことごとく失わせた。一度出現した政党政治を旗印に議会制民主主義の道を歩む可能性を完膚なきまでに破壊させ最後は軍国主義化とファシズム化を余儀なくさせた。

三　近代日本と「満蒙問題」

対外侵略と近代日本の発展は事実上一種の相関関係をなしていた。一方では、日本は近代以降に発動した数回の侵略戦争で巨大な利益を勝ち取り、近代化の重要な推進力とした。また一方では、対外侵略の巨大な利益は侵略的意識を着実に刺激し強化した。近代日本の発展は終始対外侵略と密接な関係があったと言うことができる。

中国の「満蒙」地域を日本は一貫して「生命線」と見なし、日清・日露以後の一連の侵略戦争の中で「満蒙」は常に争奪すべき戦略目標であった。まさしくこれは日本の歴史家藤原彰が述べているように、「日本の大陸政策の中心目標であった。日本帝国主義形成の根本は、すなわち『満州』の植民地化と緊密に結合して一体になったと言うことができる(9)」。

近代日本が「満州」(すなわち中国東北)に手を染めた始まりは日清戦争であった。一八九五年に日本が発動した日清戦争は中国の敗北によって終わった。日本は当時の清朝政府を脅迫して不平等条約である「馬関条約」を締結した。日本はこれにより多額の「賠償金」を得ただけでなく、遼東半島をも奪おうとした。しかし、中国東北での日本の拡張は早くからここを虎視眈々とねらっていたロシアとの間に緊張をもたらした。ロシアはフランス、ドイツと連合して日本が領有を企図した遼東半島に「干渉」を始めた。日本は譲歩したくはなかったけれど、当時は実力が及ばなかったために恨みを呑んで、清朝政府から白銀三〇〇〇両の所謂「賠償金」を得た後で、遼東半島の割譲を放棄した。しかし、日本はその後もずっと「満州」を獲得する意図を放棄しなかった。

日本は中国東北を争奪する戦いの中でロシアを打ち破るために、長期の準備を進めた。日清戦争で中国から獲得した三・六四億日本円の賠償金の九〇%が軍備拡充に充てられた。一九〇三年に至り、軍拡計画の基本が完成した。一九〇二年には参謀本部は具体的な対露作戦計画を策定した。一九〇三年末には対露戦争の軍事準備が基本的に完成した。続く一九〇四年、〇五年の日露戦争で日本は勝利し、ロシアに「南進」を断念させることに成功した。

「南満」での地位を確保し、「南満」植民地化の目的を達成するため、日本は「満州経営」の政策を決定した。一九〇六年六月七日、明治天皇は勅令で、政府の全面的支配の下で「南満州鉄道株式会社」を設立することを許した。「満鉄公司」は形式上は独立した株式会社であったが、事実上は日本政府に代わって「満州」を管理する会社で、日本政府が中国東北で植民政策を推進する有力な助手だった。これと同時に、旅順・大連の租借地を「関東州」と改称した。一九〇六年八月一日、明治天皇は勅令を発し、関東都督府を設置した。これは日本政府が中国東北に設置した行政機構だった。旅順・大連で植民地統治を行う中枢であり、広範な行政権と軍事権が与えられた。都督府と「満鉄」は共同して日本が中国東北で統治と略奪を進める二大機構を形成した。

これより後、日本は「南満」での勢力を強固にすると共に、様々な方法を用いて絶え間なく「北満」に浸透し、東北地方全体を占領する目的を達成しようと努めた。

ワシントン会議の後、日本帝国主義は米英の圧力と自身の経済力の脆弱性（経済危機と関東大震災など）を感じ、加えて中国の反帝国主義革命運動が勃興し、反日運動が日増しに激しさを増すことに恐れを抱いた。やむを得ず中国独占の願望を抑えることとし、新たに「米英協調」の路線を採用することになった。

一九二四年六月から一九二七年四月にかけて「幣原外交」（第一次幣原外交）が進められたが、その特徴は経済侵略を主とし、東北を重点的に侵略する、極力奉天系軍閥を扶植する、というものであった。この期間、日本は表面上では「中国内政への不干渉」を唱えたが、実際に中国への侵略が止むことはなかった。一九二四年五月三〇日に日本の清浦内閣が定めた「対支政策綱領」では、今後の対支政策は政治上からも経済上からも「対満蒙施策を重点とする」ことが明確に述べられている。(10)

この目標を実現するために、日本は積極的に「満蒙」での代理人を育てようとした。寺内内閣が組閣されると、北京政府の皖（安徽）系軍閥段祺瑞を支持・買収する一方、奉天系軍閥張作霖の勢力を扶植しようとした。寺内内閣の内務大臣後藤新平は非公開の小冊子「満蒙での日本軍の行動について」の中で、張作霖を利用する必要性を明瞭に述べている。「張作霖は満州で一種独特の地位にある。彼には特別の資質はなく、中央政府とも密接な婚姻関係はない。その心中には権勢と私欲があるだけで、何ら経綸は無い。張は日本が満州に絶大な権力を持つと考え、日本に背くは不利で日本に従うは有利と知る。もしかような地位とかような思想の張作霖を利用するならば……満蒙之事で、日本を阻む者はいない」と後藤は言う。日本は張作霖を東北と中国を侵略するのに有用な工具と見做し、張が東北で覇を称えるのを支持した。

一九二七年四月、北伐戦争の発展により直隷系軍閥は瓦解し、日本が支持する奉天系軍閥にも火の粉が降りかかって来た。奉天系軍閥の失脚は必ずや日本の「満蒙」における利権にも影響する。長州閥の継承者で「中国征服派」として有名な田中義一、中国煤炭等の企業を共同経営する三井系列の財閥森恪らの軍国主義分子は田中を首相兼外相とする田中内閣を発足させた。

田中内閣の成立後、北伐戦争の進展で奉天系軍閥張作霖の支配する北京政権は崩壊の危機に直面した。この頃、張作霖は日本の東北経営に関する要求を聞き捨てにし、日本のコントロールから脱却する姿勢を示すようになった。張作霖の離脱傾向は日本の「満州」確保の考えに動揺を生じさせた。そうした状況の発生を避けようと、一九二七年六月から外務省、駐華公使、軍部首脳は次々に張に策を授けようとした。その内容は一致していなかったが、それまでの一貫して張作霖を支持する政策から、「役立たずになった手下を片付ける」やり方か、あるいは傀儡として再利用するやり方に代わったことは明らかだった。最終目的はやはり「満州」併呑であった。

日本の対華政策、特に「満蒙」政策を確定するため、一九二七年六月二七日から七月七日にかけて、田中内閣は東京で「東方会議」を開催した。席上、天皇の側近である鈴木貞一が開会の辞で会議のテーマをはっきりと規定した。すなわち、「日本が大陸で採るべき方針について思想を統一することである。我々の中で大多数は満州を中国から分離させ、日本の政治統治下に置くべきだと考える。これは日本の全ての政策を、国内政策、外交政策、軍事政策を含めて、一致集中することで実現される[11]」。討論の中で、どのように中国、特に東北を侵略するのか、二つの主張が出された。一つの主張は、外交と経済の手段を用いる所謂「内科的方法」で、もう一つの主張は軍事干渉の手段を用いる所謂「外科的方法」であった。田中は二つの主張を総合して「対支政策綱領」を発表した。その中で「日本が極東で特殊な地位につくには、中国本土と満蒙を自ずから区別しなければならない」と指摘している。中国本土では中国の「穏健分子」、「穏健政権」（蔣介石を指す）を支持すべきで、中国革命が満蒙に波及した場合は「断固として自衛の措置」に出て、中国に出兵する。「満蒙、殊に東三省地方に関しては、国防上竝国民的生存の関係上重大なる利害関係を有するを以て我邦として特殊の考量を要し……内外人安住の地たらしめ……三省有力者にして満蒙に於ける我特殊地位を尊重し真面目に同地方に於ける政情安定の方途を講ずるに於ては帝国政府は適宜之を支持すべし……萬一動乱満蒙に波及し治安乱れて同地方に於ける我特殊の地位権益に対する侵害起こるの虞あるに於ては其の何れの方面より来たるを問はず之を防護し且内外人安住発展の地として保持せらるる様機を逸せず適当の措置に出づる[12]」とした。

「東方会議」の終了後、田中は天皇に報告書を提出した。この報告書は東北の地方当局によって入手・公表され、「田中上奏文」と称されている。その一節には「支那を征服せんと欲せば、まず満蒙を征せざるべからず。世界を征服せんと欲せば、必ずまず支那を征せざるべからず……我が大和民族が亜州を闊歩する第一の鍵は、満蒙の利権を掌握するにある[13]」と記されている。

「満蒙」を中国から分離するため、田中内閣は二方面から着手した。一つは蔣介石軍の「北伐」を阻止し、「満蒙」

への波及を防ぐことであり、もう一つは張作霖を東北に帰還させ、日本の言うがままにすることである。しかし、当時張は日本の助けを借りて北平（北京）に居続けることを強く希望していたため、日本の要求には深い不満を示した。張作霖の反抗にもかかわらず、田中首相は協力を続けることにより、彼を利用して東北を支配し、権益を拡大できると考えた。しかし、外務政務次官森恪、参謀本部作戦課の鈴木貞一、関東軍司令官村岡長太郎ら強硬派の主張は、張を排除して直接武力を使用して「満州」を中国から分離するというものだった。張作霖が東北に敗退して来た際、日本は一九二八年六月四日に「皇姑屯事件」（張作霖爆殺事件・満州某重大事件）を起こして、張作霖を爆殺した。「皇姑屯事件」は日本の中国東北侵略の歴史でも重大な事件で、「満州事変」の予行演習だった。しかし意図とは異なり、この事件は東北を中国から分離できなかっただけでなく、却って張学良の「東北易幟」を促し、中国の統一を実現した。こうして、日本が「東方会議」で策定した中国東北を侵略する行動はうたかたの泡と消え、田中内閣は倒れた。

強硬手段で中国東北を解体しようとした田中内閣が退陣した後、濱口内閣が成立し、幣原が再び外相に就任した。日本は「満州」に干渉する行動を抑制することとなった。しかし、軍部と関東軍を代表とする軍国主義勢力はいささかも収まらず、依然として中国東北への侵略を計画した。

一九二九年一〇月に資本主義世界で空前の経済危機が発生した。この経済危機は日本経済にとって深刻な打撃となり、国内の矛盾はかつてなく激化した。危機を克服するために国内矛盾を海外に移そうと、軍国主義とファシズム勢力は日を追う毎に活発化した。国内の「一水会」、「桜会」、中国東北の「満州青年連盟」、「大雄峰会」等のファシズム団体の代表的人物である永田鉄山、小畑敏四郎、岡村寧次、東条英機、鈴木貞一、板垣征四郎、石原莞爾らの軍国主義分子は軍閥と財閥に支持され、「満州」は日本の生命線であり、「満蒙問題の武力解決」が不可欠だと極力鼓吹した。中国侵略の「軍事理論家」として有名な石原莞爾は「国運転回の根本国策たる満蒙問題解決案」の中で、将来の世界大戦は「人類最後の大戦」であり、日本が世界に覇を称えたければ米国との戦いに準備しなければならない。「米国との戦いを準備するのであれば、直ちに（中国と）戦い、満蒙の政権をしっかりと手に入れなければならない[14]」と主張した。板垣征四郎はさらに赤裸々に述べている。「満蒙は帝国の国防竝国民の経済的生存の上に深甚且特異の関係を有し……帝国の自給自足上絶対必要な地域なることが明瞭……単に外交的平和手段のみを以てしては到底其の目的を貫徹することが出来ない[15]」のであるから、戦争を起こさなければならない。

一九三一年四月、濱口内閣が退陣すると若槻内閣が成立した。軍国主義者の南次郎が陸相となり、中国東北への侵略を決意した。六月一九日、参謀本部は「満州問題解決の方策の大綱」を策定し、「満州」侵略の段取りを決定した。それに従い、日本は一連の謀略事件を起こし、「九・一八」事変を発動するための雰囲気作りを行った。九月一八日、少壮派軍人の計画の下に「満鉄」の線路を破壊して中国軍によるものと誣告した柳条湖事件が勃発し、「九・一八」事変に発展した。「九・一八」の発生は日本の中国全面侵略の幕開けだった。

註

（1）信夫清三郎『日本政治史Ⅲ――天皇制の成立――』（南窓社、一九八〇年）三〇四頁（上海訳文出版社、一九八八年、三二四頁）。
（2）明治史料研究連合『明治史料』第七巻、二〇頁。
（3）前掲『日本政治史Ⅲ――天皇制の成立――』三二九頁（前掲、三三九頁）。
（4）同右、三三九頁（前掲、三五一頁）。
（5）小林龍夫編『翠雨庄日記・伊東家文書』（原書房、一九六六年）八八〇―八八一頁。
（6）永井和『近代日本軍部と政治』（思文閣、一九九三年）五八頁。
（7）同右、一〇四頁。
（8）同右、九六頁。
（9）藤原彰『日本近現代史』第三巻（商務印書館、一九八三年）一二一―一三頁。
（10）防衛庁戦史室編、天津政協編訳委員会訳『日本帝国主義侵華資料長編』（四川人民出版社、一九八八年第一版）一三〇頁。
（11）ディヴィッド・バーガミニ著、張震久等訳『日本天皇的陰謀』（上）（商務印書館、一九八四年）四八八頁。
（12）前掲『日本帝国主義侵華資料長編』一四〇頁（板垣征四郎「軍事上より観たる満蒙に就て」『現代史資料7　満州事変』みすず書房、一九六四年、一三九―一四四頁）、外務省『日本外交年表竝主要文書』下巻（原書房、一九六六年）一〇二頁。
（13）「田中上奏文」の真実性に関しては日本は終始認めていないが、歴史は的確にこの計画に基づいて進行した。これは只の偶然とは考えられない。
（14）角田順編『石原莞爾資料（増補）――国防論策篇――』（原書房、一九七五年）四〇頁。
（15）復旦大学歴史系編『日本帝国主義対外侵略史料選編』三一一二頁。

（中国北京抗日戦争史学会会員）

九一八事変と中国の政局

栄　維木
伊藤信之訳

九一八事変は完全に計画的に発動された。すでに一九二七年の段階で、田中義一が東方会議で発表した「対支政策綱領」では次のように述べられている。「万一満蒙に動乱が波及し我特殊の地位権益が侵害される虞がある時は、それがどの方面から来るを問はず之を防護し、且内外人安住発展の地として保持される様、機を逸せず適当の措置をとる覚悟を有する。[1]」これに基づき、関東軍参謀石原莞爾は翌年「極秘偶発事件計画」（石原莞爾のどの史料を指しているか不明：訳者註・以下同じ）を策定した。河本末守中尉が柳条湖で鉄道を爆破するまで、関東軍は事変を勃発させるために多くの準備工作を進めたが、これは十分な史料によって証明されており、多くを語る必要はない。

日本の緻密な計画とはまったく対照的に、国民政府は一九二八年に張学良の易幟によって名目上の統一を達成して以来、事変の勃発にいたるまで日本に対する明確な対応策を作成できなかった。王正廷のいわゆる「鉄拳にゴム手袋を被せる[2]」式の「革命外交」（不平等条約撤廃などを要求した強硬外交）が一時あらわれたが、日本に対しては何ら抑制を起こさなかった。実際には、一九二九年一月から一九三〇年一〇月にかけてのわずか二年足らずの間に、「蒋桂抗争」（蒋介石対広西派）、「蒋馮抗争」（蒋介石対馮玉祥）、「蒋張桂抗争」（蒋介石対張発奎・広西派）、「蒋唐石抗争」（蒋介石対唐生智・石友三）、「中原大戦」（蒋介石対閻錫山・馮玉祥・広西派）と次々に内戦が続き、中国は極度に混乱し分裂状態に陥った。中原大戦が収まった後には蒋介石率いる国民政府の地位がしだいに安定してきたが、実際に国民政府が支配する地域は長江流域の東側地域に限られ、両広、西南、西北および華北は依然として地方軍閥勢力が掌握していた。中央政府の命令が執行されるか否かは地方の利益の有無にかかっていた。さらに、国民党の各派閥が抗争を繰り返すのに乗じて中国共産党が勢力を拡大し、国民党にとって脅威となるほどに成長した。こうした状況の下で国民政府は東北に注意を向ける余裕はまったくなく、日本に対して何もできなかった。

こうした中国の分裂状態こそが、関東軍が「隠忍自重」を拒否した理由だった。事変発生以前にも関東軍は中国を分裂させる陰謀を計画し、すでに実施し始めていた。中原大戦の時期に閻錫山の反蔣活動を密かに支援しただけでなく、中原大戦後は石友三を動かして「張学良の勢力を消滅させ、華北と同時に一気に満州問題を解決する」(3)ことを計画した。板垣征四郎と石原莞爾が作成した「満蒙問題の武力解決方案」の中で述べられているのは、「蔣介石の統一は必ず成功し、その国力はしだいに集中するであろう。しかし、もっかの所は内部紛争が止まず、満州問題で強力な反応を示すことは難しい(4)」という観測であった。中国の分裂を利用し深刻化させることは、事変前の日本の侵略政策の重要な項目だった。中国の分裂状況はまさしく、九一八事変の発生を促した客観的要素であった。

分裂が九一八事変当時の中国の政局の主要な特徴であったとすれば、その特徴は日本によって存分に利用された。それでは、九一八事変後から盧溝橋事件にかけて、中国の政局には新たにどのような特徴が現れ、どのような影響を及ぼしたのか。それを一言で言えば、分裂の動きと統一への動きが併存したことである。分裂は日本との妥協を促し、統一は抵抗のための条件を作り出した。これら双方向の特徴が具体的にどう現れたかを以下で論じる。

一 分裂の動き

九一八事変は日本が発動した第二次侵華戦争の出発点であった。第一次侵華戦争（日清戦争）と異なる点は、戦争によって獲得される局部的利益が目的ではなく、局地的な紛争から全面的な侵略に発展させ、中国ないしは東亜全体を飲み込もうとした点だった。盧溝橋事件後ですらも、日本の内部には「拡大派」と「不拡大派」との間で対立があったが、意見の相違は「南進」と「北進」の比重と時期の問題にすぎなかった。大陸政策の内容に照らし合わせて、中国の併呑は既定方針であり、この種の論争によっていささかも変更されるものではなかった。したがって、九一八事変は事実上、中国が朝鮮に続いて「亡国滅種」の危機に既に直面したことを示す危険信号だった。如何にして日本の侵略に抵抗するか、これが中国政局の変化の中心課題になるべきであった。しかし事実が証明するように、相当長い期間にわたって、中国の政治勢力はこの問題から由々しくも目をそらし続けた。歴史に「慣性の法則」が働き、内乱と分裂とが依然として中国の政治を支配し続けた。事変の発生後には各政治勢力が、程度の違いこそあれ一様に抗日のスローガンを唱えたが、実際に西安事件が起こるまで抗日を促進するためにすべてのエネルギーを傾けた勢力は一つも存在しなかった。

(一) 国民党からの観点

「攘外は必ず安内を先とする」(外敵を打ち払うよりも国内の敵を打ち破ることを優先する) は国民党にとって九一八事変勃発後も重要な政策課題だった。これは本来は、一九二九年に軍閥混戦が始まった時点で蔣介石が用いたスローガンだった。内乱を収拾するための武力行使を正当化しようとして、「安内」と「攘外」を対比させたのである。ただ、当時は「攘外」の主要対象は日本ではなくソ連だった。例えば蔣馮抗争に際して、蔣介石は一九二九年一〇月二八日に全国に電報を打ち、「馮『逆』玉祥の部下、宋哲元、石敬亭らは『暴俄(ロシア)入寇』の時に当たって傲然と西北に乱を起こした。古来、内に国賊を平らげずして、外からの侮りを防げた者はいない[5]」と主張した。後に万宝山事件と中村大尉事件などが起きて「攘外」の対象はソ連から日本に変わったが、依然として「安内」が蔣にとっての最重要課題だった。ただ、この時には共産党が「安内」の第一の対象となっていた。一九三一年七月、彼は「赤匪(共産党)と軍閥と(国民党内部の)叛徒が帝国主義と連合して侵攻している。生死存亡はまさにこの秋にあり、臥薪嘗胆の精神をもって安内攘外に奮闘せよ[6]」と全国に通達を発した。九一八事変の発生後も、蔣介石は日中間の対立が拡大したにもかかわらず、「安内」の初志を変えなかった。逆に、「攘外」の切迫が彼に「安内」の実現を急がせたとも言える。

その理由は二つある。第一に、彼は「安内」を「攘外」の前提条件と見なした[7]。第二に、「安内」は彼が異分子を排斥して独裁的地位を確立するために緊急に必要だった。第一の問題に関しては、すでに他の研究者によって詳細な分析がなされている。ここでは重複を避けて、第二の問題についてのみ分析する。

中原大戦などの他勢力との闘争を経て、九一八事変の前に蔣介石の国民政府内の独裁的地位は基本的に成立していた。しかし事変発生後、彼のいわゆる中央集権的地位は求心力を欠いていただけでなく、極めて不安定なことが明らかになった。国民党内部で蔣介石に反対する動きが次々と起こったからである。事変前と異なる点は、内部抗争の新たな名目として「抗日反蔣」(抗日のために蔣介石に反対する）という政治方針が提起されたことだった。

一九三一年の寧（南京）粤（広東）対立を例にとれば、南京国民政府と対立した広東国民政府が鼓吹した反蔣スローガンは、事変前は「剿共必倒蔣、倒蔣必剿共」[8]（共産党を滅ぼすためには蔣介石を倒さなければならず、蔣介石を倒すためには共産党を滅ぼさなければならない）であった。これが事変後は「独裁打倒と帝国主義の侵略への抵抗は、対内対外政策の根本方針である」[9]に変化した。蔣介石に反対するという目的には変わりなく、反蔣が主でその他が従であったと見ることができる。その後、「一致対外」のスローガンの下、反対派は蔣介石の下野を条件に広東国民政府を解消した。蔣介石はそれまで軟禁していた反対派の指導者、胡漢民と李済深を釈放し、一二月一五日には下野を発表した。しかし、一カ月後に蔣介石は汪兆銘との合作を成立させ、一九三二年三月には国民政府軍事委員会委員長として改めて政権の中枢を掌握した。この一連の行動は、蔣介石と他の派閥との対立に新たな火種を残す結果となった。

一九三二年五月に中日間で「淞滬協定」（上海停戦協定）が調印されると、胡漢民は蔣介石と汪兆銘の対日妥協政策に反対し、抗日を旗印に新たな反蔣連合を組織した。同年、胡漢民は蔣の勢力が及んでいない地方軍閥と積極的に連絡をとった。その中には、湖南の何鍵、四川の劉文輝、劉湘、鄧錫侯、貴州の王家烈、雲南の龍雲、華北方面では馮玉祥、閻錫山、石友三、孫殿英らが含まれていた。胡漢民はそれと同時に、「堅い信念で蔣介石に反対する人々」[10]を吸収するために「新生」国民党の結成に着手した。

一九三三年五月、「塘沽停戦協定」が結ばれると、国民政府の日本への妥協とそれにより起こった華北の危機が、反蔣運動をさらに高まらせた。胡漢民は「討蔣以抗日」（蔣介石を討つことで抗日を始める）を旗印に掲げ、広東、広西、福建の軍閥首脳の多くから積極的な反応が得られた。しかし、広東派リーダーの陳済棠が経費の問題から協力せず、また少し後に馮玉祥のチャハル同盟軍と方振武、吉鴻昌の抗日討賊軍が挫折したことから、南方三省の連合と南北が呼応した軍事同盟が結成されることはついになかった。注目される点は、今回の「党政中枢の樹立」、「国賊の打倒」[11]をスローガンに掲げた反蔣行動に、もう一つ別の背景があったことである。すなわち、蔣介石が南昌に鎮座し、陳誠が総指揮を務めて四〇万人の兵力を動員した中共中央ソビエト区に対する第四次剿共戦（共産党討伐）が惨敗を喫したことである。これは反蔣派に蔣介石の打倒と共産党の討伐、さらに抗日を結びつける可能性について考えさせた。湖南の実力者程潜は胡漢民にあてた手紙で、「陳誠の失敗の後、『慶父』（蔣介石を指す）は恐怖心をあらわにしており、我々が西南に出兵するには最適の時期です」と述べている。これは火事場泥棒的発想とも言える。別の人々、例えば福建派リーダーの陳銘枢は「抗日、剿共ともに『門の神』（蔣介石を指す）を倒してからでなければならない[12]」と語っている。しかし、陳銘枢らはしばらく後に福建で「中華共和人民革命政府」を樹立し、共産党と手を結んで反蔣運動を実行しようとした。このことから、彼が倒蔣を主として、抗日と「剿共」を従とした真意が読み取れる。このやり方は胡漢民や広東派、広西派からは支持されなかった。一一月二一日、胡漢民、陳済棠、李宗仁らは連名で陳銘枢、李済深らに電報を打ち、今回の行為を厳しくいさめた。「叛党・売国者に口実を与えるだけで、兄らの抗日救国の歴史は消え失せてしまう」「欣然と考えを改め」「誤った途に入るのを止め」「さもなければ人につけいる隙を与え、親しき者は悲しみ、仇ある者は喜ぶことになる[13]」といった言葉が電報につづられていた。陳銘枢らは中共の支持どころか反応すら得られず、孤立に陥り、早々に挫折した。

福建人民革命政府事件と異なり、一九三六年六月に発生した「両広事件」（広西・広東）はある程度は支持を集めた反蔣運動だった。陳済棠、李宗仁は六月四日に全国に電報を打ち、「九一八事変以来、我が政府は隠忍自重、敵人の苛斂誅求は飽きることなく、今滅亡は愁眉に迫っている。立ち上がって抗戦するより外の途はない。我ら全体は国民党西南執行部、西南政務委員会の主張に従って、国家、民族のために残された一縷の望みに賭けたい。速やかに軍号を頒布し、北上抗日を命じて欲しい[14]」と趣旨を明らかにした。広西、広東の部隊は自ら「中華民国国民革命抗日救国軍」と改称し、陳済棠、李宗仁が正、副司令に就いた。しかし、今回の反蔣運動も抗日を旗印に掲げたが、実際には蔣介石の対日政策が原因ではなく、彼らが蔣介石の地方軍縮少政策に疑念を持ったことに起因する。事件は陳済棠が下野し、李宗仁と蔣介石が和解することで収まった。事件の全過程は抗日とはまったく関係なかったが、この結末には別の内戦が関係していた。国民党と共産党の抗争である。両広事件の解決は国民政府内部での混乱が終結したことを示していた。この後、蔣介石の「安内」の対象は完全に共産党に移った。

（二）共産党からの観点

九一八事変から西安事件の少し以前にかけて、中国共産党は一貫して「反蔣抗日」を基本政策にしてきた。中共のプロパガンダの中で「抗日」と「反蔣」は一体として扱われ、「抗日するのであれば蔣介石に反対しなければならず、反蔣は抗日のためである」と宣伝された。しかし、政策を具体的に実行する際には二つの対象の間には明確な区別があり、直接の関係はなかった。階級闘争が一貫して中共の政策の中心を占めており、民族自衛戦争は階級闘争に服従する位置に置かれてきた。

まず客観面を分析する。一九二七年の国共分裂の後、中共はずっと国民党の包囲攻撃の対象となっていた。一九三〇年一〇月から一九三四年一〇月にかけて、国民党は五回の大規模な作戦を行い、最も多い時は百万人の軍隊を動員した。最終的に共産党の軍事力は西北に駆逐された。九一八事変の後で共産党が抗日を旗印に掲げたのは、道義的な原因を除けば、ほかに国民党に抵抗する手段がないという理由からだった。生存すらが脅威にさらされている中で、共産党が具体的な抗日行動をとることは不可能だった。例えば、一九三四年七月に中共紅七軍団と紅十軍団は抗日先遣隊を組織して北上した。名目上は北上抗日であったが、実質は国民党の包囲攻撃を突破するのが目的だった。また、一九三六年に紅一方面軍は華北での抗日のために道を拓くという名義で東征を行ったが、実際に戦った相手は国民党の軍隊だけだった。東征と同時に進行した西征もまったく同じ目的からで、国民党の包囲を突破して紅軍のために新たな生存の条件を創造するというものだった。唯一の例外が共産党が指導する東北抗日連軍だったが、彼らの置かれた環境と紅軍とは大きく異なっていた。東北抗日連軍は国民党の軍隊が東北から撤退した後に独立して日本の関東軍と戦ったゲリラ部隊で、中共中央すらも常時連絡を保つことはできなかった。「反蔣」は当然彼らの行動方針ではなかった。

次に主観面を分析すると、中国共産党はマルクス・レーニン主義の理論に基づいて創立された政党である。一つ一つの国家の無産階級革命は世界無産階級革命の一部であり、国内革命戦争を通じて帝国主義戦争を瓦解させるというのがレーニン主義理論の内容の一つである。中国共産党はこの理論にのみ依拠し、九一八事件後も民族の利益を政策の中心に据えて祖国防衛の主張を展開するということはなかった。当時、共産党は「現在、日本帝国主義は中国の東三省を占領している。しかも、帝国主義がソ連を攻撃する計画はもう一歩で実現される。全国の労働者農民はソ連を擁護するという根本的な任務の下で、武装動員し、日本強盗と一切の帝国主義に厳しい回答を与えなければならない」と主張した。その回答とはすなわち、「日本帝国主義の東三省強奪に反対する!」「帝国主義のソ連進攻に反対する、ソ連を武装防衛せよ!」(15)であった。中国共産党は当時も抗日方針を提起したが、同時に国民党を帝国主義の中国代表と見なし、「帝国主義が中国を圧迫する戦争をソヴィエト中国擁護、反帝国主義、反国民党の革命戦争に転換せよ」[16]との方針を提起した。このような思想に指導されながら、全民族が対外的に一致した抗日方針が実行されるはずはなかった。一九三五年にいたり、瓦窰堡で開かれた中共中央政治局拡大会議で初めて抗日民族統一戦線を建設する方針が打ち出された。しかし、この時も依然として蔣介石は統一戦線の外に排除されていた。

以上を総合すると、九一八事変後に中国の政局に発生した特徴の一つは、分裂状況の中で、国民党内部の各派閥間の対立であろうと、国共両党の間の対立であろうと、日本の侵略がもたらした民族的危機によって消滅することはなかったということである。国民党周辺では、抗日は国民党の幹部が反蔣行動を起こす際の大義名分であり、蔣介石の対日政策に対する不満がなかったとは言えないが、しかし反蔣が主で抗日は従であったことは容易に確認される。また、蔣介石の「安内攘外」政策も主な「力点」は安内にあり、「一致対外」のスローガンの下で脅威となる異分子を排除してきた。また、共産党からすれば、ずっと国民党の包囲攻撃にさらされてきたこと、レーニン主義理論の不十分な理解から導き出された政策の誤り、それらが国民党と武装対抗する方針を抗日の方針に切り換えることを不可能にしていた。両広事件の解決によって国民党内部の派閥闘争は緩和され、国共両党の間の対立が統一を阻害する主要な原因になった。当時、共産党はわずかに四万人の武装力があるだけで国民党の百万の大軍に包囲されていたが、一貫して民衆を基盤にしたことで、共産党と国民党との対立は抗日意識の高揚に深刻な影響を与えた。

二　統一への動き

分裂状態が九一八事変前後の中国の政局の一つの特徴だとすれば、同時に存在したもう一つの特徴は統一への動きである。やがて政局に内的要因と外的要因が作用して両者の力関係に変化が起こり、最終的には統一が主導的地位を占めるにいたった。また、「歴史の慣性」の作用が先に述べた分裂の現状の原因の一つだとすれば、歴史の発展によって変化した外的、内的条件が「慣性」の作用を弱体化し、政局の変化を支配する核心――如何にして日本の侵略に抵抗するか――に存在した問題点が修正され、分裂に代わって統一が中国政治の発展軸になった。

(一)　日本が侵略拡大のために行った分裂工作は、中国の統一を促進した外的要因である。

中国政治に影響したすべての外的要因の中で、日本の侵略は最も重要である。日本が中国の分裂状況に乗じて九一八事変を起こしたことはすでに述べた。日本は事変の後も侵略を拡大するための重要な要素として、中国の分裂の拡大を策した。一九三二年に日本の演出の下に成立した「満州国」は九一八事件の一つの経過にすぎない。その後も日本は中国への一連の侵略で、常に分裂を意図した謀略を先行して実施した。

華北の例を見てみよう。日本は東北を占領した後、華北を次の侵略目標とした。一九三二年七月、関東軍参謀長小磯国昭は参謀本部への報告電の中で、「(関東)軍ハ状況ノ如何ヲ問ハス直チニ軍事行動ヲ起シテ熱河ヲ経略シ以テ満州問題ノ根本的解決ニ邁進ス[17]」と述べている。蔣介石が「安内」で忙しいのを良いことに、日本軍は楽々と熱河を占領し、長城線に向けて前進した。国民政府は最後には城下の盟を強要された。「塘沽停戦協定」が調印されると、日本は直ちに華北の分裂工作を展開した。一九三三年七月に陸軍省が内閣に提出した「対支政策大綱」では、「我々は華北政権に国民党の華北での抗日活動を圧迫させ、しだいに国民党の力量を減少させて、最後はその解体をせまる[18]」と規定している。しばらくして、陸軍は前後して「親日分子の養成及之が組織化を促進するを要す[19]」、「大陸上の分治運動を支持し、国民党勢力を華北の外へ駆逐する[20]」という方針を出した。一九三五年七月には「梅津・何応欽協定」が結ばれたが、その協定には国民党勢力を華北から排斥する重要な意味合いが含まれていた。同年九月に支那駐屯軍司令官多田駿は「親日反ソの北支五省連合自治体結成を要す」という内容の声明を出した。「華北自治運動」の開幕である。参謀本部に残された資料から分析すると、「事実上、支那駐屯軍と蔣介石の中央集権に反対する華北軍閥実力者、山西の閻錫山、山東の韓復榘、河北の商震と万福麟およびチャハルより河北に南下して来た宋哲元等とは北支自治に関して密かに協議を行っている[21]」ことが明らかになる。

華北以外では、日本は西南の反蔣軍閥と積極的に連絡を取った。たびたび人員を派遣して「日支親善」、「経済提携」を名目に活動させ、李宗仁に対して買収工作を行った。李の回想録によれば、「『九一八』以後の三年間で、日本の軍人、政治家、実業家、学者の各界の要人で広東の私の私邸を訪問したのは百人以上にのぼる。軍人では土肥原賢二少将、松井石根中将、岡村寧次少将、梅津美治郎少将、板垣征四郎少将、鈴木美通中将、和知鷹二中佐、臼田寛三、服部、中井、吉野、佐方などで、いずれも侵華戦争と太平洋戦争で要職を担った[22]」とある。この期間に広西軍閥は日本から大量の軍事援助を得た。その中には五千丁の小銃、数十丁の機関銃、十数機の飛行機が含まれていた。日本は数十名の陸軍軍人を広西省に送り、軍事教練を行った[23]。

日本の行った地方軍閥や政治家に対する分裂工作はまったく効果がなかったとは言えない。一九三五年一二月、北平（北京）城外の通県で国民政府から独立した地方政府である「冀東防共自治政府」が成立した。一九三六年五月には徳化で徳王を首班とするいわゆる「蒙古軍政府」が成立した。その外にも、一九三五年に北平で「冀察政務委員会」が成立した。この委員会は日本と蔣介石、宋哲元の三者による妥協の産物だったが、日本からすれば「北支五省の政治的分離独立の楷梯（出発点）たるに至るべし[24]」との期待があった。

日本の分裂工作はある程度の効果があったが、総合的に見れば、中国の政治動向へ与えた影響は日本が分裂工作を行った趣旨に相反していた。日本が分裂工作をテコに勢力拡大を図ると、抗日意識はいっそう高まり、分裂から統一への潮流の変化が明確になっていった。

反蔣軍閥の件を例にしよう。華北では殷汝耕の「冀東防共自治政府」を除いて、日本が南京政府に対抗する期待をかけたのは、宋哲元の「冀察政務委員会」だった。宋哲元は西北軍の領袖の一人で、かつて何度も反蔣活動に参加していた。一度は蔣介石から「叛軍の首謀者」とみなされ、収監命令が下されたこともあった。そのため、日本では「反蔣派に属する」と評価され、チャハル省張北で日中間が緊張した「張北事件」の後で、土肥原賢二は「華北問題の早期解決と将来のために、宋哲元を利用することを考慮した[25]」とされる。「冀察政務委員会」が成立すると、日本は繰り返し「華北の高度自治」の要求を押し付け、また、一九三六年に日本が駐屯軍を増強すると、宋哲元の第二九軍との間でしばしば衝突が起きた。衝突をきっかけに華北を手に入れようという日本の意図は明白だった。南京政府と日本の妥協を利用して、華北の実権を得ようという宋哲元の目論みは実現しそうになかった。その結果、宋の日本への抵抗と南京政府への接近が強まっていくのである。

山西軍閥の閻錫山を例にあげる。九一八事変後、関東軍参謀長板垣征四郎は閻錫山の山西政府を極力支持すると先に言明した[26]。続いて、支那駐屯軍司令官多田駿は閻錫山を丸め込んで「華北自治運動」の頭目にあてようと働きかけた。南京政府への反発から一時、閻錫山は親日政策を採った。しかし、日本との経済合作の中で、閻は日本の輸出ラッシュが山西経済に重大な打撃を与えていることに気づいた。熱河作戦の後、山西省は日本軍の圧力に直面し、太原などでは日本の特務活動が頻繁に行われるようになった。これらは日本が閻錫山に傀儡として山西、ひいては華北を統治させようという意図を示していた。閻は南京の要請を受けて一九三五年十二月に国民政府軍事委員会副委員長に就任しただけでなく、共産党とも秘密裏に連携を図り、山西での連共抗日（共産党と連帯して抗日を行う）へと転移していった。

広西派の場合は、地理的に日本の侵略はまだ直接的脅威にはならなかった。しかし、反蔣運動のさなかにあっても、李宗仁らは日本への警戒心をゆるめなかった。日本は李宗仁と蔣介石の対立を利用しようと李を援助したが、李の考えは、「我々は将来、日本人によって訓練された陸軍、空軍と日本から買った武器で日本と戦うことが出来る。広西人の言う『他人のげんこつを借りて他人の口を叩く』[27]」というものであった。一九三六年、日本で二・二六事件が起こると、李宗仁は『私の主張―焦土抗戦―』[28]を発表した。この時点で、彼は「全面抗戦への移行は、ただ時間の問題である[29]」ことを喝破した。

日本が侵略を拡大したことが、軍閥勢力の南京に対する求心力を増幅させた。そして、そのことが蔣介石の彼らへの対応にも変化をもたらした。「安内」はもとより蔣介石の基本方針であったが、武力剿共政策が動揺しなかったことを除けば、国民党内の反対派には融和政策を採るようになった。この変化は主に一九三六年以降に見られた。この年、日本では広田弘毅内閣が成立し、全面侵略計画の策定を開始した。六月に天皇は「帝国国防方針」を承認したが、その「帝国軍の用兵綱領」の内容は青島・上海の占領、長江流域の支配、華北・華中・華南の同時進攻など、明らかに対華作戦計画を集成したものだった[30]。同年四月には支那駐屯軍を増強し、同時に徳王の独立を計画した。政治面では、一月に発表された「広田三原則」は排日運動の取り締まり、「満州国」の承認、日「満」華経済合作の実施を南京政府に要求した。また、華北の政権が「南京に近づき過ぎないように」、「南京の対日姿勢よりも親日的」にするため、冀察政務委員会に親日分子を強引に参加させ、宋哲元に「華北共同防共協定」への署名を強要した。経済面では、国民政府の幣制改革を失敗させるために、華北で大規模な銀の密輸を行った。これらすべてが蔣介石に対日妥協政策を続けることを困難にさせた。

急速に悪化する日中関係に鑑み、南京政府は内外の政策の重要な修正を行った。七月に開催された国民党五期二中全会は国家の存亡がテーマだった。蔣介石は日本に対してかつてない強硬な姿勢を示した。「中央政府が外交交渉に要求する最低限度は、領土と主権の保持であり、いかなる国家も我が国の領土主権を侵すならば、決して容赦はしない。我々は領土主権を侵害するいかなる協定も結ばない。

さらにはっきり言えば、偽国（「満州国」を指す）など領土主権を傷つける条約への調印を強要するならば、それは我々が（国家のために）犠牲になる時である[31]」と、蔣介石は演説で述べた。また、五期二中全会は国防会議の設立を決定した。蔣介石が議長で、三三一名の議員には過去に敵対したことのある馮玉祥、閻錫山、李宗仁等が含まれていた。「意志の疎通が妨げられず、分裂や中傷が根絶したことは今会議（五期二中全会）の重要な収穫だった[32]」と国民党は自ら総括した。

（二）　国共両党の和解は中国の統一を促進した内的要因である。

九一八事変後の分裂状況の中で明確になったもう一つの現実は、国共両党の熾烈な対立が継続したことである。国民党内部の派閥抗争と異なり、西安事件発生の直前にいたるまで、両党の戦争状態は日中間の対立が日増しに深まったにもかかわらず、緩和されることはなかった。その原因として、両党のイデオロギーが水と油の関係であったという主観的な要素がある。その外に、日本はずっと「防共」、「反共」を中国への宣伝工作の主要なスローガンにしてきたが、中国共産党は実際問題として、日本の侵略からはさほど脅威を感じていなかった。国民党による長年の包囲攻撃こそが、党の存在を危うくする脅威だった。これが共産党が反蔣闘争を放棄できなかった要因の一つだった。蔣介石は百万の兵力を動員し、衰弱した紅軍を西北の一隅に追いつめるのに成功した。このことが、彼が九仞の功を一簣に欠くことをおそれ、武力剿共を放棄できなかった原因でもある。これらの要因から、日本の絶えることのない侵略による民族の危機にもかかわらず、国共両党の関係が直接変化することはなかった。ただし、大勢から見ると、高い視点から見て、拡大する日本の侵略は中国の各階級階層の生活や意識を変化させ、世論を変えていった。また、中国と密接な利害関係を持つ国々が注目することで中国の国際的地位が変化した。こうしたことが両党に影響を及ぼさないわけはなく、密かに両党に政策の修正を促進させることとなった。

まず、国民党から見てみたい。九一八事変後、蔣介石の「安内攘外」政策は蔣介石に反対する地方軍閥勢力を対象としたものであったが、中国共産党もまた対象としていた。投入されたエネルギーから言えば、明らかに後者が主であった。特に両広事件が解決されると、中国共産党が「安内」の唯一の対象となった。ただし、注意を引く点は、国民政府が一九三六年に策定した「一九三七年度国防作戦計画」では「清剿赤匪」（共産党討伐）が「消極的甲案」の中に置かれ、「積極的乙案」から「清剿及綏靖」（討伐と治安）計画がなくなったことである。[33]一年前に策定された年度作戦計画と比較すると、この計画書で対日作戦の占める比重は大幅に増加した。

この変化は決して偶然ではない。実は一九三五年末の段階で、国民党は様々なチャンネルを使って極秘裡に中共と接触を始めていた。一九三五年一〇月、蔣介石はソ連駐華大使バオグモロフを接見した際に、ソ連が中国共産党と紅軍に対して影響力を行使し、彼らが最終的に南京の統率に服するよう希望した。[34]一九三六年一月には国民政府の駐ソ連武官鄧文儀がモスクワで駐モスクワ中共コミンテルン代表団の潘漢年、王明と会談し、紅軍の国軍への編入とソ連からの援助獲得という条件で両党の合作抗日を希望した。[35]同じ頃、国民党右派指導者の陳果夫、陳立夫が責任者となって、曽養甫を中共北方局と接触させた。曽養甫は北方局代表周小舟、呂振羽と南京で会談したが、内容は武力衝突の停止についてだった。[36]この他、宋慶齢のルートをたどって宋子文と陳果夫、陳立夫が別々に中共上海特高科と連絡がある董健吾と張子華を捜し当てた。董と張の二人は委託を受けて陝西省北部に入り、秦邦憲、林伯渠、張雲逸ら共産党の指導者と会い、国共合作と抗日に関する国民党側の希望を伝えた。

国民党は一方では将兵を紅軍討伐に向かわせ続けたが、他方では秘密裏に共産党と接触し、両党合作の可能性を探った。これは大変矛盾した行動と言える。どうしてこうしたことが起きたのか。主に以下の理由が考えられる。

第一、国内世論に変化が生じた。九一八事変が発生してから、蔣介石の「安内攘外」政策は中共、各階層の民衆、国民党内部の主戦派と反蔣派から激しい反対を受けた。特に、一九三五年に日本の分裂工作が激化して華北の情勢が急速に悪化すると、「停止内戦、一致対外」の声が沸き上がり、およそ抗日を主張する各層人士は皆「剿共」を非難した。こうした情況の下で、武力「剿共」を続けることは蔣介石にとっても政治的に大変不利であると考えられた。蔣介石はやむを得ず、軍事的手段以外の政治的手段によって中共問題を解決することを試みた。

第二、国際環境の変化が影響した。九一八事変が起こると、蔣介石はしばらくの期間、国際連盟の調停に希望を託した。その後、一九三五年に中国が幣制改革を実施すると、日本と英米との間の在華利権の矛盾はいっそう激化した。英国は国民政府に対して、中国問題で日本と妥協しないことを明確に伝えてきた。[37]米国は中国を助けて日本に圧力をかけるとは明言しなかったが、多くの日本人は「米国はすでに日本に有害な方法（「米中白銀売買秘密協定」の調印を指す）で中国の経済情勢を安定化した[38]」と考えた。英米の態度が蔣介石の抗日に対する信念を強化させせと言うのであれば、ソ連の態度は蔣介石に中共問題に関する考えを改めさせたと言える。九一八事変により、中ソ両国は同時に日本の脅威に直面することになった。国際連盟の調停が失敗すると、国民党はソ連との国交回復に積極的に乗り出し、ソ連の支持を得ようとした。中共とソ連の関係に鑑みて、ソ連は国民党に次のような疑問を提出した。「もし蔣介石が主要な武力を中国紅軍に対して用いるならば、彼はどうやって日本と戦うのか、我々には解らない。蔣介石の軍隊と中国紅軍が軍事協力を行わないならば、日本の侵略に有効に対決することは不可能だと我々は固く信じる[39]」国共両党が抗日を前提として和解することを希望するソ連の意向は、十分に明明白白だった。このことは、ソ連からの速やかな援助を切望する蔣介石に影響を与えないわけはなかった。

次に、共産党の立場から考える。国民党と違っているのは、事変後の国共内戦で共産党は基本的に常に包囲攻撃を受ける立場にあったということである。党として生き残るためには、反蔣方針を捨てることはできなかった。両広事件が起こると、毛沢東は蔣を「漢奸頭子」（売国奴のボス）と決めつけ、「我々は漢奸と統一について語るつもりはない[40]」と語った。西安事件が発生した直後でも、「歴史の慣性」が働いて、中共党内には「殺蔣」と「放蔣」（無事に帰還させる）との意見の対立が生じた。しかし、別方面から見れば、共産党の政策の比重は時局の変化に沿って絶えず調整されてきた。政策決定の面では、一九三六年八月から中共の「反蔣」政策は抑制され始めた。八月一〇日に中共中央政治局会議は「抗日のために蔣に反対する」というスローガンを放棄することを決定した。同月二五日には「中国共産党致中国国民党書」で蔣介石に委員長と呼びかけ、国民党五期二中全会で蔣が行った「最後の関頭」演説を称賛した[41]。九月一日、中共は「逼蔣抗日問題に関する指示」を党内に伝達し、「目前の中国人民の主要な敵は日本帝国主義であり、日本帝国主義と蔣介石を同等に観るのは過ちである。『抗日反蔣』のスローガンも不適当である[42]」と正式に発表した。

共産党が態度を変えた原因も、内的なものと外的なものがあった。内的原因は国民党とまったく同様に、抗日の旗印を高く掲げることが中国人民の願望と合致し、世論を味方にすることができると判断したからである。外的原因は、コミンテルンが大きな影響を及ぼした点である。コミンテルンは早い時点で、中国の抗日には蔣介石の参加が不可欠であると認識した。一九三五年七、八月にモスクワで開催されたコミンテルン第七回大会が、反ファシズム統一戦線の構築という新テーゼを提起した。中共代表団はその精神に基づき、国内での抗日統一戦線の構築を提案した「八一宣言」を発表した。同年十一月、張皓が陝西省北部の中共中央に「七大」と「八一宣言」の精神を伝達した。一九三六年に中国共産党はコミンテルンと無線での連絡を回復するが、八月一五日にコミンテルンは中国共産党に対し、「直ちに軍事行動を停止し、共同で抗日を行う具体策を協議するための会談を国民党と蔣介石に対して正式に申し入れよ」「直ちに代表団を派遣する準備をするか、ソヴィエト区で国民党と蔣介石の代表団を接遇せよ[43]」と明確に指示した。これらの指示は中国共産党が積極的に国民党との協議を開始するのに、極めて重要な役割を果たした。

国共両党は内的・外的要因の影響を受けて政策の修正を進めたが、依然として「歴史の慣性」の影響を受けていた。秘密交渉によって両党の軍事対立が実際に解消されるということはなかったが、西安事件の衝撃が作用して、ようやく政策協議が促進された。国共合作を基礎とする抗日民族統一戦線が結成されたのである。別の角度から見れば、両党の政策協議がなかったならば、西安事件が平和的に解決されたかどうかは大いに疑問である。まさにその意味で、国共合作の成立は中国の統一を促進した原因であった。

これまで述べてきたことを総合すると、九一八事変後の中国の政局の変化発展には明らかに双方向性が見てとれる。それは分裂の動きと統一への動きの併存であるが、最終的に後者が中国政治を主導する決定的要因となった。この期間を総括すると、教訓は次の点である。日本は中国の分裂を利用して侵略の陰謀を展開し、局地紛争から全面侵略へ一歩一歩前進した。しかし、日本の侵略は結果として中国内部の傷痕を塞ぎ、抵抗に必要な全民族的統一戦線の形成をもたらした。歴史の事実が証明したことは、中国の分裂は日本の全面侵略を引き起こした原因であり、同時に統一と日本に対する最後の勝利をもたらした原因でもあったことである。

註

(1) 外務省編『日本外交年表竝主要文書』下巻(原書房、一九六六年)一〇二頁。
(2) 桜桐孫「新約平議」(『東方雑誌』第二六巻第一期)一三頁。
(3) 『土肥原秘録』中訳本(中華書局、一九八〇年)一〇九頁。
(4) 「板垣、石原両参謀武力解決満蒙問題方策」(『日本軍国主義侵華資料長編』上巻、四川人民出版社、一九八七年)一九二頁。
(5) 「蔣介石瞼電」(『中央日報』一九二九年一〇月二九日)。
(6) 蔣介石「告全国同胞一致安内攘外」(『先総統蔣公思想言

論総集』第三〇巻、台北国民党中央党史委員会、一九八四年)。
(7) 参考：黄道炫「蔣介石『攘外必先安内』方針研究」(『抗日戦争研究』二〇〇〇年第一期)。
(8) 「非常会議致全国各党部各同志書(一九三一年六月二〇日)」(『中央導報』一九三一年七月一日)。
(9) 「広州非常会議麻日対時局通電(一九三一年一〇月六日)」(『国聞周報』第八巻四二期)。
(10) 楊天石「『九・一八事変』後胡漢民的軍事倒蔣」(米国ハーバード大学イェンチン・インスティテュート所蔵史料)。中国抗日戦争史学会編『抗日戦争与中国歴史』(遼寧人民出版社、一九九四年)に記載。
(11) 同右。
(12) 同右。
(13) 程思遠『政壇回憶』(広西人民出版社、一九八三年)六七頁。
(14) 劉斐「両広『六・一』事変」(『新桂系紀実』上巻)二九一頁。
(15) 「中国共産党為日本帝国主義強暴占領東三省事件宣言(一九三一年九月二〇日)」(『中共中央文献選集』第七冊四二七―四三〇頁。
(16) 同右。
(17) 関参一電第二一九(『現代史資料(七)満州事変』みすず書房、一九七七年)四九〇―四九一頁。
(18) 極東国際軍事法廷戦犯裁判記録(IMTFE)文献3、一四七頁。
(19) 帝国国策(陸軍案、一九三三年一〇月二日)(『現代史資料(八)日中戦争1』みすず書房、一九八二年)一二頁。
(20) 張蓬舟『近五十年中国与日本』第一巻(四川人民出版社、一九八五年)二二四頁。
(21) 「華北自治工作的進展」(前掲『日本軍国主義侵華史料長編』上巻)二五七―二五八頁。
(22) 『李宗仁回憶録』下巻(広西人民出版社、一九八〇年)六八三―六八四頁。
(23) 沈奕巨『広西抗日戦争史稿』(広西人民出版社、一九九五年)七頁。
(24) 「北支自治運動の推移」(一九三六、一、九、参謀本部)(前掲『現代史資料(八)日中戦争1』)一三三頁。
(25) 前掲『土肥原秘録』四〇頁。
(26) 趙瑞「閻錫山通敵叛国罪行紀要」(『文史資料選輯』第二九輯)。
(27) 闞宗馬華「陳済棠統治広東時期与新桂系的関係」(前掲『広西抗日戦争史稿』)七頁。
(28) 広州『全面戦周刊社』一九三六年四月。
(29) 前掲『李宗仁回憶録』下巻、六八〇頁。
(30) 『中国事変陸軍作戦史』(中訳本)第一巻第一分冊(中華書局、一九七九年)一三頁。(訳者註：支那を敵とする場合に於ける作戦要領)
(31) 秦孝儀主編『中華民国重要史料初編――対日抗戦時期緒編(三)』(中国国民党中央委員会党史委員会、一九八一年)六六六頁。
(32) 栄孟源主編『中国国民党歴次代表大会及中央全会資料』下冊、四二〇頁。
(33) 「民国二十六年度作戦計画」(『民国档案』一九八七年第

四期）記載。

(34)『蘇聯対外政策文件集』第一九巻（モスクワ、一九七四年）三五―三九頁。

(35)「潘漢年与鄧文儀一九三六年一月一三日談判情況紀要」（楊桂松『失去的機会――戦時国共談判実録』広西師範大学出版社、一九九二年）六頁。

(36)「周小舟給中共中央的報告」（同右）七頁。

(37)「艾登致曹徳干電（一九三六年二月一一日）」（『民国档案』一九八九年第四期）記載。

(38) ヤング『一九二七―一九三七年中国財政経済情況』（中国社会科学出版社、一九九一年）一七七頁。

(39) 前掲『蘇聯対外政策文件集』第一八巻（モスクワ、一九七二年）六〇一―六〇二頁。

(40) 毛沢東「関与西南事変的談話」（『中共党史教学参考資料』第六輯）二〇九頁。

(41)「中国共産党致中国国民党書（一九三六年八月二五日）」（『六大以来――党内秘密文件』上巻、人民出版社、一九八〇年）七七三頁。

(42)「関与逼蔣抗日問題的指示（一九三六年九月一日）」（同右『六大以来――党内秘密文件』上巻）七七八頁。

(43) 同右。

（中国社会科学院近代史研究所副研究員、『抗日戦争研究』編集部副編集長）

九一八事変とワシントン体制の動揺

——日本の東アジアにおける政戦略の変化を中心として——

熊　沛　彪

劉　　　紅訳

日本の「東亜制覇政策」の起源に関して、中国の学界ではこの政策が明治維新期あるいは第一次世界大戦期にすでに確立していたという二つの認識が一般的である。その理由として、前者は日本が明治維新後に大陸で大規模に拡張する「大陸政策」をすでに決定・推進した点に着目し、後者は第一次世界大戦中に日本が袁世凱政府に「二十一ヶ条」を要求し中国を独占しようとした点を重視している。

一方、日本の学界では太平洋戦争の勃発まで、日本は東亜制覇政策を計画、実行したことがないという認識が普通である。その理由は、それまで日本は英米などとまだ敢えて決裂することができず、大陸において英米等勢力の排除政策をとらなかったからである。中日戦争勃発後も、日本は英米などの在華権益を侵すのを避けたからである。

本論文では以上の三つの認識は、いずれも妥当でない部分があると考える。その理由は、世界的あるいは地域的覇権政策の確立は、ある国が世界あるいは地域の国際体制に対してどのような政策をとったかによって決まる。そして、その政策が対外拡張の範囲と性質、すなわち、覇権政策であるかどうかを決める。筆者は日本の地域的覇権政策は東亜新秩序政策から始まり、そして満州事変はこの政策の出発点であったと考える。したがって本論文は満州事変勃発の原因、日本軍部と政界との対立、南京国民政府と張学良の対応、満州事変期の日本外交の変化などを論証すると同時に、事変及び事変後の日本の対外拡張戦略への重大な変化を論証したい。

一　日本軍部の戦略意図と政府の対応

一九三一年九月一八日、関東軍は九一八事変を起こし、迅速に中国東北地方を占領した。この事変に対して、中国の学界では一般的に日本の大陸政策から説き起こし、世界的経済危機の日本への影響を分析し、日本はこの経済危機から脱出して既定の拡張目標を実現するために事変を起こしたという必然性を論述する。本論文は日本の総力戦理論を最初に扱い、次いで事変を起こした戦略的意図を検討する。

第一次世界大戦を契機として、国家総力戦[1]は帝国主義国家が世界を再分割するための戦争の主要形態となった。一九一七年日本軍部が設けた「臨時軍事調査委員会」は全力を挙げて総力戦を研究した。軍需生産については、補給の専門家といわれた吉田豊彦中将が大量の資料をまとめて研究し、一九二六年『軍需工業動員に関する常識的説明』を書いた。その中で彼は「産業は国防の重大なる要素である[2]」と指摘した。産業の強化には大量の資源が必要である、日本は天然資源が乏しく、必要な資源特に戦争資源は輸入に依存しなければならない。したがって、産業を総力戦の需要に応じさせるためには「成し得る限り原料の自給自足の途を講じなければならない[3]」と吉田は強調している。この本が出版される前、参謀本部の小磯国昭少佐は欧州大戦について研究し、一九一七年八月に「帝国国防資源」と題する報告を提出した。その中で彼は「長期戦争最終の勝利は鉄火の決裁を敢行し能はさる限り、戦時持久経済を経営し得る者の掌裡《しょうり》に帰すること瞭《あきらか》なり[4]」と断言した。「自給自足」経済の資源はどこから来るのか。小磯は中国各地、特に「満蒙」はその必要となる資源の供給地であり、国防資源の問題を解決する最も可能性の高い方策は「支那国産国防資源の搬来[5]」であると論じ、中国の資源が将来日本の総力戦遂行にとって極めて重要だと強調した。小磯の報告は提出されると直ちに参謀本部に重視され、「価値ある参考資料」として軍内部に配布された。更にその影響は政界にも及んだ。一九一八年の第四〇回帝国議会において小磯の報告が評価され、内容の一部が同議会で決議された軍需工業動員法に組み込まれた。

総力戦理論の出現は日本の対外戦略が東アジアの覇権を争奪する方向へと発展する予兆だった。それまでの日本の戦争指導は、突撃や速戦即決などを強調するだけであったが、それは資源が欠乏し国力不足だからであった。そして、それは少しずつ進めてきた「局地的拡張路線」とも一致するやり方であった。第一次世界大戦中、日本は列強がヨーロッパ戦線に忙しい隙間をぬって二十一ヶ条を強引に要求し、中国を一国で支配しようとして、中国の抵抗と米、英、仏などの反対を引き起こした。各国の強い反対に遭い、日本は二十一ヶ条の中で中国を支配しようとする第五条を放棄せざるを得なくなった。戦後はまた米英などの圧力によりワシントン会議で中国及び太平洋地区に関するさまざまな条約を受け入れさせられたのである。

二十一ヶ条の強要は、覇権を争うための総力戦を実施する実力を持たず、準備も整っていない、すなわち、戦力上の保障がない中で、侵略的野心を膨張させ、投機的に東アジアの覇権を求めた一つの試みだった。そして、その結果は失敗に終わり、得たのは痛々しい教訓であった。日本は英米などに対抗できる総合国力を持たない限り、中国への大規模な覇権拡大を実施できないことを認めざるを得なくなった。

軍部が第一次世界大戦中と大戦後に総力戦を熱心に研究したことは、二十一ヶ条要求の失敗と無関係ではない。日本は常に中国を蔑視し、中国の軍隊を簡単に潰せると思っていた。したがって、総力戦理論は主に日本の対外膨張を制約する英米ソ各国に対応するためのものであった。この理論の核心は、機会が巡って来た時、十分な総合的国力で英米ソと個別に争うため、中国での権益と極東の制海権をできるかぎり拡張することにあった。しかし、総合的国力の充実は大量の資源を安定的に必要とする。したがって、この理論はまず中国の資源をコントロールすることを最優先とした。侵略の矛先は当然中国であった。

ただし、日本は英米の牽制の下で中国に対し、全面的且つ大規模な拡張を直ちに行うことが難しいことをよく知っていた。他方、総力戦体制は戦略資源地域を占領しなければ成立しない。したがって、対支拡張の過程で、中国における戦略資源地域を限定して制覇の目標としなければならなかった。ここで、日本が真っ先に考えたのは中国東北地方であった。

東北地方は面積約一一〇万平方キロメートルであり、日本の国土の三倍にあたる。同地区では戦略資源、たとえば鉄、石炭、銅、鉛、亜鉛などが非常に豊かである。九一八事変前、東北地方の石油は全国生産量の九三%を占め、金採取量は五五%、鉄鉱埋蔵量は三七%、森林面積は三分の一で一八〇〇万平方キロメートル余りあり、石炭の年間生産量は約一〇〇〇万トンであった。工業、交通インフラも整っていた。九一八事変前の発電量は全国の二三%を占め、鉄道線路は四一%、鉄鋼生産量は五五%であった。他に多くの鉱産資源が資金、技術などの不足により開発されなかったり、小規模に開発されただけのところもある。一方日本は資源が乏しく、多くの原(燃)料は輸入に依存していた。たとえば、鉛、鉄、錫、石油など重要資源の対外依存度はそれぞれ九二%、七六%、七一%、九二・六%であった[6]。この依存体質を変えることは、日本の資本主義を発展させるためだけではなく、総力戦体制を確立するためにも必要だった。

したがって、第一次世界大戦後、日本は東北地方の資源を長期安定的に占有、開発して総力戦体制の基礎を築くために、満蒙での優越的地位を確立し、更に満蒙を占領することをその対外拡張の主要戦略目標とした。日本の国防理論における総力戦体制という新しい内容は、軍部が九一八事変を引き起こした主要原因の一つだったと言うことができる。

その一方で、南京国民政府は北伐による国内の統一をほぼ完成すると同時に、ワシントン体制下で不平等条約の改正に向けて少しずつ着手した。ワシントン体制の主な内容は中国の領土・主権の現状を維持し、列強が中国で門戸開放の原則を遵守し、更に日本の海軍軍備に一定の制限を加えるというものであった。この体制は米英に主導権を握られており、その下で列強が在華植民権益を分かち合い、日本の南西太平洋への拡張を制限した。このワシントン体制は中国にとってやはり侵略的であったが、客観的には中国が日本の侵略に対抗するのに有利であり、中国の領土・主権を尊重するなどの部分も有効に利用できた。この時期、米英の極東政策の基調は現状維持であり、南京国民政府の条約改正交渉に対して、ある程度の譲歩をした。新しい関税条約を締結し、治外法権の全面撤廃に関する交渉を行うことにも同意した。

米英に接近して既存の国際秩序の下で不平等条約を少しずつ改正するという南京国民政府の対外政策は、日本が満蒙を占有し支配するという対外戦略と対立した。また、日本軍部は中国に対するいかなる譲歩にも反対し、更にワシントン体制が日本の対外拡張路線に制限を加えることにも不満を持っていた。したがって、「新たな国際秩序の再編成をめざす」ことに全力を挙げ[7]、満州では「総退却か、武力解決か、二者択一[8]」であると主張した。

一九二九年に始まった世界恐慌は米英諸国に衝撃を与え、ワシントン体制もある程度弱まった。そこで日本軍部とその支持者はこの機会を利用して満蒙を占領し、総力戦の基盤を確立すべく強く主張した。一九三一年一月、満鉄調査課長佐多弘治郎は関東軍司令部で講演し、「領土曠大にして資源豊富なるもの愈々強大となるに至るべし。……大日本としての所謂超大国を建設するの要は極めて明白にして之が為領土を獲得するか尠なくとも之と同価値のものを得ざるべからず」、満蒙を占領することにより「容易に第二次の発展を策し得べし」と述べている[9]。

三月、関東軍高級参謀板垣征四郎は「軍事上より観たる満蒙に就て」と題する講話において、満蒙の戦略的価値を分析した。彼は「満蒙は対露作戦に於ては主要なる戦場となり、対米作戦に於ては補給の源泉を成すものであります。

従て満蒙は実に米、露、支三国に対する作戦と最重大なる関係がありま す[10]」とはっきり述べている。これは満蒙を奪取することは日本の総力戦経済に有利であり、更に拡張戦略態勢を築くのにも有利であると指摘したものと言える。板垣のこの一文は歩兵学校の教官に講話したものであり、軍が彼の主張を重視していたことがうかがえる。五月、関東軍司令官菱刈隆は、「帝国の高遠なる使命を全うし得べき所以の途は実に満蒙問題の根本的解決を以て第一歩となす[11]」と指摘した。

右の「超大国」、「第二次の発展」、「高遠なる使命」とは何を指しているのであろう。戦略理論家で衆議院議員の池崎忠孝は「日本は自国の生存のために、太平洋の半分を支配しなければならない[12]」とはっきり述べている。

関東軍作戦主任参謀石原莞爾は「満蒙問題解決の為の戦争計画大綱（対米戦争計画大綱）」の中で、満蒙を占領することが「戦争運命に重大なる影響あるのみならず、帝国百年の大計に大なる関係を有す[13]」と指摘した。五月、彼は「満蒙問題私見」の中で「欧州大戦により五個の超大国を成形せんとしつつある世界は更に進て結局一の体系に帰すへく其統制の中心は西洋の代表たる米国と東洋の選手たる日本間の争覇戦に依り決定せらるへし[14]」とし、更に論を進めて「我国は速に東洋の選手たるへき資格を獲得するを以て国策の根本義となささるへからず[15]」と主張した。具体的なプロセスはまず満州を分離し、それが「東洋安定の模範地区となり、中国本土もこれにならうようになり、これこそ日本の大国策でなければならない[16]」と述べた。

以上、それぞれの意見と主張は完全に一致しているわけではないが、満蒙を奪取して将来の争覇戦のための基盤にするというところでは一致している。これらの意見と主張は明治末年と大正前期の日本朝野における東アジア制覇思想の主張を継承し発展させたものであり、第一次世界大戦後の総力戦理論研究の帰結でもある。ここにいたり、日本の軍国主義者は、満蒙奪取の可否は日本の対外拡張の成否につながると確信した。そして、衆議院議員松岡洋右の第五十九回議会における「満蒙生命線論」は、たちまち日本の朝野で流行語となった。

こうした主張はすぐには日本政府に国策として採用されなかったが、軍部ではすでに共通認識となっていた。一九三一年六月、関東軍は公式に参謀本部に対し、南北満州の懸案解決策として軍事的手段を採用することを具申してきた[17]。緊急に陸軍省と参謀本部の課長会議を構成し、同月、「満州問題解決方策の大綱」を作り上げ「……排日行動の発展を見ることになれば、遂に軍事行動の已むなきに致ることがあるだろう[18]」と結論した。当時、日本政府はまだ

「協調外交」を展開しており、ワシントン体制は日本の拡張を抑制していた。このため、同会議ではまた「満洲問題の解決には、内外の理解を得ることが絶対に必要である」とし、内に対して「陸軍大臣は閣議を通じ、現地の情況を各大臣に知悉せしめ」支持を得るのに努力する、外に対して陸軍省部と外務省が協力して「関係列国に満洲で行はれてゐる排日行動の実際を承知させ、万一にもわが軍事行動を必要とする事態にはいったときは列国をして日本の決意を諒とし、不当な反対圧迫の挙に出でしめないように」するとともに「内外の理解を求むるための施策は、約一ヶ年即ち来年春迄を期間とし、之が実施の周到を期する」[19]とした。一九三二年春に武力で満州を奪取するという陸軍の方針が確定したのである。

一九三一年七、八月には万宝山事件、中村大尉事件が起こり、軍国主義者は戦争をあおり立て、開戦への歩みを加速させた。

九月一八日夜、関東軍は満鉄の一部を爆破して、それを契機に東北軍と戦闘を開始した。日本軍は綿密に計画準備していたのに対し、東北軍は逆に「不抵抗主義」を堅持した。そして、わずか四ヶ月余りの間に、日本は国土の三倍に相当する東北三省の大部分を占領した。

東北地方の占領は関東軍と軍中央部との共同計画であった。関東軍はその計画を予定より早く実行に移したに過ぎない。これに対し軍中央部は当然支持したが、政府は逆に事変前後の一時期、軍部のやり方に反対した。双方は、武力の行使と事変を拡大するべきか否かといった問題で意見が大きく分かれた。

無視できないのは、日本政府及び天皇、元老が戦略的配慮から一時期武力の使用に反対したことである。日本政府は武力で中国東北地方を占領することが九ヶ国条約に違反し、ワシントン体制の打破を意味することが分かっていた。これは中国人民の強い抵抗を引き起こすばかりではなく、米英諸国との激しい戦略的対立をもたらす恐れがあった。この時期、日本政府は相変わらず協調外交を基調とし、対東アジア政策を大きく変えるつもりはなかった。

実際、協調外交は第一に日本の資本主義が必要としていた。日本の財閥集団は中国とアメリカ及び英国植民地に巨大な利権と持っており、原（燃）料市場と販売市場を確保するのに有利な国際環境を作るために、政府に熟練した国際政治と外交の運営を要求した。同時に、協調外交は自国の国際的地位及び在華地位を守るためのものであった。日本政府は、自国の総合的国力がまだ英米など世界一流の強国と対抗することができず、武力で中国東北地方を占領すれば英米などに制裁される可能性があり、東北地方占領に失敗した場合、日本の国際的地位を大きく損なうこととなり、在華地位及び権益も損なわれることを十分承知していた。協調外交はまた、国内政治の要求でもあった。もし、既定の外交方針が軍部の意志で勝手に乱されたりすると、国内が混乱する可能性があり、天皇制の専制統治もそれで損なわれる可能性があり、それは天皇、元老、重臣と政府にとって望ましいことではなかった。

したがって、事変前に幣原外相は「恰も我国自ら其地方の主人役、即ち法律的に云へば統治者を以て任ずるものの如き誤解を招かないよう[20]」注意する一方で、武力を後楯としつつも、外交手段による「満州懸案[21]」の解決を主張した。つまり、中国に日本の東北地方への要求を少しずつ受け入れさせることである。この方法ならば東北地方の資源、交通及び商工業を支配できるだけではなく、米英干渉の口実をなくさせ、そして中国人民の反日運動の暴発を防ぐことができる。

軍が上下を問わず武力で満蒙問題の解決を叫んでいた最中の九月一一日、天皇は南次郎陸相を招致し、関東軍の軍紀を正すよう注意した[22]。翌日、元老西園寺は南次郎に「満蒙の土地と雖も支那の領土である以上、事外交に関しては、すべて外務大臣に一任すべきものであって、軍が先走ってとやかく言ふことは甚だけしからん話である。閣下の如きは、輔弼の責任上、また軍の首長として、充分慎重な態度を以てこれを取締るべきである、と自分は思ふ[23]」と厳しく言った。

一五日幣原は、関東軍が近く武力行動を起こす形勢があるとの報告を受け取ると、直ちに南次郎に対し、「かくの如きは国際協調を基本とする若槻内閣の外交政策を根本より覆すもので、断じて黙過する訳にはゆかない。[24]」と厳重警告した。

事変発生翌日の午前、若槻内閣は臨時閣議を召集し、東北問題を討論した。席上、若槻首相は、「果して原因は、支那兵がレールを破壊し、これを防禦せんとした守備兵に対して攻撃して来たから起こったのであるか、即ち正当防禦《ママ》であるか。もし然らずして、日本軍の陰謀的行為としたならば、我が国の世界における立場をどうするか。かくの如き不幸なる出来事に対しては衷心遺憾の意を表する次第である[25]」と語った。幣原外相は林久治郎在奉天総領事の機密電報を出し、柳条湖事件が「全く軍部の計畫的行動に出てたるものと想像せらる[26]」と述べた。南陸相は会議の雰囲気が軍強硬派にきわめて不利だと見て、「気落ちして、閣議で朝鮮軍から増援部隊を派遣することを要求する勇気がなくなり」発言を控えた。外務省方面の意見が主導的地位を占めたため、閣議では「事態を拡大しないように努力する」という処理方針を決めた(27)。

その二日後、朝鮮軍は勅命なしに東北地方に越境進入した。関東軍は増援を得て吉林省に進攻し、事変を拡大した。二二日、若槻は閣議で朝鮮軍の出兵経費を追認した。一方、幣原は関東軍によって現状を維持して全面的に満蒙問題を解決したとしても、結果的にやはり「済南事件の例もあり、たとえ現状配置において交渉開始に入るとするも、結局は旧態に復せざるを得ざるに至るべし(28)」と指摘した。これに対して、南陸相は「本件は済南事件と全くその趣きを異にし、断じて外相の云うが如きことなし(29)」と断言した。

幣原は、既定方針下にあっては最終的にはワシントン体制に従わなければならないことを述べ、外交手段で解決すべきであり、出兵が無駄であることを暗示していた。他方、南は、経済危機の拡大で米英諸国の極東における地位が弱まっている機会を利用して、ワシントン体制を打破しようと軍部が考えていることを明らかにしたのである。

事変初期、軍と政府の内部ではこのように意見が分裂していたから、外務省と軍部では協力の一面もあったが対立の一面もあった。幣原を中心とする外務省は閣議で、事件は関東軍が挑発して起こしたと指摘し、大規模な兵力増援に反対し、事件解決の主導権を握ろうと努力した。他方、外に向けては、日本は事態を拡大するつもりがないことを声明し、日本軍の行為はただの「自衛」行為だとした。その目的はワシントン体制各国の諒解を得て、国際連盟とアメリカによる制裁を避けることにあった。しかし、軍部は東北全土の占領をめざして行動しており、関東軍と朝鮮軍は先鋒としての行動に束縛をほとんどされなかった。参謀本部と陸軍省は事変初期に内閣をいい加減にあしらいながら、関東軍と朝鮮軍を煽動して軍事行動の範囲を拡大させるやり方をとっていた。

一〇月八日、日本軍機が錦州を爆撃し、東三省全域を占領する意図が赤裸々となると、国際連盟とアメリカの態度は明らかに変わった。一四日、国際連盟は理事会を開き、日本に対し、撤兵など七項目の要求を提出し、二四日に決議した。そして、一一月の初旬にアメリカは対日制裁の可能性を検討した(30)。これは、中国及び西太平洋問題に関して英米などと日本との対立が深刻になったことを意味した。国際連盟とアメリカは、日本が国際条約に違反し、国際秩序を破壊していると批判したのである。それは、日本が国際社会から追放されていく第一歩であった(31)。

関東軍の軍事行動の拡大に伴い、満州の中国からの分離を要求する声が朝野をあげて急速に高まった。若槻内閣は外に対して日本のワシントン体制打破行為を弁護することができなくなる一方で、国内では、「当面事件前途の患害(32)」

だと糾弾された。かくして、内外の圧力で若槻内閣はあえなく崩壊し、一二月一三日、犬養毅内閣が誕生した。

犬養は老練な政治家であり、既存国際秩序の打破は必ずや米英諸国の激しい反発を招くであろうことをよく知っていて、中国に圧力をかけて満蒙への「特殊」植民地としての日本の要求を受け入れさせてから撤兵することを裏で主張していた[33]。この事で彼は翌年の五・一五事件でファシト軍人らに暗殺された。その一方で、犬養はまた軍部と朝野の大勢の要求に応じて、「満蒙問題は軍部と相協力して積極的にこれを解決する[34]」と表明した。一二月一七日、犬養内閣は第十師団と混成第八旅団を中国東北地方に増派することを認めた。関東軍は増援を得て、直ちに錦州に肉薄した。錦州占領後、一九三二年一月八日、天皇は勅語を下賜し、関東軍を褒賞した[35]。

かくして犬養内閣の曖昧な態度、関東軍の行動に反対していた主張は完全に消えたのである。一月六日、陸海外務の三省は共同して「支那問題処理方針要綱」を制定した。その中で、満蒙を「独立政権」国家とし、「満蒙の防衛は帝国主として之に任じ該地方を以て帝国の対露、対支国防の第一線とす[36]」と規定した。これによって前に述べた関東軍などの主張が国策として確立された。同時に、関東軍は傀儡政権の成立を急ぎ、一九三三年三月一日、「偽満州国」が正式に成立した。

同じ時期、上海事変が発生したが、日本政府と軍はこれまでとは異なる政策をとった。兵力を漸次に増援して「支那軍を一定の地域外に撤去を求[37]」めながら、「速に之が解決を計ることと[38]」した。

このような対策をとった主な理由は、第一に、事変挑発の目的は、満州事変から列強の視線をそらす意図があった[39]。事変の主要な計画者の一人である田中隆吉によれば、「板垣征四郎の電報は、『列国の目がうるさいから、上海で事を起せ[40]』という内容だった。つまり、満州を独立させるために列国の目を上海にそらす」ということだった。こうした意図が、ある程度事変の政略的性格を規定してしまったのである。

第二に、上海は国際都市であり、欧米各国はそこに巨大な利益を持っており、日本が各国を刺激しすぎると国際的に不利をもたらす恐れもあった[41]。高橋是清蔵相は、もしこれで「列国から孤立すれば、やっとここまで仕上げて来た満蒙まですべて失ってしまふ結果に陥りはせんか、頗る憂慮に堪へないところだ[42]」とはっきり語った。

実際に、米英仏などはこの時強硬な態度をとっていた。彼らは日本が国連規約、九ヶ国条約及び不戦条約に違反していると厳しく非難し、日本の行動を牽制するため、軍艦約三〇隻を上海に派遣するとともに、上海の陸上兵力を増強した。そこで、日本は、事態の拡大が米英などを直接反発させる可能性があり、その結果は想像できないと認めざるを得なくなった。牧野伸顕内大臣は、「もし我が国が上海でしくじった場合には、今までの満蒙の問題もすべてゼロになってしまう[43]」と指摘した。

第三に、根本的な原因は、日本政府と軍部がこの時に「帝国国策遂行の重点を満蒙方面に注入する[44]」としたことにある。日本は東北を侵略・占領した後、満蒙を将来の総力戦の戦略的基地にするために一定期間集中的に経営しなければならないと考えていた。したがって、日本政府と軍は、「上海事変は飽迄も満蒙問題と別個に取り扱う[45]」と決めていた。こうして、列国を刺激して両事変を同じ方法で処理することを避けようとしたのである。日本軍は遂次増援を得て軍事面で進展を遂げた後、軍中央部からのたびたびの指示にしたがって、国際連盟が会議を開き上海問題を討論した同日（三月三日）に急遽停戦を発表した。

二　九一八事変と中国の対応

日本軍が満州事変を惹起させた時、中国側は不抵抗政策をとった。その理由については、学界ではすでに多く論述されている。中国学界の伝統的な見方は、張学良の東北軍が日本軍の侵攻に抵抗しなかったのは蔣介石の電報命令があったからだと指摘している。すなわち、一九三一年八月一六日に蔣が張学良に発した「銑電」のことである。

九〇年代初め、学界に新しい見解が生まれた。それは張学良が蔣介石以上に不抵抗の姿勢をとっていた、と有力な史料を用いて指摘した[46]のである。本章では戦略的角度から国民政府と張学良が不抵抗政策をとった原因を検討したい。

この時期、蔣介石と南京国民政府が日本の戦略を判断する際、英米の牽制によって日本は協調外交を実施せざるを得ず、大規模な対華侵略行動をとることが難しく、戦争準備の対象は主に強国であると見ていた。他方、国内問題への判断としては、中国共産党の紅軍が相変わらず大敵だが、両広（広西・広東）の反蔣勢力を先に解決しなければならない「安内」問題があった。そのため、蔣介石は先ず「安内」してから「攘外」をするという方針を堅持していた。

万宝山事件と中村大尉事件が起こって、日本軍部がこの機会を利用して武力で満蒙問題を解決しようと画策していた頃、蔣介石は三〇万の軍隊を率いて「剿共」に忙しかった。同時に彼は、両広の反蔣勢力を鎮圧するため、広東を討伐する計画を立てていた。そこで、蔣介石は日本に対しては、当面列強間の対立を利用して中国への拡張を抑制できると考えていた。したがって、張学良に、日本の局地的挑発行動に抵抗することなく現地解決し、「安内」に集中するよう、要求した。他方、張学良としてはもともと地方軍閥であり、自己の勢力範囲と実力を維持するために日本軍との衝突は望んでいなかった。

関東軍が柳条湖事件を起こした直後、これは関東軍が勝手に起こした行動で、局地的な事件であり、しかも日本政府が関東軍を制御することができる、と張学良は誤って判断した[47]。一九九〇年、日本放送協会（ＮＨＫ）の記者のインタビューを受けた際に彼は判断の誤りを認め、「当初、関東軍が九一八事変を起こすとはまだ予想していなかった[48]」と語っている。

南京政府も日本政府と軍が事変に対して異なった対応をしているのを見て、事変は関東軍が勝手に進めた行為と判断し、事変を「奉天事件」と呼称し、これまでの対日妥協方針に沿って局地的解決を望んだ。

九月一九日、宋子文は重光葵駐華公使に「日本政府が軍部及び之に関連せる力を抑へ得るや否やが自分の最も心配し居りたる処[49]」と述べた。日本軍が長春、吉林などを占領した後の九月二二日、宋は再度重光に、「右の如き状態にては果して日本の内閣が陸軍をよく制禦し得るや否や疑惧の念なきを得ず[50]」と述べている。これは日本政府にできるだけ早く有効な措置をとって、軍が事態を拡大することを止めさせて欲しいと考えていたことを示している。南京特種外交委員会は、元老、海軍の主流派、金融界、欧米や華南地方と密接な貿易関係を持っている実業家などが軍部と対立していると考えていた。特種外交委員会会長の戴季陶は一〇月二一日の時点で外交ルートから得た情報に基づく対日政策の報告書の中で、目下のところ東京で両派の対立が激しく、南陸相以外は皆平和を主張していると述べている[51]。これらのことは、南京国民政府は日本政府と軍部の意見対立に対してある程度認識できていたが、軍部が日ごとに強くなっていることについては、はっきり認識していなかったことを表わしている。そのため南京国民政府は、日本政府が軍部の独断専行を抑え、日本軍を撤退させ得るのではないかと、ある程度期待していたのである。

対日戦略判断が間違っていたことで、蔣介石と南京国民政府及び張学良は、一連の誤った対策をとった。関東軍は九月一八日に柳条湖事件を起こし、東北軍第七旅駐屯地である北大営を攻撃した。東北軍参謀長の栄臻は張学良の指示にしたがって、第七旅に「抵抗はしない。たとえ強制的に武装解除させられたり、兵舎に入れられたりしても、好きなようにさせろ[52]」と命令した。東北軍はこれまで「不抵抗主義」の下で、対日軍事行動の準備を真剣にしたことがなかった。将兵たちが対日軍事訓練をすることも少く、不抵抗命令を受けてからは更に士気が低下し闘志もなくなった。これらの原因で北大営は少数の日本軍の攻撃で翌日朝五時半に陥落した。

張学良は九月一九日朝六時前後、すなわち、日本軍が奉天（瀋陽）を攻撃している最中に北京で緊急会議を開き、われわれは不抵抗主義をとり、すべてのことを国際裁定に任せると決定した[53]。しかし、同日、関東軍はすでに瀋陽、安東、営口、長春、鳳凰城などを占領した。

南京国民政府外交部は一九日に国際連盟に日本の侵略的行為を訴え、国際連盟に「直ちに連盟規約に則って適当な措置をとり、日本軍を占領地域から撤兵させ、東亜の平和を保持されたい」と要求した。そして「中国政府は国際連盟がこの件について行ったすべての決定に従う」と表明した[54]。二一日、南京国民政府外交部はドラモンド連盟事務総長に対し、連盟規約第十一条に基づき、直ちに理事会を開き、日本の中国東北侵略問題を討論し、解決策を定めるよう要求した。他方、同日、アメリカ政府に対して、極東の平和を維持するためにアメリカが適切な措置をとるよう要求した。同時に、一九、二〇日と連続して開催した会議で対日問題を討論したが、抵抗の方法は何も決まらなかった[55]。

九月二一日、蔣介石は南昌から南京に戻って、対日問題について会議を開いた。この会議では相変わらず日本軍の行動が局地的な挑発行為に過ぎないと見て、特種外交委員会を構成し対日対策の検討を決めたが、具体的な抗日対策は決定しなかった。会議では「広東討伐及び『剿共』計画はすべて停止し延期する」[56]と決めたが、実際に剿共は停止されず、軍隊を北上して日本軍に抵抗することもなかった。これらすべては、九一八事変初期に南京国民政府と張学良が犯した対日戦略上の判断ミスであり、日本軍による東北占領計画を十分に予見できず、事変をただの局地事件として見て、連盟とアメリカに対し、連盟規約と九ヶ国条約などで事件が解決されるのを期待していたことがうかがえる。

九月二二日、連盟は中国の要請により理事会を開催した。会議では日本の中国東北における軍事行動について皮相的な議論をしたが、日本の行動が侵略だと非難することはなかった。ただ中日両国政府に緊急に通告して、「事態の悪化あるいは和平解決を妨害する行動をそれぞれ防止するよう」という決議を下しただけだった[57]。これに対して日本は二四日、「日本政府は事態を拡大しない方針をとる」との声明を発表した。そこでは日本軍の侵略行動を粉飾し、日本軍の大半が原駐地に撤退し、日本居留民と鉄道の安全が保障され次第、残った軍隊も全部撤退するとごまかし、日中間の直接交渉により問題を解決したいと言い出したのである。その翌日の理事会で日本はまた、連盟が干渉しないよう要求した[58]。

この時期、英仏などはヨーロッパの問題と国内経済問題に忙しく、日本が東北地方で軍事行動を起こした意図についてまだはっきり分からなかった。彼らの極東政策は主に自分の既得権益を守るためであり、日本が軍事占領を行わないかぎり、双方の矛盾はまだ調整可能と考えていた。日本が軍事手段を使って中国の主権を奪うかどうかは、英米の極東政策において緊急な関心事項ではなかったのである。したがって連盟の会議でイギリス代表は「日本の回答によって事態はすでに緩和されたことが判明した。これで国際連盟は平和を確保する義務を果たしたと思う」と語った。三〇日、理事会は日本政府が声明した「満州（東三省）に対して領土目的の意思はない」という点は極めて重要だ[59]、等々の決議をして会議を終わらせた。

九一八事変勃発後の一時期、南京国民政府及び連盟とアメリカが、日本の軍事行動には東三省全土の占領意図はなく、日本政府は軍の独断行動を抑制できるとの幻想を抱いていたことには客観的な原因があった。前述したように、日本政府と軍部はこの事変に対して異なった対応をしていた。軍部はこの機会を利用して東三省を占領し、長い間計画していた戦略的目的を達成することを望んだ。他方、政府は国際的干渉を招くことを心配して、何の収穫もないまま不利な立場になるのを避けるため、できるだけ事変を拡大させず、大きな植民地としての権益を得ることで満蒙懸案問題を解決して撤兵したいと主張した。すなわち事変当初、南京国民政府と日本政府の両方とも事変処理方策を模索している段階であった。連盟とアメリカは逆に自身の利益から判断し、日本政府が事変を拡大させず、領土的要求はしないと繰り返し声明している以上、日本の軍部を刺激する行動をとることを避けたかった。

一〇月八日、関東軍の錦州爆撃により、連盟とアメリカの対日態度に多少変化が見られた。同日、スチムソン国務長官は錦州爆撃について出淵勝次駐米大使に質問と抗議を行った。そして、翌日、連盟に文書を提出し、連盟が権限を行使して日本に圧力をかけるよう要求した。同日、スチムソンはフーバー大統領に対し、日本に集団的経済制裁を実行するか、外交的圧力をかけるよう進言した。しかし、連盟はスチムソンの意見を受け入れなかったが、日本に圧力をかけるために、アメリカをオブザーバーとして連盟理事会に出席させた。一〇月一三日、連盟理事会は予定より一日早く会議を開き、東北問題を討議した。二四日、理事会は日本に次回の理事会開催前に、つまり一一月一六日前に軍隊を原駐地に撤退するよう要求すると決議した。

これに対して、南京国民政府は外交努力が効果をあげたと考え、一三日に「国際連盟の決議が早く実行されることを希望する。日本が世界の意思を尊重し、撤兵期限の一一月一六日以前に撤兵することを望む[60]」と発表した。蔣介石もその後、「今後の世界の平和は、今回の国際連盟総会と出席した各国代表の努力によって更に確実に保障された[61]」と発表した。そして、蔣介石と南京国民政府は日本軍の撤兵が実行されると考え、直ちに東三省各地で接収委員会を設立することを決めた。

一一月二日、顧維均が委員長に任命され、張作相、張群など六人が委員に就任した。一〇月二七日、蔣作賓駐日公使は幣原外相に書簡を出して、「中国は接収工作のメンバーを選んでいる。大体準備ができた。日本政府は責任者を派遣して協議したい[62]」と通知した。蔣介石と南京国民政府は日本軍部の意図を誤って判断し、連盟とアメリカの関与による解決を図る政策をとったので、抗日軍事行動の準備開始を何度も延期した。その結果、日本軍に東北全土を容易に占領させてしまったのである。

南京国民政府が日本軍の撤退を待っていた時、日本は連盟に対し、連盟規約第五条により、理事会の決議は理事国全ての賛成がなければ法的効力を持たない、したがって日本への撤兵要求は無効である、と通告した。続いて日本軍は一一月四日、嫩江に進撃し、一一月一九日、チチハルを占領した。同時に日本軍は錦州攻撃に着手した。他方、一一月八日、日本軍は天津事件を引き起こした。これは張学良の増援部隊を錦州へ行かせないようにするとともに、事態を混乱させようとしたものであった。

ここに来て蔣介石と南京国民政府は完全に目が醒め、日本軍の意図は東北全土を占領することだと判断した。特種外交委員会は中央政治会議に提出した「対日政策報告書」の中で「日本軍は東三省を完全に占領し、中国固有の政治・軍事勢力を追い出すのがその主な目的であると判断する[63]」と述べた。この判断は南京で開かれていた国民党第四次代表大会で承認された。同大会で決定された「日本の侵略暴行への決議案」は、「今後、国権を守り、国土を保護することについて、本大会は国民政府に必要な一切の正当防衛手段をとる全権を与える[64]」としていた。蔣介石も、馬占山の嫩江における日本軍への抵抗が「自衛手段であり、正当である[65]」と表明した。そこで、日本軍の天津での行動に対処し、張学良を錦州防衛に専念させるため、蔣介石と南京国民政府は、財政部所属の税警団約六千人を天津に派遣した。この時、南京国民政府は、日本軍の錦州占領を避けるためには依然として連盟とアメリカの関与を望んでいたが、「万一効果がなかったら、自国の実力で守るしかない[66]」と認識していた。

この時期、南京国民政府は「攘外必先安内」の方針を変えなかった。この方針は、国内の紅軍と反国民政府軍閥勢力を排除するまでは日本と衝突しないことを要請していた。しかし、日本軍が大挙して都市を攻略して土地を略奪する行為に直面すると、蔣介石と南京国民政府はある程度抵抗せざるを得なかった。九一八事変勃発後、蔣介石と南京国民政府は自己の力では日本軍の進攻を阻止できないと認識していた。そこで、侵略に抵抗することには極めて消極的であり、英米などが関与して、日本軍の進攻を止めることを望んでいた。日本軍が矛先を錦州に向けたとき、蔣介石が先ず行ったことは、英米などの国に救助を求めることだった。

一一月二四日、蔣介石は英、米、仏三国公使と会見し、「もし日本が我が軍の撤退を要求するなら、我が軍は錦州から山海関まで引き揚げてもよい。しかし日本は英、米、仏各国に声明を出し、錦州から山海関までの地域に兵を進めないこと、同地域の中国の行政機関及び警察に干渉しないことを保証しなければならない。そして、この保証は各国の同意を得なければならない[67]」と提案した。しかし、英米諸国は日本と直接衝突することを避けて保証を拒否し、蔣介石の提案を婉曲に断った。

こうした状況下にあって、蔣介石と南京国民政府は「もし、日本側が激しく攻めるならば、我々は実力で防衛する[68]」、「彼らが相変わらず一歩一歩接近するなら、我々は正当防衛の手段をとらざるを得ない[69]」と決定した。これは消極抵抗の方針である。この方針の下で、蔣介石と国民政府は中央軍を北上させて抵抗するという手段をとることなく、ただ、張学良の東北軍が現地で抵抗することを要求しただけだった。蔣介石と南京国民政府のもくろみは、局地的な抵抗であれば事変を全面戦争に拡大させる危険性はなく、安内政策を続けるのに有利であるというものだった。宋子文と顧維鈞はこの方針により、張学良に対し、「もし日本側が進攻して来た場合、即断して実力で防衛せよ[70]」との電報を送った。

張学良は地方軍閥として、良く装備された日本軍精鋭部隊と消耗戦争をする気がなく、錦州防衛の計画を立てなかった。一一月末と一二月初め、張学良は錦州一帯に駐屯する東北軍主力を後退させる決定をしたが、南京政府はそれを聞いて直ちに止めようとした。一二月三日、顧維鈞外相は張学良に「錦州からの撤退を急がないで欲しい[71]」との緊急電を送った。五日、顧はまた宋子文と連名で張に「今もし、日本人が錦州に進攻するのであれば、国家のため貴兄自身の前途のため、困難を克服して抵抗してほしい[72]」と打電し、他方、蔣介石は「錦州の軍隊はこの時期に絶対引き上げてはならない[73]」と打電した。

張学良は戦闘が起こると、東北軍の主力がひどく消耗し、中央軍が北上すると華北での地盤が保てないと見ていた。そのため、南京から航空部隊が派遣されたにもかかわらず、張学良は錦州一帯の軍隊を順次引き上げさせることを決定した。顧維均外相はそれを聞くと直ちに「日本人は悪知恵にたけており、我が退くと彼は進む。新政権の下で東北が統一されれば、挽回できなくなる[74]」との電報を発し、後退の危険性を指摘した。南京国民政府は一二月二五日、三〇日に、張に対し、「日本軍が錦州に進攻し、事態は緊急である。何としても積極的に抵抗しなければならない。各官吏及び軍隊は国土を守る責任がある。……政府の意図を理解し将兵を激励せよ。国のために犠牲になることが極めて大事だ[75]」と打電した。しかし、張学良はこれを無視し、後退の命令を発出した。一月三日、日本軍は血を流すことなく錦州と綏中一帯を占領した。これで東三省全域は日本軍の手中に入ったのである。

三　日本の東亜政策の重大な変化と東亜新秩序政策の起点

前述したように、関東軍は九一八事変を起こす前、東北地方を占領して東アジアを制覇し、戦略基盤を築くという構想を持っており、これは陸軍中央の支持を得ていた。事変発生後、日本政府は事態の進展に伴い、内閣の更迭を経て軍部を支持するようになった。これは、日本の対外侵略拡張戦略に重大な変化の兆しが起きたことを示している。

まず、日本の外交政策に大きな変化が起きた。関東軍は一一月下旬チチハルを陥落させ、続いて南下して錦州に進攻した際、アメリカのスチムソン国務長官は激しく抗議した。国連理事会は一二月一〇日に再び決議し、可及的速やかな日本の撤兵を要求した。日本は以下のいずれかの選択を迫られた。一つは連盟とアメリカの要求を受けて撤兵することであり、もう一つは国際協調を否定してワシントン体制を打破することである。国際協調を標榜する若槻内閣は、このような局面に対していずれをも選択することができなく崩壊した。次の犬養内閣は成立後、朝野の各勢力の影響により、ワシントン体制打破を目指す軍部支持を決意した。一九三二年一月二日、関東軍は錦州を占領した。七日、スチムソンは、アメリカが日本の満州における行動に対して「不承認主義」をとるとの声明を発した。日本はこれに真っ向から対決し、一六日、アメリカ駐日大使への通牒の中で、日本は「自ら政権を組織し（満州の）秩序を維持することができない理由がないと信じる[76]」と主張した。そして、「満州国」建国後、日本政府は「帝国政府としては益々自主外交の真諦を発揮し、以て国運の打開竝に国家的使命の遂行の為堅忍不抜の努力を要する……万々一国際連盟等が帝国に対し重大なる現実の圧迫を加へ来るに於ては我方亦実力を以て之を排除する[77]」と強調した。これはこれまでの英米などとの協調外交がすでに破綻し、日本の対英米外交が対決期に入ったことを表している。

五・一五事件で政党内閣が終焉し、内田康哉が斎藤内閣の外相に就任した。内田は一貫して「大アジア主義[78]」を鼓吹しており、その就任は日本の外交政策の変化を加速した。一九三二年八月、彼は第六三回帝国議会で「日本政府はなるべく早く満州国を正式に承認するつもりである」と宣言した。森恪衆議院議員は質疑の際に、「満州国承認という動機を藉りて我帝国が外交的に宣戦を布告した如きものである、と言って差支ない[79]」と内田の発言を補った。日本は国際的孤立にさらされたことで、敢然と他国が何と言おうと全く意に介せず、今まで通りのやり方を通すことに決めた。ワシントン体制を打破するだけではなく、東アジアで自国中心の新国際秩序建設を決意したのである。

内田は前述の演説で、「日満支三国の相互提携を速やかに実現することを望んでいる[80]」と語った。これは日本の統制下で東亜新秩序を造ることを暗示した。したがって、内田は、政府が「国を焦土にしてもこの主張を徹することに於ては一歩も譲らないといふ決心を持って居る[81]」と高らかに宣言した。このような「焦土外交」の方針の下で、日本は一九三三年一月熱河に進攻した。

二月、連盟総会で採択された「リットン報告書」を拒否し、三月二七日、日本は正式に連盟を脱退した。かくして、日本の外交政策は重大な変化を遂げた。日本は米英を中心とした東アジアの秩序、つまりワシントン体制を打破し、米英と武力を手段として中国の争奪戦を行うとの決意を表明したのである。日本の対外政策の主要な方向性——東アジアでの日本を中心とする新しい国際秩序建設——はここにおいて予示された。

続いて、日本の対外拡張戦略にも重大な変化が生じた。満州の占領は日本の対外拡張戦略に大きな変化をもたらした。第一に、所有する土地の面積が急に百万平方キロメートル余り増えたので、天然資源が豊かなこの地域を大規模に開発すると、疑いなく国力を大幅に増強することが可能となる。第二に、九ヶ国条約などで定められた極東の秩序を破壊したために国際関係で孤立し、米英などとの対立が激しくなって、双方の戦略的対決が避け難くなった。そして、満州国の北にはソ連があり、西は華北とつながっている。ソ連は自国の利益から考えて、日本の拡張と対抗するために極東での軍備を強化し、戦時経済への準備を進めた。

中国が日本のひどい侵略を受け、何とかして抵抗しようとするのも当然である。このような新たな情勢に際し、日本は次の拡張のために新しい「国防国策」を早く作成しなければならないと考えるようになった。

一九三三年六月、陸軍省と参謀本部は第一回省部会議を開き、戦略問題を研究した。会議は連盟脱退後の国際情勢を分析し、「独、伊、ソ連など独裁国家の勃興、海軍軍備制限条約の失効時期などから、一九三五、六年には世界的危機が到来するであろう[82]」と見ていた。いわゆる「世界的危機」とは、帝国主義国家が改めて世界を分割する戦争を起こす、あるいは相互の激しい対立が起こるということである。これは日本にとって、一種の挑戦であり、国運を発展させる好機でもある。したがって、陸軍中央部は国内態勢を立て直し、軍備を拡充して総力戦体制を確立する、「高度国防国家」の建設を強力に主張した。

このような省部会議が数回行われた後、「帝国国策（陸軍案）」が決められ、一〇月初めに五相会議に提出された。この文書は、国際的危機が生起した場合、もし、対ソ、対米関係が悪化するならば戦争をも辞さない[83]、と記述している。そして、対支政策の基調は、「対日政策の実質的転向を助長強化し（すなわち親日――筆者）、……危機に際しても努めて広く親日地域を設定する[84]」ことであると述べている。陸軍中央部は、日本の拡張が中国に向かっており、同時に、有効な手段を使って中国を親日に転向させなければならない。少なくとも華北とモンゴルで親日地域を建設しなければならないと考えたのである。

この時期、ソ連は中国で「赤化」政策を推進中であり、極東赤軍を強化して、日本の東アジア政策の大きな脅威となっており、日本の最大の敵であった。米英は主に中国市場の確保を求めて、その在華利益がこれ以上犯されなければ、「実力で解決しなければならない緊迫な問題ではない[85]」と見做していた。

以上の点から、省部会議では以下の三つの判断を示した。

第一、九一八事変は東アジア国際秩序に混乱をもたらした。独、伊、ソなど第一次世界大戦後にベルサイユ―ワシントン体制の制限を受けた国々は、国力の増大につれ、既存の国際秩序を打破することに積極的になった。九一八事変期、米、英、仏などは、既存の国際秩序の打破を阻止できない様相を呈した。海軍軍縮条約が一九三六年で期限が切れると、軍備競争が起こって国際秩序はますます混乱し、新しい覇権戦争は避けられなくなったのである。

第二、国際秩序大混乱の時期が到来する時、ソ、米、英などが日本の拡張を厳しく阻害するならば彼らとの対決は必ず生起し、日本はこれに対し戦争手段に訴えても已むを得ない。しかし、ソ、米、英などと対決するには十分な国力が必要である。したがって、将来の大戦に適応する総力戦体制を迅速に確立しなければならない。そして、中国への拡張と同時に中国を親日に転向させ、日本に依存するようにしなければならない。そうすることによってのみ、ソ、米、英との対決・開戦の際、勝利を保証するための戦略的基地や資源補給地が確保でき、後顧の憂いがなくなる。もし迅速に中国を日本に服従させることができないまま、ソ、米、英との対立が激化して戦争が起こる時、戦略機動及び資源獲得のために、まず中国の一部で親日的地域を建設することが必要である。

第三、ソ、米、英に対する戦略は一般的な状況の下で、その順序はまずソ連、その後、機会を見て英、米と対応する。

ここで、陸軍中央部が定めた戦略方針は、中国で更に拡張し、いわゆる「日満支提携互助」の実現、すなわち、中国を日本の支配下に置くとともに、各種手段によりソ連の「脅威」を排除し、その後、機会を見て米英に対処するというものであった。この戦略方針の核心は、東アジアで日本を中心とする新秩序を確立することである。その前提となるのは、東アジアの国際秩序混乱の好機に乗じて中国へ全面的拡張を図り、中国（あるいは中国の一部の地域）を日本に依存させることである。その方法として、軍令部は一九三二年九月二五日、「対支時局処理方針」を策定した。そこではまず地方の親日政権を日本に依存させ、列国の対支援助を抑制し、支那に親日に向かわざるを得なくさせて、日満支三国提携を実現するという方針を強調した(86)。この文書は中国支配のプロセスを提示したもので、帝国国策制定時の論拠の一つとなった。

日本の国策及び対外政策方針がまず軍部によって提出されたことは、五・一五事件後の軍の強力な地位を反映している。内閣はその中で協力者の役割りを担当した。一九三三年一〇月、五相会議では軍部の意見により、対支拡張は新しい戦略を成立させる前提であることを確認した。会議は新帝国外交方針を制定し、新戦略目標とその実現方法を決定した。すなわち「満州国の経済統制及び我国との経済的調節を図り、帝国指導の下に日満支三国の提携共助を実現する(87)」ことである。

ここで、一つ極めて重要なのは「帝国の指導下」という用語である。明治時代以来、日本朝野で支持された東アジア支配の思想と主張を振り返り、ワシントン体制が想定した東アジア国際秩序が崩壊している現状を考え合わせれば、この言葉の意味が分かる。つまり、日本は主導的地位にあって、中国及び偽満州国政府がその「指導」に服し、これは同時に、英米が現に有する中国に対する主導的地位を完全に失うことを暗示している。

東亜新秩序の政策目標は一九三八年一一月になって、ようやく「第二次近衛声明」の中で正式に発表されたが、その内容が確定したのはこの時だった。もしも第一次世界大戦の最中に、日本が二十一ヶ条を強要したことが、火事場泥棒的に中国を一国で支配しようとしたと見做すならば、九一八事変は日本の軍部が将来の覇権戦争のための総力戦体制を確立するために行った計画的行動であった。満州を占領した後、軍部と政府は相次いで以上の重要な文書を作り、東アジアで日本を指導的地位とする新秩序の確立を正式に決めたのである。このことは日本が長年の「理想」を実現しようとしたことを示している。

このような戦略的目標を決めた以上、どのような方法により具体化するかが、日本政府と軍部が更に検討しなければならない問題となった。一九三三年一二月一日、五相会議で外交事項が検討された。

外務省の提案によると、対支外交は「北支方面で停戦協定（塘沽協定）が締結されて以来、日支関係は好転の機運がある、……このような傾向を助長しなければならない」、「現に存在する各種具體的案件の解決に付ては……彼の自覚反省を促すに努むると共に」、「我方に對し何等か期待又は希望等を申出づることある場合、右申出にして東亜の大局に即し且将来に於ける日支関係の調整上有効なるものなるに於ては我方は之に對し好意的考慮を加ふるを得策とす(88)」としている。これはつまり、まず九一八事変により極めて悪化していた両国関係を緩和して、国民政府に日本の具体的拡張要求を受け入れさせると同時に、日本に近づき、協力するよう国民政府を誘導し、「日本の指導下で日満支三国提携互助」を実現することであった。陸軍省は国民政府を外交交渉の主な対象とすることに反対し、中国の分裂を助長して、それを利用することを主張した。この主張の中で、中国は「今日依然として欧米に倚り我國を制せんとしつつある現情にして其對日根本方針に於ては別段の改変を見ざるのみならず将来親英米派の抬頭跋扈を再現するの虞れ決して些しとせず。従て對支当面の政策としては漸進的手段により特に支那内部の分裂的傾向に即應し我と實質的親善関係を結ばんとし之を事実上に具現する各地政権に對しては必要の援助を與へ其勢力の強化を支持しつつ経済的発展を策し軍事経済及文化的連鎖を緊密ならしめ帝国の国際的危機に際しても努めて廣く親日的地域を設定し之に應じ得るの態勢を整ふるを緊要とす」。「現国民党政権は本質的に帝国と相容れざるものあるに鑑み彼らが眞に日支締結の必要を痛感し之を事實に披歴せざる限り過早に之を支持せざるべきは勿論其勢力の擴大特に北支進出に對しては適当の手段により之を阻止すること必要なり[89]」と述べている。

会議では外務省と陸軍省の意見が対立した。東亜新秩序確立をめぐっては、その手段と方法について意見が対立した。満州事変によってワシントン体制が打破されたが、米英はこれに対して「不承認主義」を堅持しており、ワシントン会議で決めた各条約がまだ完全に無効になっていないことを日本は重視せざるを得なかった。また、ソ連が極東における軍事力を強化していることも日本を抑制した。そこで、各国の諒解を得られないと、一方的に日本が東アジア国際秩序の「指導者」と宣言しても意味がないことであった。

したがって、外務省がまず考えたのは米、ソ、英などとの関係を改善することであった。その具体的な方法はこれ以上更なる軍事行動を避けて、外交手段をもって「一九三五年に開催予定の海軍軍縮会議を我が方に有利にさせ」、アメリカなどに「できるだけその極東政策を再検討させる」ということである。同時に対支問題で「日本が焦っている印象を与えない[90]」ために、国民政府を誘導して積極的に日本との親善を図る。つまり、日本はこれ以上米英を刺激することを避けると同時に、米英に日本の東アジアでの絶対的な優越的地位を認めさせ、東亜新秩序の確立を図る過程で、国民政府を交渉の対象とし、彼等から先に提携を要求させ、その要求に乗って自然に「日本指導下の日満支三国提携」を実現することである。また、この方法は東アジアで日本主導の新秩序を確立することができるだけではなく、米英に不承認と干渉の口実を失わせることにもなる。その他、米英と海軍軍縮問題について交渉する際に、日本に有利な比率を勝ち取り、西太平洋で優越した地位を確立することになる。

陸軍は逆に、干渉を恐れず積極的に新戦略を行うことを主張した。アメリカなどが中国における既成事実を認めるならば、彼らと親善を図ってもよい。その反対に「もし彼らがやはり極東で覇権欲に駆られて」日本の行動に干渉した場合、「断乎これを排除する」と主張した。そして将来一九三五年開催予定の海軍軍縮会議では、「我に不利なロンドン条約の制約から脱しなければならず」、このため「英米間の関係を極力裂かなければならない」とした。ソ連に対しては「適切な時機を見て、有効な措置をとってソ満国境付近で極東ソ連の軍備を制限し、極東の不安定要素を一掃する[91]」こととした。また、対支政策において、陸軍は外務省が国民政府を対象として外交を行う主張に反対し、蚕食方式で関内へ拡張し、華北とモンゴル、新疆の分裂傾向を助長して、その後に国民政府を日本に服従させる政策を推進する。もし全面的成功が得られない場合、少くとも中国の一部地域を支配すべきだと主張した。軍部の中には、ある種の共通認識が存在していた。それは「北支政権にして眞に親日滿政策に徹底せんとせば其力の強化に伴ひ逐次中支方面に對する壓力により蔣介石政權の大方向轉換を為さしむへきこと其一つなり萬一中支方面の大轉換不可能なる場合に於ては北支の獨立を斷行する其二なり[92]」というものであった。

以上、外務省と軍部は新たな戦略目標の実現をめぐって、手段と方法について意見が分かれていた。そうした意見の対立は、前者は漸進的で全面推進の主張であり、後者は急進的で局地推進の主張である、とまとめることができる。これは、その後の日本が対中国政策で「武力外交」と「協調外交」、すなわち「二重外交」を同時に推進した理由であり、その対中国政策が繰り返し変化した理由でもある。

しかし、日本外務省と軍部の間にどのような対立があったにせよ、また、その後の対中国政策にどんな変化があったにせよ、軍部と政府は一定の協調を行い、東北地方の占領を完成させ、日本「指導下の日満中三国提携互助」の政策目標を確立した。こうして東アジアで日本が主宰する新秩序形成は、日本の対外侵略拡張政策の主要な目標となったのである。

註

(1) 産業を基礎とするすべての総合的国力を投入して実行した大規模な長期間の対外戦争。
(2) 防衛研修所戦史室『戦史叢書　陸軍軍需動員　一　計画編』(朝雲新聞社、一九七六年)三二頁。
(3) 同右、三二頁。
(4) 同右、四〇頁。
(5) 同右、四一－四二頁。
(6) ベドニヤク『日本対華侵略与美国的態度』(生活・読書・新知三聯書店、一九五九年)四三頁。
(7) 入江昭、篠原初枝訳『太平洋戦争の起源』(東京大学出版会、一九九一年)六頁。
(8) 防衛研修所戦史室『戦史叢書　大本営陸軍部　一』(朝雲新聞社、一九七四年)三二〇頁。
(9) 小林龍夫、島田俊彦解説『現代史資料　七　満州事変』(みすず書房、一九八五年)一三四－一四五頁。
(10) 板垣征四郎「軍事より観たる満蒙に就て」(同右『現代史資料　七　満州事変』)一四四頁。
(11) 菱刈隆「昭和六年(五月二九日)部隊長会同席上訓示」(同右)一四五頁。
(12) 池崎忠孝『太平洋戦略論』(先進社、一九三二年)二六頁。
(13) 角田順『石原莞爾資料　国防論策篇』(原書房、一九七一年)七一頁。
(14) 同右、七六頁。

(15) 同右。
(16) 前掲『戦史叢書　大本営陸軍部　一』三一〇―三一一頁。
(17) 同右、三〇六頁。
(18) 前掲『現代史資料　七　満洲事変』一六四頁。
(19) 同右。
(20) 幣原平和財団『幣原喜重郎』(一九五五年)三七四頁。
(21) 「満洲懸案鐵道問題に關する幣原外相方針」一九三〇年一二月一九日(外務省編『日本外交年表竝主要文書　一八四〇―一九四五　下』原書房、一九七二年)一六八―一七一頁。
(22) 原田能雄述『西園寺公と政局』第二巻(岩波書店、一九五一年)六一頁。
(23) 同右、五四頁。
(24) 前掲『幣原喜重郎』四六六頁。
(25) 前掲『西園寺公と政局』六二頁。
(26) 前掲『日本外交年表竝及び主要文書　下』一八一頁。
(27) 外務省編『日本外交文書・満洲事変』第一巻第一冊(外務省、一九七七年)二四―二五頁。
(28) 前掲『戦史叢書　大本営陸軍部　一』三一七頁。
(29) 同右。
(30) 前掲『太平洋戦争の起源』二一〇頁。
(31) 同右。
(32) 角田順校訂『宇垣一成日記　二』一九三一年一〇月一二日(みすず書房、一九七〇年)八一三頁。
(33) 「犬養健証言」近衛文磨公関係資料、マイクロフィルム、八頁。
(34) 前掲『戦史叢書　大本営陸軍部　一』三二四頁。
(35) 本庄繁『本庄日記』(原書房、一九六七年)六一頁。
(36) 前掲『現代史資料　七　満洲事変』三四三頁。
(37) 日本国際政治学会『太平洋戦争への道　別巻・資料篇』(朝日新聞社、一九六三年)一九二頁。
(38) 同右、一九二頁。
(39) 兪辛焞『満洲事変期の中日外交史研究』(東方書店、一九八六年)一七七頁。
(40) 東京12チャンネル報道部編『証言・私の昭和史』第一巻(学芸書林、一九六九年)一七五頁。
(41) 前掲『西園寺公と政局』第二巻、二〇五―二〇六頁。
(42) 同右、二一六頁。
(43) 同右、二〇一頁。
(44) 前掲『太平洋戦争への道　別巻・資料篇』一九二頁。
(45) 同右、一九二頁。
(46) 兪辛焞「九一八事変時期的張学良和蔣介石」(『抗日戦争研究』一九九一年、第一号)。
(47) 「張学良訪談録」、『参考消息』一九九〇年一二月二三日を参照。
(48) 同右。
(49) 臼井勝美『満州事変――戦争と外交』(中央公論社、一九七四年)六〇頁。
(50) 同右、六一頁。
(51) 李雲漢編『九一八事変史料』(正中書局、一九八二年)三二六頁。
(52) 栄臻「九一八事変経過之情景」(『中華民国重要史料初編』緒論一、中国国民党党史委員会、一九八一年)二六二頁。

(53)『晨報』一九三一年九月二〇日。
(54) 羅家倫編『革命文献』三九号、二三四五頁。
(55) 上海『民国日報』一九三一年九月二一日（前掲『中華民国重要史料初編』緒論一）二七八頁。
(56) 同右、二八〇頁。
(57) 古屋奎二、中央日報訳『蔣総統密録』第八冊（中央日報社、一九七六年）四八頁。
(58) 同右、四九―五〇頁。
(59) 同右、五一頁。
(60) 同右、八一頁。
(61) 同右。
(62) 同右。
(63) 前掲『九・一八事変史料』三三五頁。
(64) 同右、三〇七―三〇八頁
(65) 同右、三〇〇頁。
(66) 一九三一年一一月二五日、顧維均等から張学良宛密電（『民国档案』一九八五年二号）六頁。
(67) 一九三一年一一月二四日、顧維均等から張学良宛密電（『民国档案』一九八五年二号）四頁。
(68) 一九三一年一一月二六日、顧維均等から張学良宛密電（『民国档案』一九八五年二号）五頁。
(69) 一九三一年一一月二七日、顧維均等から張学良宛密電（『民国档案』一九八五年二号）五頁。
(70) 一九三一年一一月二九日、宋子文、顧維均から張学良宛密電（『民国档案』一九八五年二号）七頁。
(71) 一九三一年一二月三日、顧維均から張学良宛密電（『民国档案』一九八五年二号）一〇頁。
(72) 一九三一年一二月五日、宋子文、顧維均から張学良宛密電（『民国档案』一九八五年二号）一一頁。
(73) 秦孝儀編『中華民国重要史料初編――対日抗戦時期』緒編一、三一二頁。
(74) 一九三一年十二月九日、顧維均等から張学良宛密電（『民国档案』一九八五年二号）一三頁。
(75) 前掲『中華民国重要史料初編――対日抗戦時期』緒編一、三一三―三一四頁。
(76) 前掲『日本外交年表竝主要文書一八四〇―一九四五　下』一九五頁。
(77) 同右、二〇六頁。
(78) 林茂、辻清明『日本内閣史録　三』（第一法規出版株式会社、一九八一年）三一二頁。
(79) 鹿島平和研究所『内田康哉』（鹿島研究所出版会、一九六九年）三五七頁。
(80) 同右、三五七頁（訳者付［原文：私は同文同種の日満支三国が各々独立国とし相倚り相助け、極東の安寧福祉の為、延て世界平和と人類文化との為努力邁進する時期の一日も速に到来せむことを翹望して已まないのであります。］）。
(81) 同右、三五九頁。
(82) 前掲『戦史叢書　大本営陸軍部　1』三四五頁。
(83) 島田俊彦、稲葉正夫解説『現代史資料　八　日中戦争一』（みすず書房、一九七六年）一一頁（訳者付、原文：（対米策として）極東に対する制覇欲に駆られ飽く迄帝国の対満国策を否定し［日蘇開戦の機に乗じ武力を以て我に迫らんとするが如き形勢となるに於ては之と一戦を辞せざるものとす」我に干渉するに於ては対抗の策を取る）。

(84) 同右、一一二頁。
(85) 前掲『戦史叢書　大本営陸軍部　一』三四六―三四七頁。
(86) 前掲『現代史資料　八　日中戦争二』九―一〇頁。
(87) 前掲『日本外交年表竝主要文書一八四〇―一九四五下』二七五―二七六頁。
(88) マイクロフィルム、WT33「対支方針参考資料・其の二」(外交史料館)一五七―一六〇頁。
(89) 同右。
(90) 同右、一五九―一六七頁。
(91) 同右、一六一―一六四頁。
(92) マイクロフィルム、WT54、IMT407、鈴木貞一「支那視察報告」一九三三年六月二七日、鈴木少佐から陸軍省へ送った参考資料、一六―一七頁。

(南海大学日本研究センター副教授)

第三篇　陸海軍の動向

満州事変における関東軍の固有任務とその解釈・運用問題

白石博司

はじめに

一九三一（昭和六）年九月十八日、関東軍の一部による謀略で開始された満州事変は関東軍の主導、軍中央部の追認の下に逐次その戦域を拡大していった。

リットン国際連盟調査団の派遣に先立ち、開戦一五四日目の一九三二年三月一日の満州国建国宣言を受けて、日本政府は九月十五日には日満議定書に調印し、満州国をいち早く承認した。

そして一九三三年の熱河進攻作戦とその終了に伴う塘沽停戦協定（五月一日）の締結により事実上の柳条湖事件以来の日中の敵対関係を終わらせ、満州の中国本土からの分離及び満州国の成立を更に確実なものにし、その既成事実化を推進した。

この満州事変を終始リードした関東軍はいかなる任務、命令あるいは大義の下に行動し、そして、軍中央部はそれをどのようにコントロールしようとしていたのだろうか。

天皇直隷であり、しかも国内を遠く離れて外地に駐屯し、独自に行動を開始した関東軍司令官の行動の細部を中央部が統制することは、制度上においても、また実際の情報伝達手段等を考慮しても非常に困難である。

軍が本来保持している固有の任務と、状況の変化に応じて付与される命令（任務の加減）のあり方を考察することにより、関東軍の一見無謀とも言える行動の解明が幾分かでもできるのではと考えたのが、本研究のきっかけである。

一　関東軍司令官の固有任務

関東軍司令部条例（一九一九［大正八］年四月十一日制定）第一条に、「関東軍司令官ハ……天皇ニ直隷シ、関東州及南満州ニ在ル陸軍諸部隊ヲ統率シ、且関東州ノ防備及南満州ニ在ル鉄道線路ノ保護ニ任ズ」〔傍点・ルビ筆者、以下同じ〕と、関東軍司令官の「固有任務」が明示されている。

そして第三条に「軍司令官ハ関東州ノ防備及鉄道線路ノ保護ヲ行フ為必要ト認ムルトキハ兵力ヲ使用スルコトヲ得　軍司令官ハ関東長官ヨリ其ノ管轄地域ノ安寧秩序ヲ保持スル為及南満州鉄道附属地ニ於ケル警務上ノ必要ヨリ出兵ノ請求ヲ受クルトキハ之ニ応ズルコトヲ得　但シ事急ニシテ関東長官ノ請求ヲ待ツノ遑《いとま》ナキトキハ兵力ヲ以テ便宜処置スルコトヲ得　前各項ノ場合ニ於テハ直ニ陸軍大臣及参謀総長ニ報告スヘシ」と、地域を限定した要請による警務上の出動もあることが示されている。

すなわち関東軍に在留邦人の生命財産等の保護任務も（関東長官の要請を前提）付加されていると解釈できるが、その行動範囲は三、三六七平方kmの関東州と延べ約一、一〇〇km強の満鉄沿線附属地内に限定され、また兵力量も条約で定められた範囲の兵力（鉄道線路一km当たり十五名）しか駐留が認められていないのである。[1]

この「関東州、南満州ニ在ル鉄道線路」とは日露戦争を国運を賭して戦い抜き、その代償として勝ち取ったものであり、一九〇五（明三十八）年九月の「日露講和条約（ポーツマス条約）」第六条[2]及び同年十二月に北京で調印された「満州に関する日清条約」第一条[3]において、露清両国政府が承諾した条約上の正当な日本の利権であり、日本の大陸政策、対ソ防衛の骨幹として政・軍ともにその維持・拡大を重視していたものである。

そして南満州鉄道は、その鉄道沿線において、かなり広域の「鉄道附属地」を有している。鉄道附属地とは、大連・長春間の七〇五km、奉天・安東間二五九km、その他営口線、煙台線、撫順線、柳樹屯線等の鉄道沿線にあって、純然たる鉄道用地以外に多くの市街地や撫順・鞍山等の広い炭坑、港湾施設等をもその中に含んでいた。[4]

関東軍司令官は、有事に際し関東軍司令部条例に定められている固有任務の範囲内において行動を律するのが本則であり、その任務の範疇を越えるもの、つまり定められた附属地等から超越する行動及び鉄道線路の保護以外の行動等については、中国の領土内での行動でもあり中国との条約上の問題等も生じ、当然奉勅命令等によって改めて行動の準拠（任務）が示されるのが通常と考えられるのである。

二　大陸所在日本軍の任務との比較

（一）　支那駐屯軍

支那駐屯軍の編成派遣は一九〇一（明治三十四）年九月七日協定の北清事変最終議定書第七条及び第九条に基づき

関係各国の「公使館の防御及び北京海浜間の自由交通を維持」するため北京天津地方に兵力を駐屯する権利を得た結果によるものであり、明治四十四年十一月二十五日附陸機密第八十八号命令第二項により任務が付与された。

それ以来陸軍中央部においては駐屯軍司令官の交代または情勢に基づく駐屯兵力の増減に際しても、その都度任務に関する命令を与えることなく経過してきたが、時を経るにしたがい駐屯軍と陸軍中央部の間にその任務に関し見解を異にする場合が生じて来た。そこで、一九二七(昭和二)年の南京・漢口事件に際し、改めて任務を明確に示す必要があるとして、四月十四日参謀本部参密第二六九号通牒により、「支那駐屯軍司令官ノ任務ハ、明治四十四年十一月二十五日附清国駐屯軍司令官ニ與ヘラレタル陸機密第八十八号命令第二項ニ據ル旨」再確認された。

その内容は「清国駐屯軍司令官ハ依然帝国公使館、領事館及帝国臣民ノ保護ニ任シ且各国軍ト協同シテ北京ト北清重要海港トヲ聯絡セル鉄道ノ交通ヲ維持スヘシ　但外交ニ関シテハ在北京帝国公使館ト確実ニ連繋ヲ保ツヘシ」というものであった。[5]

その兵力は上記南京・漢口事件以前までは三個歩兵中隊を基幹とする約六百名で約一〇〇kmの山海関~灤州間の鉄道線路の警備及び北京~山海関の間の外交官憲及居留民の保護を担当していたが、蔣介石の北伐対応のため昭和二年四月支那駐屯軍編成要領が改正せられ五個中隊となった。

支那駐屯軍の任務が関東軍のそれと大きく異なるのは、固有任務として「帝国公使館、領事館及び帝国臣民の保護」が明示されており、逆にその行動範囲についての制限が不明確なところにある。[6]

(二) 海軍(第一~二遣外艦隊)

海軍は独自に固有の任務を保持し、沿岸地区の警備を担当している。

日本海軍の揚子江方面警備は、一八八四(明治十七)年四月清仏戦争に際し、列国との協同警備に任ずるため「中艦隊」を編成し「扶桑」「天城」を上海方面に出動させたのが始まりであり、その任務は「……清国に在留する中立国の人民及び財産の保護……」にあった。[7] じ後、警備艦が常駐することとなり、事変等必要により逐次臨機増派し、満州事変前は、第一遣外艦隊が主として揚子江流域及び同以南中国沿岸を、第二遣外艦隊が主として揚子江以北の中国及び関東州沿岸をそれぞれ警備し、在留本邦人の保護に当たって来た。これら任務は、平時海軍の基本任務の一つである「海外警備」すなわち条約に基づき海外における在留邦人の生命財産を保護することと、我国の権益を擁護することであった。[8]

海軍は一八九八（明治三十一）年五月「軍艦外務令（達八十五号）」を制定し、日本艦船が日本の領域外に行動する場合に遵守すべき渉外的規定を定めた。

これは海軍部内に対する令達であるにもかかわらず、外務大臣との協議、次いで閣議決定を経たものであって、「達」としては類例のない手続きをとったものであった。[9]

この中に居留民保護に関する条項は次のようなものがある。

第二〇条　指揮官は外国に駐在せる外交官または領事官より帝国臣民の保護または公務に関する助力の請求を受くるときは自己の奉ずる任務または特別訓練に妨なき限り努めて之に応ずべし

指揮官は帝国臣民の生命自由又は財産に非常の危害を蒙らむとし、其の国の政府之が保護の任を尽さず且我兵力を用ふる外に保護の途なきときに限り兵力を用ふることを得。此の場合に於ては先づ其の地に駐在せる我外交官又は領事官と協議すべし。但し危急の場合に

第二三条　際し予め我外交官又は領事官と協議する遑《いとま》なきときは此の限にあらず（以下略）。

と、解釈の仕方によっては柔軟性のある広い任務が付与されていた。

海軍における警備の要訣は、軍隊の威容を整え、無言の威圧によってなるべく実力を行使することなく目的を達するにありとされ、武力の行使には慎重な考慮を払うことを要求された。また一方においては武を瀆《けが》すことのないよう戒められた。更に警備は戦闘のように簡単ではなく、四囲の状況が極めて複雑であるので、部隊長、特に陸戦隊指揮官は、国策及び軍艦外務令、国際法規、関係条約、協定並びに艦隊などの警備関係諸法令に通暁し、また所在先任指揮官の意図を了得してこれに合するよう特に留意して行動するとともに慣例に留意するよう要求された。[10]

このように海軍は、陸軍特に関東軍とはその任務の付与、内容について大幅に異なり、明確な任務としては「揚子江流域及び中国沿岸の警備」が包括的に示されているが、それ以外には国際法等の上級規則及び諸慣例に基づいて行動することになっており、その行動範囲も概要が示されているのみである。

三　本庄関東軍司令官の固有任務の解釈

関東軍にとっては固有任務に明示されていなくとも、海軍と同様に、その地に在住する居留民の生命・財産等の保護については、在外駐留軍隊として考慮すべき事項に入り、

本庄繁関東軍司令官も後の手記の中で「……関東軍ノ第一任務ハ、イフマデモナク、満鉄所属鉄道線路ノ保護デアル。マタ苟《いやし》クモ外地ニ駐屯スル軍隊デアル以上在留民ノ生命、財産並ニ自国権益ノ保護及ビ軍隊自体ノ自衛ノ任務モ、ソノ重サニ於テ敢テ第一ノ任務ニ譲ルモノデハナイ。而シテ是等任務遂行ノ責任ト権限ハ、定メル所ニヨリ、余ニ限ラズ歴代総テノ関東軍司令官ニ負托セラレテアルノデアル……」(11)と述べている。

それらも外国駐留の関東軍が持っている本来の任務の範疇だと解釈することは無下には否定できないが、その適用範囲は関東州と南満州鉄道附属地内であることは、条例に示されているとおりである。しかし、本庄は「……満州側軍隊ガ大軍ヲ擁シテ要衝ノ陣地ニ據リ、攻撃重点ヲ満鉄沿線並ニ重要権益地区ニ指向シ、或ハ執拗ニコレガ撹乱ヲ企図シツツアルノミナラズ、未ダ附属地等ヘ避難ヲナシ得スニ在ッタ、奥地在留帝国臣民ノ生命財産ガ危殆ニ瀕シ頻リニ救援ノ請願ガ到来スルニ至ッタ以上、未然ニ是等軍隊ノ撃摧ヲ期スルコトハ軍、特ニ劣勢軍隊トシテ寔《まこと》ニ已ムヲ得ナイ所デアル……」(12)とし、事変開戦以降の関東軍の戦域拡大に対しても、関東軍の特性上已むを得なかったとしている。

しかし原則的には、満州全域にわたる広範囲の日本居留民の生命・財産等の保護任務は関東軍にはなく、外務官憲の職務の範疇であり(13)、またそれらを帮助するのは規則上海軍の役割であった(14)。

柳条湖事件によって開始された満州事変の緒戦が一段落した二日後の九月二十日深夜、関東軍司令部では、吉林派兵の必要性を主張する幕僚と、慎重な軍司令官の意見が一致せず、沈痛な空気に閉ざされていた。

再度の幕僚会議により全員一致で吉林派兵に決定し、二度にわたり三宅幕僚長が本庄軍司令官に必要性を具申したが、軍司令官は肯首しなかった。

結局、幕僚全員で軍司令官寝所に行き、新井参謀（情報）が改めて吉林の状況を説明し、次に石原参謀（作戦）が用兵上あるいは軍の企図上から吉林派兵の必要性を説明、更に板垣高級参謀が所信に向かって邁進すべきと進言したが認可は得られなかった。

その後、参謀長、板垣高級参謀の三人で、更に二時間余の論議の末、結局吉林派兵が決せられた。

この間、本庄軍司令官が躊躇し心痛に苦しんだのは、この吉林派兵こそ関東軍固有任務からの最初の逸脱（南満州鉄道附属地外への派兵）であり、関東軍の「機密政略日誌」の中で「独断吉林派兵に決せり」(15)と記述しているのも、その辺りの意味合いがあることを伺わせるのである。

本庄軍司令官は当日の日記に「午後十一時頃より、第二師団主力を吉林に出すべき事に付午前三時迄論議し、遂に同意を与ふ。吉林居留民より出兵援護を依頼し来りしに拠る。」[16]と記されており、ほとんど事実のみを淡々と列挙することに終始している「本庄日記」には珍しく、決心に至った過程、理由を付加しているのも、心にひっかかる物があり、任務逸脱・独断ということを意識していたことを明確に物語っている。

その「機密政略日誌」に、独断吉林派兵に決した理由として、独断派兵の理由十分なること、独断派兵の弊害なきこと、将来満蒙問題解決のため根幹となすこと（朝鮮軍を引出すことに依り兵力を増加し根を張り得）と記されており、東三省（満州）の中心である奉天から関東軍の主力を吉林に移動するということは、関東軍の後方地域が手薄になり、朝鮮軍からの増援を前提とした年度作戦計画の遂行上からも、吉林派兵は必要であったのである。逆から言えば、関東軍のじ後の戦域拡大は朝鮮軍の増援という裏付がなければ遂行が困難であり、そのきっかけ作りの吉林派兵強行であったとも言える。

四　固有任務に占める独断の地位

「独断専行」の語が日本陸軍に登場したのは、普仏戦争で敗北した直後のフランス操典の翻訳である明治十一年『新式歩兵操典』であるが、その意味は各職責地位の範囲内における「独断専行」であった[17]。

第一次世界大戦後、その戦闘様相及び社会情勢から兵員個々に至るまでの「自主・積極・主動性」が強く要求される時代と認識され、典則のみならず一般の服務の面でも「理解ある服従」「独断心」が強調された。

そして、『統帥綱領』『戦闘綱要』の改制定のなかで「東亜の大陸に於て速戦即決の要求を充足する戦闘原則」を確定し、運動戦・包囲殲滅を中心に記述する中で「機動及独断を推奨」「戦機看破、自主積極、積極主動的方策の追及、敵の弱点に乗ずる積極的努力」などが強調されるようになってきた。

『戦闘綱要』の綱領第五に「凡ソ兵戦ノ事タル独断ヲ要スルモノ頗ル多シ。然レトモ独断ハ其ノ精神ニ於テハ決シテ服従ト相反スルモノニアラス。常ニ上官ノ意図ヲ明察シ大局ヲ判断シテ状況ノ変化ニ応シ、自ラ其ノ目的ヲ達シ得ヘキ最良ノ方法ヲ選ヒ、以テ機宜ヲ制セサルヘカラス」[18]と独断専行を奨励している。

このような典則の下に軍人の思考方式、行動様式が形成されてゆき、「……為さざると遅疑するとを戒める」空気のなかで「独断」の占める位置が益々強化されていったのである。

本庄軍司令官に対し事変直前の八月下旬、板垣高級参謀が「閣下は満州で事件突発の際、請訓によって事を処せられますか、それともその任務に従い独断事を断ぜられますか」と質問したのに対し、「自分は着任前、南陸相から刻下の満州の事態に鑑み、慎重事を処する如く指示せられて来た。従って可及的慎重に事に当りたい。しかし、突発事件等に際会せば、自分の負荷する任務（関東軍司令部条例及び作戦計画[19]）に従い、独断事を決するに躊躇するものではない[20]」と明言しているが、ここで問題となるのは、本庄軍司令官が自己の任務の範囲及びその限界をどのように認識していたかということである。先述したように、吉林派兵は関東軍司令部条例に定められている任務の範疇を逸脱するものと言えるが、満蒙権益に対する中国官民の強烈な回収運動のなか、既に武力行使が発動され、在留邦人が密集している満鉄沿線地域がこの行動地域であり、しかも吉林省の省都であるという特性も顧慮すると、関東軍司令官にとって帝国臣民の保護及び軍の任務達成上、そして将来の満蒙問題解決のための布石としても、どうしても吉林派兵が必要であるという部下参謀の意見を容認したのである。関東軍司令官は吉林独断派兵を決行し、柳条湖事件をして後戻りのできない「満州事変」へと位置付けたのである。

五　軍中央部の作戦指導と関東軍の対応

吉林派兵に対する本庄軍司令官の心痛については既に述べたが、その後の関東軍の行動を見ると、引き続き哈爾賓《はるびん》進攻を計画し、張海鵬と馬占山の地方軍閥の抗争に介入して斉々哈爾《ちちはる》を占領し、返す刀で支那駐屯軍の危急を増援するという名目で錦州進攻を企てる等、任務逸脱問題で苦慮した形跡はほとんどなく、関東軍独自の計画により満州の主要都市（緊要地域）に着実に戦果を拡張している。吉林派兵問題で審議を尽くし、じ後は関東軍司令部一丸となって一途の方針の下に邁進して行ったように思える。

十一月五日、関東軍の北満・斉々哈爾への進攻阻止を目的とする「参謀総長委任命令」発出の予告である参電第一一八号「本時局終了ノ時期マテ関東軍司令官隷下及指揮下部隊ノ行動ニ関シ、其一部ヲ参謀総長ニ於テ決定命令スルコトアルヘキ如ク、先例ニ準シテ御委任アラセラレタリ。右通報ス[21]」が発せられた。

事変開始以来、「不拡大」の閣議決定もあり、軍中央部は関東軍に対し積極前向きの命令・指示をすることなく、常にその行動の拘制を指示し、今新たに参謀総長が関東軍の行動に対して命令発動権の一部を天皇から委任を受けて直接関東軍を指揮・統制すると言ってきたのである(22)。

そこで関東軍司令官から参謀総長宛に「第一一八号電敬承。関東軍ノ行動ニ関シ其一部ヲ参謀総長ニ於テ決定命令セラルル件ハ軍ノ用兵上深甚ノ考慮ヲ要スルモノアルニ就キ、軍爾後ノ任務ニ関シ明示ヲ乞フ(23)」との要求電を発し、更に軍参謀長から参謀次長宛に「……(24)又、閫外《こんがい》ノ重責ヲ有シ、政戦両略ノ間ニ善処ヲ要スル軍司令官トシテハ、任務ヲ明示セラレスシテ、而モ行動ノ一部ニ制肘《せいちゅう》ヲ加フルニ至ル時ハ、全ク機宜ノ処置ヲ講スルコト困難ニ陥ル可ク、将来予測スル各種ノ問題ノ発生ニ際シ如何ニ善処シ得ヘキヤ、軍ノ苦衷諒察セラレンコトヲ望ム。御委任事項ニ関シ吾人ハ元ヨリ兎角ノ論ヲナスヲ得サルモ、苟モ閫外ノ重責ヲ有スル軍司令官カ、安シテ而モ積極適法ノ処置ヲ講シ得ル為ニハ、奉勅ニ依ル明確ナル任務ヲ与ヘラルルヲ至当ト考ヘアリ。所謂一部ノ行動ノ牽制ニ依リテハ、当方トシテ一同極メテ重大ノ責任ヲ感スルノ余、敢テ意見ヲ拝承セントスル次第ナリ(25)」と奉勅命令による明確なる任務付与を要求している。

今までの慣例のように、奉勅命令によって任務・行動の大綱を示し、その細項を参謀総長が指示するというやり方から考えると、当然参謀総長の指示の根拠・基準となる奉勅命令（臨参命）が必要であり、これが関東軍の主張する「奉勅に依る明確なる任務」なのである。

これに対し、参謀本部は関東軍に説明的返電の必要はないという一部の意見もあったが、第一部長以下の第二課の要員は、「軍幕僚の激昂を制止し且幕僚勤務の根本精神を辨《わきま》へざるが如き軍司令部に一撃の打釘を必要なりとする意見(26)」によって、第一部長名で関東軍参謀長宛に「半ば朋友的態度に於て懇切を加ふ」として「第一部長ヨリ、総長電第一一八号ニ関スル数次ノ照電拝見。今回総長ノ執リタル処置ニ対シ、右ノ如キ電報ヲ見ルコトハ誠ニ奇異ニ感スル次第ナリ。申ス迄モナク貴軍ノ任務ハ、其固有ノモノノ以外未タ何等附加セラレタル所ナク、従テ貴軍行動ノ一切ハ、此任務達成上必要ノ範囲ニ止マルヘキモノナリ。然レトモ事変ノ性質上、本来ノ任務ニ対シ若干ノ超越的行動ニ出ツルコトアルハ、情況上必要已ムナキ所ト認メアルモノナリ。従テ任務ノ範囲外ニ出ツルヲ要スル場合ニ於ケル貴軍ノ行動ハ、機微ナル内外ノ政略関係ト密接ナル連携ヲ保チ、大局ニ鑑ミ緩急宜シキニ従テ之ヲ律シ、以テ大目的ノ達成ヲ期スヘキコト必須ノ要件ニシテ、畏クモ聖上ニ於カセラレテモ、此点特ニ御軫念アラセラルル所ナリ。故ニ苟モ任務ノ範囲外ニ出ツルノ要アル場合ニ於ケル貴軍ノ行動ニ関シテハ、一々参謀総長ヨリ上奏シテ允裁ヲ仰キ奉ルヘキ性質ナル所、事極メテ急ヲ要スルモノアリ、又、屡々聖上ヲ煩シ奉ルハ恐懼ノ至リナルヲ以テ、明治三十七、八年戦役当時、参謀総長ノ執リタル例ニ倣ヒ、貴軍ノ行動ニ関シ其一部ハ総長ニ於テ決定命令スルノ権能ヲ執奏拝受セラレタル次第ナリ（十一月五日午前十時拝謁）……」[27]を返電した。

この電報は関東軍の任務は現在もなお、その「平時固有任務」から変更はないものの、閫外の重責を有する関東軍司令官にとって、ある程度までそれを逸脱することは容認できるが、大目的達成のために機微な内外の政略との連携を保つことを要請し、更にその範疇を越えるものについては参謀総長の責任により行わせようとしたものであった。

当面の状況下における関東軍の行動は、飽く迄も固有任務の範囲内での行動に限定するというものであった。

六　なぜ任務改正が行われなかったのか

前述したように、軍中央部も現地関東軍も口にこそ出していないが、関東軍の行動が既にその固有任務から逸脱していることは認識しているのに、なぜその改正命令あるいは行動停止命令が発せられなかったのだろうか。

奉勅命令は元来戦争・作戦指導に関してその大綱を示し、一般に戦争・作戦の開始時期あるいは新たに部隊を編成、投入する時期等の結節において発されるものであり、その実行に伴う細項に関しては参謀総長に指示させ、更に各所掌の部長の指導が指示されることがあり、満州事変の時は「臨参命」、「臨命」、「命」と段階的に呼称された。

そして、それ以外の細部事項については各軍の「固有任務」及び奉勅命令等の新たなる任務に基づき軍司令官等の裁量に任せるとともに、更に必要な事項については統帥部の区処・指導等により対処するのが通例であった。

満州事変の近過去の事変戦争等を振返ってみると、大正三年の日独戦争（ＷＷＩ）の際には「参訓第一号」により「……独立第十八師団ノ任務ハ……青島ヲ占領スルニ在リ……」[28]と示し、大正七年のシベリア出兵の際には「作命第一号」により「……第十二師団長ハ……聯合国軍ト協同シ「チェックスロワック」軍ヲ救援シテ、沿海州ニ於ケル獨墺両国及之ニ加担スル勢力ヲ排除シ、且該地方ノ治安維持ニ任スヘシ……」[29]と示し、第二次奉直戦における軍の派遣時は「参命第七六号」により「関東軍司令官隷下部隊中ヨリ歩兵一大隊（一中隊欠）及機関銃一小隊（各略々平時編制）ヲ速ニ秦皇島ニ差遣シ支那駐屯軍司令官ノ指揮ニ入ラシメラル」[30]と示し、郭松齢事件の際の軍隊派遣は、「臨参命第一号」により「……情況ノ必要ニ基キ満州駐剳師団ノ兵力補填ノ為左記部隊ヲ満州ニ派遣シ関東軍司令官ノ指揮下ニ入ラシメラル（以下略）」と示し、昭和二年の第一次山東出兵の際は「臨参命第二号[31]」により「済南及ヒ膠済鉄道沿線ノ要地ニ於ケル帝国臣民ヲ保護スルタメ……」、また昭和三年の済南事件（第二次山東出兵）の際は「臨参命第一号」により「……第六師団長ハ青島ニ上陸シ、爾後済南及膠済鉄道沿線ノ要地ニ於ケル帝国臣民ノ保護ニ任スヘシ……[32]」と、それぞれ奉勅命令第一号等により部隊の任務を明示し、その行動の準拠を与えている。

また、満州事変と同時進行の一九三二（昭和七）年一月十八日、日蓮宗僧徒殺傷事件に端を発した上海事変の時は、二月五日に第九師団以下の部隊を上海に派遣するに決し、下記のようにその任務と行動要領について具体的かつ細部にわたって命令・指示している。

「臨参命第一四号[33]」

「命令　一、左記部隊ヲ上海ニ派遣ス　左記（略）

二、第九師団長ハ前項ノ部隊ヲ指揮シ上海附近ニ上陸シ海軍ト協力シテ同地附近ノ帝国臣民ヲ保護スヘシ

三、（以下略）」

「臨命第三一号[34]」

「指示　一、南京上海杭州附近ニ在ル支那軍隊ハ約五万ニシテ、其約半数ハ上海附近ニ集中シ、帝国海軍陸戦隊ト相対峙シアリ

二、第三艦隊……ハ長江流域ニ在リ、其陸戦隊約三千五百ハ鮫島大佐指揮ノ下ニ上海閘北附近ヲ占拠シテ、在上海帝国臣民ノ保護ニ任シアリ

三、今次派兵ノ目的ハ上海附近帝国臣民ヲ保護スルニ在リ

而シテ上海ハ国際都市トシテ列国ノ利害錯綜シ、且列国軍環視ノ中ニアルニ鑑ミ、貴師団ヨリ派遣セラルル旅団ハ第三艦隊司令長官ノ指揮ノ下ニ在リト雖、其行動ニ関シテハ特ニ左ノ要件ニ留意セシムルヲ要ス

（イ）厳正ナル軍紀、正当ナル行動ヲ中外ニ理解セシムルニ努ム

（ロ）大局ニ着眼シ自ラ求メテ事態ヲ拡大スルコトナカラシム

（ハ）努メテ列国軍ト協調ヲ保持ス　之カ為任務達成上已ムヲ得ス攻勢動作ニ出ツルノ余儀ナキ場合ニ於テ、事前ニ関係列国軍ニ対シヨク事態ヲ諒解セシムルニ努ム

（ニ）帝国海軍将兵ニ対シテハソノ勤労ヲ多トシ、之

ニ対スル礼譲ヲ重ンシ、以テ精神的協同動作ニ遺憾ナカラシム

（ホ）在上海田代少将ト密ニ連繋ヲ保持ス

四、（以下略）」

更に上海に増援部隊を投入する際にも、新たに上海派遣軍司令部を設置したこともあり、「臨参命第十五号」[35]によってその任務を改めて付与している。

これらの例から見ても、当然満州事変の開戦にあたって（あるいは開戦直後）中央部から何等かの奉勅命令による任務付与あるいは行動の準拠が示されるべきであった。

柳条湖事件は、今でこそ関東軍一部の謀略により開始されたことは明白な事実として明らかになっているが、当時は関東軍司令官以下関東軍の大部分、政府・軍中央部にとっては（一部の疑問点を感じる者があったとはいえ）突発的な自衛戦争であり、条約で認められている諸権益の防衛のための行動であった。

したがって、軍中央部にとっては準備・計画された軍事行動の発動ではなく、当然奉勅命令等の準備はなく、また戦闘開始直後の状況がほとんど不明のままに奉勅命令を発出することも天皇決裁の命令という性格上できなかったのである。

また関東軍司令官が決心してその責任の上において既に実施中である作戦行動を天皇の名によって左右するということも軍司令官の地位・立場から困難なことであるといえる。

しかも、奉天・長春の占領、吉林派兵、斉々哈爾進攻等、事変初期の一連の作戦行動は現地関東軍の意志・主動で開始されており、中央部にとっても作戦開始に何等関与する余地がなく、また作戦行動そのものも断片的・至短時間のものであり、更に事変そのものが関東軍直属の部隊のみで賄われ、独断増援した第三十九混成旅団以外は新たな部隊の派遣もなく、指導・介入の余地は、特にその初動段階ではほとんどなかったのである。つまり任務を付与・変更するいとまがなかったのである。また、吉林派兵の際は、関東軍は中央部の介入を恐れ、中央部への通報を意識的に作戦開始後にずらせるという作意も実施しているのである。

また、奉勅命令の発出にはタイミング（事態の結節）というものがあり、本事変初期においては、まず九月二十二日の朝鮮軍増援の追認命令発出の時期、つまり北満への進出の結節時がその時であったように思える。

軍中央部にとって、当時の関東軍の企図は関参第三七六号[36]によって全満州への拡大企図があることは承知してお

り、自衛の範囲を逸脱する北満を含む全満州への拡大を本気で阻止する気があれば、いつでも行動の限界等を示すことが出来たはずである。

すなわち開戦直後の九月二十二日に、本事変の第一号の奉勅命令すなわち朝鮮軍の増援追認の命令［臨参命第一号］[37]発出の際、「臨参命第二号」として「……関東軍司令官ハ其固有任務ニ服スルノ外、東四省ノ要地ニ於ケル帝国臣民ノ保護ニ任スヘシ……[38]」という任務拡大の奉勅命令が準備されたが、事変不拡大の閣議決定が先行し、哈爾賓方面には絶対に出兵しないことに決定され、かつ平時任務を変更せずに、軍の行動は軍の自衛に基づくものに限定するとの一方的見解の下に廃案となり[39]、関東軍への任務追加は、奉勅命令としては明示されず、固有任務のままに置かれたのである。

この作戦開始の重要な時期に、中央部の一方的見解のまま放置することなく、中央部の意図を十分関東軍に徹底し、状況によっては、この機会に関東軍の行動制限の奉勅命令の発出が可能であったと考えられるのである。

次に十月五日には満蒙独立政権樹立運動促進のために「関東軍に満蒙新政権樹立を統制せしめ、その速成を図るとともに、郭松齢事件の前例[40]にならい関東軍司令官の任務を拡張し満州における治安維持の任務を付加する」ことを検討したがこれも実現はしなかった[41]。

更に、十月十九日参謀本部第二課において「関東軍は従来単にその固有の任務に立脚し南満沿線を離れて行動するは、此の任務達成を目途として真に已むを得ざる場合に於て一時的必要の最小限度に止むるの主旨を遵奉しある関係上、広地域に亘りて完全に兵匪を掃討し以て事態の拡大を真に阻止すること不可能なるの状態に在り……是に於てか一般治安維持の新任務を付与し之に所要の兵力を与えて以て速に且つ完全に満州を戡定し以て真に事態の根本的安定を期すること肝要なり……」として「関東軍に治安維持の新任務を与ふると共に更に兵力を増加すべき意見[42]」が策案されたが、これも結局は当面の情勢の鎮静化もあり、採用されなかった。

そして前項で述べた関東軍の斉々哈爾進攻に対する参謀長委任命令発出に伴う任務付与要求問題が生起したが、この要求も関東軍としての正当なる判断のもとに出されたものでなく、委任命令に反対するための便宜的なものであり、また中央部も関東軍の無軌道な行動や中央部の指導に対する態度に反感を持っていた時期でもあり、何等考慮されることなく参電第一二二号のような固有任務内の行動の強要となったのである。

また昭和六年末の錦州進攻のための部隊派遣・新作戦発

動の時期もあったが、すでに政変後、軍を挙げて満州事変積極遂行の風潮が漲り、不拡大方針も消えてしまった時期であり、当面の任務変更の必要性もなくなっていたのである。

結局、昭和七年三月一日に満州国が建国を宣言し、同年六月十四日に衆議院本会議で満州国承認を決議し、その結果正式に関東軍が満州国の防衛を担当することになり、六月二十二日ようやく「臨参命第二十五号」によって「関東軍司令官ハ関東軍司令部条例ニ定ムル任務ニ服スル外、満州主要各地ノ防衛及帝国臣民ノ保護ニ任スヘシ(43)」と任務拡大が命ぜられ、更に「臨命第九十二号」によって「関東軍司令官ハ、概ネ琿春、牡丹江、三姓、墨爾根及大興安嶺ノ線以外ノ地域ニ軍隊ヲ行動セシメントスル場合ニ於テハ、豫メ参謀総長ニ報告スヘシ(44)」と、その行動の限界もあわせて指示されたのである。

事変終末期になってようやくそのタイミング・時期になり、任務が明示されたのである。

おわりに

軍隊にとって命令により示される任務は唯一至上のものであり、たとえ「独断」とはいえ任務を基準にその行動が律せられるのである。任務を大きく逸脱しての「独断」行動はあり得ないのである。

特に日本本国を離れ、諸外国の注視の中で行動する外国駐在軍の行動の基準は、あらかじめ付与されている固有任務、あるいは新たに付与される命令（任務）により律せられ、一度行動を開始すると、上級部隊と密接な連携を保ちながらの機微な行動は国内に比し多くの制約事項があり、独断に事を処する場合がどうしても多くなる傾向にある。

片倉日誌（関東軍機密政略日誌）の中で、「……中央部ノ方針ハ常ニ内外ノ輿論ヲ右顧左眄シ、牢固タル要綱ノ確立ナク、未タ何等ノ指示モナシ。軍ハ着々之ニ拘泥セス、其ノ実質ヲ収ムルノ方策ヲ講スルニ至ル……況ンヤ軍司令官ノ独断ハ絶大ナルヘキモノナリ。総長命令［「臨参委命」を指す］不適当ナレハ、独断善処スヘシ……又如何ニ国策ニ関係アリトハイヘ総長亦御委任権ヲ濫用シテ一線一行動迄モ命令スルニ至リテハ、実ニ皇軍統帥権ノ神聖ヲ犯スモノト謂フヘク……平時独断ヲ強調スル教育ハ全ク空文ナリ……(45)」と、関東軍の独断行為の正当性を主張している。

柳条湖事件に対する全関東軍の出動、吉林派兵、朝鮮軍の越境増援、哈爾賓進出企図、斉々哈爾進攻、錦州進攻等どれをとっても軍司令官の独断で開始されたものと言えるのである。

本庄軍司令官は、後日の手記の中で、「……而シテ満鉄全線ノ保護ノ外ニ、是等ノ保護ト軍自体ノ自衛ニ当ル関東軍ノ兵力ハ、平時編成ノ一個師団ニ独立守備隊六個大隊ヲ合セテ、僅カニ一万五、六千名、コレニ対スル満州側ノ兵力ハ約二十万デアッテ、若シ我ガ方ガ徒ラニ躊躇スルニ於テハ満鉄ハ勿論、軍民モ権益モ共ニ自滅スルハ明ラカデアル。コレ余ガ中央部ノ意ヲ俟ツマデモナク、余ニ当然与ヘラレテアッタ責任ト権限ニ於テ武力行使ヲ管下部隊ニ下令シタ理由デアリ余ノ命令ノ到達ヲ待タズニ行動ヲ起シタ部隊ガ存在シタ理由デアリ、敵ノ攻勢ニ先ンジテ攻勢ニ出タ部隊モアッタ理由デアル。ト同時ニ孰レノ国タルヲ問ハズ、衆ニ対シ寡ヲ以テ防衛スル任ニアル軍本来ノ性格デアルト信ズル……[46]」と書き残している。

大正八年海軍大学校厳崎海軍大佐は、その「独断専行」の講義において「もし軍事命令にして、時の情況に適応せずというが如き口実のもとに拒否し得らるるものならんには、之が為に軍紀壊れ、軍隊の秩序乱れ、ついには軍隊としての価値全く亡失するに至るべし。果たしてしからばかかる危険を惹起するの明白なるにもかかわらず、主将の独断専行をして正当たらしむるの理由何処にありや。あるいはこの疑義に対して、命令遵奉は常道にして独断専行は権道なりとなすものあり。(中略)わが国においては主将は天皇に直隷するものにして、天皇に対する輔弼の責務を有すると同時に、上命を実施すべき義務を有す。しこうして輔弼は正当の判断に基づき自由独立の意志より出づるものにして、一切の唯命これ従うがごときは輔弼の本義に一致せるものにあらず。換言すれば、輔弼なる義務ありて、はじめて主将の独断専行は正当となり、必要の時期に際しては実行せざるべからざるものとなるものなり[47]」と述べている。

はたして本事変における関東軍司令官の行動は、必要な時期の正当な独断専行であったと言えるのであろうか。その是非は本論で問うところではないので割愛するが、軍中央部にとって満蒙問題解決あるいは対ソ国防という大義をふりかざし、独断という名のもとに軍中央部の意図に添わない行動をする関東軍に対して対抗出来るものは、関東軍司令官以下の関東軍司令部に対し、軍司令官としての輔弼義務が正当になされているかを再考させることであった。

そのためには陸軍大臣あるいは参謀総長が自己の輔翼責任を正当に果すため、単独帷幄上奏等を敢行してでも、奉勅命令の発出あるいは軍司令官の更迭等の非常手段も必要であり、また、それが出来ない場合でも、あらゆる手段を使って発令発出者の意図を知らしめ、「何が何でもこの命令を確行させる」という強い意志表示が必要である。

哈爾賓・錦州進出阻止の場合においては、二宮参謀次長を現地に派遣して中央部との意志の疎通を図ると共に、関東軍司令官の戦果拡大行動についてあくまでも認可せず、中央部の意図に服従すべきことを強要し、状況によっては軍司令官以下の人事進退にも重大な影響があることを示すことによって、ある程度それが成功している。(48)

また、非は非として認め、将帥の面子にこだわることなく、「追認」を排することも必要かつ重要であろう。

与えられた任務に対する独断専行と不服従は紙一重の場合が多い。しかし、それを判断できるのは、上級（司令部）側であり、関東軍司令官の独断の正否の判定は天皇を輔翼している参謀総長のみ可能であると言える。

任務を逸脱した不服従と判断した場合は、断固たる処罰こそ陸軍全体にとって将来の利益となるのである。

註

（凡例）

引用文献のうち、繁出のものは略記し、※を付した。

・「※機作二」……「満州事変作戦指導関係綴その二」いわゆる満州事変機密作戦日誌（参謀本部第二課作成）であり、その一～その四、別冊一～三まで計七冊ある。防衛研究所戦史部所蔵。

・「※機政二」……「満州事変機密政略日誌其二」いわゆる片倉日誌。なお、本資料の全文は、『現代史資料（七）満州事変』に掲載されているので、その頁を付記した。

・「※満統」………「満州事変における軍の統帥」参謀本部編『満州事変史』の第五巻第二章から第六巻第一章までの未完稿であり、部内では支那事変勃発のため、刊行が行なわれなかったものである。本資料の全文は、『現代史資料（十一）続・満州事変』に掲載されているので、その頁を付記した。

・「※現資七」……『現代史資料（七）満州事変』みすず書房、一九六四年四月二五日。

（1）ポーツマス条約追加約款第一条内に「満州ニ於ケル各自ノ鉄道線路ヲ保護センカ為、守備兵ヲ置クノ権利ヲ留保ス。該守備兵ノ数ハ、一km毎ニ十五名ヲ超過スルコトヲ得ス……」とある。

（2）「長春（寛城子）旅順口間ノ鉄道及其ノ一切ノ支線並同地方ニ於テ之ニ附属スル一切ノ権利、特権及財産及同地方ニ於テ該鉄道ニ属シ又ハ其ノ利益ノ為メニ経営セラルル一切ノ炭坑ヲ補償ヲ受クルコトナク且清国政府ノ承諾ヲ以テ日本帝国政府ニ移転譲渡」。

（3）「清国政府ハ、露国ガ日露講和条約第五条及ビ第六条ニヨリ日本国ニ対シテ為シタル一切ノ譲渡ヲ承認ス」。

（4）信夫淳平『満蒙特殊権益論』（日本評論社、一九三二年）二三一－二頁。

（5）参謀本部編『昭和三年支那事変出兵史・本編』五九三－四頁。

（6）日本の警備区域は、一九二四（大正十三）年七月議定の列国軍協同動作計画によって山海関～灤州間と定められているが、主要施設の防護のため、情勢によって北京、天津、塘沽、秦皇島等の主要地点に兵力を分置することが許容されている。
(7) 防衛研修所戦史室『戦史叢書 中国方面海軍作戦〔一〕』六十一頁。
(8) 同右、まえがき。
(9) 海軍大臣官房『軍艦外交令解説』(一九三八年)一―二頁。
(10) 前掲『戦史叢書 中国方面海軍作戦〔一〕』まえがき。
(11) 本庄 繁「満州事変の本質[本庄繁手記]」(防衛研究所図書館所蔵、昭和二十年十月上旬誌)三頁。
(12) 同右、四―五頁。
(13) 領事官職務規則(明治三十三年四月十八日 勅令第一五三号)第二条:領事官は駐在国に於て日本臣民を保護し帝国の通商航海に関する利益を維持増進すへし。
(14) 同右第十七条:領事官は其の職務上必要あるときは帝国軍艦に帮助を求むることを得。
(15) 『独断』とは、指揮官が決心する場合、全般の状況を判断して行動を開始する場合に、新たな任務を付与される以前に行動を開始するか、あるいは与えられた任務を逸脱した行動を取ることをいう。しかし、逸脱するとはいえ、それは上級指揮官(含む、天皇)の意図の範囲内での行動を前提としている。
(16) 伊藤隆他篇『本庄繁日記:昭和五年~昭和八年』(山川出版社、一九八三年)。
(17) 前原 透「日本陸軍の典令における『命令』『服従』と『独断』」、平成三年度防衛研究所戦史研究発表より(以下典令の記述はこの発表を参考にした)。
(18) 昭和四年二月『戦闘綱要』。
(19) 日本近代史料研究会『片倉衷氏談話速記録(上)』(一九八二年)九五頁。
(20) 片倉衷『戦陣随録』(経済往来社、一九七二年)二三一―四頁。
(21) 「※機作二」四九―四九~一頁。(「※機政二」二四四頁、「※満統」三七三頁)。
(22) 参謀長委任命令の細部については、筆者拙文「満州事変における参謀総長委任命令発出経緯とその意味するもの」(『軍事史学』二四(二)、軍事史学会編、一九八八年)四一―一八頁を参照。
(23) 関参第九八二号「※機作二」六二一頁(「※機政二」二四五頁、「※満統」三七三頁)。
(24) 出征軍、外地駐留軍のこと。
(25) 関参第九八四号「※機作二」五四五―七頁(「※満統」三七三頁、「※現資七」四三七―八頁)。
(26) 「※機作二」五五二頁(「※現資七」四三八頁)。
(27) 参電第一二二号、同右、七九―八五頁、五五三―七頁(「※満統」三七七頁、「※現資七」四三―八九頁)。
(28) 参謀本部編「大正三年 日独戦史」上巻 一二四―五頁。
(29) 参謀本部編「大正七年乃至十一年 西伯利出兵史」第一巻、一四三―四頁。
(30) 原本は不明であるが、参謀本部から関係各所に通報した電文からのものである。
(31) 一号は未見。
(32) 参謀本部編「昭和三年支那事変出兵史」本篇、八三頁。

(33)「※機作三」二一四―二一〇頁。

(34) 同右、一二三―一三〇頁。

(35)「一、左ノ部隊ヲ上海附近ニ増派ス（中略） 二、上海派遣軍司令官ハ前項ノ部隊及曩ニ上海ニ派遣セル第九師団長隷下部隊ヲ併セ指揮シ海軍ト協力シテ上海附近ニ於ケル帝国臣民ノ保護ニ任スヘシ（以下略）」、「※機作三」四五六―六一頁。

(36)「……事態茲ニ至レル以上、此絶好ノ機会ニ於テ、先ツ軍カ積極的ニ全満州ノ治安維持ニ任スルハ最モ緊要ナリト信ス、之カ為、平時編成三個師団ノ増援ヲ必要ト認ム 之ニ要スル経費ハ満州ニテ負担シ得ルコト確実ナリ 右報告シ、併セテ意見具申ス」（石原莞爾作戦参謀起案）（「※機政一」一八三頁、「※満統」三一〇―一頁）。

(37) 朝鮮軍司令官隷下部隊ヨリ左記部隊ヲ満州ニ派遣シ関東軍司令官ノ指揮ヲ受ケシム 左記 歩兵一旅団［一大隊欠］、騎兵一中隊、野砲兵二大隊、工兵一中隊、飛行二中隊、通信隊一隊 右諸隊ハ鴨緑江通過ノ時ヲ以テ関東軍司令官ノ指揮ニ入ルモノトス 細項ニ関シテハ参謀総長ヲシテ指示セシム 奉勅 参謀総長（「※機作一」一五二―三頁）。

(38)「※機作一」一七〇頁。

(39) 同右、一六八頁。

(40) 実際には、任務拡張の命令は発出されてなく、関東軍の治安維持活動を認可した形になっている。

(41)「※機作一」三一四頁。

(42) 同右、五一九―三二頁。

(43)「※機作四」六三七―八頁。

(44) 同右、六三九―四〇頁。

(45)「※機政二」一五七頁。

(46) 前掲「満州事変の本質」四頁。

(47) 土井 寛「服従に関する一考察」（『防衛大学校紀要 三九号』一九七九年九月）六五頁。

(48)「※機作二」六三六―七頁。

（防衛研究所戦史部室長）

海軍の強硬化と満州事変
——昭和八年前後の日本海軍——

影山好一郎

はじめに

海軍の強硬化とは、英米等の列国と対決を賭してまでも満州国を育成するという国策を奉じ、そのためにこそ、対米軍備を充実すべきという強硬な姿勢に変革を遂げていったことをいう。昭和八年はこのような海軍の強硬の基礎が概成された時期であった。ここで、海軍は何故、往年の国際協調から、強硬化に向かわなければならなかったのか、満州事変はこの強硬化とどのような関連をもっているのかといったことが問題となってくる。

先行研究においては、昭和八年前後における艦隊派と条約派の抗争、軍令部の権限強化問題、国防思想など特定のテーマに焦点をあて、海軍が強硬化する過程を論じたものには優れたものがある。(1) しかし満州事変が海軍の強硬化にどのような影響を与えたかに関する研究は必ずしも充分ではない。そこで、本稿はこのような観点にたって先の疑問の解明に努めたい。

一　強硬化の背景

海軍の強硬化に関する因果関係を把握するためには、本論に入る前に、二つの背景的事情を捉え、簡潔に整理しておく必要がある。その第一は、ロンドン海軍軍縮条約を巡って、何が往年の海軍省主導体制を崩し、軍令部を強硬にするような根本原因を作ったかということである。この問題には、軍備と統帥の関係が係わっている。軍備とは兵力の決定と実現であり、その予算を確保することである。統帥とは、現有兵力を如何に効果的に運用するかという用兵である。もちろん、この二つは完全に分離できるものではないが、現実には伝統的な英国流政治優先の理念のもとに、軍備を担当する海軍省主導の体制が築かれた。ただし、こうして省部事務互渉規程[2]が定められてはいたものの、省・部間の作業の線引きは不完全で曖昧さを伴っていた。その海軍省優位の上での曖昧さが、見方を変えれば、統帥を担当する軍令部に対し自己に有利な解釈を与える余地を残していた。軍令部は参謀本部と同様に統帥組織でありながら、参謀本部に比し、権限の上で劣っていることに不満を鬱積させていた。参謀本部は用兵を実施し、現地部隊の作戦を指導しているだけでなく、その前に兵力の決定にまで係わっていたからである。

軍令部はロンドン軍縮会議において、条約派も艦隊派も対米比率を確保するために共同戦線を敷いて闘ったにもかかわらず、結果的に目標とした大巡七割の対米比率と潜水艦量が得られなかった。条約派の主導によって締結された軍縮条約がなければ軍令部の権限強化は問題化するに至らなかったと考えられるが、先の省部間関係の曖昧さが原因になり、ロンドン軍縮条約の批准問題は、統帥権干犯問題に発展した。

軍令部側は大正十二年初頭以来、頓挫していた権限強化問題[3]を、ここロンドン軍縮の兵力量決定の不満を軸にして再点火し、用兵上の問題解決を抱き合わせて、その実現を図ろうとした。具体的には「兵力ノ欠陥[4]」の一句を軍事参議官会議の奉答文に挿入することによって、軍備を巡る艦隊派と条約派の確執に一応の終止符を打ち、以後政府と海軍省に責任をもって補充計画の実現を図らせることになった。そして重要なことは、その海軍省の予算化を以後にわたって軍令部が監視するという、往年の位置関係の逆転とも見られる新たな情勢の変化がもたらされたことである。これは、軍令部が海軍省の弱点に乗じ、海軍省から権限を移行させ、軍令部を強化するに必要かつ優位な地位に立ったことを意味した。このように海軍が強硬化する過程は、表向きロンドン軍縮問題という軍備整備に引き金がかかってはいるものの、もともと軍備と用兵の複雑な関係に起因したものとして観察されなければならない。

海軍強硬化のもう一つの背景は、昭和六年に発生した三月事件、満州事変及び十月事件の一連の事件が海軍に与えた影響である。ロンドン軍縮条約時の統帥権干犯問題に触発[5]され、政府転覆を企図した三月事件によって、海軍では東郷平八郎元帥を中心とするグループが綱紀粛清を安保海相に要請する一方、第一次海軍補充計画の予算化作業に弱腰な同海相に対する圧力を強めた[6]。満州事変前には加藤寛治邸で小笠原長生と陸軍教育総監部総務部長の荒木貞夫中将とが会談し、艦隊派と皇道派との盟約が成立し、陸海軍に結束が図られた[7]。このような状況下で起こった十月事件は、結果的に十二月に成立した犬養新内閣の陸・海軍大臣に、荒木貞夫、大角岑生をそれぞれ就任させ、さらに閑院宮戴仁親王が参謀総長に、また上海事変勃発直後の翌昭和七年二月二日、軍令部長に伏見宮博恭王が就任するに至った。ことに東郷を背景にした艦隊派巨頭の軍事参議官加藤寛治大将の推挙[8]によって大角岑生大将が海軍大臣に就任したことは、以後の軍備・用兵のさまざまな海軍運営面における強硬化を決定づける意味をもった。このように、陸海軍首脳部の強硬派による主導体制の骨格が、満州事変勃発前後の時期に形成されたのであった。

二　用兵を巡る陸・海軍の協力

（一）　海軍の対陸軍姿勢の変化

満州事変勃発時点から十二月十三日の犬養内閣成立時までの海軍の陸軍に対する姿勢は、政府の不拡大方針に沿うもので、陸軍の武力行使を極力抑制することにあり[9]、陸軍から見れば非協力的で不満の対象であった。ということは犬養内閣以降、大角海軍大臣の就任と、その約二十日後に軍令部長に就任した伏見宮博恭王の登場によって、陸軍に対する協力体制の基礎が構築され、以後にわたり、海軍が強硬化を促す条件が揃ったことを意味した。

また、九月二十日、海軍は陸軍から平津方面にある張学良軍が北上し帰奉する場合は陸軍に協力し、山海関付近の鉄道破壊・列車爆破を艦艇・航空機により実施して欲しいと依頼された。海軍中央部は「対支警備方策」[10]を策定して、海軍の本来任務である居留民保護の範囲内で対応すること及び外交を優先するという回答をした。二十六日、加藤大将は参謀次長二宮治重中将に「時局ニ対シコノ際陸海軍ハ意見ヲ纏メ相協力シテ善処スルノ要アリ」[11]と発言した。陸軍首脳は、安保清種海相、谷口尚真軍令部長が加藤の発言内容を事前に全く承知していなかった点に不満を抱くとともに、海軍の曖昧な姿勢に疑念をもつに至った[12]。

十月八日の錦州爆撃後、参謀本部今村均大佐が軍令部一課長近藤信竹大佐に、先に同じく山海関方面に艦艇派遣を依頼した際には、陸軍にやや協調の姿勢を取り始める軍令部の近藤と、事態不拡大の政府方針を貫く海軍省との間に、陸軍に対する態度の相違が見え始めた。十四日、陸軍の不満を察知した軍令部長谷口は参謀次長二宮を訪ね、参謀本部に包括的に同調の姿勢をまず示した上で、「派遣艦艇ニシテ……射撃スルコトアランカ世論ヲ刺激スルコト寧ロ空襲ヨリモ甚大……山海関付近陸軍守備隊ハ撤退セシメテハ如何」等と海軍の本音を開陳し、陸軍の行動を制止する発言をした。海軍の主張する陸海軍協同作戦とは、陸軍の行動にブレーキを掛け、政府方針の事態不拡大に沿わせたいと考えたことに本音がある。近藤大佐は今村に、もし山海関方面の守備隊を絶対に撤退させないとの陸軍の強い方針であれば、その旨速やかに政府方針としての決定に持ち込み、その結果戦争の危険やむなしとなれば海軍も又これに応ずると申し訳的な回答をした[13]。しかしながら、このように海軍が建前として陸軍への協力を表明したことは、現実の問題としては、陸軍の既成事実化に引きずられ、政府がこれを追認し、その政府に従う海軍が消極的に陸軍に協力していくことを意味していた。

十二月十三日、内閣は若槻から犬養毅のそれに替わり、荒木貞夫陸相、大角岑生海相が就任した。陸軍はこの機に閣議承認なしに錦州攻撃の実行を決定し、海軍に山海関方面への艦艇派遣を依頼した。海軍は省部協議の結果、正面切っての反対を明言し、「陸軍ト協同作戦ヲナサザルコト」、「山海関方面ニ対シテハ要スレハ　第二遣艦隊ノ兵力ヲ増加スルモ　一ニ警備主任務ノ延長トシテ動作スルコト[14]」と決定した。用兵面に関して就任早々の大角を谷口が政治優先の立場で押さえたことが窺える。

十七日、閣議は満州に混成一個旅団と重砲三個中隊等を、華北に歩兵二個大隊と野砲一個中隊等の派遣を決定した。これは政府がついに錦州攻撃を容認した事を意味する。関東軍の錦州攻撃の必要性についてどうしても疑念を拭い切れない海軍は、増派する艦艇兵力の慎重な運用を第二遣外艦隊に指示すると共に、当該艦隊と関東軍の連絡確保のため海軍軍令部出仕兼参謀小林省三郎少将等を関東軍司令部に派遣した[15]。参謀本部では海軍大臣が大角岑生大将に、また軍令部次長が百武源吾中将に交替したことで海軍の方針が変わったと考え、小林の派遣で海軍が本問題の重要性を認識し、熱心に陸海軍協同に努めることになったと解釈した。参謀次長は関東軍参謀長に宛てて、小林の派遣が陸軍の満蒙問題の解決に益するように誘導せよと打電している[16]。この様にして陸軍は、実質的に海軍側の協力を取り付けた形になり、これを昭和七年一月六日、『支那問題処理方針要綱』中に盛り込んで概成し、後日陸海外務三省協定案[17]とした。

(二)　上海事変における陸海軍協同作戦

満州国建国の隠れ蓑として関東軍参謀の画策によって勃発に至った上海事変は、満州事変時の張学良軍と異なり、徹底抗戦の意識の高い、いわゆる国民軍が相手であった。至る所で激戦を繰り返した日本陸軍は、昭和七年三月一日に総攻撃を行うことを決定した。こうして日本を出港していた陸軍部隊をどの地点に上陸させるかが戦略的に重要な問題となった。中国軍の後背地をどこに選ぶかであった。

陸海軍は平時から上海に有事の場合を想定して年度作戦計画に陸軍の上陸地点として七了口を指定しており、毎年、陸海軍は必要な諸元を調査更新することになっていた[18]。これに対し現実問題として、第三艦隊司令長官野村吉三郎海軍中将は、今次の戦闘で呉淞方面の情報を把握し、第一水雷戦隊により交通線が確保されており、また、呉淞砲台占領に多大の犠牲を払った事実に鑑み、呉淞上陸を提案した。一方、七了口は海上輸送・上陸面からも未知の地点で、呉淞から遠く、約二十五海里の北方海域に移動するのに伴う危険を容認すべきではないと、野村中将は上陸そのものの安全性確保の見地から反対した。軍令部次長高橋三吉はこの意見に基づき陸軍の七了口上陸に反対したが、戦略的観点から陸軍は譲らず、陸海軍の妥協がなかなか得られなかった。

陸海軍中央部は、上海派遣軍司令官白川義則陸軍大将の上海到着を待ち、現地における第三艦隊司令長官野村との協議に委ねることになった。一方、高橋次長は、白川が小松島を出発する前日の二月二十五日夜、第二、第三艦隊参謀長宛、七了口付近に上陸準備を進めるよう「依命申進[19]」した。要するに軍令部長・次長は、陸海軍の結束に準拠し、かつ、別途、強硬に推進中の軍令部権限強化に連関させて、用兵面からも陸軍に対する妥協と協力をするよう指導していたことがここに示されている。白川が上海現地に着いた後、第二艦隊司令長官末次信正が野村に七了口上陸地に同意を求めた[20]のもこのような背景によるものである。ついに野村としては天候次第ということで折れ、白川が七了口上陸を決定したのは、上陸前日の二月二十九日夜のことであった。

(三)　海軍の満州国治安討伐戦

海軍の満州事変との係わりで、これまであまり注目されてこなかったが、見落とすことができないのは治安討伐戦への関与である。建国前後の満州の治安維持はその建国と育成を決定付ける重要なもので、関東軍のみで達成できるものではなかった。海軍は満州方面で三つの治安戦に従事した。

一つは、昭和七年一月の建国直前、「満州匪賊討伐」の一環として、東西を貫流する松花江の警備を依頼されて関東軍に協力したことである。一月の錦州落城時に一掃されたとはいえ、東三省の張学良の勢力が反満軍として松花江下流方面に集結し、馬占山軍等と策応して関東軍に対敵行動をとっていた。関東軍参謀石原莞爾中佐は、満州国江防艦隊を指導して陸軍と協同作戦に従事していた在満州特務機関伊藤整一海軍大佐と協議し、関東軍指揮下に約一五〇名からなる海軍派遣を依頼した。華北・満州沿岸方面を担任海域とする第二遣外艦隊から派遣された海軍部隊は、陸軍部隊の直接護送、交通線確保及び江防艦隊を指揮して陸軍作戦の支援任務に当たった。関東軍の当初の目的が達成され、海軍部隊が十月一日に帰還するまで航程延べ三六〇〇浬、「匪賊討伐」回数四十回に及び、数名の死傷者を出したのである。(21)

二つは、昭和七年八月一日の「営口事件」、すなわち建国後、「張学良系の匪賊」約千名の南下来襲から営口付近の居留邦人等を保護するために、第二遣外艦隊が海軍自らの任務達成上不可欠であるとの判断で作戦に従事したことである。八月四日、第十六駆逐隊からなる海軍陸戦隊四七二名、野砲二門、機銃二十二、軽機銃二十一の兵力をもって砲攻撃を加え、陸軍飛行機の爆撃と陸軍兵力約一千名の援護を伴った協同作戦(22)であった。これは結果的に海軍が上海事変の実績を踏まえ、陸軍に対する積極的な作戦協力体制を定着させたことを意味した。

三つは、熱河作戦を目前にした昭和八年一月、今度は陸軍の要求に基づき、中国軍に威圧を加えるため、山海関・秦皇島方面に海軍兵力を増派し、二月十二日から約一ヶ月、軍令部が大海令をもって第二遣外艦隊に本格的な陸軍協力作戦を実施させた(23)ことである。満州事変初期の海軍の陸軍支援が消極的であったのに比べると、これらの治安討伐戦への関与は大きな変化であった。

(四) 東北艦隊の処理問題

次いで治安戦ではないが、張学良を司令官とする東北艦隊(計二十七隻)の処理問題があった。同艦隊は小規模ではあっても満州国育成のための警備能力として重要であり、日本海軍の対中政策上も、この帰属は重要な意味を持っていた。満州事変が勃発した直後、海軍中央部が華北方面に配慮した対処方針の筆頭が、対東北海軍の抑制と懐柔策であった。(24)艦隊というものは、その大小はともかく、政治的意味を持つ。中国軍閥にとっても自己勢力を維持する重要な条件として、東北艦隊の帰属と運用体制は重大な関心事であった。また、日本と中国の海軍規模の著しい格差が、中国海軍側に武力行使を断念させていた。

軍令部が起案した「東北艦隊処理要綱」(25)によれば、当面は満州国建設に多額の費用を要するため接収を見合わせるが、時局の推移を静観し第三国との関係が急迫した場合には、満州国新政府に当艦隊を買収・引き継がせ、戦時に徴用して対支警戒、黄海方面の交通線・補給線の保護兵力にすると共に、有力な艦隊の前身にするとした。日本海軍は、「四囲ノ情勢ヨリ東北艦隊ガ自発的ニ満州国ニ帰順ノ意ヲ表スル場合」や「北支又ハ山東方面ニ親日政権樹立ノ場合」には、この艦隊を華北や山東方面の親日政権に帰属させるので問題はないものの、「東北艦隊ガ反日反満的態度ヲ取ル場合」で、しかも日本海軍が第三国と開戦する事態になれば、日本海軍としては直ちに、東北艦隊を威圧して接収する必要があるとしたのである。要するに海軍が望ましいと考える東北艦隊の満州国への帰順が、できる限り早期に、かつ確実に実現するためには、日本陸軍の満州を中心にした作戦が順調に進行することが必要であった。

かくして、満州に、しかも待ったなしに頻発する用兵は、海軍を本来の沿岸地域の警備任務に留めることなく、陸軍作戦への協力へと促し、満州事変の推移に深く関与させていたのである。換言すれば満州を巡る現地部隊の用兵は、陸海軍を結束させ、しかもそれを急速に進捗させていたことを窺わせる。

三　国際連盟脱退後の海軍の対応

（一）　連盟脱退と海軍

満州事変を巡る海軍の陸軍への追随は、昭和八年二月、枢密院が国際連盟脱退を決定しつつあった頃、大角海相が部内に対して行った訓示にも見ることができる。大角は「部内一般訓示[26]」の中で、「……帝国ハ其ノ所信ニ遵ヒ決然トシテ他ノ圧迫ニ抗シ独力ヲ以テ満蒙問題ノ解決ニ邁進セザルベカラザルニ立到ルコトアルベク今ヤ重大ナル時局ニ直面シツツアルモノト謂フベシ此ノ間ニ処シテ克ク外圧ヲ排除シ国策遂行ノ支援トナルハ是レ主トシテ帝国海軍ノ任ナルヲ以テ……」と述べた。これは海軍が陸軍のいわゆる北進を是認したことを意味した。陸軍の起こした満州事変が国民の強い支持を得、国策に昇華したためであった。

では、新たな連盟脱退の現実を海軍はどのように受け留めていたのであろうか。陸軍は「昭和八年十月二十五日五相会議における陸軍側提示[27]」に、情勢の変化なしと捉えていたが、これに対し、海軍は、六月十二日、軍令部が海軍省に対して商議した文書[28]に、「満州事変以来招来セシ帝国ノ国際的環境ト次期軍縮会議及国際連盟脱退予告期間満了後ニオイテ生起スルコトアルヘキ煩瑣ナル諸問題等ニ鑑ミ帝国ハ昭和十年頃ヨリ更ニ一層重大ナル危局ニ当面スルノ公算頗ル大」と記しており、逆に大きな情勢変化と受け留めていた。そしてこの認識の下に進めた海軍の対中国政策は、九月二十五日の「海軍の時局処理方針[29]」に表われている。海軍は、「支那ヲシテ速ニ従来ノ誤リタル政策ヲ是正シ　……　帝国ト提携セントスル態度ヲトルニオイテハ帝国ハ之ヲ誘撫支援シ依然帝国ト抗争セントスルモノニ対シテハ厳正ナル態度ヲ以テ臨ム」と、対北支、対中支、対南支それぞれに強硬姿勢をとるに至った。

さらに日本海軍は、上海事変以降、米海軍の対日示威行動の高まりと軍縮条約制限内の建艦の著しい変化を見て、対中国政策は対米政策であると受け留め、対中・対米二正面に備える必要性を認識した。昭和八年五月二十日、上海事変の教訓を踏まえて、連合艦隊、第三艦隊、第一航空戦隊及び上海特別陸戦隊がそれぞれ常設され、作戦警備、通信、諜報、宣伝等の整備に努めたのである。そして、対中、対米の両面に有事即応の体制を構築するため、連合艦隊の訓練海面を当分佐世保近海に、また、練習艦隊の外国訪問を取り止め、訪問先を南洋群島と内地方面に限定していた(30)。

他方、米国は、日本の対支政策を牽制するため米索敵部隊を太平洋に駐留させ、大西洋方面には守勢、太平洋方面には攻勢の戦略態勢に転じ、示威行動と軍備増強を継続中であった。また、新大統領のルーズベルトが就任早々、産業復興法を成立させ、公共事業の雇用対策に名を借り、公共事業局資金約二・四億ドルと海軍通常艦艇建造費とを併せて、六月十六日、空母、巡洋艦、航空機を含む大々的な海軍拡張に着手した(31)。

（二）　海軍の軍拡論理の形成

国際連盟脱退に伴い、海軍部内では軍縮条約破棄、自主的建艦の声が漸次喧しく、陸軍部内では相変わらず対ソ戦争不可避説を説く者が多かった(32)。このような情勢の中で、予算の編成を容易にし、国策の円満なる遂行と連盟脱退後の基本方針を討議するため、五相会議が十月三日から二十日まで開かれた。大角は三日の第一回会議で最初に発言を求め、「南洋諸島第一線ノ対米国防論ト、之ニ必要ナル第二次補充計画ノ件(33)」を述べ、初めて政府内に海軍の危機を訴え、海軍側意見として提示した「国際情勢ニ対スル国防上ノ所見」によれば、一九三五年の第二次ロンドン会議において、日本が英米と対立することは「予メ覚悟ヲ要スル所であり、又、「帝国ノ連盟脱退予告期間ノ満了ニ伴フ南洋委任統治地域ノ帰属問題亦紛糾ヲ見ルノ公算アリ」という対米強硬論であった(34)。連盟脱退前には、脱退すれば即南洋群島喪失となり対米戦争の重大危機を招来するので、南洋群島委任統治の現状維持を脱退に反対する論理的根拠としていた。しかし今度は、離脱後には米国との紛糾が不可避であるので、南洋群島の現状を維持することこそ対米決戦のための軍備増強の根拠になるとしたのである。

「帝国ノ行動ハ仰天天地ニ恥ジザルモノデアッテ、（略）満州ニ関スル帝国ノ態度ハ、将来ト雖モ確固不易ノモノデアッテ、コノ政策ヲ成就セシムル為ニ、海正面ノ守トシテ、南洋群島ノ重要性ヲ認メル。南洋群島ニオケル文化的施設ハ日ニ日ニ整備シ住民ハ平和ノ慶沢ニ歓喜シ、（略）而シテ其ノ統治権ニツイテモ、今後何等変化ナキコトヲ確信スルノデアルガ、列国モ亦其ノ然ル所以ノ真意ヲ了解スルデアロウ[35]」

はこれを表わす一例である。

さらに大角海相は、荒木陸相の、「一九三五年、六年の危機」説[36]を、逆手に利用し、積極的に危機説を流すことによって軍令部権限の発揮と第二次海軍補充計画の予算化が容易な環境づくりを考えた。このような中で、十月二十一日に軍令部参謀石川信吾中佐が加藤大将に「次期軍縮対策私見[37]」を具申した。この内容には、満州国の発展が順調で、日本の新兵器技術は質的に優勢であるとの前提が潜在的にあり、満州国育成という国益擁護のためには軍縮を離脱し日本独自の軍備を行ってこそ西太平洋の制海権の確保が可能となること、邀撃艦隊決戦のためにはパナマ運河を通峡できない規模の巨艦を建造して対米七割の確保が不可欠であるとの論理を掲げた。

当時の巷間に夥しい数の非常時を煽った図書がある中で、海軍もいくつかの図書を出版させた[38]。いずれも海軍大臣以下、加藤大将、末次中将をはじめ艦隊派の主要な人物が執筆し、二ないし三年後に到来が予想される危機を前に国民の不退転の気概と海軍軍備拡張の協力を訴えていた。重要なことはこれら出版物と先の石川信吾中佐の「次期軍縮対策私見」が内容的に整合していることであり、これら艦隊派人物が相互に十分な意思疎通を図り、石川私見の実現に向け一致していたことを窺わせる。

結　論

以上、満州事変の影響という観点から海軍の強硬化を論じてきたが、これをまとめれば次のようになる。

第一は、満州事変が満州治安討伐戦等や上海事変における用兵の対処をきっかけにして、陸海軍協同作戦を定着させ、その結果、陸海軍の結束と海軍の強硬化を促したことである。

第二は、これまで述べてきたように、満州事変勃発当初、陸軍の武力対応に反対であった海軍首脳部が、その後満州国育成が国策としての扱いを受け、国民の支持を得る頃には、それを海軍の目標ないし、軍備の大義名分として受容したことである。

ロンドン会議直前に、加藤軍令部長・末次軍令部次長らが強硬に主張して閣議決定された「倫敦海軍会議帝国全権委員ニ対スル訓令案」によれば、海軍軍備は、「我国土ノ安全ヲ期スルトトモニ帝国ノ特殊国情ニ基キ国家存立ニ必要ナル海上交通線ヲ防護スルニ足ルモノタルヲ要ス」とされ、また、「上奏書」には、「補助艦ニオイテ常ニ対米七割ヲ下ラザルコト」[39]と西太平洋の制海権獲得を絶対とする思想が開陳されていた。ところが、連盟脱退に及んで、それまでの漠然とした「我国土ノ安全ヲ期スルトトモニ帝国ノ特殊国情」に基づくという海軍軍備の目標が、内容面で明確な満州国育成という目標に置き換えられたのであった。

要するに、艦隊派が支配する海軍は、陸軍と結束し、自らも陸軍化し、満州国育成の国策と陸軍の南守北進を是認することになったが、そのままでは、大陸支援を中心とする台湾海峡以北に作戦海域が限定され、陸軍が主張する陸主海従型の海軍にならざるを得なかった。つまり、満州国育成の国策を認めれば、海軍軍備予算の縮小を招くという矛盾に陥った。そこで打開のために、海軍は連盟脱退に伴う南洋群島問題を逆手にとって北守南進を掲げ、往年の西太平洋における対米七割海軍建設の論拠を取上げ、これとの整合を図ることによって陸軍と対抗しようとしたのである。

第三は、艦隊派が、海軍の目標ないし大義名分として掲げた満州国育成のために、米国の対日干渉や米海軍の軍備増強は顕著となり、それに比例して日本の対米軍備の増強が触発されるという矛盾の構造が始まったことである。満州国育成を追求する日本の政策のあり方によっては、日米関係を危機に陥らせる危険性があった。この矛盾を回避するにはその国策を縮小変更するか、米国を確実に抑圧し得る日本の対米軍備増強を図る以外になかったといえる。[40]日米危機を回避するには、国策を縮小するしかないという論理は、当時逆説的だが、国策は変えられないものである故に、次期軍縮協定の成立は不可能という結論を生み、海軍をして軍縮離脱に向け、自主的軍備の道を目指させるようになったといえる。

第四は、昭和九年六月の軍事参議官会議で艦隊派の末次信正海軍中将が、

「蓋シ満州ヲシテ今日アラシメタルハ主トシテ陸軍ノ功績努力ニ帰スルモ連盟ノ抗議ニ屈セズ米国ノ恫喝ヲ退ケテ陸軍ヲシテ後顧ノ憂ナカラシメタルハ、西太平洋ノ海権ヲ掌握スル我海軍ノ厳然タル実力ニ恃ミタレバナリ、此ノ海軍力ノ消長ニ関スル軍縮問題ガ満州問題ト表裏因果不可分ノモノタルハ何人モ容易ニ首肯シ得ルトコロナルベシ」[41]

と述べたように、海軍として満州問題に軍縮問題をリンクさせたことである。この意見は政府に対して軍縮離脱を説得すると同時に、先の石川信吾の次期軍縮対策の実現を働きかけたといえる。満州問題を軍縮問題にリンクさせたということは、軍縮の離脱を賭して自主的海軍軍備の質の向上に専念しさえすれば、結果として対米牽制が成し遂げられるはずであると云う論理を生んだのである。

註

(1) 秦郁彦「艦隊派と条約派」(『軍部支配の開幕』、第一法規出版、一九八三年)一九三―二三二頁。野村実『寺島健伝』(財団法人水交会、一九七三年)一二三―一五五頁。伊藤隆『昭和初期政治史研究』(東京大学出版会、一九六九年)一二七―一九四頁。田中宏巳「昭和七年前後における東郷グループの活動㈠」(『防衛大学校紀要　人文社会編』第五一輯、一九六〇年九月)。黒野耐『帝国国防方針の研究』(総和社、二〇〇〇年)二七五―二九六頁。

(2) 明治二十六年五月二十二日(官房一三六七号)をもって海軍大臣と軍令部長間の連署により「省部事務互渉規程」が制定された。昭和八年の軍令部権限強化により改定され、「海軍省・軍令部業務互渉規程」となった。これにより、軍令部が兵力量や平戦時の艦船部隊の派遣、行動に起案権を有した。

(3) 前掲『寺島健伝』一三二頁。大正十一年から十二年にかけて、軍令部の陣容が部長山下源太郎大将、次長加藤寛治中将、第一班長末次信正少将、第二課長高橋三吉大佐であった時代がある。このとき高橋大佐が主唱者となって権限拡大が企図された。

(4) 「倫敦海軍条約秘録」『海軍大将加藤寛治遺稿』(国立国会図書館所蔵)。

(5) 今澤栄三郎『昭和歴史の源泉(橋本欣五郎大佐の手記)』(常盤印刷、一九九〇年)十四頁。芳井研一「三月事件と陸軍幕僚中堅層」(『人文科学研究』第六十七輯、新潟大学人文科学部、昭和六十年七月)五十四頁。

(6) 前掲「昭和七年前後における東郷グループの活動(一)」二十二―二十四頁。

(7) 小笠原長生日記(昭和六年八月三十日)。本史料は防衛大学校田中宏巳教授が所蔵するもので、筆者は閲覧の機会を得ることができ、感謝したい。前掲「昭和七年前後における東郷グループの活動(一)」二十五―二十七頁。

(8) 大角海軍大臣の就任は東郷平八郎元帥、小笠原長生後備役中将、加藤寛治軍事参議官らの主導により行われたものである。安保清種海相を傀儡化する延長線上に艦隊派の現役将官大角をあてた。前掲「昭和七年前後における東郷グループの活動(一)」三十―三十五頁。

(9) 満州事変勃発直後の時期は、海軍首脳は安保清種海軍大臣、谷口尚真軍令部長の条約派であった。外交・政治優先を伝統とする気風が生きており、陸軍の満州事変に不満を有し、その抑制に尽力することが当面の海軍の努めであると考えていたようである。軍令部編『昭和六七年海軍戦史戦紀二』七十一－七十三頁。

(10) 同右『昭和六七年海軍戦史　戦紀一』一三九－一四九頁。

(11)『満州事変作戦指導関係綴り』（以下「機密作戦日誌」）九月二十九日（防衛研究所図書館所蔵）。

(12) 加藤寛治の発言は東郷の意思を代弁したもので、現役の海軍首脳と事前に話したものではなかったことを物語っている。満州事変という国家危急に及んで、陸海軍の結束を実現すべく、加藤が陸軍首脳部に発言したのであった。陸軍首脳が安保、谷口に確認した結果、彼らは知らされていなかったこと等は、海軍内の意思不統一と同時に、現役組の陸軍に対する反対意見とが相俟って、不信感を高めたといえる。

(13) 前掲「機密作戦日誌」十月十五日。

(14) 前掲『昭和六七年海軍戦史　戦紀一』一七九－一八〇頁。

(15) 同右、一六五頁。

(16) 前掲「機密作戦日誌」十二月二十六日。

(17) 同右、昭和七年一月七日。

(18) 今村均『続・今村均回想録』（芙蓉書房、昭和六十一年）一三三－一三八頁。

(19) 海軍軍令部編『昭和六七年事変海軍戦史　戦紀二』五五一頁。

(20) 同右、五五四頁。

(21) 海軍軍令部編『昭和六七年事変海軍戦史　巻三』一九二－一九三頁。

(22) 同右、一九五－一九九頁。

(23) 同右、二〇一－二一〇頁。

(24) 海軍軍令部編『昭和六七年事変海軍戦史　巻二』一三九－一四〇頁。

(25) 島田史料「警備事件関係綴り　四十六　軍令部第二課」一六三頁（東京大学社会科学研究所図書室所蔵）。

(26)「部内一般訓示」（昭和八年公文備考　O巻一）（防衛研究所図書館所蔵）。

(27) 島田俊彦、稲葉正夫解説『現代史資料　八　日中戦争一』（みすず書房、一九七三年）十四頁。

(28)「海軍の軍備並びに戦備の全貌　其の一」（防衛研究所図書館所蔵）。

(29) 前掲『現代史資料　八　日中戦争　一』九－十頁。

(30) 前掲「警備事件関係綴り　四十六　軍令部第二課」一三五－一三七頁。

(31) Nye Commitee Investigation, Preliminary Report, p. 52. 山下正明「ニューディールとアメリカ軍需産業の展開」（『証券研究 vol. 48』一九七六年八月）二〇一頁所収。Stephen E. Pelz, Race to Pearl Harbor (Harvard University Press, 1975) pp. 78-9.

(32) 東郷茂徳『東郷茂徳外交手記』（原書房、一九六七年）一〇三頁。

(33) 伊藤隆「鈴木貞一日記—昭和八年」（『史学雑誌』第八十七編第一号、一九七八年）昭和八年十月四日。

(34) 海軍省軍事普及部「連盟脱退と南洋委任統治」、「斉藤実文書」一一九九頁（国立国会図書館所蔵）。

(35) 本田開『非常時国民全集　海軍編』（中央公論社、昭和八年）特二頁。

(36) 荒木貞夫『嵐と闘う哲将荒木』（伝記刊行会、一九八二年）二七九－二八〇頁。

(37) 伊藤隆他解説『続・現代史資料　五　海軍』(みすず書房、一九九四年)四八〇―四九〇頁。

(38) 海軍関係で特に有名なものに、前掲『非常時国民全集海軍編』、関根群平『皇国の危機　一九三六年に備えよ』(東京兵書出版、昭和八年)がある。

(39) ワシントン軍縮条約締結後に加藤友三郎の思想を継承した後継者達が、昭和二年十月に海軍は野村吉三郎軍令部次長を委員長に省部主要職員からなる軍備制限研究委員会を組織し、結果を岡田海相に翌三年八月に報告した。「極東海面ニオイテ英、米ノ何レカ一国ガ使用シウル海軍兵力ニ対抗シ得」、「尠クトモ台湾海峡以北ノ亜細亜大陸トノ交通線ヲ維持」の二点が結論であった。その後、加藤部長・末次次長の強い主張があったと考えられ、岡田海相により「軍備制限ニ関スル帝国ノ方針」には具体的な海域名が消え、その後、財部海相において、「倫敦海軍会議帝国全権委員ニ対スル訓令案」に、海軍の作戦海面を台湾海峡以北の海域から西太平洋の海域に変化させていた。前掲『帝国国防方針の研究』二八三―二九二頁。

(40) 「次期軍縮対策私見」(石川信吾)及び「軍縮対策私見」(末次信正)。いずれも、前掲『続・現代史資料　五　海軍』。

(41) 伊藤隆「加藤寛治関係文書――昭和八九年を中心に――」(『東京都立大学法学会雑誌』第十巻第二号)昭和四十五年。

(防衛大学校教授)

研究ノート

満洲事変期陸軍の対ソ認識の一面

――真崎甚三郎を中心に――

白石仁章

はじめに

満洲事変[1]が単に日中両国間の事件であっただけではなく、他の多くの国にも影響を及ぼしたことは論を待たない。特に、北満洲（以下北満と略す）に中ソ共同経営の中東鉄道[2]を有していたソ連は、同事変の展開に対して非常に憂慮した。その結果、昭和七（一九三二）年段階でソ連から対日不信の裏返しとも言うべき日ソ不可侵条約の申入れが度々行われた。ところが、このソ連からの提案に対して、日本側がいかに対応したかについては、必ずしも詳細に検討されていないように思われる[3]。そこで、昭和七年段階におけるソ連の日ソ不可侵条約提案に対する日本側対応に関する研究が必要ではないかと思われるが、紙幅の都合もあるので、本ノートでは、同対応の全体像を提示することは不可能である。そこで、本ノートでは当時の陸軍の対ソ認識、なかんずくいわゆる「皇道派」の中から、真崎甚三郎参謀次長の同認識について検討することとしたい。

何故真崎参謀次長を検討の対象にするかについては、若干説明の必要があるかと思われるので、段階的に説明したい。第一に、何故陸軍を検討対象とするかについては、陸軍が日ソ不可侵条約反対勢力の中核と見なされるからである。具体例を挙げると、昭和七年のほぼ前半、外務大臣を務めた芳沢謙吉の発言が残っている。戦後の昭和二二年七月三〇日、外務省調査局が主催し、外務省関係者による日ソ不可侵条約問題をめぐる座談会[4]が開催された。同座談会において、芳沢は、芳沢自身は締結の方向で検討するつもりでいたが、陸軍が乗り気でなかったことを挙げ、「申すまでもなく、満洲事変以来日本の陸軍というものは単に国防機関であったばかりでなく、日本の最強最大の政党であった。この政党が頭を横に振れば何事も出来ない[5]」として、同条約が締結されなかった主要な原因を陸軍に帰している。また、五・一五事件により犬養毅内閣が倒れ、芳沢が外相を退いた後、短期間の斎藤実首相による外相兼任を経て、外相に就任した内田康哉は、周知のように当初日ソ不可侵条約締結に意欲を示し、元老西園寺公望にもその旨を明らかにしたが、陸軍の反対を受けると「あんなものは、とても陸軍で受付けないから、到底出来ません[6]」と、あっさり翻意し、西園寺を失望させた。

　右記二例が示すように、最終的に日本側がソ連からの提案を謝絶する[7]に至った背景には、陸軍の意向が強く反映されていたので、陸軍に注目したのである。

　次に陸軍の中でも、いわゆる「皇道派」に着目する点について説明する前に、本ノートで研究対象とする「皇道派」について簡単に明らかにしておきたい。佐々木隆氏は、昭和六年一二月一三日の犬養毅内閣の成立による荒木貞夫の陸相就任、および翌年一月九日の真崎の参謀次長就任により、それ以前陸軍の主流派であった「宇垣系」に対抗する勢力となった一団を、後の「統制派」と対立した時期の「皇道派」と区別し「原初皇道派[8]」と名付けたが、本ノートで便宜上「皇道派」と呼ぶ集団は、この「原初皇道派」を指す。

　先に記したように、芳沢、内田両外相は、日ソ不可侵条約不成立の原因を陸軍の反対に帰している。彼らは、漠然と「陸軍」と表現しているが、同条約に対しては「宇垣系」は必ずしも反対してはいなかった。北岡伸一氏は、初期内田外交に「宇垣系」の中心人物であった南次郎軍事参議官が深く関わっていたことを明らかにし、特に日ソ関係については「ソ連の実力に対して強く警戒的であった彼等が、ソ連の不可侵条約締結の提議に直面して、これを受容して少なくとも一時的に日ソ関係を安定させようとしたことは当然であった[9]」と、内田外交において、対ソ不可侵条約締結が検討された背景の一つに南の存在があったと主張した。それゆえに、芳沢、内田両外相の言うところの「陸軍」は、決して陸軍全体を指すわけではない。それに対し、「皇道派」の中心人物であった荒木陸相は、私的会談において芳沢外相が日ソ不可侵条約に関し言及した際も「一向気乗りがないような返事をした[10]」ので、陸軍の中でも「皇道派」こそ対ソ不可侵条約締結反対の主体と見なすことが可能であり、本ノートでも注目するしだいである。

最後に、「皇道派」の中でも、特に真崎に注目する理由としては、真崎が「皇道派」の中心人物の一人であっただけではなく、本件に関して比較的史料を残していることが挙げられる。彼は、同年六〜七月に満洲を視察し、帰国後対ソ問題に関して度々発言している。彼の発言は、満洲、特に北満を視察した上での発言であるので、対ソ不可侵条約に最も反対した勢力の中心人物の一人による北満を視察した上で述べた見解として注目に値する。

そこで、本ノートでは、まず前提作業として、第一節において満洲事変勃発以降、真崎が満洲視察に出発するまでの時期の日ソ関係の推移、特に、日ソ不可侵条約締結に向けてのソ連からのアプローチおよび同アプローチに対する日本側の反応、さらには当時日ソ間において度々浮上した問題であった関東軍による中東鉄道利用問題について確認しておくこととしたい。

その上で、第二節において真崎の発言を分析し、その特色を明らかにしたい。

なお、本ノートにおいては、史料引用にあたって旧字をなるべく新字に改めた。

第一節　満洲事変勃発以降真崎の満洲視察までの日ソ関係

昭和六年九月一八日、満洲事変が勃発したが、翌日開催された陸軍省・参謀本部首脳者会同の席において小磯国昭軍務局長による「関東軍ノ今回ノ行動ハ全部至当ノ事ナリ[11]」との発言に反対者が出なかったことに象徴されるように、関東軍の行動を陸軍中央部は黙認する方向であった。しかし、ソ連の影響力の強い北満へ関東軍が進出することに関しては陸軍中央部は強く反対した。特に、関東軍が馬占山軍による洮昂鉄道嫩江橋梁破壊を口実に北満の要衝チチハルへの進攻を企図した際には、中央部の強い反対により同進攻は著しく遅れ、実現したのは橋梁破壊から約一月後であった[12]。また、同進攻後も中央部はチチハルの占領を認めず、チチハルからの早期撤退を主張し、関東軍との対立を深めたのであった[13]。

このような動きに対して、当初ソ連のとった対応は、小沢郁郎氏が「列国が、大声でどちらが悪いとか、ケンカはやめろ、と叫んでいる段階で、ソ連邦は、小声で、俺はまきこまれたくない、と心配気につぶやいている[14]」と表現したように、基本的に満洲事変不介入であった。それゆえに、日本の新聞でソ連による馬占山軍援助の風説が度々報じられた際には、在ソ連日本大使館を通じて度々抗議した[16]が、それ以外には静観姿勢を示していたのであった。

しかし、関東軍がチチハルに進攻し、現実に中東鉄道の権益が危うくなると、対日不信の裏返しとして、不可侵条約を提案し、特に、昭和七年には執拗なまでに度々提案し、昭和七年段階における日ソ関係の重要問題となった。

昭和七年における最初のアプローチは、一月一二日に犬養首相兼外相をトロヤノフスキー在本邦ソ連邦大使が訪問したときになされた。同大使は、前年一二月三一日、フランスからの帰国途中ソ連に立ち寄った芳沢駐仏大使にリトヴィノフ外務人民委員よりなされた不可侵条約締結の申入れ[17]について、犬養の意見を求めた。これに対し犬養は「不侵略協定ノ提議ニ付テハ今初メテ耳ニスル次第ナルカ政府トシテハ慎重研究ヲ加ヘ殊ニ専任外相就任ノ上考慮ノ要アルヘキ処何レニスルモ日本ニハ何等対露侵略ノ如キ意図ナク目下両国間ニ紛議ノ種トシテハ漁業問題[18]位ノモノ[19]」と答えた。

その後、芳沢が帰国し、正式に外相に就任したのだが、その直後に上海事変が勃発した。芳沢によると上海事変の勃発が、日本側の対ソ不可侵条約問題への対応を遅らせたと言う。すなわち、「上海事件という大きな激戦が毎日繰り返されて居る。（中略）そんな関係で不侵略条約締結というような比較的閑事業のように思はれて居ることを当時政府に持出しても認められる訳がない。そこで私はベター・コンヂションを見出すまでは持出せないと思って居ったのであります。即ち不侵略条約締結の交渉につきましてはまだ日本政府の議を纏めるまでに段階が達しなかったのであります[20]」という状態であった。そして、芳沢が外相を務めた時期における日ソ不可侵条約をめぐる日本側の積極的対応を示す史料は、管見の限り見当たらない。

一方、上海において共同租界当局が戒厳令を施行し、警備位置に移動中の日本軍と中国軍が衝突し、上海事変が勃発した昭和七年一月二八日のまさに同日、関東軍は居留民保護といった口実のもと北満洲の重要地ハルビンへの出兵を決定した。しかし、同出兵にあたっては、中ソ共同経営の中東鉄道により兵を輸送する必要が認められ、同日百武晴吉ハルビン特務機関長（中佐）は、クズネツオフ中東鉄道副理事長に対して「兵乱拡大ノ際日本軍ノ哈爾賓ニ進出スル必要生シ将来東支鉄道ヲ右軍隊輸送ニ使用スルコトアルヘキ旨申入レタ[21]」のであった。これに対し同副理事長は、彼個人では判断しかねる問題であるので、モスクワに電報し判断を仰ぐ旨を約した。しかし、一方で居留民保護のためハルビンへの出動命令を受けた長春駐屯の第三旅団が、長春寛城子駅長より鉄道利用を拒絶された。一方、反吉林軍救援のため出動準備中であった吉長鉄道守備中国兵も中東鉄道利用を望んだが、拒絶されたため、寛城子駅を占拠し列車を抑留監視する挙におよんだ。このため、駅長以下列車従業員が逃走し、第三旅団は満鉄社員により中東鉄道を運転させ、ハルビンに向かった[22]。

このように中東鉄道をめぐる問題が悪化する中、二八日、日本政府は広田弘毅在ソ連邦大使に、ハルビン方面への出兵に関して「右派兵ハ同方面在留邦人保護ノ外他意ナク固ヨリ東支ニ対スル『ソヴィエト』聯邦ノ権益ヲ侵害スルカ如キ意志ハ全ク無之現ニ右兵員ノ輸送ニ当リテハ東支ニ対シ所定ノ賃金ヲ支払フヘキニ付我方ノ真意ニ付誤解ナキ様[23]」ソ連政府に説明するように訓令した。翌日広田大使は、カラハン外務人民委員代理と会見して説明に努めたが、カラハンは「日本側カ斯ル行動ニ出テラレタルハ或ハ政策ノ変更カトモ思ハル斯クテハ蘇側トシテハ之ヲ黙視スル能ハス或ハ右日本軍ノ行動ニ対シ抗議スルノ已ム無キニ至ルヤモ計ラレス」と抗議した。しかし、一方では中東鉄道が中ソ共同経営であるので、クズネツオフ副理事長に対して「蘇政府ハ若シ支那側ニ於テ承諾セハ異議ヲ唱フル必要無キ旨ヲ回訓シ[24]」たことを明らかにした。同回訓を受けて、同副理事長は中東鉄道の中国側と協議し、両者の間に日本軍輸送に関する妥協が成立した旨を、三〇日、百武特務機関長に明らかにした[25]。さらに、二月二日には中東鉄道管理局長より正式委任を受けた同鉄道南部線運転監督ジェシコと第二師団参謀長との間に、中東鉄道による軍事輸送に関する協定が結ばれ、本件は無事解決した[26]。

その後、二月二一日になり、一面坡付近における在留邦人の危機が伝えられ、関東軍は中東鉄道東部線を利用して、在留邦人保護に向かおうとして、中東鉄道当局と交渉した。しかし、中東鉄道中国側は同利用を認めたが、ソ連側はモスクワに請訓中として容易に応じなかった。そこで、二五日に在ソ連邦広田大使に対して事情説明の上、ソ連側の承認をとりつけるよう訓令電が発せられた[27]。しかし、同電報と入れ違いに、二四日、カラハンは広田を呼びだし、今回の鉄道利用の申入れが日本政府の了解を得て行われた申入れか否かについての確認を求めた。これに対し広田大使は、本国に照会する一方、回答到着前の二七日、カラハンと再度会見して、「目下東支東部線沿線ノ日本臣民ハ事態ノ急迫ニ依リ事業モ財産モ捨テ続々哈爾賓方面ニ引揚ケ居レル状態ナルカ尚二万有余ノ在住日本臣民アルコトトテ到底全部ノ引揚困難ナルヲ以テ軍トシテハ一刻モ早ク派兵ノ必要ニ迫ラレ居ルニ付右軍隊輸送ノ為東部線ノ利用方ニ対シ速ニ『ソヴィエト』政府ノ同意ヲ得度キ[28]」と申入れた。カラハンは一旦別れた後、同日午後一一時半に一二時より再度面会したい旨を連絡してきた。席上カラハンは、日本軍の中東鉄道利用は、満洲における鉄道の軍事的利用を相互に禁止したポーツマス条約に抵触する可能性のあることを指摘した上で、「日本政府ニ於テハ『ソヴィエト』政府ニ対シ今回ノ依頼ヲ為スニ至リタル特別ノ事態ヲ指示スルコトニ依リ殊ニ又在満支那官憲及東支支那側理事ニ於テハ東支東部線ニ依ル日本軍輸送ノ許可方ヲ依頼シ居ル点ヲ考慮シ『ソヴィエト』政府ハ例外的且臨時ノ措置トシテ東支『ソ』側理事ニ対シ日本軍ノ現定数ヲ一面坡駅迄又万一ノ場合ニ限リ海林駅迄輸送許可方指令スヘキコトニ同意ス(29)」とし、本件は一応の決着を見た。

以上のように、中東鉄道問題に関して、ソ連側は対日譲歩を重ねる一方で、不可侵条約の提案も再びなされるようになった。三月一六日、一般軍縮会議出席のためジュネーヴ滞在中のリトヴィノフは、同様にして同所滞在中の松平恒雄在英国大使と会見して「満洲ニ於ケル目下ノ状況ニテハ『ソ』側ノ懸念未タ一掃サルルニ至ラス何トカ日『ソ』間ニ不侵略条約其ノ他ノ方法ニ依リ互ニ疑惑ヲ去ルコト肝要ナリ」との意見を示した。これに対して松平大使は「既ニ双方ニ於テ何等侵略ノ意ナキヲ確カメタル際動モスレハ他国ノ猜疑ヲ蒙ルカ如キ取極ヲ結フハ現下ノ状況ニ於テ却テ面白カラス(30)」と反論した。

なお、翌月二五日松平大使は、米国のスティムソン国務長官とジュネーヴで会見したが、この際にも日ソ不可侵条約の問題が話題にのぼった。スティムソンは「日本側ニ於テ右条約締結ヲ拒絶セラレタル為露国側ハ日本側ノ真意ヲ疑ヒ居ルモノニ非スヤ」と尋ね、これに対し松平は「日露双方ニ於テ不侵略ノ意明カナル際又露国側ニ於テ果シテ条約尊重履行ノ誠意アルヤ否ヤモ篤ト確メサルヘカラサル状態ニアル此際殊更右ノ如キ条約ヲ締結スルコトハ彼我政府ニ於テ之ヲ控ヘ居ルモノカト思ハルルモ今日迄之ニ応セサルコトハ露国ニ対シ侵略ノ意思ヲ有スルモノニ非ス(31)」と説明した。

一方、ソ連側は、外交交渉に頼るだけではなく、日ソ不可侵条約問題への一般の関心を喚起するための工作も進めた。五月一五日のイズヴェスチヤ紙上において、同紙主筆のカール・ラデックが、日ソ不可侵条約問題を中心に、当時の日ソ関係全般に関する見解を発表した。まず、日ソ両国は不戦条約に参加している以上、さらに不可侵条約を結ぶ必要はないとの議論に対しては、中国も不戦条約に参加していることを挙げ、「日本ハ果シテ極東ニ於ケル事態ノ紛糾セル今日蘇聯邦トノ関係ニ於テ有ラユル係争問題ヲ平和的手段ニ依リテ解決スル具体的義務ヲ負フノ意思アリヤ」と疑問視した。また、漁業に関する問題を解決した後、不可侵条約等の政治的問題の解決を図るべきとの議論に対しては、「地ノ中テ魚ヲ捕ヘントスルニアラスンハ不侵略条約ノ締結カ漁業問題ノ解決ニ何ノ支障アリヤ」と一笑に付している。次に、ソ連側が極東に集中しつつある軍隊を引揚げれば、日ソ間の政治的問題は解決するとの議論に対しては、的外れの議論であり、「問題ノ根本ハ日本軍隊カ満洲ニ侵入シ蘇聯国境ニ移動シ東支ニ於ケル蘇聯ノ経済上ノ利益ヲ尊重セサルコト及白党カ日本軍ノ保護ノ下ニ東支ニ対シ絶エス損害ヲ与ヘ蘇聯邦トノ紛争ヲ挑発セントスルニアリ且日本政府ハ今ニ不侵略条約ニ関スル蘇政府ノ提議ニ対シ回答ヲ与ヘサルナリ之等ノ点コソ問題ニスヘキナレ蘇聯領土内ニ於ケル蘇軍ノ移動ノ如キハ問題トスヘキ筋合ニアラス」と断じた。その上で、「日蘇関係ノ紛糾ヲ除ク為ニハ相互ノ理解ヲ齎ラシ総ユル係争問題ノ平和的解決ヲ容易ニスル不侵略条約ヲ締結スルコト必要ニシテ其時機夙ニ到来シ居レリ[32]」と結論した。

その後、真崎の満洲視察まで日ソ不可侵条約の問題も含め、日ソ間に特に目立った動きは見当たらない。

ここで、当時のソ連側による対日対応の特色について、若干整理を試みたい。

特色の第一点は、前年の対日静観の姿勢と比して、対日譲歩的姿勢が目立つことである。特に、関東軍による中東鉄道利用問題の際に示したソ連の姿勢は、象徴的である。

特色の第二点としては、日ソ不可侵条約に関しては、昭和七年後半段階と比して、この段階では必ずしも積極的ではないことである。確かに、既述のごとく外交当局からの度々のアプローチがあり、さらにはラデックの論説もあった。しかし、昭和七年後半、満洲国承認問題および中東鉄道売却問題と日ソ不可侵条約問題をリンクさせて交渉した[33]時期に比べれば、ソ連側の姿勢は必ずしも積極的ではないと位置づけられる。

第二節　真崎の満洲視察および対ソ認識

真崎参謀次長は、昭和七年六月一七日参内し、拝謁して満洲視察の目的を「関東軍ノ作戦方針ハ中央ノ意図ヲ十分ニ解セザルモノガアリマス。此ニ就テハ電報ニテ屢々往復シマシタガ十分ニ通ゼザル点モアリマス。又満洲国政府ト軍ノ業務ニ於テ円滑ヲ欠ク嫌アルモノモアリマス。此等ノ実状ヲ視察シマシテ適切ナル指導ヲ与ヘ得ル様ニ致シ度イト考ヘテ居リマス[34]」と語った。そして、翌日石本寅三中佐、原田貞憲大尉および陸軍省より派遣された磯谷廉介大佐を同道して東京を出発、満洲各地を視察し、七月八日大連より帰国の途についた。

同視察は、右記のような目的で行われたため、真崎日記を確認したが、対ソ問題に関する記述は必ずしも多くない。しかし、六月二六日から二九日まではハルビンに滞在し、この間本庄繁関東軍司令官、広瀬寿助第一〇師団長等から意見聴取した際には、対ソ問題についての言及も少なくなかった。また、同二七日にはクズネツオフ中東鉄道副理事長、ルーディー同管理局長、スラヴィツキー在ハルビンソ連邦総領事とも会見しているので、ハルビンにおける各種の聞込みが帰国後の対ソ問題に関する意見開陳に役立ったと位置づけられる。

帰国後、視察全体の所感について、七月一五日参内して満洲視察談を言上し、特にソ連の状況についても述べるところがあった。同視察談に関しては「満洲視察所感口頭復奏案」[35]（以下「復奏案」と略す）として、記録が残っている。同記録は、全九個の部分から成り立ち、特に八番目の部分が「蘇国ノ情態ニ就テ」と題された対ソ問題についての見解を述べたものであった。その上で、九月一六日参内して陸軍軍事学の一つとして「『ソ』聯邦ノ東方政策ニ就テ」[36]と題して御進講した。同御進講に関しても御進講案草稿が残っているので、これらの史料をもとに幾つかの特色を指摘してゆくこととしたい。

まず、第一点としてソ連の極東への軍備増強状況が御進講で詳細に報告されていることが挙げられる。極東地方への配備は「其総数歩兵約九師団、騎兵三乃至四旅団其他ニシテ兵数約十万ト判断セラル」としている。しかも、兵数が増強されただけではなく兵器、軍需品等の輸送も多く、特に航空機に関しては「航空路カ浦塩ニ延長セラル、予定ニシテ之ニ伴ヒ新鋭機タルＡＷＴ14型機ノ浦塩ニ現出ヲ見ルヘク該機ハ戦時直チニ軍用機ニ改装シ、浦塩附近ヲ基点トシ我本土ノ西半部ヲ悠ニ爆撃シ得ル精能ヲ有スル於《(ママ)》テ特ニ帝国防空ノ忽ニスヘカラサルヲ痛感スルモノナリ」[37]と、その危険性を訴えている。

第二点としては、ソ連の対日譲歩姿勢を強調していることが挙げられる。ソ連の態度を「帝国トノ衝突ヲ避ケ消極的ニ満洲国ニ於ケル自国権益ヲ擁護セントスルモノナリ」[38]と評している。そして、このような評価の根拠の一つとなったのが、前節でも度々問題になった中東鉄道利用問題であった。六月二六日の日記には、広瀬中将からの情報として対ソ関係として「東支鉄道ハ日本奪《(ニ欠カ)》ハルル考ヲ持チ、車輌モ撤収セシ程ナリシガ、最近ニハ三時間以内ニハ発車シ得、出先ニテハ良好ナル関係ニアリ」[39]との情報を得た。また、六月二七日長岡半六在ハルビン総領事代理主催の茶話会において、クズネツオフ中東鉄道副理事長、ルーディー同管理局長、スラヴィツキー在ハルビンソ連邦総領事、スバルク同総領事秘書、李紹庚中東鉄道中国側督弁等と同席した際に、スラヴィツキー総領事が「日蘇現在ノ円満ヲ称ヘ」たのに対して、真崎は「予ハ最初ニ心配セシモ、現状ニ立至リシコトハ御互ニ慶賀ニ堪ヘザル旨ヲ述べ[40]」た。そして、右記の諸情報にもとづいたと思われるが、「復奏案」においても、「東支鉄道輸送問題（今日ハ電話ニテ申込ムトモ三時間以内ニ我カ要求ニ応シ得ト云フ）[41]」と語った。そして、御進講においても、ソ連側が「皇軍ノ東支鉄道使用ニ関シテモ最近概シテ我要求ヲ容認シアル[42]」と報告した。

そして、このようなソ連による一方における極東への軍備増強、他方での対日譲歩の姿勢を総合して、ソ連に日本攻撃の意図はなく、極東への軍備増強も攻撃のためではなく、防衛を目的としていると断じている。ここで、彼の右記の分析がどのように形成されていったのかについて、検討することとしたい。日記においてソ連の軍事力問題に触れているのは、六月二七日の日記で小松原中佐と会見した際に同中佐はソ連についてとして「事変前イルクツク以東ニ五師団アリシ。今ハ九個、キ兵師団一個アリ。其他事変前ノ二倍ニ増ス」と、急速に増強されていることを伝えた。しかし同増強について、「従来東洋ニ無関心ナリシ為、事変後大ニ恐慌ヲ来タシ今日ハ防備ニ堪ユル丈処置セリ（中略）全兵力ノ七分ノ一ヲ極東ニ置クコトハ経済上ヨリモ困難ナリ。故ニ日本ニ抗争スル力ナカン《（ラ欠か）》。従テ日本ガ合法ニ日本《（ママ）》ガ出ヅレバ露ハ反対セザルベシ[43]」と分析した。他に日記中にソ連の極東への軍備増強に関する記述が見当たらないので、真崎の同増強に対する観測に、小松原の分析は多大な影響を及ぼしたと位置づけられる。そして、「復奏案」においては、「曩ニ蘇国ハ欧露ヨリ極東ニ増兵シタル目的ハ我軍ノ行動ヲ過度ニ恐怖シ専ラ保境ノ目的ヲ以テ行ヒタルモノト判断セラル要スルニ蘇国ハ自国ノ現状対日抗争ニ不利ナル状態ニアルヲ以テ日本ヨリ進ンテ戦ヲ挑マサル以上ハ彼ヨリ進ンテ積極的行動ニ出ルコトナカルヘシト観察ス[44]」と報告した。また、御進講においても「『ソ』聯邦ノ軍事行動ハ赤軍ヲ積極的ニ北満ニ侵入セシメムトスル為ノ準備ト観ルヲ得スシテ目下ノ処寧ロ自国国境ノ防衛ニ在ルカ如シ[45]」と述べた。右記二例は、まさに小松原の分析にもとづいて報告したものと認められる。

その上で、御進講においては、日ソ関係の現状について憂慮すべき点はないと二度にわたって強調している。一度目は、満洲における共産党員によると目される破壊活動の状況を述べた後にソ連の表面的平和政策は信用できないとしつつ、「然レトモ帝国ハ努メテ『ソ』聯邦ト善隣関係ヲ継続スル方針ノ下ニ関東軍ノ行動モ『ソ』聯邦ノ権益ヲ尊重シ且相互誤解発生ノ原因ヲ作ラサルコトニ留意シ又此ノ主旨ニ基キ満洲国政府ヲ指導シアリ従テ現下日『ソ』両国々交ニ就テ憂慮スヘキ状況ヲ認メス(46)」と結論した。さらに、御進講は「一、東方経略ノ経緯」、「二、極東『ソ』領及西伯利ノ経営」、「三、満洲事変ニ伴フ『ソ』聯邦ノ対策」、「四、将来ニ対スル観察」の四つの部分から成立つが、その結論にあたる「四、将来ニ対スル観察」の冒頭において、「叙上ノ如ク、目下日『ソ』両国関係ハ比較的良好ニシテ憂慮スヘキコトナキカ如シ(47)」と断じている。

もっとも、現在は憂慮すべき点はないが「将来ニ就テハ決シテ楽観ヲ許サヽルモノアリ(48)」として、将来的にはソ連が日本にとって脅威となる可能性は認め、ソ連の赤化宣伝の重点が東洋に向けられていること、五カ年計画により軍備が増強されていることを挙げ、国力増大に伴いソ連による対東方積極策実現の可能性を認めた。そして、御進講の最後には「帝国トシテハ予メ充分ノ準備ト覚悟ヲ要スルモノニシテ準備アリテ初メテ『ソ』聯邦ノ積極政策ヲ制シ東洋ノ平和ヲ確保シ得ルモノト信ス(49)」と結論した。

興味深いことに、「復奏案」においては、日ソ関係の現状においては、何等憂慮すべき点はないと言ったような記述は見当たらない。むしろ、将来におけるソ連の脅威については「彼カ現国力ノ関係上已ムヲ得ス目下一時的ニ親善ヲ表シアルモ裏面ニ於ケル憤懣ハ大ナルモノアリト推測セラル従テ帝国カ第三国トノ関係悪化シ満蒙ニ十分ナル力ヲ発現シ能ハサル情勢発生シタル場合ニハ自ラ積極的行動ニ出ルコトアルヘク或ハ第三国ヲ誘因又ハ利用シテ策動ヲ試ミ勢ノ激スル処或ハ武力抗争ヲ出現スルコトナシトセス故ニ帝国トシテ彼ノ来ラサルヲ恃ムコトナク待ツアルヲ恃ムコト必要ナリト信ス(50)」と、むしろ将来におけるソ連の脅威を御進講に比して非常に重視した。

「復奏案」から御進講までは約二カ月あったが、この間に将来におけるソ連の脅威を重視する姿勢から、現段階において憂慮すべき問題がないとの姿勢へ変化したが、この変化をもたらした根拠について、検討したい。

その根拠としては、二点考えられる。第一点は日ソ漁業取極の締結が考えられる。すなわち、犬養をして日ソ間において紛議の種は漁業問題位だと言わしめた漁業問題が八月一三日に日ソ漁業取極として結実し、日本側にとって納得ゆく形で決着を見ていることが、ソ連の更なる対日譲歩と見なされ、現段階においてソ連との間には何等憂慮すべき問題がないという結論になったとみなすことが出来る。

第二点としては、日ソ不可侵条約問題への対応が挙げられる。内田が外相に就任したのは七月六日だが、八月段階で日ソ不可侵条約をめぐる積極的動きがあったことを北岡氏が「南次郎日記」を利用して明らかにした。すなわち、八月一三日には内田が南に、翌日には斎藤首相が南にそれぞれ日ソ不可侵条約について語った[51]。そして、同二七日の閣議決定「国際連盟より見たる時局処理方針案」の「別紙乙号（対列国策）」には「予テ蘇聯ヨリ我方ニ対シ不可侵条約締結方ヲ申出テ居ル次第ナル処満洲国ノ安定ヲ計ルト共ニ帝国ノ立場ヲ拘束セサル見地ヨリシテ同国ト蘇聯又ハ帝国ト蘇聯トノ間ニ条約ノ形式ニ依ラス何トカ不可侵的意図ヲ相互ニ表明スル等ノ方法ニ依リ成ルヘク日蘇関係ノ緩和ヲ見ル[52]」方針が確認された。この後既述のとおり、内田外相に対して陸軍（皇道派）から圧力がかかり、内田は翻意したのだが、彼が西園寺に対して陸軍の反対により日ソ不可侵条約を断念したと語った時期を正確に特定することは、『西園寺公と政局』に時期を確定できる記述がないため困難である。しかし、本件を原田が口述したのは、九月一七日までであるので、それよりしばらく前に内田は日ソ不可侵条約締結を提案し、陸軍、特に「皇道派」の反対を受けて挫折したことになる。そして、真崎の御進講が九月一六日であるので、同御進講は内田による日ソ不可侵条約締結論が展開された直後である。南等がソ連の実力に対して警戒的であり、それゆえに不可侵条約締結を主張していたことに比し、真崎は御進講においてソ連の実力について警戒する必要を認めておらず、両者の見解は正反対であるので、不可侵条約をめぐる両者の対立の原因としてソ連の現状に対する認識の相違が挙げられる。そして、御進講における、真崎の対ソ関係に関しては憂慮すべき点なしとの見解には、対ソ不可侵条約を主張する南一派に対する牽制の側面があったと位置づけられる。

おわりに

真崎の満洲視察および同視察にもとづく復奏および御進講記録を検討することによって、日ソ不可侵条約問題をめぐる当時の「皇道派」と「宇垣系」（南一派）の対立要因をある程度明らかにすることが出来たかと思われる。

しかし、昭和七年段階における日ソ不可侵条約問題による陸軍内部の対立に関しては、本ノートでは、「皇道派」を中心に、両者の見解の相違が顕在化した時期までをまとめたが、今後「宇垣系」の本件に対する見解をより掘下げて検討し、さらには両者の見解の相違がこの後どのような展開を見せてゆくかについても検討してゆきたい。さらに、陸軍だけではなく、政治家、外交官、海軍軍人などが日ソ不可侵条約に対してどのように対応したかとの点も合わせて検討してゆきたい。これら諸問題について詳細に検討した上で、昭和七年段階における日ソ不可侵条約問題への日本側対応の全体像を明らかにすることが筆者に課せられた今後の課題である。

註

(1) 現在の中国東北地域に関しては、本ノートでは当時日本側が用いていた呼称である満洲(「 」を付すべきところであるが、煩を避けるため本ノートでは省略する)を用いることとする。

(2) 本ノートにおいては、同鉄道の名称に関しては、当時中国側が用いていた正式名称「中東鉄路」を重視して、中東鉄道とした。しかし、史料引用にあたって史料原文に「東支鉄道」が用いられている場合には、そのまま引用した。

(3) 本件に関する優れた先駆的業績として平井友義「満州事変と日ソ関係――不侵略条約問題を中心に――」(『国際政治』三三号所収)があり、多くの教示を得た。しかし、同論文が書かれた時期(昭和四〇年)と今日では、当然のことながら利用可能な史料が格段に増えている。すなわち、本ノートでも用いた多くの日記等の史料が公開され、当該期の『日本外交文書』の編纂もすでに終了し、さらにはロシア側の史料も公開されている状況で、本件研究も新たな段階に進められるのではないかと思われる。

また、平井氏以降の業績としては酒井哲哉「日本外交におけるソ連要因(一九二三―一九三七)」(『大正デモクラシー体制の崩壊 内政と外交』東京大学出版会、平成四年)が挙げられる。酒井氏は日ソ不可侵条約問題をめぐって、皇道派を主とする陸軍と海軍が対立し、その原因は予算問題をめぐる両者のセクショナル・インタレストにあったとしている。しかし、本件をめぐる陸軍内部の意見対立に関しては、ほとんど言及されていない。

(4) 昭和二二年七月三〇日、外務省において外務省調査局長主催のもと開催された座談会。その目的は「『ソ連による不侵略条約提議問題』に関する我方態度決定に至れる経緯の詳細を明らかにすること」であった。同座談会には外務省OBとして芳沢謙吉、石射猪太郎、有田八郎、松島肇、杉下裕次郎、堀田正昭、武者小路公共、山川端夫、酒匂秀一等が出席した。

(5) 外務省記録日 B. 1.0.0.J/R 5「日ソ不可侵条約問題一件」(以下、「座談会記録」と記す)。

(6) 原田熊雄述『西園寺公と政局(第二巻)』(岩波書店、昭和二五年、三六七頁)。なお、内田の態度に対して西園寺は「まるでこちらから勧めた話のように言ってゐた。あんな調子ではまことに困ったものだ」と、原田に不満を漏らした。

(7) 昭和七年一二月一三日付、内田外務大臣よりトロヤノフスキー存本邦ソ連邦大使に提出された日本政府口上書により正式に謝絶した。なお、同口上書の内容については、『日本外交文書』昭和期Ⅱ第二部第一巻(昭和七年対欧米・国際関係、以下Ⅱ二部一巻と略す)二九一文書(四一七頁)を参照願いたい。

(8) 往々木隆「陸軍『革新派』の展開」(年報近代日本研究1『昭和期の軍部』山川出版社、昭和五四年)二五頁。

(9) 北岡伸一「陸軍派閥対立(一九三一―一九三五)の再検討」(前掲『昭和期の軍部』)七五頁。

(10) 前掲「座談会記録」。

(11) 防衛庁防衛研究所図書館所蔵「満州事変作戦指導関係綴」(其の二)。

(12) 同鉄道の敷設過程および同鉄道敷設の意義については、

拙稿「シベリア出兵後日本の北満進出課程の一考察――洮昂鉄道敷設問題を中心に――」(『外交史料館報』第六号)を参照ありたい。

(13) 同進攻の政策決定過程については、拙稿「チチハル進攻問題の再検討――嫩江橋梁破壊事件からの拡大過程を中心に――」(『外交史料館報』第一三号)を参照ありたい。

(14) チチハルからの撤退をめぐる陸軍中央部と関東軍の対立に関しては拙稿「チチハル撤退と日ソ関係――11月20日広田・リトビノフ会談を中心に――」(『現代史研究』第三七号)を参照ありたい。

(15) 小沢郁郎「満州事変におけるソ連邦の対日政策(上)」(『政治経済史学』第八二号、昭和四七年)六頁。

(16) 同抗議については、拙史料紹介「外交記録の日露比較――一九三一年一一月七日広田・カラハン会談を中心に」(『外交史料館報』第八号)を参照ありたい。

(17) 外相就任のため帰国途上の芳沢大使をリトヴィノフが午餐に招き、同席上リトヴィノフは「外国の軍国主義者などが日ソ両国間の関係を悪化させたいというような考だろうと思うが、種々な策動をやって居るが、これらの策動を封ずる為には日ソ両国間に不侵略条約を締結した方がよいと思う」(前掲「座談会記録」芳沢の発言)と提案した。

(18) 昭和三年に日ソ漁業条約が結ばれたが、その後の漁区取得に対するソ連側の進出は急速かつ顕著であり、日本漁業者が圧迫され、漁業条約の不備欠陥を補うための交渉の必要が認められた。そこで、昭和六年九月よりモスクワにおいて現行漁業条約を変更せず、漁業に関する各種の係争問題を根本的に解決するための商議が続けられ、翌年八月一三日「日ソ漁業取極」が締結された。

(19) 昭和七年一月一二日付、犬養外務大臣、トロヤノフスキー存本邦ソ連邦大使会見録。前掲Ⅱ二部一巻第二七三文書、三九〇頁。

(20) 前掲「座談会記録」。

(21) 外務省調書、昭和八年一月、欧米局第一課編「満洲事変ニ関聯スル日『ソ』間折衝」(調書集、欧米周一課編「日『ソ』関係」、以下「日ソ間折衝」と略す)、第二章五頁。

(22) 昭和七年一月二八日発、林寿夫関東庁警務局長より永井松三外務次官宛電報コ第四八号。前掲Ⅱ二部一巻第二二九文書、三四五頁。

(23) 前掲「日ソ間折衝」第二章、一〇頁。

(24) 昭和七年一月三〇日発、在ソ連邦広田大使より芳沢外務大臣宛電報第六一号。前掲Ⅱ二部一巻第二三二文書三四七頁。

(25) 昭和七年一月三〇日発、在ハルビン大橋総領事より芳沢外務大臣宛電報第八七号。前掲Ⅱ二部一巻第二三三文書、三四八頁。

(26) 昭和七年二月二日発在長春田代領事より芳沢外務大臣宛電報第三三号。前掲Ⅱ二部一巻第二三六文書、三四九~五〇頁。

(27) 前掲「日ソ間折衝」第二章、七〇頁。

(28) 同右、九三頁。

(29) 同右、九七~八頁。

(30) 昭和七年一二月、外務省欧米局第一課編『第十四議会用調書』上巻一二~三頁。なお、松平の対応については、前記座談会において、石射猪太郎が芳沢に「これは別に本省の訓令によってのことではないでせうね」と尋ね、芳沢も「本省の訓令によって松平大使が交渉したとは思はない。即座の、松平君の思い付きで答弁されたものだと思ってます」と述べた。

(31) 昭和七年四月二六日発、在ジュネーヴ沢田連盟事務局長発芳沢外務大臣宛電報第四一二号。前掲Ⅱ二部一巻第二七九文書、四〇一頁。

(32) 昭和七年五月一六日着、在ソ連邦広田大使より芳沢外務大臣宛電報第三一九号。前掲Ⅱ二部一巻第二八〇文書、四〇四～五頁。

(33) 例えば、国際連盟理事会出席のため訪欧する途上の松岡洋右国際連盟代表がモスクワを訪れた際に、昭和七年一一月四～六日の三日間にわたり、リトヴィノフ、カラハン、ラデックのそれぞれから松岡に対して満洲国承認問題は、日ソ不可侵条約と結びつけて考慮したいというソ連側の意向が強調された（前掲外務省欧米局第一課編『第十四回議会用調書』上巻一三－四頁）。

(34) 伊藤隆他編『近代日本史料選書1－1 真崎甚三郎日記 昭和七・八・九年一月～昭和十年二月』（山川出版社、昭和五六年〔以下、『真崎日記』と略す〕）四七頁。なお、当時の侍従武官長奈良武次の日記には「午后二時半真崎参謀次長、満州出張に付き拝謁」（波多野澄雄他編『侍従武官長奈良武次日記・回顧録 第三巻 日記（昭和三年～八年）』（柏書房、平成一二年刊）四四六頁。なお、同書については、以下『奈良日記』と略す）とある。

(35) 国会図書館憲政資料室所蔵、真崎甚三郎文書「満洲視察所感口頭復奏案」（以下本文同様「復奏案」と略す）。なお、奈良日記には「午后三時より真崎参謀次長、満州視察談言上、賜茶」とある（前掲『奈良日記』四五三頁）。

(36) 同文書「御進講案草稿 昭和七年九月 『ソ』聯邦ノ東方政策ニ就テ」（以下「御進講案」と略す）。なお、奈良日記には「十一時より陸軍々事学（蘇国の東方侵略策《（ママ）》）」とある（前掲『奈良日記』四六七頁）。

(37) 同右。

(38) 同右。

(39) 前掲『真崎日記』六〇頁。

(40) 同右、六四頁。

(41) 前掲「復奏案」。

(42) 前掲「御進講案」。

(43) 前掲『真崎日記』六三頁。

(44) 前掲「復奏案」。

(45) 前掲「御進講案」。

(46) 同右。

(47) 同右。

(48) 同右。

(49) 同右。

(50) 前掲「復奏案」。

(51) 前掲「陸軍派閥対立（一九三一－一九三五）の再検討」七五頁。

(52) 外務省編『日本外交年表竝主要文書』下巻（財団法人日本国際連合協会、昭和三〇年）二一〇頁。なお、同閣議決定における対ソ問題に関する決定について、北岡氏は「他の列国に対する関係への配慮（「帝国ノ立場ヲ拘束セサル見地」）や、荒木の反ソ論と折衷・妥協させた形で、対ソ関係改善の方向を打ち出したもの」と位置づけた（前掲「陸軍派閥対立（一九三一―一九三五）の再検討」七五頁）。

なお、本ノートで述べた見解は筆者の個人的なものであり、筆者の属する団体の意見を代表するものではない。

（外務省外交史料館外務事務官）

研究余滴

熱河・関内作戦雑感

米本敬一

はじめに

関東軍による熱河作戦は、長城線を巡る戦闘が拡大して関内作戦に発展した。その結末は塘沽停戦協定（以下塘沽協定という）を中国側と結ぶことで収束した。それにより満州事変が幕を閉じ同時に満州国の建国の最終段階が終りをつげた。

即ちこれら作戦と塘沽協定により、満州国建国時点において日満の実質支配が確立されていた東北三省（吉林省、奉天省、黒龍江省）に加え、形の上では満州国の領域に組み込まれていたものの、日満の実質支配が及ばなかった熱河省を名実ともに満州国の領域とし、同時に中国の河北省内に長城線に沿って非武装地帯を設けたことより実質的に中国との国境線を設定し、且つ中国の主要な軍事力を国境線の遥か後方に後退させ、満州国西面の安全保障の態勢を築いたことである。

しかしながら最終的には日本側の主張を大方呑みこんだ形での塘沽協定の締結という姿で決着した熱河作戦は、作戦当初の順調な滑り出しにくらべ、その後の展開は必ずしも順調に推移したとばかりとは言えない経緯があり、ために戦線も河北省内に展開するいわば熱河作戦を拡大する形での関内作戦を発動する事態となった。

この熱河作戦・関内作戦の発展過程を見るとき、このような戦局の展開は恐らく熱河作戦を発動した時点の関東軍の予想の範囲を越えていたように思えてならない。

本稿は、そのような観点から、作戦の展開過程を辿ることで、作戦の節々でのその〝特性〟或いは背景等も探ることにより、二つの作戦を振り返ってみることを意図したものである。

一　北支施策

関東軍は熱河問題解決の一手段として「北支施策」と称する反蒋勢力を支援する政治工作を意図していた。華北は国民革命によって蒋介石を中心とする国民党政府（中華民国国民政府）に組み込まれたものの、一部には華北の中央化に抵抗感があり、機会があれば自らの手による地方自治政府的な組織の樹立を模索する意識があったと言われている。

一方日本（軍部）の中にも「国府」が強大となり、反日化することに警戒感を募らせていた向きもあったこと等から、この際華北の自治政府的組織樹立の気運に乗じて親日的地方政権の誕生を支援しようとする意図があった。大雑把に言えばこれが「北支施策」と呼ばれるものである。

一九三二（昭和七）年六月九日、関東軍参謀長は参謀本部総務部長への電文の中で熱河計略に関連して「北支施策」に触れ、「（前略）右熱河計略ハ北支政変ト呼応シテ反満運動ノ根源ヲ一挙抜本的ニ根絶シ得ル事ヲ待望ス（後略）[1]」と述べている。つまり熱河作戦は「北支施策」に関連させながら行うべきが望ましいということである。即ち施策工作を具体的に進めるためには軍の作戦を梃子に利用し、又逆に作戦を有利に進めるためには反蒋組織の工作を利用するといったパターンのものである。従って熱河作戦が、「北支施策」のための或種の陽動作戦と言われるのもこのような由来からである。熱河作戦開始下令直前の二月一三日、天津特務機関に板垣征四郎少将が派遣されたのはその辺の事情を物語っている。

この「北支施策」には幾つかの具体的な動き（例えば、北京のクーデターに連携して灤東方面にある宋哲元の軍が北京に向かって行動を起すといった情報）があったものの、反蒋組織に対する国民政府側による分断、懐柔等の切り崩しにより、充分な成果が挙げられないまま、熱河—関内作戦は終了した。

二　作戦の概要

満州国の建国宣言は、一九三二（昭和七）年三月一日に行われた。その領土構成は吉林・奉天・黒龍江並びに熱河の四省である。しかし熱河省を除く三省は国民党政府との決別を宣言した上での建国参加であるのに対し、熱河省はや、その趣を異にした経緯があり、日満側は熱河省側に満州国への実質参加を働きかけて来た。しかし熱河省は地理的にも中国本土（河北省）に接していて中国側の影響を強く受け、省内も張学良の力が根強いこと等から熱河省首席の湯玉麟の去就は、中国側に傾く傾向を強めていった。一方熱河省内の反日満武装勢力の動きも活発化して、満州国領内の治安が懸念される状況が強くなりつつあった。

関東軍の熱河作戦の研究開始時期は一九三二（昭和七）年八月下旬で、兵要地誌・装備並びに編成等の研究に着手し、十月二四日には「軍対熱河方針」が内示され作戦軍の編成等が明らかにされた。一方十月二八日には参謀本部の永田第二部長との研究会が錦州で行われた(2)。

作戦は一九三三（昭和八）年一月二八日に関東軍司令官の準備指令が出され、二月一七日には作戦開始が下令された。亦同日の閣議で政府は熱河作戦を承認した(3)。

作戦兵力は第六師団・第八師団・騎兵第四旅団・混成第一四旅団・混成第三三旅団で第八師団・混成第一四旅団・混成第三三旅団は概ね錦州方面から承徳方面と喜峰口、冷口等の長城線（関門）に向けて進攻し、第六師団と騎兵第四旅団は概ね通遼方面から赤峰地方に進攻した。その結果三月二日に赤峰を、三月四日には承徳を占領し、概ね三月上旬までに熱河省の内部の殆どを平定するに至った。

一方長城線では三月一二日に古北口を、三月一〇日には喜峰口を攻略する等三月下旬までには長城線の主要関門を攻略したものの、戦域が長城線に移るにつれ中国側も一部で中央軍を投入する等、長城線の確保を巡って戦闘は苛烈の様相を呈しはじめた。

軍は停滞が見られ始めた冷口方面の作戦を強化するため、同方面に新たに第六師団主力を投入し混成第一四旅団等の部隊と併せ、四月九日以降、冷口の攻略と冷口南方の中国領河北省（以下河北省という）内の建昌営とその周辺地域に対する進攻を開始し、部隊は長城線を越えるに至った。しかし中国本土への越境攻撃は不可とする昭和天皇の意向を受けた陸軍中央は作戦の中止を命じ、作戦部隊は概ね四月末までに、長城線に撤収した(4)。この作戦が灤東作戦と呼ばれるものである。

他方古北口方面では四月二一日、第八師団による古北口南方地区の南天門高地への越境攻撃が開始され、数日後同高地を攻略した。

しかし中国軍も承徳南方地区の興隆県での熱河省側への越境行動、或いは軍が行った灤東作戦で彼等が後退を余儀なくされた地帯への再進出等、執拗な敵対行動を繰返し戦闘は泥沼的様相さえ見せ始めた。

このような状況から軍は、中国軍に対しこの際強力な打撃を与えて戦意を殺ぐ必要ありとの判断と、四月一九日以降見られ始めた中国側からの停戦を模索する動き等を併せ考慮して河北省内への進攻作戦を開始した。所謂関内作戦である。(5)

作戦開始にあたり軍は兵団の作戦担当区域の整理を行い主として古北口方面を第八師団の担当とし概ね喜峰口より東方面を第六師団と混成第一四旅団を基幹とする部隊の担当とした。

進攻経路は第八師団が古北口方面より石厘鎮・密雲を経て懐柔へ、第六師団を中心とする兵団は灤東方面から西進して玉田西方域にそれぞれ到達した。

この関内作戦が開始される少し前、即ち四月下旬に中国側から停戦打診のシグナルが送られて来た。以来上海或いは北京において日中関係者との間での水面下の接触が行われたのち五月二五日密雲において第八師団長に対し、中国軍々使による停戦の申し込みが行われ、正式の予備接衡が行われるに至った。(6)

その後塘沽において本交渉が行われ、日本側は関東軍参謀副長岡村寧次少将、中国側は北京軍事分会参議熊斌中将により五月三一日塘沽協定が締結された。

この停戦協定により長城線と中国軍の撤退ライン（延慶、順義、通州、香河、宝抵、林亭口、蘆台を結ぶ線）の間、長さ約二〇〇粁巾約一〇〇粁の地域は非武装地帯となり、この地域から中国軍（中央軍）は撤退した。一方関東軍も中国軍の撤退確認後八月七日までに長城線に撤収して関内作戦は終了し、そして熱河作戦そのものも最終的にその幕を下ろした。

三　灤東作戦

すでに述べたように、三月中旬までに概ね熱河省のほとんどを平定するに至ったものの、長城線地帯ではその関門の確保を巡っての戦闘が続いていた。熱河作戦の目的の一つは、長城関門を抑えることにより反日満勢力の満州国内への滲透路を塞ぐことであった。長城関門は北から古北口、喜峰口、冷口、界嶺口、義院口等があるが、関東軍は三月下旬までにその殆どを確保したものの、冷口だけは占領に至らず作戦を担当した第八師団は苦慮していた（但し冷口は混成第一四旅団の米山大隊が三月四日に一旦占領したが、軍の指示により喜峰口方面に転戦した。(7)そのためと思うがその後中国軍が冷口に、またその一部が熱河省側に進出したため再度関門の確保を意図して、第六師団から抽出した迎支隊を混成第三三旅団長の指揮下に加え、支隊による冷口攻撃を行った。しかし中国軍の抵抗が激しく戦況は膠着した）。この辺の状況について、「第八師団熱河並ニ北支作戦経過ノ概要」（以下「第八師団作戦経過」という）は次のように記述している。

即ち「第八師団ハ混成第一四旅団及其ノ他ノ配属部隊ヲ併セ三月下旬マテニ概ネ冷口ヲ除ク萬里ノ長城ノ各重要関門ヲ占領シ第六師団ヨリ迎支隊ノ配属ヲ受ケ鋭意冷口ヲ攻撃中四月ニ入レリ」としている。その上で当時の師団の置かれた状況について「師団後方ノ補給意ノ如クナラス凌原以西ニ於ケル弾薬数皆無ノ状態ナリシノミナラズ師団諸方面ノ状況ハ俄ニ迎支隊方面ニ向ッテスル兵力ノ増加亦殆ト不可能ノ状況ニ在リシヲ以テ遺憾ナガラ迎支隊ヲシテ暫ク現状維持セシメテ後図ヲ策スルニ決シ所要ノ命令ヲ下達セリ[8]」としている。

このような戦況から軍は兵力の増強を図り、冷口方面の作戦に第六師団主力の投入を決意した。この辺りの経緯については「第八師団作戦経過」は「軍ハ速ヤカニ冷口ヲ占領シ完全ニ長城ノ重要関門ヲ扼守スルノ方針ヲ定メ第六師団主力ヲシテ冷口ヲ攻撃セシメ第八師団ヲシテ従来ノ任務ヲ続行スル外第六師団ノ作戦ニ協力セシメラル（後略）」と述べている。熱河省赤峰方面に在った第六師団は三月三〇日前後より移動を開始し、概ね四月七日までに冷口北方（蕭家営子、獅子坪）に到着した。

作戦は四月一〇日から一一日にかけて第六師団が冷口を越え、界嶺口から混成第三三旅団が、潘家口方面では混成第一四旅団が長城線を越えて河北省側に進出し、四月一三日までに建昌営、抬頭営、撒河橋方面一帯を占領するに至った。しかし四月一九日、陸軍中央の指示により作戦は中止され、河北省側に進出した部隊は四月二四日迄に長城線に撤収し、第六師団司令部も四月二三日には雙山子（熱河省）に帰還した。

関東軍が灤東作戦を発動した背景は幾つか考えられるが前述の「第八師団作戦経過」から読み取れるように諸々の状況から冷口関門の攻撃が進展せず、このままの膠着状態は作戦全般上のネックになる恐れがあったと思われる。

なぜなら、関東軍は古北口、喜峰口等の長城線の主要関門を抑えたのを契機に、これら関門の警備強化[9]（築城等）或いは部隊の整理等、いわば守備態勢の強化に軸足を置いた作戦への転換を図り始めた矢先であり、冷口の未攻略はこの軍の方針に水を差し兼ねないとの判断があったと思われる。

即ち三月一八日の関東軍命令によれば、その中で「軍ハ速ニ部隊ヲ整頓シテ情勢ノ変化ニ応スルノ態勢ヲ整ヘントス」とし更に「古北口、喜峰口等ノ主要関門附近ニ築城ノ施設」を行うべしとし「之カタメ高屋工兵大佐ヲ臨機師団ニ配属ス施設ノ細部ニ関シテハ軍参謀長之ヲ指示ス[10]」としている。また混成第三三旅団の原隊復帰について「之カタメ四月一日以降ナルヘク速ニ第八師団長隷下若ハ指揮下部隊ヲ以テ之ヲ交代」とする旨示達している。

従ってこの方針を実施するためには、未だ確保されていない冷口の攻略を急がざるを得ない状況に直面したと見てよいのではないか。

このような経緯から軍は第六師団から迎支隊を抽出して冷口戦線に投入した。しかし迎支隊の投入のみでは戦況は進展せず、軍は冷口の攻略に加え、その後方にある中国軍に対しても懲膺牽制の意味をこめて打撃を与える目的から前述のような作戦に踏み切った。二つには、当時具体的に動き始める兆候が見えて来た「北支施策」との関連である。即ち二〇日前後に喜峰口方面の中国軍に微妙な動き等が伝えられていたことと無関係ではないと思われる[11]。

この作戦の発動に際しての軍命令（四月一一日）の第二項は「軍ハ敵ヲシテ灤東地区ニ停止得サラシムル目的ヲ以テ宣伝ノ他各種工作ト相俟テ敵ヲ急迫シ之ニ鉄槌的打撃ヲ加ヘントス」としていて連動を視野に入れていることは明らかである。

四　南天門の戦闘

熱河作戦の方針の一つに、当然のことながら基本的に長城線を越えて河北省側に作戦することを禁止する方針があった。従って部隊が苦心して長城線を確保し得ても、多くは攻撃して来る中国軍に対してその都度専ら防御戦闘に依るに止まり、必要と考えられる河北省側の中国軍への反撃は、止むを得ない戦術上の場合に限られるといった制約下に置かれていた。古北口方面もその例外ではなく、その意味での厳しい戦闘を強いられていた。その状態の一端を物語る「第八師団作戦経過」は次のように述べている。

「（前略）川原旅団ノタメ古北口附近ヨリ撃退セラレタル敵ハ（中略）我追撃ガ潮河ヲ越エサルヲ知ルヤ再ヒ北方ニ拠点ヲ占メ（中略）我部隊ヲ襲撃シ殊ニ四月一二日川原旅団ノ全正面ニ大規模ノ夜間攻撃ヲ実施セリ我部隊ハ敵ニ相当ノ損害ヲ与ヘコレヲ撃退セシモ軍ノ方針関内ニ対スル積極攻撃ヲ禁セラレアリシタメ我ガ第一線部隊ハ隠忍唯敵塁ノ堅固ノ度ヲ加フルヲ憂慮ソノ機ヲ待テリ[12]（後略）」

このような状況の中で軍参謀長は四月一八日第八師団長に対し、関参一電一一二によって「北支施策順調ニ進展シツツアリ（絶対秘）右施策ノ効果ヲ大ナラシムル為貴団ハ所有ノ手段ヲ講シ古北口南方ノ敵ニ対シ脅威ヲ与フル様努メラレタシ」との指示を行った。師団はこれまでも古北口南方の敵に対して、砲撃を実施することで牽制威嚇を行って来たものの、充分な効果が挙げられずに来た経緯があった。従って第八師団としては、有効な戦果を挙げるためには古北口南方地区（南天門高地）への攻撃が必要との判断があった。

しかし改めて軍から指示された敵に脅威を与える「所有の手段」の具体策に何を選択するかについては迷うところだが「第八師団陣中日誌」は、軍司令部が新京に出張した師団の高場参謀に対して示した考えを記述している。

それによれば「関参一電一一二ノ目的達成ノタメ軍参謀長ノ意図ハ速ヤカニ古北口南方地区ノ敵ヲ攻撃スルニアリ（後略）」としている[13]。

このような経緯を受けて師団は古北口南方地区（南天門高地）への攻撃を準備した。高場参謀に示された軍の意向は予てからの師団の希望に叶うものであったと見られるが師団内部には南天門高地に止まらず、更に密雲附近にまで進出すべしとの積極論があり、その意図するところは軍に伝えられていたと思われる。しかし南天門高地への攻撃目的が、基本的には北支施策への陽動作戦であることから、軍はその枠を超える形での密雲方面への師団の進出には不同意であった。

戦闘は四月二一日に開始され同月二七日まで続いたのち南天門高地を攻略した。鈴木旅団の戦場到着が進まないこと等もあり、川原旅団を基幹とする部隊によって行われたが兵力の不足は否めず、充分に準備された陣地に拠る中国軍（中央軍の第二師・第八三師・第二五師・騎兵第一旅が古北口南方方面に配置されていた）の強い抵抗もあり、苦戦を強いられた。

この戦闘が開始された四月二一日であるがこの時期は灤東戦線では作戦が変更されて、作戦参加部隊は長城線へ撤収しつつあり、従ってなぜこの時期に南天門高地への攻撃を行ったのか周囲で疑問視する向きもあったと言われる等、部隊としては複雑な空気の中での作戦であったと思われる。

このような空気を反映したのか或いは灤東作戦と南天門攻撃の二つの作戦のちぐはぐさに対する批判ともとれる一言を「第八師団作戦経過」はその中で「政略ニ基ク戦闘ノ指導ハ至難ナリ」と記している。古北口南方地区での戦闘の裏側を垣間見る興味ある一節である。

以上のように見てくるとこの方面の戦闘の姿はあたかも、「関内不可侵」とも言える条件の中で、戦術上の難点の多い長城線の確保という防御戦に加え、「北支施策」という政略的な面との調整をも織り混ぜながらの熱河作戦の難しさを、そのまま凝縮したいわば、縮図とも言えるような戦いであったと思えてならない。

五　関内作戦

この作戦は四月一二日関東軍小磯参謀長が東京に出張し

て、陸軍中央との協議を終えて帰任後の五月三日発令された。関東軍命令はその中で、作戦目的を次のように述べている。[14]「一、北支方面ノ敵ハ依然挑戦的態度ヲ継続シ再ヒ灤東地区ニ進入セルノミナラス興隆県方面ニ於テハ既ニ長城ノ線ヲ越エテ熱河省内ニ進入シアリ　二、軍ハ更ニ敵ニ鉄槌的打撃ヲ与ヘ其挑戦的意志ヲ挫折セシメントス」とした上で「特ニ第八師団方面敵中央軍ノ撃滅ニ努ムヘシ」と命じている。

一方それから遅れること三日の五月六日、参謀本部は「北支方面応急処理方案」を策定してこの作戦に対する軍中央部の方針を定めて関係先に示達した。[15]

この処理方案で示した作戦の目的は関東軍命令とほぼ同じであるが、注目すべきは陸軍中央として停戦問題に言及して、その条件等を具体的に挙げていることである。この文脈から察するに作戦の主たる目的は詰まるところ、中国軍に甚大な打撃を与えることによって、中国側をして停戦交渉のテーブルに着かせることを狙ったものと思われる。

作戦は灤東方面で五月七日、古北口方面では五月一一日から開始され、第六師団長が指揮する兵団（第六師団・混成第一四旅団・第一四師団から抽出された平賀支隊）がそれぞれ、喜峰口・冷口・界嶺口・海洋鎮方面から、第八師団を基幹とする兵団は古北口方面から河北省内に進入した。

作戦は順調に進展し、その結果作戦当初（五月一三日）に軍が設定した作戦限界（密雲・平谷・玉田・永平を結ぶ線）を越えて、停戦段階では第八師団方面は懐柔に、第六師団方面では混成第一四旅団が夏店及び通州東方附近に、第六師団が程家庄並びに玉田西南に、そして平賀支隊が洛怙鎮・豊台北方に進出した。[16]

五月二〇日に至り軍は中国軍が停戦を提議して来たことを踏まえ、関東軍命令（関作命五一一号）を発令し諸隊に対して前進中止を指示した。即ち関作命五一一号はその第三項で、「諸隊ハ関作令五一〇号ノ態勢ヲ保持シ別命ナキ限リ第一線ヲ越エテスル戦闘行動ハ之ヲ停止スル（後略）」としている。[17]

ここで若干作戦の背景等に触れてみたい。南天門高地の戦闘例にも見られるとおり、関内不可侵という制約のもとでの長城の防衛は困難な面があり、それを見透したかのような中国軍の攻撃は執拗で、しかも一部の中国軍は戦線の間隙を縫うようにして長城線を越えて熱河省側に進出している。四月二七日から五月一日にかけての興隆県の戦闘、或いは三月下旬の冷口北方の蕭家営子附近の戦闘も越境中国軍とのものであった。

従ってこのような戦闘の累発は、軍をして長城線に長期にわたり相当の兵力を張りつけざるを得ない状況に追い込み、それが更なる戦局の泥沼化をも予想させるまでになっていたように思う。

一方中国側は、四月一九日上海において根本駐在武官と接触して停戦交渉の打診を試みた[18]。以後これを皮切りに停戦問題についての水面下での接衝が始まることになる。従って、既に述べた五月六日の参謀本部の「北支方面応急処理方案」或いは五月一五日の関東軍司令官の言明に見られる停戦の可能性云々は、水面下で始まった停戦交渉の行方を視野に入れてのことであったであろうし、作戦そのものも停戦を模索し始めた中国側の空気を意識してのものと考えられる。

作戦が第八師団の古北口方面からのものと、第六師団等による灤東方面よりの二方向から北京方面を指向するものであったことは既述のとおりであるが、作戦開始前軍の一部には、灤東方面の中国軍は確かに挑戦的な行動はあるとしても主力ではない、だから敢えてこの方面に再度進攻することに疑問がある。寧ろ第八師団前面に展開している中央軍に打撃を与えることの方が、北京に対する圧力を加えることになりより効果的であるとの意見があった。

しかしこれらの意見に対し、古北口方面からの作戦には兵站補給の能力に不安がある。その能力は一ヶ師団程度が限界で、それ故第八師団以上の兵力投入は難しい[19]。従って第六師団を核とする部隊を灤東方面から進出させて、第八師団前面の敵の右翼から背後にかけて脅威を与えることがより効果的であるとの主張であった。

兵站補給の問題点について、関東軍司令部の中野良治大尉は回想「満州事変の眞相」の中の熱河作戦の兵站関係という項目で、この作戦の兵站補給が容易でなかった点にふれ次のように述べている[20]。

「(前略) 兵站の見地よりは実に容易ならぬ新事態の発生であった。即ち長城附近以遠の戦闘は寧ろ熱河作戦に応ずる兵站末地点を基点として、膨大な作戦上の需給に応ずる必要に迫られることになったからである。(後略)」

おわりに

既に述べたように、満州事変と満州国の建国によって生じた日本と中国との混乱した関係が、とにもかくにも後味の悪さを残しながら、軍事協定の形で、一区切りをつけたのが「塘沽協定」であり、これによって最終的に満州事変は収束された。

関東軍が熱河作戦の幕引きのシナリオを、どのように描いていたかは定かではなかったように思うが、恐らく長城線を抑えたあと、中国側に対して状況によっては関内への進出も辞さないとの選択肢をちらつかせることによって長城線への中国軍の行動を威嚇牽制しつつ、長城の防備施設を構築整備して警備態勢を強化し、中満国境を固める。この辺りが、熱河作戦の幕引きの筋書きであったように思われる。

しかしそのシナリオは長城線での中国軍の抵抗で齟齬を来した。中国軍の抵抗の根強さは恐らく関東軍の予想を越えていたのではなかろうか。加えて「北支施策」は結果として不発に終り、政略的に関内での反日勢力を封じ込める目算は成就しなかった。

一方、中国軍との長城線を挟んでの鍔迫り合いが長期化すればするほど、日本側の戦力消耗は必定である。そうなることはソ満国境の警備、満州国内の治安確保を抱える関東軍にとっては最も避けるべきことではなかったか。つまり長い期間熱河作戦に関わる余裕などなかったのであろう。

従って関東軍に残された選択肢の一つは、一挙に戦線に有力兵団を投入して河北省に進攻し短期間に中国軍、特に中央軍に大打撃を与えつつ北京近郊に迫ることで、中国側をして停戦交渉のテーブルに着くことを余儀なくさせ、日本側の主導のもとでの停戦に持ち込むことであり、それを目的として発動された作戦が関内作戦であった。

要するに、関内作戦は、何とかして泥沼化しつつある熱河作戦にケリをつけたいとの意図からのものであったと思う。

こんな言い方は如何かと思うが、関内作戦は軍にとって或る種「苦しい選択」であったように思えてならない。

註

（1）「関東軍参謀長より参謀本部総務部長宛電報」（『現代史資料（七）』みすず書房、一九六四）四八六頁。
（2）「第八師団熱河経略経過概要」（防衛研究所図書館所蔵）一－五頁。
（3）朝日新聞、昭和八年二月一八日発行、一面。
（4）「満州事変情報綴」一〇七情報、四月二四日（防衛研究所図書館所蔵）。
（5）「関東軍参謀第二課機密作戦日誌抜粋」（前掲『現代史資料（七）』五三二頁。
（6）「停戦交渉経過概要（前掲『現代史資料（七）』）五六一頁。
（7）「混成第一四旅団熱河作戦戦闘詳報」三月五日（防衛研究所図書館所蔵）一三〇頁。
（8）「第八師団熱河並ニ北支作戦経過ノ概要」第二号（靖国偕行文庫所蔵）五四頁。
（9）臼井勝美『満洲国と国際連盟』（吉川弘文館、一九九六年）一七八頁。
（10）関作令四八八号、三月一八日「混成第一四旅団作令綴（甲）（防衛研究所図書館所蔵）」。
（11）前掲「関東軍参謀部第二課機密作戦日誌抜粋」五三〇頁。
（12）前掲「第八師団熱河並ニ北支作戦経過ノ概要」第五号、

八五頁。

(13)「第八師団陣中日誌」(防衛研究所図書館所蔵)八六頁。

(14) 関作令五〇三号、五月三日(前掲「混成第一四旅団作令綴(甲)」)。

(15) 前掲「関東軍参謀部第二課機密作戦日誌抜粋」五四三頁。

(16)「満州事変情報綴」一二三情報、五月二三日(防衛研究所図書館所蔵)。

(17) 関作命第五一〇号、五月二〇日(前掲「混成第一四旅団作命綴(甲)」。

(18)「北支に於ける停戦交渉経過概要、関東軍司令部」(前掲『現代史資料(七)』)五一二頁、五三三頁。

(19) 前掲「関東軍参謀部第二課機密作戦日誌抜粋」五三七頁。

(20) 中野良次「回想『満州事変の眞相』抜粋」(『現代史資料(十一)』みすず書房、一九六五年)七九七頁。

(軍事史学会会員)

史料紹介

重光駐華公使報告書

服部龍二

満州事変の直後、重光葵公使を中心とする駐華日本公使館は、国際連盟の対日批判に応ずべく報告書を準備していた。同報告書は「支那ノ対外政策関係雑纂『革命外交』（重光駐支公使報告書）」として外務省外交史料館に所蔵されている[1]。ただし、この重光報告書は松本記録であり、しかも結論部分が欠落している。管見の限りでは、憲政記念館所蔵重光葵関係文書等を含めて、原文書の存在は確認されていない。

それゆえに、重光報告書作成の経緯を示す史料は十分に残されていないのであり、断片的な情報から報告書執筆の過程を復元する必要がある。まず、報告書の表紙には、「国際連盟支那調査　外務省準備委員会　件名　支那対外政策関係雑纂　昭和六年（一九三一年）十二月　革命外交（第壹）重光駐支公使報告書」と書かれている。また、重光報告書の「緒言」によれば、「本報告書ハ満州事変発生直後ニ作製（ママ）セラレタルモノナルモ其ノ材料ハ事変前ノ蒐集ニ係ル」という。さらには、報告書の作成された一九三一年十二月には国際連盟が調査団派遣を決議しており、リットン調査団を意識して編纂されたものと推定できる。

それでは、重光報告書はリットン調査団といかなる関係にあるのだろうか。ここで想起せねばならないのは、当時日本外務省の本省がリットン調査団に「我方ノ立場ヲ概括的ニ説明セル『パンフレット』」を作成中だったことである[2]。恐らく外務省本省は、リットン調査団に宛てた「パンフレット」を作成する際、素材の一つとして重光報告書に依拠したのではなかろうか。芳沢謙吉外相は重光宛一九三二年二月十七日付電報で、「吉田大使ヨリ連盟委員ニ交付スヘキ調書」を「目下本省ニテ作成中」であるとして「パンフレット」の要旨を伝達している[3]。この時既にリットン調査団はアメリカ経由で訪日の洋上にあり、二月末には同文中の「吉田大使」こと参与員の吉田伊三郎駐トルコ大使が一行を横浜に出迎えた。リットン調査団は東京滞在後の三月中旬に神戸から上海へと旅立っている。

重光報告書が興味深いのは、満州事変期の日中関係に留まらず、十九世紀以来の外交関係を体系的に総括しようと試みているためである。特に、条約的根拠からの分析がなされている点において、今日的な外交史研究とは異なる視角を提供してくれる。他方で重光報告書には、「権益侵害」の実例が無数に挙げられている。そのため報告書は、満州事変の起源を日中外交史の文脈で再考する際の手掛かりに満ちているといえよう。とはいえ、報告書が中国側を非難し日本の行為を正当化する文脈で書かれているだけに、その内容を鵜呑みにはできない。

　この重光報告書は、今までも松本記録から度々引用されてきた。しかし、二〇〇〇字詰め原稿用紙で六八六枚という長文報告書が正面から分析されることは稀であった(4)。そこで以下では、各章ごとの内容を要約した上で、いわゆるマクマリー・メモランダムとの対比を交えつつ、その歴史的価値について論じてみたい。

目　次

目次には以下のように記されている。

この「目次」と実際の章節とは、しばしば微妙に異なっている。また、「第八章　支那革命後ノ政況」の下段に「第八章第十三節及第九章未着」と書き込まれているように、当該部分が未着となったままである。さらに、目次の「第九章　支那問題ノ処理」には、「（七、一、二二）（ママ）」と記入されている。従って、原文書が消滅していることもあり、結論部分を詳細に知ることは出来ない。ただし、欠落部分の概要をある程度推定し得ることについては後述としたい。

緒言

緒言は二〇〇字詰め原稿用紙十六枚で、「一、革命支那」、「二、列国ノ態度」、「三、日本ト革命支那」、「四、日本ノ権益ト擁護方法」から構成されている。それによれば、辛亥革命以降の二十年間に袁世凱や蔣介石が国家建設を試みたものの、「混沌ノ程度ハ益々激化」しており、「革命手段ニ基因スル国際紛争ニ対シテハ、日本ハ結局日本独力ヲ以テ自己ノ生活ヲ保護スルノ外ナ」いという。また、本報告の意図に関しては、「最近支那カ如何ナル革命的態度ヲ以テ日本ニ臨ミツツアルヤニ関シ、重要ナル事項ニ付具体的ニ記述シテ事態ヲ明カニシ日本政府ノ参考ニ資スルハ最モ有意義ノコト、思考セラル」と位置づけられている。

第一章

第一章の「支那ノ革命的外交政策」は二〇〇字詰め原稿用紙で十五枚の分量となっている。細目は、「第一節　条約ノ一方的廃棄」、「第二節　外国及外国人ノ正当権益否認」、「第三節　排外運動」である。

本章は報告書全体の結論を先取りしたものであり、その内容は国民政府外交に対する非難に終始している。報告書によれば、国民党は第一回大会の頃から不平等条約の廃棄を主張しており、南京政府樹立後には治外法権撤廃や租借地回収の一方的措置を講じ、条約的根拠のある諸外国の権益を蹂躙しているという。その際に「最モ有力ナル武器」となったのがボイコットであり、「支那ハ軍隊学校ハ云フニ及ハス其ノ他諸種ノ団体ニ対シ排外運動ヲ奨励シ此ノ原則ニ基ク訓練及教育ヲ施シツツアリ」とされている。

第二章

第二章は「華府会議ト其ノ後」と題され、二〇〇字詰め原稿用紙で四十一枚から成っている。細目は、「第一節　華府会議ニ於ケル外国ノ支那ニ対スル援助」、「第二節　北京関税特別会議及治外法権委員会」、「第三節　国民政府ト列国ノ態度」、「第四節　華府会議ト其ノ後」、となっている。

重光報告書によれば、ワシントン会議において列国、とりわけアメリカが中国に同情的であり、「日本モ亦日英同盟ノ廃棄ヲ承諾シ、同会議ニ於テ表示セラレタル支那ニ対スル同情及援助ノ精神ニ対シテハ何等ノ留保無ク欣然之ニ賛意ヲ表シタリ」。その後一九二五年の北京関税特別会議においては、「日本ハ終始華府会議ノ精神ヲ以テ支那ニ対スル同情ヲ表現スルニ努メタルカ率先シテ支那ノ希望ニ応シ特ニ支那ノ関税自主権ノ回復ニ付好意的考慮ヲ列国ニ促シ遂ニ同年十一月十九日関税自主権承認ニ関スル決議ヲ成立セシメタルハ其ノ顕著ナル事例トス」。北京政府が内乱によって「自然消滅」し、国民政府が成立した後も、列国と日本は「国民政府ノ対外信用恢復ノ為北京関税特別会議ニ於ケル整理案ノ趣旨ニ基キ支那ノ不確実及無担保債務ノ整理ニ付多大ノ努力ヲ以テ南京政府当局ヲ援助シ目的ノ達成ニ努メ」るといった好意を示し続けたのであり、「日支ハ常ニ相接シテ東洋ニ位シ畢竟禍福ヲ共ニスヘキ運命ニ在ルコトヲ自覚シ其ノ善隣ノ好誼ハ絶対無限ノモノタルヘキ理ナリ」という。

特筆すべきことに、満州事変の起源として説き起こされているのはワシントン会議であり、パリ講和会議ではない。従来、重光をはじめとする革新派外交官の原体験としては、パリ講和会議を挙げることが通例であった。しかし、本報告書ではパリ講和会議の扱いは軽い。むしろワシントン会議で締結された諸条約を分析した後に、「九国条約ヲ初メ支那ニ対スル根本的態度ノ表示タル華府諸条約決議ノ規定ハ列国ノ誠意アル態度ニモ拘ラス支那側ニヨリ全然其ノ趣旨ヲ没却セラレタル次第ナリ」と総括している。従って、今日の分析用語を用いれば、いわゆるワシントン体制という意識が明確に存在していたことになる。そうした認識は「華府会議ノ精神」として表記されており、同様の語句は当該期における他の日本外務省記録でも散見される。

なお、同じ時期に顧維鈞が編纂した中英文対照本『参与国際連合会調査委員会中国代表処説帖　Memoranda Submitted by the Chinese Assessor to the Commission of Enquiry of the League of Nations』（上梅・商務印書館、一九三二年）は、「日本六十年来之侵略」の描写から書き出しており、パリ講和会議やワシントン会議を画期とは見なしていない[5]。

第三章

次いで報告書は、日本の在華権益に論及し中国側の「権益侵害」を訴えようとする。二〇〇字詰め原稿用紙で一五八枚の第三章「日本ノ支那ニ於ケル条約上ノ権益」は、「我一般的権益ニ付テ説明」する。これに対して、第四章「満州問題」と第五章「山東問題」は個別の問題に特化している。

第三章の「第一節　概説」では、第一項の総論[6]に続いて、「第二項　我政治的権益」、「第三項　通商経済上ノ権益」、および「第四項　支那ノ我権益否認」が論じられている。ここでいう「我政治的権益」とは下関条約での台湾領有やワシントン会議の山東条約を指しており、「通商経済上ノ権益」としては通商航海条約等に依拠した治外法権や課税免除特権、居留地の設定権、その他が記されている。「支那ノ我権益否認」によれば、「不平等条約否認ノ政策ハ赤露革命以来之ニ倣ヒ且赤露顧問ニ依リ注入セラレタル赤露思想ニ依リテ確立セラレタルモノナリ」という。

「第二節　権益侵害ノ事例」では、「第一項　不当裁判及領事裁判権ノ侵犯」、「第二項　土地其ノ他不動産権利ニ対スル不当措置」、「第三項　行政又ハ軍事官憲ニ依ル警察権ノ不当ナル行使（日本人ノ身体及財産並ニ日本船舶ニ対スル）」、「第四項　民国人ニ依ル生命身体及財産ノ被害　其ノ一（海賊ニ依ル被害）」、「第五項　民国人ニヨル生命、身体及財産ノ被害　其ノ二（軍隊又ハ暴民ノ掠奪暴行及軍人又ハ警察官ノ暴行ニ依ル被害）」、「第六項　揚子江航行船舶ニ対スル不当射撃及土匪ノ掠奪」、「第七項　商標権侵害」、「第八項　支那軍憲ノ北京海濱間自由交通妨害」、「第九項　内水航行及沿岸貿易ニ対スル圧迫ノ件」、「第十項　近海漁業ニ対スル不当圧迫」、「第十一項　不当課税問題」を通じて膨大な事例が列挙されている。

例えば、「第三項　行政又ハ軍事官憲ニ依ル警察権ノ不当ナル行使」としては、「岡崎鶴逮捕事件」、「福秦洋行事件」、「長陽丸抑留事件」、「第二隠岐丸抑留事件」、「第四福山丸抑留事件」、「宜陽丸抑留事件」、および「海光丸抑留事件」が挙げられている。また、「第六項　揚子江航行船舶ニ対スル不当射撃及土匪ノ掠奪」では一九三〇年一月から一九三一年八月に至る不当射撃として一二〇件以上の事例を一覧表にした上で、「土匪ノ掠奪」を五件ほど記してある。

第四章

報告書は日本の在満権益と中国側の「権益侵害」に筆を進めていく。第四章「満州問題」は二〇〇字詰め原稿用紙で一一八枚から成り、「第一節　一般的考察」と「第二節　権益侵害ノ具体的実例」に分かれている。

「第一節　一般的考察」は日清戦争以後の満州問題をめぐる歴史的経緯を略述している。その細目は、「第一項　露国ノ干渉」、「第二項　露支同盟」、「第三項　南満州鉄道」、「第四項　日本ノ関東租借地及南満鉄道獲得」、「第五項　並行線建設計画ノ失敗」、「第六項　日本ノ地位ノ確立」、「第七項　一九一五年（大正四年）ノ条約ニ関スル論議」、「第八項　満州開発ニ対スル日本ノ貢献」、「第九項　支那ノ不信行為ノ実例」、「第十項　日本ノ重大ナル権益」、となっている。

　第一節によれば、ロシアは日清戦後に「着々満州侵略ノ歩ヲ進メ」、「日本ニ対スル秘密攻守同盟条約」を成立せしめた。その後もロシアは鉄道政策を通じて満州への進出を怠らなかったものの、日露戦争の結果、日本は関東州租借地や鉄道の権益を獲得した。さらに、「日本ノ地位ノ確立」をもたらしたのが「一九一五年（大正四年）五月二十五日調印ノ南満州及東部内蒙古ニ関スル条約」であった。のみならず、「日本ハ満州ニ入リテ以来其ノ精力ト資本トヲ挙ケテ此ノ広漠タル地域ヲシテ各国ノ人民カ安ンシテ相互繁栄幸福ノ途ヲ辿リ得ル土地タラシムルニ努メ」ることで満州開発に「貢献」したという。しかし、中国側には「背信的政策ノ顕著ナル実例」があり、「平和的職業ニ従事スルヲ得ル権利ノ無視」、「朝鮮人ノ虐待」、「南満鉄道包囲、大連港孤立ノ計画」がそれに該当するとされている。そのことの外的要因はロシア革命に求められており、「『ソヴィエット』露国ハ支那近年ノ政治的改造ノ重用《（ママ）》時期ニ当リ之ニ大ナル影響ヲ及ホシタリ。ソノ結果トシテ支那カ採用シタル政治的組織及方法ハ大部分露国ニ学ヒタルモノナリ、支那ハ内政上外交上露国ト同様革命政策ヲ標榜ス」という。

　かかる「背信的政策」を体系化しようとしたのが「第二節　権益侵害ノ具体的実例」である。この第二節は、「第一項　満州ニ於ケル土地商租ノ制限」、「第二項　満州ニ於ケル鮮人ノ迫害（万宝山事件其ノ他）」、「第三項　日本人ノ旅行ニ対スル不当制限（中村大尉事件）」、「第四項　日本人各種企業ニ対スル干渉」、「第五項　外国貿易ノ為ニ都市ヲ開放スヘキ条約上ノ義務ノ不履行」、「第六項　満州ニ於ケル日本人ノ鉱山経営ニ対スル圧迫」、「第七項　鉄道借款協定ノ不履行」、「第八項　南満鉄道ノ業務ニ対スル妨害」、「第九項　支那人ニ依ル満鉄運行妨害及鉄道守備兵襲撃」、「第十項　満州ニ於ケル不当課税」、「第十一項　日本国民ニ対スル裁判権ノ行使」、「第十二項　日本警察官ニ対スル妨害」、「第十三項　支那軍隊ノ満州中立地帯内駐屯」から構成されている。

　一例を挙げれば、「第二項　満州ニ於ケル鮮人ノ迫害（万宝山事件其ノ他）」では、「鮮人ハ一九〇九年（明治四十二年）ノ間島協約並一九一五年（大正四年）ノ満蒙条約ニ依リ満州ニ於テ土地ヲ商租シ自由ニ旅行若シクハ居住シ又ハ農業ニ従事スルノ権利ヲ有スルノミナラス間島地方ニ於テハ土地所有権ヲモ享有ス。現ニ鮮人ニシテ満州各地ニ於テ農業殊ニ水田ノ経営ニ従事セルモノ八十万人以上ニ上レリ。鮮人ノ満州移住ハ古キ歴史ヲ有シ当初満州地方ノ人口稀薄ナリシ時代ニハ支那地方官憲ハ鮮人ノ農業上ノ技能ヲ認メ其ノ移住ヲ歓迎スル……ノ風アリタリ。然ルニ近年支那官憲ハ密令ヲ発シ鮮人ノ移住及定着ヲ困難ナラシメツツアリ。或地方ニ於テハ支那官憲ハ車税ノ賦課其他ノ方法ニ依リテ鮮人ヲ圧迫シ其ノ生活ヲ脅威シ彼等ノ駆逐ニ努メツツアリ」と記されている。その具体例としては、一九二七年から一九三一年に至る七件の退去命令や住居不許可が挙げられている。

また、「第九項　支那人ニ依ル満鉄運行妨害及鉄道守備兵襲撃」には、「近年支那人ノ満鉄諸線運行妨害行為(例ヘハ線路上ニ石ヲ横タヘ又ハ電信電話線ヲ切断スル等ノ行為) 増加シ来レリ」として、次のような表が掲載されている。

年　度	一九二九年（昭和四年）	一九三〇年（昭和五年）
運転妨害件数	八七	八四
運転中貨物盗難件数	一一四	七五
鉄道用品盗難件数	一七	五
電線盗難件数	一三	一五

第五章

第五章「山東問題」は、「第一節　山東省ニ於ケル日本ノ特殊地位」と「第二節　山東省ニ於ケル日本ノ権益ト之ニ対スル支那側ノ態度」から成っている。分量は二〇〇字詰め原稿用紙で七十五枚。

「第一節　山東省ニ於ケル日本ノ特殊地位」は、十九世紀末にドイツが山東省に権益を扶植して以来の歴史的経緯を概説してある。それによれば、「一九一五年五月山東ニ関スル条約ニ依リ支那政府ハ山東省ニ於テ独逸ノ有スル一切ノ権益ノ処分ニ付日本カ他日独逸ト協定スヘキ約定ヲ予メ承認スルコトトナリ」、ワシントン会議を通じて「日本ハ完全ニ山東省ヨリ撤兵シ独逸ヨリ継承セル権益ハ若干ノ経済的利益ヲ除キ之ヲ支那ニ付与スルコトトナリタリ」。その結果、「特ニ日本ノミ保有スルモノトシテハ鉄道、鉱山ニ関スルモノ最モ重要ナリ」という。

「第二節　山東省ニ於ケル日本ノ権益ト之ニ対スル支那側ノ態度」は、「山東省ニ於ケル日本ノ権益ハ支那政府ノ無誠意ニ依リ屡々無視セラレタリ。右ハ国民党部ノ煽動ニ依ル民衆ノ排外運動及内乱状態ノ激甚トナルニ連レ益々甚シキモノアリ」と主張する。その「無誠意」が第二節では、「第一項　青島市政参与権ノ拒否」、「第二

項　山東鉄道沿線都市ノ未開放」、「第三項　膠済鉄道ニ関スル条約違反及権益侵害」、「第四項　支那側不用（ママ）措置ニ依ル影響」、「第五項　権益無視ノ実例」、「第六項　魯大公司ニ対スル不当措置」、「第七項　土地ノ権利ニ関スル不当措置」、「第八項　青島第一埠頭拡張工事ノ不履行」、「第九項　既得権尊重ニ関スル条約規定ノ無視」、「第十項　電灯、屠殺場及洗濯所ニ関スル日支合弁会社ノ不設立」、の十項に区分されている。

第一項の「青島市政参与権」とは、一九二二年二月四日にワシントンにて調印された山東条約第二十三条「旧独逸膠州租借地全地域ヲ外国貿易ノ為ニ開放スヘキコト及外国人ハ右地域内ニ於テ自由ニ居住シ且商業、工業其ノ他一切ノ合法ノ業務ニ従事スルコトヲ許サルヘキコト」、付属書第二「公共施設ノ経営及維持ニ付旧独逸膠州租借地内ノ外国居留民団体ニ公正ナル代表権ヲ有セシムヘキコト」、および付属書第六「旧独逸膠州租借地内ノ外国居留民ノ福祉及利益ニ直接ノ影響アルヘキ市政事項ニ付支那地方官憲カ該居留民ノ意見ヲ確ムヘキコト」、に由来する。[7] この点に関して報告書は、「大正十五年五月済南日本総領事ヨリ民国官憲ニ対シ旧膠州湾租借地内外国居留民ノ参政問題ノ具体的解決方屡次要求スル所アリタルモ民国側ハ誠意ヲ以テ之ニ応スル所ナカリキ。而ノミナラス青島民国官憲ハ同地外国居留民ノ意見ヲ確カムルコトナクシテ恣ニ其ノ公共的施設ノ経営及維持方法ノ変改ヲ敢行セリ。其ノ顕著ナルモノハ青島電話局ノ移管ナリ」とした。

「第五項　権益無視ノ実例」は、「民国側カ膠済鉄道ニ関スル我方権益ヲ無視シタル実状」として、「車輌流用」や「会計監督権侵害」、および「日本人職員ノ不当解傭」の三点を挙げている。このうちの「車輌流用」としては、「昭和四年六月二十四日蒋介石ハ膠済鉄路局ニ命シ対馮玉祥軍事行動ノ為使用スル目的ヲ以テ車輌三十八輌ヲ津浦線ニ流用セリ又同年十月更ニ七十余輌ヲ同様ノ使途ニ流用スル為津浦線ニ廻送セシメタリ」、といった事例が四件ほど示されている。

「第九項　既得権尊重ニ関スル条約規定ノ無視」としては、「青島取引所ニ対スル圧迫」と「漁業ニ対スル圧迫」がある。後者に関しては、「百噸未満ノ漁船ノ入港禁止及生魚輸入禁止ノ件」や「青島水産組合圧迫ノ件」、および「青島魚屋圧迫ノ件」が具体的な措置だという。

第六章

第六章「日支両国間ノ経済関係」は「第一節　概説」、「第二節　債務整理ニ対スル国民政府ノ不誠意」、「第三

節　漢冶萍借款問題」、「第四節　南潯鉄道借款問題」、「第五節　双橋無電ニ関スル三井独占権侵害」、「第六節　支那国有鉄道運賃差別待遇問題」の六節で構成される。分量は二〇〇字詰め原稿用紙で七十六枚。

「第一節　概説」は「第一項　日支貿易」、「第二項　支那ニ於ケル日本ノ企業」、「第三項　満州トノ特殊関係」に分かれている。「第一項　日支貿易」によれば、「日支両国ノ経済ハ極メテ密接ニシテ所謂相互寄与的地位ニ立ツモノ」であり、「今回ノ対日経済絶交運動ハ日本人商人ニ対シ絶大ノ打撃ヲ与ヘ居ルコト勿論ナルカ支那経済界ニ対シテモ又多大ノ影響ヲ及ホシ、漢口及上海等ニ於ケル支那人貿易業者及金融業者ニシテ既ニ倒産セルモノ頗ル多ク又経済絶交反対ノ声漸ク商民ノ間ニ高マリツツアルハ事実ナルノミナラス日支貿易ノ消長ハ国民政府ノ歳入ノ主要部分ヲ占ムル関税収入ノ激減ヲ来シ為ニ支那ノ財政ノ基礎ヲ動揺セシメ居ルノ現情《ママ》ニ在リ」という。そして、日中経済関係はとりわけ満州において緊密だとされるのである。

各論の「第二節　債務整理ニ対スル国民政府ノ不誠意」は、ワシントン会議から北京関税特別会議に至る債務整理問題の経緯を概説した後、「国民党カ北京政府ニ対スル政争ノ為北京政府ニ供与セラレタル或種ノ借款ヲ否認スルノ方針ヲ宣言シタル関係上所謂西原借款ノ償還ニ反対シ来リ」と批判している。

同様に「第三節　漢冶萍借款問題」も、まず漢冶萍公司をめぐる歴史的経緯を振り返っている。その上で、「昭和四年（一九二九年）三月一日ニ至リ国民政府農砿部《ママ》ハ漢冶萍公司ニ対シ二週間以内ニ公司一切ノ財産ヲ漢冶萍公司整理委員会ニ交付接管セシムヘキ旨ヲ命令シタル」といった措置が採られたために、「日本側ノ重大ナル利益ニ対シ著シキ影響ヲ及ホシ居ル現情《ママ》ニ在リ」という。

「第四節　南潯鉄道借款問題」は、江西省北部の南昌から九江に至る南潯鉄道を扱っている。明治期以来日本は東亜興業会社を通じて南潯鉄道に借款を行ってきたのであり、同鉄道は揚子江流域に日本が唯一保有する借款鉄道であった。しかし、「昭和四年一月国民政府鉄道部ハ南潯鉄道ヲ接管スヘキ旨並債務整理ノ為省政府ヨリ月額三万元ヲ支出シ路股保息ヲ廃止スヘキ旨ヲ江西省政府ニ通知シ鉄路局長ヲ任命」した。その後も、「同年十二月鉄道局長ト東亜側トノ間ニ長期ニ亘ル債務整理案協定セラレ之カ実行方ニ付其ノ後東亜側ヨリ再三督促シ居ルモ鉄道当局ハ僅ニ毎年十数万元内外ノ内入金ヲ交付スルニ過キスシテ今日ニ及ヘリ」。

「第五節　双橋無電ニ関スル三井独占権侵害」によれば、「南京政府ハ本契約ノ当事者カ北京政府海軍部ニシテ且独占権ヲ付与シタル点ハ国民党々綱及国民党ノ政策ニ違反スト為シテ之カ受渡ヲ拒絶セリ」という。「三井ノ独占権ヲ無視シテ建設セラレタル無電台」の概況としては、上海郊外の「国際無線局」、「奉天無電局」、「哈爾賓無電局」、「雲南無電局」、「広東無電局」が列挙されている。

「第六節　支那国有鉄道運賃差別待遇問題」は、九ヶ国条約第五条の差別待遇禁止条項違反として、ワシントン会議直後における京漢鉄道、京奉鉄道、および津浦鉄道の事例に論及している。また、国民政府鉄道部主導の新運賃においては、「依然輸入品及外国製品ト民国品トノ間ニ運費等級上ノ差別待遇ヲ維持スルノミナラス其ノ範囲ヲ拡大セリ」とされる。

第七章

第七章「排日運動」は「第一節　排外運動ノ一般状況」と「第二節　排日運動及日貨排斥」から成り、二〇〇字詰め原稿用紙で六十六枚の分量となっている。

「第一節　排外運動ノ一般状祝」は「第一項　概観」、「第二項　排外運動ノ方法」、「第三項　外貨排斥運動」、「第四項　排貨運動ハ条約違反ナリ」に枝分かれしている。「第一項　概観」いわく、排外運動には清末以来の歴史があるものの、「支那ニ於ケル排外運動ハ国民政府ノ出現ト共ニ特ニ公然且深刻ト為リタルモノ」であるという。その手段を論じた「第二項　排外運動ノ方法」によれば、「排外教育及排外訓練ノ為従来採用セル方法ハ排外教材ト国耻其ノ他ノ名義ニ依ル記念日ノ設定及遵守トヲ主タルモノトス」という。

「第三項　外貨排斥運動」は、「最近ニ至リテハ国民党及国民政府カ密令ヲ発シテ潜行的ニ各地党部ヲ通シテ特ニ商会ノ中心人物等ヲ糾合シ外貨抵制ノ為ノ特別ノ団体ヲ組成セシムルヲ常トシ」ていると断じた。「第四項　排貨運動ハ条約違反ナリ」によれば、こうした事態は違法であるだけでなく、「通商上其ノ他ニ甚大ナル打撃ヲ与フル点ニ於テ実際ノ戦争ニモ匹敵スルモノナリ」という。

「第二節　排日運動及日貨排斥」は、「第一項　排日運動及日貨排斥ノ概況」、「第二項　今次ノ排日運動及日貨排斥ノ歴史」、「第三項　今次排日運動ト学生」、「第四項　各地ニ於ケル排日運動及日貨排斥ノ実状」に区分される。まず、「第一項　排日運動及日貨排斥ノ歴史」は「排日運動及日貨排斥ハ一九〇八年来今日迄ノ間ニ前後九回アり、今次ノモノハ最モ大規模ニシテ又最モ深刻ナリ」として、九回を年代順に摘録している。

「第二項　今次ノ排日運動及日貨排斥ノ概況」によれば、「各地ヲ通シ排日運動ノ中軸ヲ成スモノハ反日援僑会タリ現在ニ於テハ抗日救国会ト改称セラレ、排日宣伝ヲ行ヒ集会游行ヲ主催シ、伝単及『ポスター』ヲ作成シ、日貨排斥ノ実行方法ヲ定メ、之ニ関スル規則及処罰ヲ決定シ且右実行ヲ担当セリ」という。また、上海の五一一名を筆頭として、一九三一年十二月末における各地邦人の引き揚げ者数が示されている。

「第三項　今次排日運動ト学生」は、「今次ノ排日運動ニ於テ特ニ目立チ居ルハ男女学生ノ活動ナリ」として、「国民政府ハ十一月初旬ヨリ学生義勇軍ノ制度ヲ創設シ各地ニ於テ義勇軍ヲ編成スヘキ旨訓令ヲ発シ居リ、上海、南京、福州、厦門及天津等ニ於テ之ニ対シ軍事的訓練マテモ施シタリ」と論ずる。また、「第四項　各地ニ於ケル排日運動及日貨排斥ノ実状」では、南京や上海をはじめとする各地の状況が二十四項目にわたって要約されている。

第八章

第八章「支那革命後ノ政況」は第七章までと趣を異にし、辛亥革命から国民政府初期に至る中国政治史を略述している。分量は二〇〇字詰め原稿用紙で一一二枚。その内容は通史的なものである。誌面の制約によって詳説できないため、以下に項目だけを箇条書きにしておきたい。

第一節　民軍ノ興起ト清帝ノ退位
第二節　南京臨時政府時代
第三節　北京臨時政府時代
第四節　袁世凱執権時代
第五節　黎元洪大総統時代
第六節　馮国璋総統時代
第七節　徐世昌大総統時代
第八節　黎氏ノ復職ヨリ曹錕総統時代
第九節　段氏執政時代
第十節　摂政時代
第十一節　張作霖時代
第十二節　南京政府時代

項目からも明らかなように、第八章は専ら内政史の側面から記されている。第七章までが日中外交史の視点で論述されていたことを考慮すれば、木に竹を接いだ感を免れない。第八章第十三節以下が欠落していることから推測して、突貫工事を強いられた結果なのであろうか。

さらに、重光報告書の「目次」によれば、第八章の「第十三節　共産党」と「第九章　支那問題ノ処理」が一九三二年一月二十二日現在「未着」だという。これらの点から察するに、重光報告書自体が未定稿に終わった可能性は高い。いずれにせよ、結論部分は残されていないし、「未着」となった経緯も不明である。

おわりに

重光報告書の内容は膨大で多岐にわたる。しかし、その要旨はむしろ単純である。すなわち、国民政府の革命外交によって日本は条約的根拠のある権益を蹂躙されており、列国も頼むに足りないため、日本の行為は正当化され得るというものである。欠落した結論部分もその文脈で書かれていたに相違ない。

その主旨には図らずも、いわゆるマクマリー・メモランダムと相通じるところがある。このマクマリー・メモランダムとは、一九二〇年代のアメリカを代表する中国通のマクマリー（John Van Antwerp MacMurray）が一九三五年十一月一日付で記した"Developments Affecting American Policy in Far East"のことである。[8] 単純化していえばマクマリー・メモランダムの基本的な主張は、中国の条約無視とアメリカの迎合がワシントン体制の崩壊をもたらしたということにある。その意味でも、重光報告書をマクマリー・メモランダムに準えて重光メモランダムと呼ぶことも不可能ではなかろう。

ただし、両者は二つの点で決定的に異なっている。第一に、マクマリー・メモランダムが専ら国務省の内部文書として執筆されたのに比して、重光報告書は国際連盟への抗弁を想定したものである。第二に、マクマリー・メモランダムがアメリカに自省を促したものであるのに対して、重光報告書は中国を非難することで自国の行為を正当化している。

両者の内で、現在でも政策決定者に示唆的なものがあるとすれば、それは明らかにマクマリー・メモランダムだろう。中国を一方的に排日と非難することで満州事変を正当化しようとする重光報告書の論法は独善的であり、共鳴し難いものがある。日中の衝突を未然に回避しようと努めていた重光自身、かかる報告書の作成は不本意だったであろう。

とはいえ、重光報告書を通読した者は、ある種の新鮮さに襲われるであろう。それは恐らく、上記のような時代的制約があるにせよ、曲がりなりにも近代日中関係を通観した視野の広さと明快な論理構成に由来するものと思われる。また、重光報告書には、余程の専門家でなければ知り得ないような諸事件が多数含まれており、微視的にも読むことができる。

いずれにせよ、当該期を振り返る際の材料が鏤《ちりば》められていることだけは確かである。

註

（1）松本記録、A. 2. 1. 0. C1-1。

（2）芳沢謙吉外相から駐上海守屋和郎臨時代理公使、一九三二年一月二十日（『日本外交文書』、満州事変、第二巻、第一冊）六七六－六七七頁。

（3）芳沢から重光、一九三二年二月十七日（同右）六八九－六九一頁。

（4）満州事変研究には枚挙に暇がないが、本稿に直接関連するものとしては、時任英人「満州国承認と斎藤内鯛」（『国際学論集』、第五巻第二号、一九八二年十二月）十七－二九頁、西連寺大樹「民族自決主義と日本のアジアにおける地位――満州事変前後の重光葵の対中国政策構想を中心に――」（『法学政治学論究』、第四二号、一九九九年秋季号）一八五－二〇九頁、等が挙げられる。関連の拙著としては、『東アジア国際環境の変動と日本外交　一九一八－一九三二』（有斐閣、二〇〇一年十月刊行予定）がある。

（5）中央研究院近代史研究所図書館所蔵版で閲覧した（索書号 328. 2931 961）。その他、同書から英文を削除した簡略版が、沈雲龍主編『近代中国史料叢刊続編第四十九輯　参与国際連合会調査委員会中国代表処説帖』（台北：文海出版社、一九七八年）として復刊されている。

（6）「第一項」の次が空欄になつており、特に小見出しは付されていない。

（7）外務省編『日本外交年表竝主要文書』下（原書房、一九六五年）三－八頁。

（8）Arthur Waldron ed., *How the Peace Was Lost* (Stanford, 1992) に所収されている。その邦訳は、ジョン・アントワープ・マクマリー原著、アーサー・ウォルドロン編著、衣川宏訳、北岡伸一監訳『平和はいかに失われたか――大戦前の米中日関係もう一つの選択肢――』（原書房、一九九七年）。

（拓殖大学講師）

史料紹介

安藤利吉兵務課長「滿洲事變ノ發端ニ就テ」

白石博司

満州事変について早期・公式にコメントした文書として「滿洲事變ノ發端ニ就テ」という文書が、防衛研究所の保有している第七師団司令部作成の「滿洲事変時局概観」に綴られている。この文書は陸軍省兵務局兵務課長・安藤利吉陸軍大佐が事変直後に命を受けて直接、満州・関東軍司令部等に出張して状況を把握・作成して各部隊（師団以上の部隊）に配布したものである。この文書の関連史料が靖国神社偕行文庫の中に「滿洲事變ニ関スル書類綴」として存在している。この綴の内容は、

一、昭和六年九月二十五日付の「滿洲事變ノ發端ニ就テ」（ガリ版刷り）。

（これは、「編纂内容ニ修正ヲ加フ」と表紙に付註があり、左の文書の最初の草稿で、これを上司の指導等を受けて修正し、次項の文書にしたものと思われる。）

二、昭和六年九月二十八日付の「滿洲事變ノ發端ニ就テ」（ガリ版刷り）（各部隊等に配布されたもの。）

三、第四歩兵聯隊命令（九月十九日午前一時二十分発、九月十九日午後八時五分発、九月十九日午後一時四十分発のもの）

四、「長春駐剳隊通信」（第四歩兵聯隊の出動経過、寛城子・南嶺の戦闘状況を報告したものである。）

五、九月十九日の戦闘における、戦死者・戦傷者氏名一覧表

六、昭和六年九月二十七日付の「滿洲事件調査報告」（日付がおかしいが、大丸旅館用箋に自筆ペン書きのものであり、恐らく帰路の飛行機等の中で書いた報告書の下書きの一部であろう。）

七、十月一日付の鳳凰城守備隊から安藤大佐への「無抵抗主義の通達がなかったこと」の調査報告電報。

八、独立守備歩兵第四大隊の戦闘要報第一、二号

九、九月十九日付、独立守備歩兵第四大隊長の布告した告示

十、九月二十八日付関東憲兵隊長から安藤大佐への証拠物件（爆破事件に関係あると見られる構築物の見取図・写真）

十一、寛城子攻撃経過要図及び経過概要表

十二、十月八日付関東憲兵隊長から安藤大佐宛の「支那軍の行動に関する證憑の件報告」（逃亡中国兵からの聴取書五通）

十三、昭和六年十月十四日付の「滿洲事変ノ發端ト經過」

（カーボンコピー）
（十月十四日に実施した［場所・対象不明］講演の原稿である。）

であるが、一、二、六、十三以外の文献は、安藤大佐の論拠を補強するための証拠文書である。作成経過について若干付言しておく。

事変勃発直後、十九日午前七時に省部首脳が参集し(1)「省部間一同、本時局ニ対スル決心ヲ強固ナラシムルノ基礎タラシメンカ為」として「時局対策」を協議、「関東軍今回の行動は、すべて至当の事である」という軍務局長の意見を全員の一致した意見とし、兵力増加の必要性について閣議の了承を取ることを決定した。(2)

南陸軍大臣は、その意見をもって十時からの閣議に臨んだが、幣原外務大臣は在満公館からの電報等を根拠に、言外に今回の事件はあたかも軍部の計画的行動であるかのような口吻であった。南陸相は、それら外相の言辞及び閣議席上の空気に、とうてい省部首脳決議に基づく増兵案の成立は困難であると判断し、朝鮮軍増援案を提出せず、結局閣議は「事態を現在以上拡大させない……」という軍中央部にとって不本意な決定を行なった。

これらの経過によって南陸軍大臣は、この閣議の雰囲気を関東軍に知らせるとともに、その真偽（謀略の有無等）を確認する必要があるとして、安藤兵務課長を満州へ派遣したものである。陸軍省兵務課の職責の中に「軍紀・風紀に関する事項」があり、この職責により渡満を命ぜられたものと考えられる。

九月二十一日に安藤兵務課長は飛行機で渡満、二十二日奉天・関東軍司令部に到着、陸軍大臣の意図（これ以上事態を拡大しないよう……）を伝え、十九日の臨時閣議の模様（事態不拡大を決定）、すなわち外務側の電報によって陸軍に謀略の疑いが持たれていることを告げている。そして二十三日に奉天付近の戦場を実視、同夜長春に移動、二十四日は長春を視察、二十五日に奉天に戻り、その日の午後東京へ向けて帰路についている。

その間、関東軍司令部では経過を承知するとともに謀略の有無について各種の質問をして疑問の解明に努めている。(3)

安藤兵務課長はそのメモ（右記六、の文献）に「『事件の発端が支那側であることは確実か』と問うたところ、関東軍司令部の幕僚は非常に激昂して『誰しもそんなことに些かの疑いを持って居らぬから之に関する調査などに仕事を割こうと考えたものすらなく、又今から之に努めようとする者も居らない。』と答え、憲兵司令部も亦同様で、此件を言い出すと如何にも不快気である。公明天地に愧じずとする其意気込みを見て実に私は非常に愉快に心強く感じたのである」と記しているように関東軍の謀略についての疑いは晴れたように思える。

現在では、関東軍一部の謀略で柳条湖付近の鉄道線路を日本自らが爆破し、それを契機に関東軍主力を出動させ、満州の主要地域を一挙に占領したことは紛れもない事実であり、この文献をもってそれが間違いであったことを証明し、満州事変の発端を正当化しようという意図は筆者にはない。

事変開始直後に陸軍省がこのような調査を実施させ、その成果を各部隊に配布した意図はどこにあったのだろうか。

安藤大佐は、九月二十一日午前七時三十分、羽田国際飛行場から日本空輸飛行会社下り一便スーパー・ユニバーサル飛行機で満州に向かったのであるが、同じ飛行機には、参謀本部第三部（鉄道関係）安達二十三中佐、陸軍省新聞班次長松井太久郎中佐、参謀本部第二部平田正判少佐等が同乗している。松井中佐、平田少佐については新聞にも掲載されているが、同じ陸軍省の安藤大佐の出張が報道されていないことが気になるところである。疑惑の解明任務で渡満する安藤大佐は公然の行動が制限されていたのかもしれない。

そして、二十八日には「満洲事変ノ發端ニ就テ」という小冊子に調査結果をまとめ、各部隊に配布している。その配布の目的は、事変勃発に対する各方面の疑問の解消あるいは事変の正当性についての陸軍部内に対する広報であったと考えられる。

これらの行動は、同年の六月に作成された「満州問題解決方策の大綱[4]」の中で「一、満州問題の解決には内外の理解を得ることが絶対に必要である。陸軍大臣は閣議を通じ現地の情況を各大臣に知悉せしめることに努力する。一、全国民、とくに操觚界（ジャーナリズム方面）に満州の実情を承知せしめる主業務は、主として軍務局の任とし、情報部はこれに協力する。」等と決定した一連の流れの中に位置するものであると言える。

また、事変開始直後の二十四日[5]には「事変に関する帝国政府の声明[6]」が発表され、今回の事変は正統な権利の擁護であるとともに事態不拡大に努めることを中外に発表した。

これと同日、陸軍次官から陸満密第六号で各部隊に対し「……就ては此際我軍行動の正統且自衛上已むを得ざる所にして国際法規に照らすも何等抵触することなき所以を一般に普及徹底し以て国論を喚起し……此挙国一致を要すべき重大時期に際し各師団（軍）に於ても国論の喚起統一に関し一段の努力を煩わし度……[7]」と通牒し、更に二十八日には、陸満密第十三号「輿論指導方針に関する件通牒」として「……一、事変の直接動機を述ぶるに止むることなく特に遠因に論及し其非は支那側にあるを明瞭にすること　二、今次関東軍の行動は全然正当防衛にして軍自体の自衛並に軍本来の任務達成の為必要なる範囲を出でざりしこと……（以下略[8]）」と、再度にわたり世論指導の必要性について強調しており、本文書もその有力な証拠として参考にされたものと思われる。

国民に対しては同じ二十八日に陸軍省から、満州事変の発端及び経過について内容はやや異なってはいるが報道各社に公表している。

原稿の制限もあり、ここでは昭和六年九月二十八日付の「満洲事変ノ發端ニ就テ」のみ紹介する。その内容は、一、勃發、二、解説、三、判斷、附圖から構成されている。

「勃發」では事件発生の経緯を述べ、「解説」において、事件の発生は十九日の朝刊において国民一般に知らされたが、一部の者はこの報道を正直に受け入れず我軍の正当防衛的行動に疑惑を持っているとし、その原因を「謀略の風評」「期日」「我疾風迅雷的行動」「損害の寡少」「發端詳報遅達」「無抵抗主義」「支那側の計画として無鉄砲に過ぎること」に区分して、その疑惑を解くべく解説し、最後の「判断」において事変が支那側から起ったことは明白であり、「……最も適切なる正当防衛であったことが明瞭である」と結んでいる。一読して内容的な歪曲や、捏造は認められないが、説得力を感じる文章でもない。
（読み易くするため、句読点を付した）

「滿洲事變ノ發端ニ就テ」

昭和六年九月二十八日　陸軍歩兵大佐　安藤利吉

目次

一、勃發
二、解説
三、判断
附圖：北大營附近要圖（略）

安藤ハ、滿洲事變實況視察ヲ命セラレ、九月二十一日飛行機ニテ出發、二十二日午後五時奉天ニ著キ、二十三日奉天附近ヲ、二十四日長春附近ヲ視察シテ二十五日奉天發直路歸京シタモノデアリマス。

真ニ兵馬倥偬ノ際、殊ニハ短時日デハアリマシタカラ、観察ハ絶對正確ヲ期シ得ナイノデアリマスガ、事變ノ發端ニ就キマシテハ概ネ要領ヲ得タツモリデアリマス。

一、勃發

在虎石台獨立守備隊第二大隊第三中隊ハ鐵道警備區域トシテ南方ハ柳條湖分遣所迠ヲ担任シ仝分遣所ニハ下士以下約八名ヲ配置シ十八日夜ハ王官屯（北大營西北地區）附近テ中隊カ夜間演習ヲ實施中デアッタ。勤務員ハ其儘デアルカラ演習人員ハ約八十名位ヨリナカッタ（ママ）。午後十時頃路線巡羅兵三名ト巡羅監視ノ河本中尉外二名ノ兵卒ハ虎石台カラ北大營附近ノ線路ヲ南下シテ柳條湖分遣所ニ向ヒツツアッタ。同夜ハ陰暦七日（月ノ入リ午後九時五十分、大連時間）デ十時以後ハ真ノ暗夜デアッタガ、十時半頃路線上ニ轟然タル爆音カ起ッタノデ中尉ハ直ニ之ニ驅ケ付ケタ。爆發サレタノハ北大營西南角カラ約八百米南方東側軌條ノ接續部デ軌條ノ両端ガ八寸位宛破壊切断サレテ挾接鈑ト共ニ附近ニ飛散シ、枕木二本ハ中央カラ東側ガ全ク粉砕シ散乱シテ居ル。中尉ハ之ヲ確ムル間モナク東側ノ瓦焼場及畑地カラ旺ニ射撃サレ、爆破シタ支那兵ハ線路ノ東側凹地ヲ北ニ遁ゲルノデ之ヲ射撃シ数名ヲ射殺スルト共ニ火光ヲ目カケテ東方ノ敵ノ射撃ニ應ジタ。中尉ハ部下一名ヲ線路ノ西側ニ沿ヒ急行北上シテ中隊ニ報告サセ、他ノ一名ヲシテ柳條湖分遣隊ニ急報サシタ。爆音ハ當然演習中ノ中隊及柳條湖分遣隊ニ響イタカラ双方共線路上ヲ爆音ニ向ヒ奔ッタガ、柳條湖分遣隊ハ途中東方暗中カラ射撃ヲ受ケ、間モナク傳令ニ會フタノデ所長ハ引返シ、急ヲ奉天ノ大隊本部ニ電話デ報告シタ。

　中隊ハ南下中小銃声ヲ聞キ、次デ傳令ニ會ヒ、狀況カ判明シタカラ河本中尉ニ赴援スル爲メ北大營西南角附近迠來ルト喇嘛園子方面ノ暗黒ノ中カラ猛射ヲ受ケ且敵ノ一部ハ北大營々門方向ニ移動スル音響ヲ聞キ付ケタノテ應射圧倒シタ後、主力ヲ以テ北大營ノ西北角ニ引返シタ。

　當時中隊長ハ爆破カ北大營ノ軍隊ニヨッテ企テラレタコトヲ確認シ得、尚仝營西南側ノ水壕ハ水深ク通過困難ナコトヲ承知シテ居タノデ小隊長ニ二分隊ト輕機一分隊ヲ率ヒサセ正門ノ方向ニ向ハセ主力ヲ以テ西北角ニ至リC兵營内（兵営にA、B、Cの符合を付けている）ニ突入、之ヲ占領シテ圍壁ニ據ッテ死守シ後續隊ノ來着ヲ俟ツコトニ決心シ果敢ニ断行シタノテアル。演習中ノ中隊テアルカラ各兵ハ小銃彈各人三十發シカ持タナイ。北大營内ニハ一旅團（歩兵九大隊ト各種特科隊、少クモ總計六、七千）ノ兵力カアル。而モ此決心ノ下ニ中隊ノ主力ヲ指導シC營ノ敵ヲ掃滅シ閉鎖シテ銃眼ヲ設ケ重圍ノ内ニ屈セス、約二時間死守シテ大隊主力ノ來着ニ應シ大隊長ノ指揮下ニ第四中隊ト連繋シ午前一時頃カラ此廣大ナル兵營ヲ東方ニ向ヒ逐次ニ攻略シタノデアル。

　柳條湖分遣所カラノ報告デ事變勃發ハ奉天ニ傳ハッタ。平素カラ準備研究サレテ居ル臨時出動計畫ニ基キ部署ハ命セラレ断然奉天ヲ占領スヘキ行動ハ開始サレタ。

二、解説

　奉天ニ於ケル爆破ノ報導ガ引續キ我軍ノ果敢敏速ナル行動ト共ニ二十九日朝刊デ世上ニ傳播サレルト、國民ノ一部ニハ之ヲ正直ニ受入レズ我軍ノ正當防衛的行動ニ疑惑ヲ持ッタモノガ少ナクナイヨウデアル。此疑惑ヲ懐カシメタ要素トシテ自分ハ次ノヨウニ推察スルノデアル。

① 積極的策動ノ必要ガ感セラレ、特ニ滿洲デハ酒席上等デ謀略的風評ガ常ニ話題ヲ爲シタコト。
② 九月中旬頃ガ策動ノ期日カニ流言盛デアッタコト。
③ 軍部ノ處置ガ疾風迅雷ノ如ク其奏効豫想外ニ偉大ダッタノデ、或ハ我ガ軍部ノ計畫的行動デハナカッタカト腹ニ疑念ヲ懐イタコト。

④　我ガ損害ハ奏効ノ大ナルニ比シ、甚タ少ナカッタコト。
⑤　事變ノ發端ニ關スル詳報カ中々中央部ニ到達シナカッタコト。
⑥　奉天ノ支那官憲ハ日本軍ニ對シ無抵抗主義ヲ採ルコトヲ聲明シテ居ッタコト。
⑦　支那側ノ計畫トシテハ目的カ分カラス餘リニ無鐵鉄砲ノヨウニ思ハレタコト。
等ガ、主ナルモノデアルト思フ。以上各項ニ付簡單ニソノ誤謬ヲ解説シヨウ。
（一）　謀畧ノ風評
帝國ノ威信ガ滿蒙カラ逐年減退スルト共ニ在滿蒙ノ同胞ハ國權擁護ノ手段トシテ謀畧ニ機會ヲ求メヨウト談論シ來ッタコトハ事實デアリ、其風評ナドハ日常ノ話柄トシテ特ニ重大視サレテモ居ナカッタ。

近時支那ノ暴慢ガ募リ我國論ガ硬化シテ來ルト共ニ益々甚シクナッタコトハ少シク滿洲ヲ解スル人々ニハ直ニ合点サレルコトト思フ。是レニ伴ヒ過去ノ事件ニ或ル回想ヲ結ビ付ケル人モアッタデアロウ。一犬ノ虚ハ萬犬ノ實トナリ、感受性強イ同胞中ニハ容易ニ之ヲ信スルニ至ル者アルモ無理トハ云ハレナイガ虚ハ幾倍シテモ實トハナラナイ。又陰謀ナド云フモノハ本質上評判ノ盛ナ時ト處トニ行ハルベキモノデハナイノデアル。
（二）　期日
九月ニ事變ガ起キル、起コサレルト風評サレ、中旬ダト通ガッテ唱ヘル者アリ。甚シキハ十八日ガ怪シイナドト無責任ニ断定スル者アリ。在滿ノ同胞ハ此期日ニ對シ多少デモ關心ハ持ッテ居タノデアル。夫レハ日支ノ關係ガ日増險悪トナリ、中村事件ガ加ハッテ九月ニ入リ益々暗雲低迷、本月ハ普通ニハ経過サレナイト云フ氣分ガ漲ッテ來タ。中旬ニハ中村事件ノ第二調査隊モ歸ルシ交渉ノ結果ニヨッテハ實力行使モ豫想サレ軍部ノ國民ニ求メツツアル滿蒙ニ關スル適正ナル理解モ高潮ニ達シ縣議選擧戰モ白熱化スルノデ、中旬ガ怪シイト思ハルルニ至ッタ。偶々土肥原大佐ガ中央部ニ召サレ十八日歸奉ノ報導ガ新聞デ傳ヘラレタ。大佐ハ我軍部ノ決意ヲ齎シテ歸ルダロウ。従ッテ同夜ハ……ト云フヨウニ、一般ニ同日ガ特ニ注意サレタノデアル。然シ史上ノ如何ナル陰謀モ世間ニ而ク明瞭ニ期日ガ豫期サレタコトハアルダロウカ。土肥原ハ事變勃發ノ翌十九日歸奉シタノデアル。
（三）　我ガ疾風迅雷的行動
是ニ由ッテ疑ヲ起スモノハ滿洲ニ於ケル日支感情ノ異常ナル險悪ト、此間ニ處スル軍部ノ任務ニ對スル最モ忠實適切ナル研究準備トヲ解サヌモノデアル。滿洲ニハ動員計畫、應急準備計畫ノ外ニ臨時出動計畫ガアリ、滿蒙ノ風雲暗澹タルト共ニ上司モ之レヲ鞭撻督勵シ各隊ハ豫想セラルベキ任務ニ對シ一兵卒迠萬全ヲ期シテ準備シ訓練サレテ居タノデアル。早ク云ヘハ見ラレ得ル限界内ハ蟻ノ匍フ途モ知ッテオル。足ガカリノ石迠記憶シテ居ルト云フ熱心サデ研究サレ、イツ何時命令ガアッテモ之ニ應シ得ル確信ノ下ニアッタ。

事實十六日ハ奉天、十七日ハ遼陽デ軍司令官ハ随時檢閲課目トシテ之ヲ檢閲シ指導サレテ居ル。十八日夜半非常呼集ガアルヤ、將校以下ハ又非常演習カト一時ハ誰シモ信用セナカッタ實況デアル。世人ハ新聞紙上ニ纏メテ一時ニ讀ムカラ疾風迅雷ノヨウニ直感スルガ、仔細ニ軍事的ニ省察スルト命令下達、出動準備、列車準備、戰鬪參加ハ尚一層疾速ニ行ハレ得ル餘地ガアルノデアル。幹部ガ兵營ニ近ク居住シテルノダカラ、内地トハ違ヒ、出動準備ナドハ二、三十分、荷物ヲ纏メテモ二時間アレバ十分ト認メラレテル。頗ル優勢ニシテ然モ我ヲ輕侮スル支那兵ハ目前ニ在リ。掩護スヘキ邦人ハ廣大ナ地域ニ散在シテル。グズ〳〵シテルト、ドンナコトニナルデアロウ。想像スルダニ戰慄ヲ禁ジ得ナイデハナイカ。

軍司令部ハ第一報ヲ新聞記者カラ電話デ聞キ(9)、午前三時半ニ出發シテル。之レハ少シモ早クハナイ。豫メ準備シタト誤解サレタ撫順中隊ハ、一時間餘ノ汽車行程ニ過ギナイノニ、其戰鬪參加ハ午前五時頃トナッタヨウデアル。公主嶺ノ獨立守備第一大隊主力ハ命令ヤ情報ノ交錯デ發車シタトキハ夜ガ明ケタ。先ヅ大凡豫期ノ如キ行動ノ出來タノハ、勃發地奉天ニ在ル最モ責任重キ我軍隊ニ過ギナカッタヨウデアル。(而カモ獨立守備第二大隊ノ先頭部隊ハ、レールモーターデ逐次ニ加入シタノデアル……追記)以上ノ如クデモ、コレヲ他ノ國軍ニ比較スレバ頗ル迅速ト云ヒ得ルケレドモ、夫ハ我等ノ誇トスル精鋭ノ結果デアッテ之ガ爲メニ事件ノ發端ヲ疑ハレルヨウナ要素デハ決シテアリ得ナイ。

（四）損害ノ寡少

軍精鋭ノ度ヲ比較シナイデ損害少ク効果ノ大ナルハ可笑シイト疑フノハ疑フ方カ可笑シイコトデアル。精鋭ノ極致ハ一兵ヲ損セズシテ敵ヲ全滅スルニアル。之ガ爲ニハ我カ長所ヲ綜合シテ以テ敵ノ最大弱点ヲ突クベキデアル。奉天ニ於ケル我軍ノ行動ハ正ニ其適例デ訓練周到ナル軍隊ガ衆心一致シ果断敏速ニ夜襲ヲ決行シタノデアル。幸ニモ當夜ハ暗黒デアリ、敵ハ主トシテ營内ニ「ランプ」ヲ點ジテ應戰シタ。支那兵カラ我軍隊ハ見ヘナイ。我軍隊ハ明ルイ窓ヲ目標トシテ射彈ヲ集メ手榴彈ヲ投入シタ。「ランプ」ノ破壊ハ内部ニ火災ヲ起シ、敵ハ周章狼狽シ、我ガ目標ハ益〻明瞭トナル。奏効ノ偉大ナルベキコト當然デアル。之ニ反シ戰闘行為ガ日出後ニ及ンダ長春方面デハ敵ノ抵抗ガ頑強デ、我軍ハ多大ノ損害ヲ受ケ、獨立守備第一大隊第三中隊ハ中隊長以下殆ンド全滅(10)ノ悲運ニ會シテ居ル。

(五) 發端詳報遅達

普通ノ戰闘ト違ッテ優勢ナ而モ散在スル敵ヲ轉々攻撃シ、此間列車ヲ利用シテ頻々移動ヲ餘儀ナクサレ、又延長物体ノ警備上一旦集メタ兵力ヲ戰後直ニ分散配置セネバナラヌ等、各隊ノ行動ガ迅速不羈デ豫測シ得ナイ命令ニ直ニ応ズル爲要務令所定ノ處置報告等スラ今ニ纏マラナイ。殊ニ事端ハ先方カラ發セラレ正當防衛デ誰シモ衷心疚シイ處ガナイカラ、之ニ關シ疑ノ目ヲ以テ見ラレル等ト考フル人モナク、從テ寸暇ヲ争フ多忙ノ中デコンナ仕事ハ命ジモセズ氣ガ付イテモ出來モセズ、ヤリモセナカッタノデアル。從テ中央部ニ對シ詳報ガ後レタノハ洵ニ自然デアル。若シ之ガ假リニ自分達ノ方デ事端ヲ起シタトスルナラバ、正直ナル日本人トシテ必ズヤ直ニ詳報ヲ送リ、釋明之努ムルデアロウト思フ。私ガ到著シタ二十二日(第四日)デスラ何モヤッテ居ラズ、支那側ガヤッタ証跡ノ調査モシテナイ。外部ニ事端ニ關スル疑惑ガアルコトヲ聞イテ、一度ハ啞然トシ次デ憤激禁シ得ナイモノガアッタノハ、至極當然ト感セラレタ次第デアル。

(六) 無抵抗主義

支那ハ我軍ニ對シ無抵抗主義ヲ聲明シテ來テ居ル。而シテ事實ハ損害ガ証明シテル通リデアル。彼ニ十分時間ノ餘裕ガアッタニ拘ハラズ、此主義ヲ表明セズ、抵抗ハ意外ニ頑強デ南嶺デハ白旗ヲ五、六本掲ゲ、四、五十米ニ接近セシメテ不意ニ多大ナ損害ヲ與ヘテ居ル。爾來、我國ハ支那側ノ聲明ニハ幾度カ欺カレテ居ルノニ未ダ其レガ醒メナイモノガアルトハ寧ロ不思議デアル。支那ガ對日誠意ヲ少シデモ有スルナラバ正義觀ノ強イ我同胞ニ斯ク沾憤激ヲ齎スコトハナカッタ筈デアル。鳳凰城ノ支那軍司令官ハ武装解除ニ應ジタガ、其理由トスル處ハ此主義ノ通達ニ基クモノデハナイ。私ハ支那ハ外部殊ニ日本ニハ無抵抗主義ヲ聲明シタガ自己ノ軍隊ニハ全ク之ヲ告達指令ハシテ居ラヌモノト解シテ居ル。更ニ進デ支那ハ此聲明ノ下ニ日本ヲ欺キ油断ヲサセ、此間積極的ナル策動ヲ計畫シツツアッタモノト判断シ得ラルルガ、夫ハ後ニ述ブルコトトシヨウ。

(七) 支那側ノ計畫トシテ無鐵砲ニ過グルコト

北大營ノ附近デ別ニ要点デモナイ線路上ノ一部ヲ爆破シテ事端ヲ發スルノハ支那側トシテ愚ノ骨頂デ、マサカ如何ニ支那軍ト雖ソンナ無鐵砲ハヤルマイト論ズル人モアルヨウデアルガ、夫レハ現時ノ支那軍隊ノ實情ヲ知ラナイ者ノ言デアル。支那ノ將官級以上ハ帝國ノ實力モ知ッテルガ、佐官以下ノ者ハ数度ノ國内戰捷デ鼻息荒ク、日清、日露其他ニ於ケル皇軍ノ武威ハ一向存ジテ居ラズ、徒ニ連日對日敵對觀念ヲ鼓吹サレ煽動サレテ居ル。是レ近時彼等ノ暴慢日ニ加ハル所以デアル。實戰ノ經験ト装備ト兵数トヲ恃ム彼等ガ帝國ノ對外消極退嬰政策ヲ認メ、其實力ヲ輕侮シテ居タノデアル。而モ近時両國間ノ空氣ガ險悪トナリ來ッタニ就テハ此際一擧ニ我權益ヲ奪囘シヨウト希望スル、洵ニ無理カラヌ次第ト思フ。將軍連ハ帝國ノ實力ヲ知ッテルカラ挑戰的策動ハシナイニシテモ北大營ノ如キ一師團位モ纏マッテル兵營内ノ若イ血氣ノ連中ハ群衆心理ガ伴ッテ自分達デ其發端ヲ作ロウト考ヘル如キハ有リ得ルコトデアル。況ンヤ上級將校、而モ張學良ノ身邊ニ在ル高級者ニ絲ヲ引ク者ガアルトシタナラバ、其激成ハ易々タルモノデ學良自慢ノ北大營ニアル兵力デ充分奉天全部ノ奪囘ガ出來ルト信ジ策動スル如キハ想像サレ得ルコトデアル。

以上ハ、單ナル推想トシテデナク、事實ニ根據ヲ置キ述ヘタモノデアル。其計畫竝實施ノ拙サ加減ハ支那軍幹部ノ低腦ヲ裏書キスルモノデアッテ、決シテ拙イカラ、アマリ無鐵砲ダカラ支那側ヨリ事端ガ發シタノデハアルマイト云フ證明ニハナラヌコトハ其一般將校ノ素質ヲ知ッテル何人ニモ肯首ガ出來ル處デアルト信ズル。

支那兵ハ軌道上ニ石ヲ置イテ列車轉覆ヲ企ツルコト屡〻デアルガ、常ニ事前ニ發見所置（ママ）シテ居ルカラ事變ハ起ラヌノデアル。若シ列車ガ転覆シタナラバ夫ガ事變ノ發端トナリ得ル。此際支那側デソンナ馬鹿ナコトハヤルマイトシテ發端ニ付疑問ヲ懷クトシタナラバ夫レハ野獸ニモ等シキ彼等ノ心理ヲ紳士トシテ判断スルニモ等シイコトデアロウ。兵卒ト石塊トノ關係ガ少シク進ンデ將校ト小爆破ノ關係ニナッタトテ其心理ハ同ジコトデアル。私ガ爆破地点ヲ確カメタ時ニハ其地点カラ血痕ガ線路上ヲ北ニ点々トシテアリ、約四十米許リ離レタ線路ノ東側ニ武装シタ北大營ノ兵卒一名ガ斃レテ居ッタ（A）。之ハ檢死ノ結果爆傷致死デアルコトガ明ニサレタノデアル。尚北方ニ兵卒三名（B）、北大營西南角ノ西方線路ノ東側ニ同三名ノ屍体ガアッタ。是等ハ戰死デアル。（A）及（B）ハ何レモ事變當時カラ其儘ニ放置サレテルモノデ移動サレタ屍体デナイコトハ事後ニ於ケル實見者モ等シク認メタ所デアル。此實証ガ何ヲ物語ルカハ説明ノ要ハアルマイト思フ。（附圖第二参照［略］）

三、判断

事變ガ支那側カラ起ッタコトハ前ニ申述ヘタ通リデアルガ、尚次ノ事實ガアル。

①　爆破部隊以外ニ兵力不明ノ敵ガ喇嘛園子附近高粱畑内ニ存在シテ爆破ニ引續キ我部隊ヲ射撃シ、時ニハ友軍ノ誤射ト思ハセ天明ニ及ンデ居ル。

②　平素、銃及彈薬ハ中隊ニテ保管シアルノニ、當夜ハ圍壁ニ據リ装塡シテ我部隊ヲ迎撃シタ。

③　北大營Ａ・Ｂ等ノ西及南正面圍壁内壁内側ニハ歩兵踏垜ヲ急増準備シテ居ッタ。

④　此夜午前二時非常呼集ノ計畫アリ。其命令文ヲ營内カラ發見シタ。

⑤　約一週間前ヨリ皇姑屯附近トノ往復頻繁デ柳條湖附近ニテ鐵道線ヲ横切リ、屡〻石塊ヲ軌道上ニ置イテ運行妨碍ヲヤッテ居ッタ。

⑥　事變勃發ノ當夜及其以前一週間バカリ虎石台ト柳條湖分遣隊間ノ電話線ガ屡〻切断サレタ。

⑦　近時、新開河以北ノ地區ニハ邦人ノ進出ヲ阻止シテ居タ事實ガアル。

⑧　近頃北大營附近デ行フ夜間演習ノ禁止ガ支那側カラ申込マレ、我軍ハ之レヲ峻拒シタ。

⑨　最近北大營ノ支那兵ハ沙子坑附近ニ、我柳條湖分遣隊方面ニ對シ簡單ナル散兵壕ヲ構築シタ。

⑩　北平方面ニ本事件ノ勃發ヲ約一週間前豫知シテ居タ人物ガ存在シテ居ルトノ情報ガ最近ニアッタ。

以上ハ事件ノ勃發後ニ於テ明トナッタ事實デアルガ、司法的ニ素人ヲ納得サセル的確ナ材料トハナラナクトモ軍事的ニ判断シテ、本事件ノ發端ガ支那側ニ於テ畫策サレタ隠謀（ママ）ノ端緒デアルコトハ明瞭デアッテ、若シ我軍ガ機敏神速ニ之ニ應ジナカッタナラバ、十九日朝以後ニ於ケル在奉天ノ我軍隊及同胞ノ運命ハドウデアッタカ推断ガ出來ルデアロウ。二十五日ニハ米領事及英米武官ハ我軍参謀長、総領事ト共ニ爆破地点ヲ實地踏査シ能ク諒解シタ。要スルニ事件發端ハ支那側ニ在リ。而モ大々的ナル敵對行為ノ導火線デ、之ニ對スル我軍ノ行動ガ最モ適切ナル正當防衛デアッタコトガ明瞭デアル。

註

（1）　小磯国昭軍務局長［杉山元次官は病気休務中］、二宮治重参謀次長、梅津美治郎総務部長、今村均第二課長［建川美次第一部長代理］、橋本虎之助第二部長。

（2）　「満州事変作戦指導関係綴其二」（防衛研究所図書館所

蔵）三一四頁。

（3）「満州事変機密政略日誌其一」（所謂片倉日誌）（防衛研究所図書館所蔵）一九〇頁。

（4）今村均『今村均回顧録』（芙蓉書房、一九五五年、九月改題発行）一八八－九頁。

（5）安藤大佐の調査結果が明らかになる以前の発表である。

（6）外務省編『日本外交文書　満州事変Ⅰ－一』六八－九頁、九月二十五日東京日々新聞。

（7）藤原彰他編『資料日本現代史　八　満州事変と国民動員』（大月書店、一九八三年）二二四頁。

（8）同右、二二五頁。

（9）片倉衷『戦陣随録』（経済往来社、昭和四十七年）には「…日直将校小西貞治大尉から電話があり、奉天特務機関からの軍機電報入手〝奉天附近事件発生日支兵衝突〟のことを知ら…」となっており『満州事変機密政略日誌』『片倉衷氏談話速記録』（木戸日記研究会、日本近代史料研究会）にも同様に記録されている。

（10）定員約二百名・戦闘参加者五十余名のうち戦死中隊長以下二十五名、戦傷二十名である（『偕行』昭和六年十一月号）。

（防衛研究所戦史部室長）

史料紹介

参謀本部編『満州紀行』

安達将孝

はじめに

本稿は、清朝末期、支那本部一八省[1]に対し、東三省（盛京（奉天）省、吉林省、黒龍江省）と呼ばれた満州（現在の中国東北部（清朝を樹立した満州民族の故地））に派遣された参謀本部出仕の、一般に軍事探偵と呼ばれた参謀本部派遣将校の実地調査報告書のうち代表的報告書『満州紀行』[2]（明治一〇年、一四年、一八年の報告書）の紹介文である。

明治維新後、わが国と一衣帯水にある韓国に隣接し、ほとんど知られることもなかった満州地方を初めて調査したのは、明治五（一八七二）年、参議西郷隆盛、板垣退助等の計画に基づき、外務省出仕の身分で、密かに現状等の視察に当った陸軍少佐池上四郎等の派遣を端緒とする。その視察報告書は、今日、『満州視察復命書』[3]として知られている。

続く明治六、七（一八七三、四）年も派遣[4]されたが、翌八（一八七五）年、清国公使館が新設されてから、隣邦をもって国防の第一線とし、清国軍事研究を当面の要務とする軍事上の方針[5]に基づき、当地への派遣計画は組織的に進められた。派遣将校の身分は、公使館員であったが、任務は指定された地域を隠密に調査する事にあった。

一　清朝末期の満州

清国は、アヘン戦争を機に不安定な政情にあり、第二次アヘン戦争の結果、列国に侵食されていた。イギリスとの講和条約斡旋を口実に、一八六〇年、黒龍江以北の広大な土地と満州東岸を悉くロシアに割譲した。アジアの小国日本も南進策を国是とするロシアの巨大な圧力を前にして、なす術もなく、和親条約（一八五四年）を結び、北方領土の国境を画定したのであった。

清国領沿海州方面をロシアへ割譲したという情報を日本が得たのは、軍事教官として来日したフランスのシヤノワン[6]陸軍大尉が提供した建白書に拠ったものであった。

欧米諸国から食指されているアジア各地の情勢について疎く、ロシアの触手する韓国、満州についても、日本は知るところ何一つ無い状況下にあった。そのため、先ず隣邦の政治、軍事、産業、地誌等広範な範囲の調査を行なわざるを得なかった。これが、派遣将校に課せられた任務であった。

後年、時代の推移とともに、日本は満州を手中にし、その施策は、対露的、資源優先の国益中心に変わっていくが、当時は隣邦策設定のため、覇気に富む若い将校の実行力だけを唯一の手がかりにして、基本的資料収集を主とした調査にあたった。何れも測量学を学び、簡単な測量器材を密かに携帯しての旅行であった。有名な広開土王石碑の将来者として知られる陸軍砲兵中尉酒匂景信[7]もその一人であるが、彼等が難渋して踏査し、報告した紀行文及びそれ等を基本資料として作成された沿道誌は、日本が満州大陸へ踏み出した第一歩を物語る貴重な記録として残されていた。

『外邦兵要地図整備誌』[8]に拠れば、明治維新以降における我が国の近代的測量による外邦兵要地図の沿革は、大要して

第一期　派遣将校の旅行記、紀行、要図等の資料収集の準備（編さん）時代

第二期　明治二七八年の日清戦争時、満州南部、朝鮮における実地測量から始まる実測（整備）時代

第三期　シベリア出兵以降の外国製地図入手（整備）時代

の三期に分けられているが、これに従うならば、『満州紀行』は、まさに実地測量困難な第一期準備時代、『亜細亜東部輿地略図』[9]を頼りに資料収集の調査期間に該当するものであると云える。

二　『満州紀行』の書誌的分析

（一）『満州紀行』の概要

『満州紀行』は、清国東三省即ち満州へ派遣された将校の復命書のうち、明治十年代の代表的実地調査報告書四件を甲、乙、丙、丁号四部作四冊本の部内資料として参謀本部から刊行されていた活版本である（戊以下が刊行されたかどうか不明）。現在、防衛大学校図書館に丙号の欠けた活版本三冊だけが所蔵されていたので、本稿は、これにより紹介するものである。各調査報告書の内容は後述するが、それぞれ独立したものである。丙号は未見のため除く。永く陸軍経理学校蔵書として保存されてい

たが、第二次世界大戦後、散逸を恐れ、関係機関を経て管理換された際、丙号は散逸してしまったらしい。乙、丁号両冊は、日々の行動が日記体に記述され、甲号は、前二冊とは異なり、視察した各城の接遇を主に、軍備、交通、郵便、金鉱等について、主題別に記述されている。

（二）　参謀本部編『満州地誌』の底本

『満州紀行』は、明治二二年刊行の参謀本部編纂課編『支那地誌　巻一五上（満州部）』、のち書名変更されて一般に知られる『満州地誌』(10)の底本として使用されている。

それぞれの報告書に記載された調査事項あるいは見聞録で、地誌編さん上、利用できるものは、そのまま、あるいは表現を変えて『満州地誌』に引用されている事によって断定できる。

『支那地誌』(11)巻頭「序文」中で編さん者下村修介(12)は「此書ヲ編纂スルヤ引用スルトコロノ書籍無慮数十部ニ下ラズ。之ニ参加スルニ我邦人及ビ欧米人ノ紀行、報告ノ類ヲ以テス。」（句読点及びアンダーラインは引用者）と述べているが、「我邦人ノ紀行報告」とは満州方面だけに限って云えば、『満州地誌』が、土地、山河の名称あるいは歴史的記述等について、『大清一統志』(13)、『欽定満州源流考』(14)等を典拠にし、現状に係わるものは、『満州紀行』各号から引用して掲載されている例からみて、比較的永く滞在していた伊集院兼雄(15)工兵大尉等の派遣将校の報告書も転用されて記載されていると思われる。

（三）　『満州紀行』の内容

『満州紀行』各号ともに表紙、本文のみの構成から成り、まえがき、凡例、目次、奥付等はない。著者名の記載も無く、本文中調査に当った当事者の人物名も明らかにされていない。甲、丁号の本文冒頭に、派遣将校携帯の護照（旅行券）が紹介されているが、旅行者一行の名前は伏せられている。このため、「陸軍省大日記」(16)、「参謀本部歴史草案」(17)、『対支回顧録』、『東亜先覚志士記伝』(18)等の文献を典拠にしてそれぞれの人物を確定し、その人名を明らかにした。

ところで、当該紀行文は、各報告書記載の地名の異称、度量衡即ち、里程、長さ、重さ、山の高さ等の表現を統一し、文体を整え、同一書名の下に刊行されていると思われる。島弘毅陸軍砲兵中尉の報告書写本及び刊本の比較照合によって証明される。

（四）　『満州紀行』刊行の目的

『満州紀行』は、刊行に係わる記録が残されていない

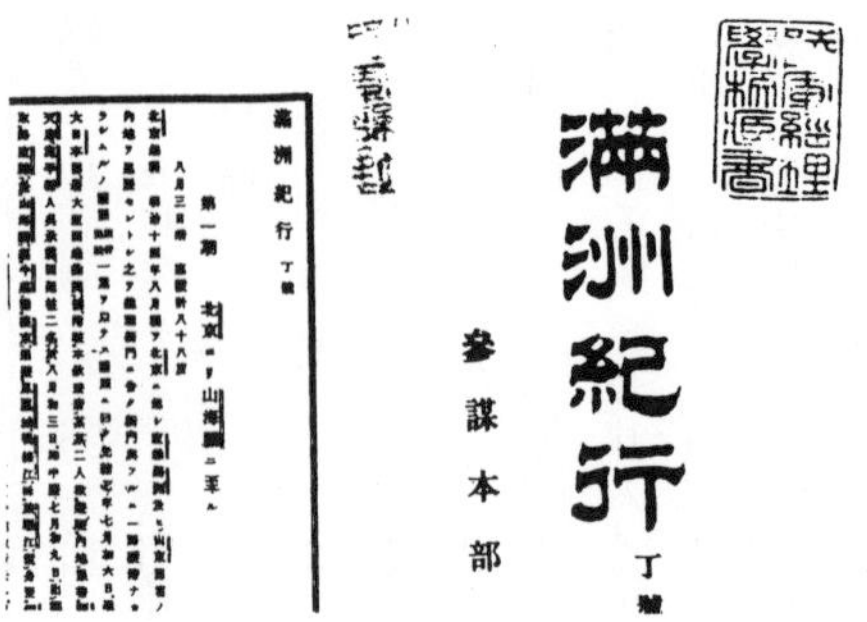

『満州紀行』標題紙（19×34cm）

ため、今日までその存在はほとんど知られていなかった。刊行の目的は、業務遂行上の指針として印刷されたものか、関係者の参考資料としてか、『満州地誌』編さん上のためか、はっきりしないが、『満州地誌』が学校の教材として採用されても可笑しくない内容のもので、一般刊行物同様出版担当機関の内務省に登録された著作権所有の著作物に比べて、出版条例（法）とは無縁の部内資料として刊行されたものである。

甲、乙、丁各号の報告者は、日本公使館館員の肩書きで、清国総理衙門（外務省）発行の護照（旅行券）を携行し、東三省内を旅行している。行く先々、正規の清国兵に護衛されての日々の中で、行動に不審を抱かせることなく、真の目的である兵要的実地調査を果たすのは容易ではなかったと思われる。

彼等が提出した報告書、記録は、一般の見聞録、旅行記らしい題名が付けられているとは云え、のち、部外秘として取り扱われた兵要地誌『満州沿道誌』[19]作成の基本資料になったもので、文書は、参謀本部内に留められ、その後、焼却されたのであろうか不明のため、当時の清国派遣将校の行動記録について全貌を知ることはできないが、せめて当該紀行文により、その一端に触れることができるのは幸であろう。

（五）『満州紀行』の刊行年と編さん部課名

『満州紀行』[20]の刊行年を推察するに、『満州地誌』本文の記載事項が明治十年代の満州派遣将校の調査事項と変わっていない事実から、又、装丁等の類似点から、『満州地誌』初版本と同じ明治二二年前後の刊行とみられる。『満州紀行』の標題紙上は、参謀本部の記載のみで編さん部課名はない。刊行年を明治二二年前後として、その編さん者を尋ねるに、当時、軍令機関条例の改廃により、参謀本部は、陸海統一軍令管掌機関となったり、再び陸軍のみの名称となったりしているが、その編制上の改革に関わらず、部内の管掌事務に大きな異動はないので、「外国軍制地理及び政誌」の事務を担当していた参謀本部第二局刊行の部内資料と推定される。

三　『満州紀行』本文の紹介

（一）『満州紀行』甲号　二九一頁

旅行者　陸軍歩兵中尉　菊地節蔵[21]（静岡県、一八五七—一九〇八）
　　　　満州語学生　小島泰次郎[22]（東京府、一八六一—一九〇四）
　　　　満州語学生　木下賢良[23]（千葉県、一八五七—一九二二）
　　　　従者　日本人某（案内）

日　程　明治一八（一八八五）年八月一日—同年一一月一一日

順　路　ブラゴウエシチェンスク（ロシア領）発—黒龍江省愛渾（Aigun）[24]—墨爾根（Mergen）—斉々哈爾（Chichihaerh）—呼蘭（Hulan）河域—松花江畔（Sung ri R.）植民地—三姓（依蘭府）（Sansing（Ilan-fu））城—穆丹江（Mutan-chiang）沿岸軍道—寧古塔（Ninguta）城—俄（額）穆索站（Omu-hsien（Emu））—吉林（Kilin）城—開原（Kaiyuan）—鉄嶺（Tiehling）—奉天（Mukuden）—牛荘（Niu-chuang）着。

報告者の判定　判定の理由は、紀行文の本文冒頭に記載された護照（旅行券）を基にする。前文は、「（前略）駐紮露国白拉照夫琛斯科（ブラゴウエシチェンスク）府某擬於七月初旬偕同学生某某取路愛渾（中略）奉天等処出牛荘回国程期約三月（後略）」と記述されていて、大まかな旅行の発着日と予定順路を示してあり、後文は護照の効用と使用法の注意事項になっている。これによって、駐在官一人、語学生二人が旅行者であることがわかる。

次に、報告者は、陸軍歩兵中尉菊地節蔵である。根拠は、明治一三年四月六日付、陸軍工兵中尉伊藤泰明及び満州語学生五名とともに露領ウラジオストックへの差遣発令、及び同一五年九月二五日決裁の参謀本部長大山巌宛、菊地節蔵のウラジオストック駐在中に関する申請書[25]において、露領調査旅行中、満州内地に入った場合を想定し、通訳として語学生小島泰次郎を帯同したい旨申請、了承された文書から判断できる。同一六年九月二二日付、ブラゴウエシチェンスク駐在発令[26]、同一八年七月七日付、同地から満州経由牛荘において乗船帰国命令[27]の記録に拠っても報告者であると判断できる。

木下賢良については、明治一七年一〇月一三日付のブラゴウエシチェンスク差遣の命令文書[28]及び付随の当人申請書に拠る。

本文内容　本文は、次のとおり構成されている。

○各城の応接　○兵備（附―兵営、火薬庫、穀倉）○吉林機器局並に火薬製造局　○風俗　○水陸運搬の概況（附―途上遭遇の物件統計表）○植民並に貢租　○郵駅並に軍道　○満州金鉱の近況　○満州の馬疋飼養実況　○満州の食料　○新税の布告　○満州の略図

露領ウラジオストック、ブラゴウエシチェンスクに、駐在官としての任務を終えた菊地中尉が、参謀本部の命により視察した満州経由の帰路報告書で、路程の途上に観察し、記録した、主として各城の応接、兵備等に関するものであり、沿道地誌とは別に提出した見聞録である。

特に、満州金鉱に関する報告については、参謀本部の注目を惹くところとなり、『満州地誌』に収録されている。後年、同一書名の陸軍中佐守田利達著述の『満州地誌』上に、更に、詳細な金鉱地図となって出版されているが、これは資源豊かな満州金鉱に対する関心が、いかに高かったかを示すものであろう。

当時、日清間は、朝鮮における甲申事件、琉球の日本帰属等で微妙な関係にあり、島中尉の時（乙号参照）と違い、決して親日的な好ましい状況ではなかったと思われる。そうした情勢の中で、露領から入国したためか、当初から、露国スパイとして、満州官憲の疑惑を招き、例えば、宿泊所として馬小屋のような部屋を護衛士官から充てがわれて困惑したり、将軍への面会は拒絶される、申し出た練兵場の訓練視察は適当にあしらわれる、本道に代わって間道経由の旅行を希望すれば、馬賊の出没を理由に護送兵の同行を断られたりして、旅行は前途多難なものであった。

これに対する菊地中尉の言動も相当なもので、「一国を代表して貴国の公道を歩く我の目的を左右するとは何事」と、行く先々、訪問した各城での対応は穏当ではなかったようである。

斉々哈爾（チチハル）の黒龍江省将軍衙門（役所）において、入門を拒否されると、制止も聞かず中に入りこみ、ある一室の壁に掲示してあった兵備配置表を見て、素早くロシア語に翻訳して読み、随行の語学生に露文で筆記させて、思わぬ収穫に小躍りする様なこともあった。こうして収集した兵備等多岐にわたる分野の情報が、上記のとおり、当該甲号紀行文中に収録されている。

（二）『満州紀行』乙号　一一〇頁

旅行者　陸軍歩兵中尉　島　弘毅[29]（愛媛県、一八四四―一九〇二）

従　者　（日本人［（不明）］）

日　程　明治一〇（一八七七）年四月一八日―同年一一月五日

順　路　北京（Peking）―玉田県（Yutien）―永平府（Yung-ping-fu）―山海関（Shanhaikwan）―錦州府（Chin-chow-fu）―白旗堡（Paichipu）―新民（Hsin-min）―奉天（Mukuden）―懿路（Ilu）―開原（Kaiyuan）―伊通（Itung）―大水河（Tashui-ho）―吉林（Kilin）―打牲烏拉（Tashengwula）―伯都訥（Potuna）―塔爾巴哈台（Tarbagatai）―斉々哈爾（Chichihaerh）―呼蘭（Hulan）―拉林（Lalin）―寧古塔（Ninguta）―吉林（Kilin）―昌図（Changtu）―法庫（Fuku-ting）―奉天（Muku-den）―撫順（Fu-shun）―興京（Hingking）―遼陽（Liaoyang）―営口（Yingkou）―十三山站、以下往路と同じ（略）

本文内容　乙号紀行文は、初期清国派遣将校の代表的人物とされた陸軍歩兵中尉島弘毅の報告書で、満州実査の際、同地方を知る唯一の案内書として必ず推薦され、高い評価を受けていたらしい。その文体は、実地に派遣された参謀将校の復命書の模範文とされたのであろうか、のち、国内の指針書とされた「参謀将校内国地理実査心得」[30]（明治一四年三月日闕）に挙げられた書式例とも文体を同じくしている。

北海道大学付属図書館に収蔵されている同氏の「満州紀行」の写本[31]（五十六葉）と『対支回顧録』所載の同氏業績の文中に引用されている紀行文の一節とを比較してみると全く同じで、両者は原本の写し及び活字版と思われる。これに対して、参謀本部編さんの『満州紀行』は、文章が少し異なり、甲、丁号と同じ文体になっていることから修正されたものと推察するのである。参謀将校の心得として、沿道地誌の調査結果は、参謀本部所定の書式に基づき提出されたが、それぞれ、地名が異なったり長さの単位が米とか、尺とか、異なった表示のため、統一され、同じく文体も改められたのであろう。

本文は日記体になっていて、各章毎にまとめられ、夫々、簡単な項目、城地（城と領地）、気候、物価、産鉱、交通、風俗等が付記されている。本文中、奉天府を中心に各主要都市への幹道の距離及び二、三の記述は、参謀本部編纂課編『満州地誌』に採用されている。

『対支回顧録』によれば、島中尉は、出発に先立ち、参謀本部陸軍文庫所蔵の『盛京通志』、『東華録』、『聖武記』を播き、予定経路の調査に備えたとされるが、これら文献は、当該乙号紀行文中に引用されている。『満州地誌』は『欽定満州源流考』等を典拠に記述されたが、島中尉は既にその先例を示していたのである。また現地調査後、『大清一統志』、『亜細亜東部輿地略図』の誤ちを正す等の成果を得ている。

当該紀行文によると、東三省、夫々の城の管轄内において、到るところ馬前に清国の官吏が現われ、護送兵をして、最初から最後まで、交替しながら身辺警護に当っている記述が目に付く。馬賊や強盗から、外国人を保護するためである。事実、官道通行中路傍の樹上に盗賊の梟首を目撃したり、又、宿を頼むと断られるか、法外な値段を要求されたり、雨が降れば道路は泥沼化して進退に窮し、寧古塔に至る途上においては、山中に山賊が往来を窺っているとの情報に接し、偶々、討伐に来た騎兵百五十騎に同道して、無事通過した道中記録等、とても安全な旅行は、覚束ない治安の悪さが記録されている。

一方、奉天城内に将軍を表敬訪問した折の城兵の礼儀正しい応対、黒龍江省においては、答礼に当該将軍から白米一斗、羊一隻、茶二斤、焼酎二斤を贈られた話等、清国政府から公布された旅券を携えて、東三省の主要都市を歴訪、踏査した当該旅行記は、明治十年の満州の現状を初めて紹介するものであった。日本国内では、西南戦争が勃発し、最大の関心事となっていた年のことであった。

(三)『満州紀行』丙号(未見)

(四)『満州紀行』丁号　三〇六頁

旅行者　陸軍砲兵中尉　玉井朧虎(32)(愛媛県、一八五四―一八八七、陸士一期)

同行者　日本人(北京公使館館員)

案内人　清国人二名

日　程　明治一四(一八八一)年八月三日―一〇月一七日

順　路　北京(Peking)―永平府(Yungping-fu)―山海関(Shanghaikwan)―中後所(Chunghonso)―寧遠州(Ningyuan-chow)―錦州府(Chinchow-fu)―新民(Hsinmin)―奉天(Mukuden)―遼陽(Liao-yang)―連山関(Lienshankuan)―鳳凰城(Fengh-uangcheng)―九連城(Chiulien-cheng)―安東県(Antungsien)―鴨緑江(Aplok-kang)―大狐山(Takushan)―金州(Chinchou)―旅順口(Lushun(Port Arthur))―大連(Dairen)―蓋平県(Kaiping-hsien)―

営口（Yingkou）―烟台（芝罘）（Yenta（Chi-hfu））陸路北京へ

報告者の判定　丁号紀行文に記載された護照（旅行券）には、「（前略）附駐本欽差府某某二人欲遊歴（後略）」と記述されていて、日本の北京公使館員二名（伏字）、案内人二名の名前、旅行の発着予定日及び予定順路を記した旅券になっている。

『対支回顧録』下巻の「玉井朧虎君」の小伝中に、明治一四年九月、満州盛京（奉天）省旅行中、遼陽・鳳凰城間の摩天嶺越えの際、車が転覆し、測量器具一式を破損した記録文があるが、紀行文では、九月一一日の日誌に、前日の摩天嶺山中で車輪を破壊し、修繕に手間取り、朝の出発時間がおくれた記録になっていて、両書一致することから旅行者二名のうち一人は、玉井朧虎砲兵中尉に間違いないと断定できる。もう一人は不明。

本文内容　紀行文甲、乙号の報告者と違い、丁号の報告者玉井中尉は、奉天・遼陽間を除き、当初から護送兵の同行を断っての単独行動で、各城将軍への表敬訪問も予定せず、専ら、沿道における見聞のみの調査に終始している。このため、清国護衛兵は、役目上、密かに尾行によって警備に当っている。

彼の辿った北京・奉天間の本道は、大道とは云え、永い年月、修理、補強されないまま放置された状態で、雨後、道路は泥水溢れ、車両は、濁流の中で悪戦苦闘、迂路、迂回を重ね、いたずらに日数を費やした旅程であったが、予定地に至る沿道周辺の地形を冷静に観察し、記録している。渡船を見れば、野砲の積載量あるいは歩兵の搭載人員数を、町内では駐屯兵の人数を、小林では野営の可否、川に至れば、水速、水深を測って馬車の渡河の是非を調べ、急な山道では野砲の運搬の可否等、沿道における偵察旅行の記録であった。

紀行文によれば、玉井中尉は、金州において、近くの鳳凰山（老赫山）上に登り、大連湾一帯の地形を視察、その際、携行した英人作成の地図によって位置、方位等を調べたと述べている。この地図は、『満州地誌』に掲載されている。一八六〇年、英仏同盟軍による北京攻撃、即ち、第二次アヘン戦争の際、糧食薪水等補給の兵站地として、大連に上陸した英国艦隊隊員によって作成され、英国海軍水路部刊行の海図に採用されたものである。

水師営の衙門（役所）において、旅順口近傍の見学希望を申請したところ、協領官（司令官）から、護衛兵案内の便宜供与を与えられ、外国人立入禁止の場所にも拘わらず、旅順砲台の構築現場を視察している。ドイツ人将校監督官の不在も幸いして、砲兵科の軍人らしく、専門的立場から綿密な観察を行い、報告書を作成したのであった。

おわりに

（一）　明治初期におけるわが国の中国大陸策は、後年の侵略政策と違い、欧米各国の侵略特にロシアの南下策に対し、弱体化した清国政府を誘益扶導して日中韓の平和を維持することを目的としたものであった。中国満州方面に軍隊を配備し、一体となって外敵に対し共同防衛の任に当る。そのため、兵を中国大陸に派遣した場合のことを考え、先ず必要な軍用地図、兵要地誌の資料収集に努めることを当面の計画としたのであった。これが派遣将校の目的であった。国際間の関係が複雑多岐にわたっている今日、海外派兵については、当事国はもちろん、周辺国家の支持を得ない限り、いかなる理由があろうと、実行し難いものであると考えるのが常識であるが、当時の風潮は、強いものが弱いものを助けるという弱肉強食の植民地的発想が一般的であった。この点をよく弁えておく必要がある。

（二）　『満州紀行』は、上記記述の概要にみるように、満州へ派遣された陸軍将校の実地調査報告書で、その目的は、兵要地誌編さんのためであり、のち、兵要地誌『満州沿道誌』編さんの基本資料となったものである。当該沿道誌は、軍事目的に刊行されたものであるが、転用すれば、廃刊になった日本交通公社編『旅程と費用』のように一般の旅行にも使える大変実用的な案内書といえる。時代が変わり、様相が一変している今日からみれば、現代的な価値は無いかもしれないが、記述事項が清国末期における庶民の生活、糧食、物流、交通、兵備、気候等多岐にわたっているため、当時の満州事情を知る上で貴重な資料と云える。

註

（1）　支那本部一八省とは、直隷省、山西、陝西、甘粛、山東、河南、江蘇、安徽、江南、湖北、湖南、浙江、福建、廣東、廣西、雲南、貴州、四川省の各省。

（2）　参謀本部は、一八七一年の発足当時から本邦地図、地誌の調整・編纂、隣邦地理、地誌の研究及び測量を所掌する陸地測量部を管轄していた。

（3）　陸軍少佐池上四郎、同武市熊吉、外務権中録彭城中平「満州視察復命書　一八七二年八月八日」（黒龍会編『西南記伝　上〈付録〉』〈原書房　一九六九年〉）二二一―六〇頁。

（4）　清国派遣将校等（一八七三年一一月二八日付派遣発令、一八七四年一一月帰朝）島弘毅（松山）、美代清元（鹿児島）、長瀬兼正（同）、益満邦介（同）、向郁（山口）、江田国保（鹿児島）、中村義厚（同）、芳野正常。
（5）対支功労者伝記編纂会編『対支回顧録　下（列伝）』（一九三六年）一一五頁。
（6）「シヤノアン建白和解」（勝安房『陸軍歴史　下』二六三兵伝習　下〈『海舟全集　第7巻』原書房　一九六八年複刻〉）三二四頁。
（7）酒匂景信（宮崎、一八五〇―一八九一　陸士一期）古田武彦『失われた九州王朝』（角川書店　一九八五年）二一四―二四四頁。
（8）陸地測量部（高木菊三郎）編『外邦兵要地図整備誌』一九四一年（『一五年戦争極秘資料集　第三〇集』不二出版　一九九二年〈複刻〉）。
（9）陸軍参謀局編『亜細亜東部輿地略図』一八七五年。
（10）参謀本部編纂課編『満州地誌　全』一八九四年（『支那地誌　巻一五上〈満州部〉』一八八九年の複製版）。
（11）参謀本部編纂課編『支那地誌』（巻一―六〈総体部〉一八八七年、巻七―一四〈支那本部一八省〉未刊、巻一五上〈満州部〉一八八九年、巻一五下〈蒙古部〉一八九四年、巻一六〈伊犁、西蔵〉未刊）。
（12）下村修介（山口県）一八七五年二月、陸軍省出仕の身分で初代清国公使館付武官陸軍大佐福原和勝（西南の役で戦死）の随行員として北京に赴任、清国内の地理調査に従事する。以来参謀本部に出仕、明治二〇年代同本部が企画した『支那地誌』、『満州地誌』、『蒙古地誌』、『西伯利地誌』の編纂業務に携わり、中心的役割を果たした。
（13）『大清一統志』陳悳華等撰　一七四三年（乾隆八）三五六巻（清代における官撰の全国的な地理の記録）。
（14）『欽定満州源流考』清呵桂、于敏中奉勅撰　一七七八年（乾隆四三）二〇巻（清時代の満州地誌）。
（15）前掲『対支回顧録　下（列伝）』二二七―二二八頁参照。
（16）「陸軍省大日記」陸軍省発受の公文書簿冊。編年順に合綴されている。本稿の多くは、当該日記を典拠にしている（防衛研究所図書館所蔵）。
（17）「参謀本部歴史草案」一―一四（明治四―三六年）（防衛研究所図書館所蔵）。
（18）黒龍会編『東亜先覚志士記伝　下巻〈列伝〉』（一九六六年〈複刻〉）。
（19）参謀本部編「満州沿道誌　巻之一、二」一九〇〇年版。「同　巻之二」一九〇四年版。中国東北部三省（満州〈盛京・奉天〉省、吉林省、黒龍江省）の主要幹道（沿道）の都市に関する記述書。同地方へ派遣された将校（軍事探偵と呼ばれた）による実地報告書を基に作成された兵要地誌（防衛研究所図書館所蔵）。
（20）『満州地誌』本文には『満州紀行』から引用された部分が各所に散見される。
（21）菊地節蔵、大植四郎編『明治過去帳　物故人名辞典』一九八八年（複刻）一〇九九頁。
（22）小島泰次郎　同右　九一八頁。
（23）木下賢良（前掲『対支回顧録　下〈列伝〉』）五九七―五九八頁参照。
（24）地名の読みについては、「タイムス出版社編『中華民国満州帝国人名地名便覧』一九三九年」の欧文地名を典拠にした。

(25) ア「参謀本部　明治一三年従一月至六月」(防衛研究所図書館所蔵)
イ　前掲「参謀本部歴史草案　一－四」(明治一一－一四年)(同右)
ウ「参謀本部大日記　部内申牒　五　明治一五年九月一〇日」(同右)陸軍歩兵中尉菊地節蔵より参謀本部長大山巌あて伺(参水第一九六六号)(同右)。
(26) 前掲「参謀本部歴史草案　五－六」(明治一六年九月二二日)(同右)。
(27) 同右　七－八(明治一八年七月七日)丙の一(同右)。
(28) 前掲「参謀本部大日記　部内申牒　明治一七年九月一日」(参水第一六〇三号第三五号)(同右)。
(29) 島　弘毅(前掲『対支回顧録　下〈列伝〉』)一二一－一二六頁参照。
(30)『法規分類大全　四六』兵制門(二)陸海軍官制　陸軍二　五〇二－五〇四頁。
(31) 北海道大学附属図書館旧外地関係資料目録　二〇八頁帙入。
(32) 玉井朧虎(前掲『対支回顧録　下〈列伝〉』)二三六頁。

(軍事史学会会員)

学会紹介

台湾における国共内戦史に関する研究状況
——「中華軍史学会」シンポジウムを題材として——

門間理良

はじめに

一九九七年八月より三年間にわたり財団法人交流協会台北事務所に専門調査員として勤務していた筆者は、台北市に本拠を置く中華軍史学会会員となる機会に恵まれた。

台湾における各種現代史資料の所在等については、川島真等の紹介(1)によって日本の研究者にも十分知られるようになったが、台湾の軍事史研究の現状は、それほど知られていないようである。そこで本稿は、中華軍史学会が一九九九年六月に主催した「国共内戦史学術シンポジウム」及び同シンポで発表された報告を論文化した『中華軍史學會會刊』第五期（中華軍史學會編集発行、一九九九年十二月）を題材として、台湾における国共内戦史の研究状況を紹介することを目的に執筆した(2)。

なお、同シンポジウムは一九九九年に行われているが、台湾における軍事史研究の状況は、李登輝・国民党政権から陳水扁・民進党政権となった今も、大きな変化はないことを申し添えておく。

一　中華軍史学会との出会い

台北に着任した当時、台湾にも日本と同様に軍事史研究を中心とする学会が存在することは、筆者も予想はしていた。しかし、筆者は台北で現代の東アジア安全保障問題研究に重点を置いていた関係上、本来の専攻である中国近現代軍事史については、思い立ったときに史料収集を行う程度で、在台の学会・研究者に積極的にアプローチする努力を怠っていた。

そんな折りの一九九九年一月、当地『中央日報』紙（中国国民党機関紙）に本学会の年度総会(3)が開かれる旨のベタ記事が掲載されているのを見つけ、思い切って飛び込みで傍聴の交渉をした。受付担当者と話をしているうちに、同学会の前回の総会で講演したのが、たまたま筆者が懇意にしている研究者であることがわかり、「その人物の知合いならば」ということで、幸いなことに傍聴を許可された。そこで、同学会事務局に名刺を渡して連絡先を控えてもらっていたところ、一九九九年六月二十四日に台北市立図書館会議庁で開催される「国共内戦史学術シンポジウム」への招待状が正式に届けられたのである。

二　中華軍史学会の紹介

同学会は軍事史学研究の促進を主旨として一九九五年に成立した。英語名は The Chinese Society for Military History Studies と称している。学会の母体となったのは、国防部史政編訳局[4]、中華戦略学会[5]、国史館[6]、国民党文化宣伝委員会党史館[7]、中央研究院[8]、近代史研究所、台湾省文献委員会、国立政治大学歴史系で、団体会員として三軍大学、戦争学院、陸海空各士官学校、政治作戦学校、国防管理学院等が名を連ねている。

会員数は二〇〇一年八月現在で四百名強。会員は現役・退役軍人が多数を占めていることから、外省人の比率が高いことが容易に推察される[9]。平均年齢が高い学会ではあるが、若い研究者も少なからず参加しており、今後の発展も期待できる。なお、外国人会員は筆者が第一号だが、この事実は同学会が外国人会員受け入れや外国学術機関との交流に非積極的だったということを示すものではない。入会規定に国籍制限は設けられていないし、二〇〇〇年十二月には中央研究院を会場にしてペンシルベニア大学と共同で国際シンポジウムを開いた実績もある。

学会の活動は、基本的にシンポジウムと総会[10]を年に各一回ずつ開く他、講演会が開かれることもある。一九九九年の場合、十月二十七日に「古寧頭戦役」（金門島戦役）五十周年を記念した講演が行われ、同戦役に参加した人物二名が体験を語った。なお、講演に先立ち、唐飛国防部長（当時。後に陳水扁総統の下で行政院長〈二〇〇〇年五月～十月〉）が記念の辞を述べたことからも、国防部が同学会を重視していることが看取される。

日本の学会の場合、通常年三～四回の研究会が催されるものだが、台湾にそのような習慣はなく、年一回のシンポジウムにある程度形の整った論文（レジュメではない）を準備し、その内容を報告者がかいつまんで説明するという形式が多い。本会もその形式にのっとっており[11]、それらの説明を基に傍聴者との間で質疑応答がなされ、それを踏まえて報告者が加筆・修正を行い、次の総会で一冊の論文集という形で配布されることになる。

会費は一人年間五百台湾元（日本円で二千円弱）と安い

が、それでいて、一九九八年にはB五判計三百二十頁の論文集を一冊刊行し(今回紹介する論文が掲載されている一九九九年版は四百五十四頁)、総会・シンポジウムでは、午前、午後にそれぞれ一回の軽食が、昼には弁当がつくという、なかなかの豪華版である。なぜ、そのような運営が可能なのか。一九九八年の学会現金収入は合計百九十一万台湾元余りだが、その内、国防部からの補助金が百八十三万元にも上っているからである。それに対して、会費収入は六万元余り。真面目に会費を払っているのは百二十名余と計算できる。ここまで極端に国防部頼みだと、学問の独立性が守られるのか不安になるが、それを議論するような雰囲気は感じられない。また、現在の台湾で、共産主義を称揚するような人物が出てくる環境はほとんどなく、会員の自己規制も働くであろうから、(国府の基準から)極端に逸脱した発表が出てくる可能性はほとんどなく、国防部としても「安心して」援助できる状況ということであろう。なお、同学会の事務一切は、国防部史政編訳局が担当している。

三　シンポジウムの概要

シンポジウムは、約百四十名の会員が出席し、次のプログラムで進められた。

第一回討論(九時〜十時十分)
司会…岳天(退役将軍)
劉鳳翰(中央研究院近代史研究所研究員)「論国共三段戦争」
周美華(国史館職員)「従軍事解決到政治解決——抗戦前蔣中正剿共政策的演変」

第二回討論(十時三十分〜十二時)
司会…陳鵬仁(国民党党史委員会主任委員)
張玉法(中央研究院院士)「戦後国共衝突與美国調処——山東地区的個案研究」
陳存恭(中央研究院近代史研究所兼任研究員)「国共戦争的山西戦場(一九三六〜一九四九)」
張世瑛(国史館職員)「抗戦勝利後国民政府『軍隊国家化』的努力」

第三回討論(十三時三十分〜十五時)
司会…呂芳上(中央研究院近代研究所所長)
趙洪慈(東海大学教授)「中共土地革命與共軍発展——井岡山時期」
陳孝惇(海軍総司令部招聘職員)「国共戦争期間海軍整建之研究(一九四五〜一九五〇)」
鄭輝麟(陸軍士官学校政治系副教授)「従国共戦争探討中共奪権之策略(一九四五〜一九五〇)」

第四回討論（十五時二十分～十六時三十分）

司会…朱重聖（国史館副館長）

劉熙明（台湾師範大学博士）「満洲国武力在国共東北内戦中的角色」

劉維開（国民党党史委員会総幹事）「国軍在中国大陸的最後一戦——以胡宗南為中心的探討」

報告は全部で十本を数えたが、本稿では全てを詳細に検討することはせず、筆者が特に興味を覚えた五本を紹介し、気づきの点を記していくものとする。本稿で紹介する報告の他にも、抗日戦争開始前の蔣介石による共産党掃蕩政策を問うものあり、抗日戦勝利直後の国共両党と米国との関係を論じたものあり、山西省を舞台にした国共内戦史を明らかにするものあり、共産党の土地革命と解放軍の発展を論じたものあり、大陸で最後まで国府軍として戦った胡宗南軍に対する評価あり、というように報告は多岐に渡っている。

（一）　劉鳳翰「国共の三段階戦争を論ず」

劉鳳翰報告は、国共内戦を第一段階（一九二七年八月一日〈南昌暴動〉～一九三七年七月七日〈対日抗戦開始〉）、第二段階（～一九四五年八月十五日〈対日抗戦勝利〉）、第三段階（～一九五〇年五月〈解放軍による全大陸及び海南島の占領〉）と区分し、その過程を跡付けている。

劉報告は、大陸失陥の主要因に国民政府軍の敗北を挙げ、戦役での敗北は単に軍隊が殲滅されるに留まらず、軍隊とともに力をもたらす土地・人民・資源・財の全てが正から負に転じてしまう点にあると指摘している。また、国府軍敗北のその他の原因として、中央部隊の地方部隊に対する蔑視や待遇差が不満や離反を引き起こしたことや、中央の人事争いから能力ある将軍を用いなかったこと、多くの将官が解放軍に投降してしまったこと、最高統帥部や主要部隊に共産党の地下組織があって重要な情報が漏れていたこと等指摘している。

報告を聞いた筆者がまず感じたのは、劉は本論文を各論に入るまでの総論的なものに位置づけているのではないか、ということである。その感は論文に目を通した後間違いないことがわかった。丁寧に各段階の国共両軍の戦闘序列[12]や戦役の概況、当時の国共両党の情勢等を記して、議論の準備をしているからである。ところが、それらを読み込んでいくうちに、論文はあっという間に結論に至る。結論そのものは常識的であり、特に異論を唱えるにはあたらないが、如何せん論文内における展開が不十分なままに終局を迎えてしまい、どうにも消化不良の感が残ってしまう。

但し、国府軍内部にあった共産党地下組織がもたらした情報が、実際にどの程度内戦に影響を与えたのかについては、台湾・中国を問わずそれほど研究は進んでいないように思われる。今後の展開すべき分野を劉報告は提示してくれたわけである。

（二）張世瑛「抗戦勝利後における国民政府の『軍隊の国軍化』への努力」

張世瑛報告は、抗日戦勝利後の国府による軍隊再編（旧満洲国軍等へ規律に基づいた厳しい対応を行ったこと、七十二万人を数えた挺身軍・遊撃軍を一年足らずで十万人にまで削減したこと、正規軍の復員を進めたこと）が不適当であり、そこでの不手際が国府軍敗北の原因だとする従来の定説に異を唱え、これらの措置こそが「軍隊の国軍化」への第一歩であったと高く評価している。当時の政治的・経済的環境からして、復員と軍隊再編は国府の焦眉の急であり、国府に派遣されていた米国の軍事顧問も、国府軍事部門再編と国府軍の体質改善及び戦力強化を望んでおり、それが国府の軍隊再編に影響を及ぼしたと指摘するのである。

さらに、張報告は軍隊再編に関し、陳誠の採った地方軍や遊撃部隊を収容編成する措置が、国府軍の本来の指揮系統を乱した結果、戦力が急速に低下したとの見方にも疑問を呈している。張は、解放軍も国府軍同様の措置を採用して戦力拡大に成功しており、その違いは国府軍が単に部隊番号を変えただけで良しとしたのに対し、解放軍は収容編成した地方軍・遊撃軍に対し、厳密かつ完全な政治教育・管理教育を施すとともに、社会的経済的条件を改造した点にあるとしている。

また、国共両党がともに抗日戦勝利後に論じられた「軍隊の国軍化」に賛成していたにもかかわらず失敗したとして、その理由を次のように指摘している。

第一に、両党の相互信頼が足りず、また、両党共にレーニン型の革命政党として武力を一切の根本であると位置づけていたために、武器を手放すことができなかったこと。

第二に、蔣介石の考える「国家」とは国府が指導する中華民国だったのに対し、国家は最終的にプロレタリアートに帰するものと共産党は考えていたために、国民党政権が「国家」を代表すると承認しなかったこと。すなわち「国家」の定義そのものが両党間で異なっていたこと。

最後に張報告は、戦後の「軍隊の国軍化」とは「軍隊の中央軍化」であり、「軍隊の黄埔化[13]」とも誹謗されているが、国軍の素質と戦力の向上という目標から見れば、中央軍化の方針は決して誤りではなかったと結論している。国府は、内戦敗北と台湾への撤退によって、恐らくは蒋介石が抗戦勝利当初に予期した以上に早く「軍隊の中央軍化」を成し遂げた。しかし、その後李登輝政権が登場するまで、台湾において真の意味で「軍隊の国軍化」は進展しなかった。この事実を考える時、「『軍隊の国軍化』への努力」という表題は、些か論文内容にそぐわないものとなる。「抗戦勝利後における国民政府の軍隊再編工作の実態と意義」とでもした方が、誤解がないように筆者には感じられた。

しかしながら、中国が解放軍を党軍として堅く位置づけている一方、中華民国国軍が国民党の軍隊から文字通り国軍への転換を順調に果たしつつある現在、張の研究は、中台双方の政治体制の根幹に直結する重い意味を持っている。そのような観点から、戦後の国共両党の交渉過程で国共両党の軍隊を国軍化する努力が失敗した原因については、今後の考察を待ちたいと思う。

（三） 陳孝惇「国共内戦期間における海軍建設の研究（一九四五～一九五〇）」

陳孝惇報告は、国共内戦時の国府軍の海軍建設について、指揮系統の改組、日本を含む各国からの艦艇の接収・供与、艦隊の編成、教育訓練、経費等の状況を多角的側面から明らかにすると共に、台湾への兵員・物資の輸送や西沙（パラセル）諸島・南沙（スプラトリー）両諸島占領[14]における海軍の功績を顕彰している。

国共内戦期における国府軍海軍建設に関しては、台湾でも中国でもあまり注目されていなかった地味な分野である。陳が、海軍総司令部史政局員という海軍史料にアクセスしやすい立場を十分に活用して、従来あまり省みられなかった点に光を当てたことは功績に値すると言えよう。

これまで、この方面の研究が重視されなかった理由はいたって簡単である。抗日戦勝利直後に解放軍が山東省から遼寧省に渡海したり、国府軍が艦艇で中国南方から葫蘆島に兵員を輸送したりした事例はあるが、前者は漁船を徴発したものである一方、後者は米軍艦艇を利用したものであり、ともに海軍戦力をうんぬんするものではなかった。その後、国共内戦が進行するにつれて、渡江戦役（一九四九年四月〜六月）、解放軍による舟山群島の奪取（一九四九年八月〜五〇年五月）、海南島戦役（一九五〇年四月〜五月）等が行われたが、これら戦役における解放軍の兵員輸送の主役はジャンクであり、また目標は大陸に近接した島嶼だった。一九五〇年五月頃の国府軍は、主力を台湾に集結させるために、舟山群島と海南島を放棄することを決定していたこともあり、これらの海域で戦闘も行われたが、決して大規模なものではなかったのである。

ちなみに蕭勁光が解放軍の初代海軍司令員に任命されたのは一九五〇年一月のことであり、同海軍に実際に指揮機構が設けられたのは、同年四月になってからである。

（四）　鄭輝麟「国共内戦から見た共産党の権力奪取の策略に関する検討（一九四五〜一九五〇）」

鄭輝麟報告は、国民政府が大陸を失陥した最も大きな原因の一つは、政治的側面から見れば、国共和平交渉を行ったことにあると論じ、中共と交渉した国府が国府軍の行動を束縛した結果、劣勢だった解放軍は一年間の時間を稼ぐことができ、最終的な中共の勝利に結びついたとしている。さらに、対日抗戦勝利時の国府軍の高揚した士気と国共両軍の実力差を見ると、国府軍が負けることは絶対になかったという。また、国共交渉を行わなければ、中共が武装叛乱勢力としての本性を暴露させ、民衆の同情を買うこともなかったはずだと結論している。

鄭報告は抗日戦争勝利直後の和平交渉及びその結果に関する台湾側の代表的な論調であるので、ここで取り上げることとしたが、厳しい見方をすれば、視点・引用史料・文献ともに新味に欠けている[15]。それは、古い台湾側の文献に依拠して論を進め、最近中国で出版されている史料・文献を活用していないことに原因の一端がある。また、国府敗北の原因を外に求めるばかりで、国府側が当時抱えていた様々な問題には一切触れていないことが気になる。

他方、中共が自己を強大化させる最大の武器であり、過去の反共闘争で国府側が最も痛い目に遭わされたのが、統一戦線であったことを強調している点は、解放軍の武力の影響力を重視している前掲の劉鳳翰報告と対照的でおもしろい。また、論文そのものは手堅くまとめられてもおり、この視点を大事にしつつ、中国側史料もふんだんに利用して持論を再構築できれば、次回は刺激的な論文ができあがるように感じた次第である[16]。

（五）劉煕明「満洲国武力の国共東北内戦における役割」

劉煕明報告は、対日戦勝利直後から一九四七年初頭に時期を限定した上で、東北地区における偽満軍（旧満洲国軍や警察を指す）の国共内戦に果たした役割を論じたものである。それによれば、勝敗の分かれ目は、ソ連軍による中共への援助にあり、ソ連軍によって瓦解した後の残存偽満軍の戦力では、抵抗であれ収容編成であれ、戦局に変化を与えるだけの役割を演じることはできなかったという結論を得ている。一読して感じたことは、本論文は非常に丁寧に作成されていることである。まず、研究対象を表題の如く限定し、時期もほぼ一年半程度におさえてある。さらに台湾・中国・日本各地で出版された資料を用いている。東北各地の地方人民政府や政治協商会議が編集した多数の回顧録も効果的に引用されている。

武力という側面にのみ的を絞れば、劉報告の得た結論は誤りではない。しかし、内戦初期の東北を題材とする場合、日本敗戦により権力の真空地帯となった東北に、ソ連軍・国府軍・解放軍、それに旧満洲国軍・抗日ゲリラといった様々な武装組織が存在し、活動していた複雑性に大きな特徴があること、さらに、それら武装勢力を如何に自らの軍に組み込んで機能させていくかが、東北における国共内戦の勝敗の鍵を握っていたことを考えれば、兵力供給源として残存偽満軍が戦局に与えた影響は非常に大きいことを筆者は指摘したい[17]。

四　国共内戦史研究をとりまく台湾の現状

以上のように報告を概観すると、一九四五年八月の抗日戦勝利後から一九五〇年六月の海南島の失陥までの時期を何らかの形で取り上げているものが、全十本中で九本を占めた。台湾で「国共内戦」を語る際、その時期は広義では一九二七年八月一日の南昌蜂起（中国では「南昌起義」と称され、現在では建軍節となっている）から大陸・海南島の失陥まで（もしくは一九四九年十月の中華人民共和国成立まで）を指す。しかし、抗日戦争期は皖南事件（一九四一年）など国共両軍の衝突はあるものの、曲がりなりにも第二次国共合作を実施していた関係もあって、「国共内戦」というイメージでは捉えづらい面がある。やはり、「抗日戦争勝利後からが、真の国共内戦期だ」との共通認識が存在するように見受けられる。

長い間、台湾における国共内戦研究は不遇の時期にあった。最終的に国府軍が内戦に敗北し、大陸から駆逐されたという屈辱的歴史的背景があるためか、国共内戦史研究は存在こそすれ、活発とは言い難い状況にあった[18]。また、歴史資料の公開が、中国大陸ほどではないにしても、国民党による長期独裁政権の下で遅れていたのである。このような状況下で、内戦史研究の担い手は、軍関係者であった。一九八七年まで戒厳令下に置かれていた台湾では、一般民衆が内戦史に限らず機微な研究をすることは危険であったこと、軍が保有する歴史資料へのアクセスは、現実的には軍関係者に限られていたことも、その理由に挙げられよう。

国府からすれば、大陸を追われ一時的に台湾本島や澎湖島・金門・馬祖のみを勢力下に置いているだけだが、自分達こそが中国全土を支配する正統政府であるとの自負を抱き続ける一方、中華人民共和国の側からすれば、同国が中華民国の保持していた権利を継承したことで、中華民国は歴史的存在となり、その残存勢力が台湾を占領しているに過ぎないとしている[19]。その立場を明確にする意味からも、中華人民共和国は中華書局から『中華民国史』を出版している[20]。

国府が自らの認識を根本的に改めたのが、一九九一年の一方的内戦終結宣言である。国府は、中国大陸の共産党政権を一つの政治実体と認め、「共匪」から「中共当局」と呼称を変更し現在に至っている。

国府の対中国姿勢の変化は、当然歴史認識にも変化を及ぼすようになった。従来台湾では、中国本位の歴史観で記された教科書を利用しなければいけなかったが、李登輝政権時代には、中学校で「台湾を知ろう」という必修科目が作られ、同名の教科書も作成された[21]。このような状況を経て、台湾においては、大陸時期の歴史資料の重要性が相対的に低くなった[22]。そのため、台湾の民主化が進行する過程で、貴重な歴史資料の公開が進むとともに、研究も深化していった。

ここでさらに付け加えるならば、陳水扁総統は、「二二八事件資料」をはじめとする重要歴史資料の開放を指示し、同事件に関する歴史資料の公開も国家図書館で行われた[23]。もし、李登輝・陳水扁という台湾出身の総統が現れなかったら、外来政権である国民党政権の正統性を傷つけるような歴史資料の公開は、実施されたにしても、もっと先のことになっていたに違いない。

結びにかえて

最後に、シンポジウムに参加した感想を、若干記して結びに代えてみたい。本シンポでは、実際に日中戦争や国共内戦を戦ってきた老兵も数多く参加していることもあり、その世代の一部会員から「論文になぜ大陸の史料ばかりを使うのか」といった的外れで感情的発言もあり、会場からもさすがに苦笑がもれた一幕もあったものの、総じてアカデミックな議論が展開され、司会者もそのような方向に持っていくことに腐心していた様子がうかがわれた。

報告は計四セッションに分かれ、それぞれのセッションごとに二人ないし三人に報告を行わせるという形式は取られた。しかし、セッション毎のサブタイトルを設けるでもなく、主催者側には各報告に関連性を持たせる配慮はなかったので、報告がぶつ切りになってしまったとの印象は免れなかった。

また、各報告を検討すると、一次史料が中国あるいは台湾のものであるのは当然としても、日本語で書かれた先行研究からの引用がほとんどなかったのは残念であった。これは、同会会員の多くが外省人であることに背景があるように思われる。台湾には、日本の五十年間にわたる植民地統治の影響で、日本及び日本語に対する造詣が深いと自認する人が多い。概ね七十歳以上の台湾人は、かなり流暢な日本語を使うのは事実である。

だが、当然のことながら年配の方でも、外省人はもちろん日本語教育は受けていないし、日本に対し敵愾心すら抱いている人も少なくない。さらに、戦後の国民党独裁下の歴史教育により、日本に対して負のイメージを持っている人が社会の中核を占めているとの現状もある。そのため、この世代の日本に対する理解は総じて低い。本シンポで知り合ったある有名大学の教授（五十歳代の男性）は、日本人の名前が漢字の場合、姓・名の順に記されることを知らなかったので、こちらが驚いてしまったほどである。

これはたまたま極端な例に巡りあっただけかも知れないが、老外省人はもちろんのこと、四十歳代から五十歳代の「脂の乗切った世代」で、日本語で書かれた論文を自由に読みこなせる人は、研究者も含めて決して多いとは言えないのである。また、このような中年世代は、留学先として主として米英を選択する人が多く、博士号を米英で取得してから研究者としての一歩が始まるというのが一般的であり、その傾向は若い世代にまで及んでいる。

なお、会場で知り合った学会事務担当者にお話を伺ってみたところ、歴史畑、特に近現代軍事史を研究していこうという学生は台湾では多くない。どうしても金になりやすい実利的な学問の人気が高いとの由。それはどこの国でも同じかもしれないが、筆者にとって気がかりなのは、台湾における軍事史研究の担い手が人口構成から言って少数の外省人となっている点である。台湾人意識の強い本省人からすれば、大陸の歴史は自分にとって全く関係がなく興味が持てないという人も事実多いのであろう。しかしながら、小林よしのり著『戦争論』・『台湾論』が台湾でも注目を集め批判を受けている現状や、大陸との切っても切れない歴史的関係からすると、本省人の視点からの中国近現代軍事史が増えてくれば、史学界にとって大きな刺激となることは疑いない。

台湾軍事史研究者の今後の課題としては、日本語で執筆された豊富な研究成果をいかに利用していくかということになる。もちろん日本人も、大陸と比較して、格段にアプローチしやすい台湾の一次史料を利用しない手はないのである。筆者は在台中、史料収集に来た多くの日本人研究者と出会っており、今後その成果が続々と発表されることを確信しているが、軍事史方面での成果を見た場合、まだまだ発掘・利用できる史料が数多く残されているとの印象を抱いている。

【中華軍史學會連絡先】
住所…台湾台北市中山区北安路八〇七號
電話…十八八六－二－二五三二－七三九二
ファックス…十八八六－二－二五三二－七三九三

註

(1) 川島真「中華民国国史館所蔵档案の概観」(『近きに在りて』第二十五号、一九九四年五月)、同「中華民国外交档案保存・公開の現状」(近現代東北アジア地域史研究会 News Letter 第六号、一九九四年十一月)、同「台湾における史料公開状況――外交部档案資訊処・国防部史政局を中心に」(『近代中国研究彙報』十九号、東洋文庫、一九九七年)、同「台湾における日中戦争関係史料の保存・公開状況」(『日中戦争の諸相』、『軍事史学』百三十、百三十一合併号、錦正社、一九九七年)、横山宏章「中国国民党の史料を求めて図書館行脚(下)――台北の図書館――」(『東方』第一二七号、一九九一年)。

(2) 本稿において使用した略称は次の通り。中国共産党→共産党、中国国民党→国民党、中華人民共和国政府→中国政府、中華民国政府→国府、中国人民解放軍→解放軍(八路軍時代でも便宜上解放軍と記す)、国民革命軍→国府軍(時に国軍)。また、本稿作成に使用した論文集の中国語原文では、「国共戦争」と表記されているが、本稿では「国共内戦」に統一している。

(3) 同総会では、決算・予算の承認の他、海軍予備役中将による軍事における革命(RMA)に関する講演があった。

(4) 軍事歴史資料の保管・編纂及び外国史資料の翻訳等を業務とする局。局長は中将が任命されている。

(5) 研究対象は現代の軍事問題が中心。季刊の学会誌を発行。

(6) 総統府直属の歴史資料の保存・編纂機関。前掲「中華民国国史館所蔵档案の概観」参照。

（7）国民党関係史料の保管・編纂を業務とする機関。以前は陽明山中の陽明書屋にあったが、現在では総統府正面の位置に同党本部（台北市中山南路十一号）を新築したのに伴い、同本部七階に場所が与えられた。陽明書屋に所蔵されていたほとんどの史料がここに移っており、格段に利用し易くなった。閲覧に際し、特段の予約は不要だが、本部入棟に際し身分証（パスポート）を預ける必要がある。台湾の祝日、日曜日、第二、第四土曜日、水曜日の午前中は業務を行っていないので注意されたい。

（8）中央研究院も国史館同様、総統府直属の諸科学研究機関。院長はノーベル化学賞を受賞した李遠哲。

（9）外省人とは一九四五年八月の日本敗戦以降、中国本土から渡ってきた中国人及びその子孫を指し、それ以前から台湾に居住する人々（含原住民）は本省人と称している。台湾における外省人の比率は十二～十三％で、その割合が最も高い台北市でも三十％程度だが、会場の雰囲気では三分の二以上が外省人との印象を筆者は受けた。

（10）二〇〇一年の総会は二月二十一日に実施され、伍世文国防部長が祝辞を述べた。その中で伍国防部長は、国防部は、国軍保有の歴史資料の公開作業を全面的に行っている他、資料のデジタル化にも着手している旨述べるとともに、「国防部組織法」修正後は、参謀本部に歴史資料編纂翻訳室を設け、国軍歴史資料編纂翻訳業務の計画・執行させる旨述べている（二〇〇一年二月二十二日付『青年日報』「伍部長肯定軍史學會貢献」）。

（11）筆者の知る限り、中国でも同様の形式を取っている学会が多かった。

（12）戦闘序列は文章で書き連ねるより、編成表の形で示したほうがすっきりする。国共両軍の編成表ならば、軍事科学院軍事歴史研究部編著『中国人民解放軍史』全三巻（軍事科学出版社、一九八七年）が参考にできる。また、解放軍の指揮官・政治委員名を確認する場合は、軍事科学院軍事図書館編著『中国人民解放軍組織沿革和各級領導成員名録』（修訂版）（軍事科学出版社、一九九〇年）等が有用である。

（13）黄埔軍官学校出身の将校に指揮される軍隊、の意。

（14）南沙諸島最大面積の太平島は、現在も台湾の占領下にあり、海岸巡防署（日本の海上保安庁に相当）の部隊が駐屯している。

（15）使用された主たる参考文献は、『總統蔣公言論總集』、張念鎮『中共的過去與現在』（蘇俄問題研究月刊社、一九八五年）、王健民『中國共産黨史稿』（正中書局、一九六五年）、王成勉『馬歇爾使華處日誌』（國史館、一九九二年）、『毛澤東選集』などである。

（16）台湾における先行研究として、廖風徳著『學潮與戰後中國政治（一九四五～一九四九）』（東大圖書公司、一九九四年）が参考になる。

（17）拙稿「国共内戦期の東北における中共の新兵動員工作」（『史境』第三十五号、一九九七年九月）参照。

（18）台北にある国家図書館の所蔵図書カードを見ても、抗日戦勝利後の国共内戦を取り扱った書籍は、それ以前の時期を取り扱った書籍に比べ極端に少ない。

（19）現在中国政府は、国府を「台湾当局」と、陳水扁総統を「台湾当局の指導者」と呼んでいる。ちなみに李登輝前総統は「李登輝」と名指しで批判を受けていた。

(20) 前王朝の正史を記すことで、現王朝が前王朝の権威を継承した正統政権であることを示す中国歴代王朝の慣習に乗っ取った行為。これに対する国府側の反発は当然で、中国側の歴史認識等に対し反駁を加えている。本件については、さしあたり陳木杉著『中共編寫「中華民國史」眞相探討』(國立編譯館、一九九四年)が参考できる。

(21) 許佩賢著・大坪力基訳「教育改革」(若林正丈編『もっと知りたい台湾』第2版、弘文堂、一九九八年)参照。

(22) 前掲「中華民国国史館所蔵档案の概観」を参考。

(23) 二〇〇一年二月二十八日付『青年日報』「陳総統指示開放重要史料档案」及び「『二二八事件』档案明公開展示」。

(文部科学省教科書調査官)

書評

L・ヤング（加藤陽子他訳）『総動員帝国――満洲と戦時帝国主義の文化――』

高橋久志

はじめに

本書の原著は、Louise Young, *Japan's Total Empire: Manchuria and the Culture of Wartime Imperialism* (Berkeley, CA: University of California Press, 1998) であり、著者のルイーズ・ヤングがコロンビア大学に提出した博士号の学位論文を翻訳出版したものである。因みに著者の指導教授は、日本近代史研究で高名を博しているキャロル・グラック（Carol Gluck）教授である。

今回の邦訳は、著者の手で原著をほぼ九割に圧縮したものを全訳している。そのため、第二章の全部と、日本の読者に分かりきっていると判断された個所が適宜割愛されている。なお、適宜割愛された個所について気になる読者は、原著と訳書を比較・照合するしかないが、巻末の「訳者あとがき」に指摘されているように、著者が伝えようとした内容に関する限り、訳書と原著との差は全くないと判断できる。

さて、広範囲に及んで渉猟した莫大な量の資史料に裏付けられ、緻密な考証を説得力豊かに丹念に展開していく本書は、まず「訳者あとがき」と第五部の「結論」、すなわち第九章「総動員帝国の逆説」を最初に目を通した上で、序論の第一部「総動員帝国の形成」、第一章「満洲国と日本」へと読み進めるべきであろう。

一　理論的枠組みの交錯

読者は、最初に著者の理論的枠組みを正しく理解する必要がある。それらは、本書の表題にある斬新かつ画期的な「総動員帝国」という概念と、副題の「帝国主義」と「文化」というさらに二つの概念である。そうすれば、精緻を尽くした本研究を織りなしている甚だ野心的かつ独創的な知的水平線に馴染むことが容易となろう。

ところでヤングは、従来の歴史学者は満洲国の研究を公である国家の活動としての視点のみから検討してきた、と鋭く批判する。しかも、そうした国家中心の背景として戦争責任の問題があり、責任を全て軍部に帰すことで、日本国民にはむしろ自らを「犠牲者」として位置付ける考え方が広く根付いている、と主張する。
かくして本研究は、上からではなく下からの視座、つまり、個人と組織から成る「社会」が満洲帝国の建設にどのように動員され関与してきたかという歴史の解明に迫ろうとする。このような着想は、一九八〇年代初頭のアメリカで、帝国主義研究において生まれた文化的考察に刺激を受けている。

しかし、ヤングはこうした視点の限界にも気付いていた。つまり、そうした新研究は、帝国主義の一形態である「植民地と、技術・科学・イデオロギー・宣伝・大衆を動員する文化、との関係」（七頁）を扱ってはいるが、文化の概念がこれまでの政治や経済の概念に取って代わっただけに過ぎない、と批判するのである。そこで、政治・経済・社会・文化を統一体として把握する新たな理論構築が必要となる。そして、それが総動員帝国主義なのである。以下、著者の用いる諸概念を整理してみる。

ここでの帝国主義とは、植民地建設に向けた支配機構を構築する「過程」を意味し、満洲国の場合、日本が中国に対して一方的に「公式」・「非公式」に影響力を行使したとする。非公式のチャンネルとは、「軍事的圧力・市場支配・親日派エリートの育成など」（三四五−六頁）を指す。支配機構がそのようにして構築したのが、満洲帝国であった。そのために総動員帝国は、「国民大衆や本国の社会を文化的・軍事的・政治的・経済的に動員」（十頁）したのである。

他方、ヤングは文化をかなり広範な意味で理解しており、総動員帝国・満洲国では際立って骨太な構造となっている。まず文化は、「想像の領域」である。しかも、満洲国の場合、そうした想像の領域が顕著だった。そして、本研究を通じて分析枠組みの縦軸となっている、①軍事作戦、②経済開発、③開拓移民に関して、それぞれ異なった想像を生み出し、それらは総合して「帝国の膨張の軌跡」としての文化的構築物をなしている、と主張する。（十四−五頁）かくして「観念帝国・満洲国」は、満洲の現実とは大きく乖離したいびつな存在になってしまったのである。

ここに一つ気になる点がある。それは、研究の対象が日本人によって描かれた満洲国にのみ限られているということである。その理由は、中国人と朝鮮人は「日本のなかの満洲国建設に参加していなかったから」（十三頁）としている。しかし、植民地下の人々の視点や彼らが満洲国建設に果たした役割りを、かくも簡単に切り捨ててしまってよいのであろうか。

もちろん中国人が描く「偽満洲国」の鳥瞰図は、本書の範囲を超えている研究テーマであろう。しかし、日本側の各種の総動員に対する彼らの反応やそのインパクトがどのようなものであったとか、帝国建設に向けた彼ら自身のイニシアティヴの有無などといった疑問について、少しは触れて欲しかった。それともこのあたりは、既に研究し尽くされていると、著者は判断しているのであろうか。さらに、国務総理を務めた鄭孝胥が国務院会議で三年余りの間一言も発言しなかった事実を、ヤングだったらどう解釈するのであろうか。

次に、指摘しなければならないのは、全研究を通じて縦軸をなす右記の三つの項目に対する横軸の概説であろう。それは、総動員の過程で内地の日本にも多大な影響を与えた六つの要因である。それらは、①マス・メディア、②日本国内の政治組織、③公的利害を代表する集団と私的利害を代表する集団との間の同盟関係、④様々な理想を実現するための実験場の提供、⑤経済と社会の領域への国家介入の拡大、⑥政府機関、である。以下、本書の構成に沿って主要な論点のみを取り上げることにする。

二　軍事作戦への大衆動員

第二部「満洲事変と新しい軍事帝国主義、一九三一―一九三三」は、「軍事作戦」を扱っている。読者の中には、ここでは具体的な作戦や戦闘が分析の俎上に乗せられるのではないか、と思う人がいるかも知れない。だが、著者の関心は個別的な作戦や戦闘ではない。むしろ、事変そのものをめぐって文化を含めていかなる動員が行われ、その結果、日本や日本人にどのような影響を与えたかということの考証に焦点が絞られていることを、ここに改めて指摘しておきたい。

第二章「戦争熱――帝国の好戦的愛国主義とマス・メディア――」では、マス・メディアが煽った戦争熱は、民衆文化の軍国主義化と総力戦を支持する社会組織の激増といった「新しい型」の軍事帝国主義を形成したと論じる。そこで、マス・メディアが商業的動機から率先して国民を動員し、陸軍の行動を支持するに至ったという事実や軍国美談の類の叙述には、これまで蓄積された豊かな研究で明らかにされているため、余り新鮮味はない。しかし、マス・メディアが騎虎の勢いで流布した「好戦的愛国主義」は満洲事変に関する公の記憶を形成し、軍事侵略という現実を曖昧にしてしまった。しかも、そうしたメディア関係者は、陸軍の政策が正しいと確信したが故に、満洲占領支持の世論統一に向けて一層努力した、との手厳しい指摘は注目に値する。

第二章後半の「臆病な中国人と弱い者いじめの西洋人」は、大変面白く読める。事変勃発当初、マス・メディアは、中国人こそが日本の生命線・満洲を剝奪しつつあるとの警鐘と怒りを連打したのであったが、やがて相次ぐ勝利の前に、中国人に対する嘲笑へと急変した。しかも、著者には、それはあたかも日本人が文化的負い目を完全に「ぬぐい去ろうと決意したかのよう」（四二―三頁）に映った。さらに重要なことには、中国完敗の真の理由は蔣介石の「非抵抗政策」にあったのだが、日本人はそれには気付かず、かえって臆病な中国人といった日清戦争の旧イメージを復活させ、拡大再生産してしまったと論じる。

確かにその通りであったろう。しかし、蔣介石の非抵抗政策に日本人が気付かなかったというのは、どうであろうか。むしろ気付いてはいても、それを表に出せるような雰囲気ではなかったのではなかろうか。満洲占領に反対する『東洋経済新報』のような少数派の声も、直ちにかき消されてしまうような激昂した雰囲気であったから。

こうした戦争熱は、中国人に対する人種的軽蔑感や人種的敵意を生む一方で、対西洋イメージにも多大な影響を与えた。しかも、日本人は西洋に対しても、恐怖と敬服といった相矛盾した感情を長い間抱いていた。そして事変の結果、日本は白人列強によって孤立させられたというイメージが作られる一方で、アメリカとの衝突が予測され、不安が一挙に煽られた。他方、戦争の脅威を否定する大言壮語的楽観論も、噴出していた。そうした中で、西洋に対する再イメージ化が進行し、アメリカとの戦争の可能性への覚悟を日本人はその心中に形成するに至る、と著者は論じるのである。

第三章「急速な帝国主義――エリート政治と大衆動員――」では、満洲事変の陰謀がなぜその時点で成功したのかという疑問に、著者は執着する。それは、これまでの日本外交史の研究者が政府指導者の思想や価値観の解明にのみ集中して、全体像を捉えきっていないことに対する不満に由来する。

著者がここで用意する仮説は、関東軍に対する民衆の圧倒的な支持こそが、陸軍が権力を獲得する上で決め手となったということである。しかも、こうした民衆の支持は自然発生的なものでなく、地方住民や女性を長期にわたって動員した結果そうなった。そして、その背景には、多様な社会的・政治的組織――政党・労働組合・有志団体――が存在していた。

日本国内では政治の民主化や大衆組織の成長により、政府の政策決定はそれまでに集団的な性格が濃厚となり、政府も社会的・政治的組織も、大衆動員という手段を最重要視するようになっていた。しかも、帝国主義下にあっては、そうした政治現象は世論の挙国一致を指向するものであり、他方、世論は、エリート外集団、つまり、小作人・労働者や参政権のない女性や青年までも含むようになったのである。

そして、満洲事変が勃発すると、陸軍は一九二〇年代に自己権力を上昇させる過程で学んだ手法、つまり、世論の動員を「プロパガンダ運動」を通じて大規模に行った。それは満洲事変に先立って実施された「国防思想普及運動」に連なる、満洲に関する、あるいはロシア・中国・列強の軍備状況と日本の軍備不足を嘆いた一連のパンフレットの発行であり、それに急速に取って代わることになる草の根レベルの「講演運動」であった。さらに陸軍は、師団や在郷軍人会を通じて地方レベルで各種の国防団体を組織させ、それらは嘆願攻勢を行うことで挙国一致を推進した。しかも、こうした国防団体は地方エリートによって率いられていたのである。

他方、一般大衆は、こうした陸軍のキャンペーンをそれまでのマス・メディアに対してと同じように熱烈に歓迎したのであり、その点、「地方における帝国」の部分は興味深い内容となっている。ここでの重要な指摘は、地方における民衆の熱狂的な支持は国家や日本政府に対してでなく、地方の既成組織や秩序（権力と権威のヒエラルキー）に対する忠誠心や地元の名誉欲の表出したものということである。そして、そうした地方組織や団体（学校・青年団・組合・工場・婦人組織）では、愛国心という素振りを示すことによって社会的承認を求める一方で、自己のアイデンティティを強固なものとしていった。ここで具体的事例として挙げられている「慰問運動」や「献金運動」の実態は、強い説得力がある。

三　経済開発への大衆動員

第三部「満洲の実験と植民地開発、一九三一―一九四一」の第四章「不安定な提携――植民地経済をめぐる軍人と実業家――」は、二つ目の項目「経済開発」を扱っている。これまでよく言われているように、満洲国には統制経済が導入され、満洲国への投資や輸出は国内経済を活性化させ、日満間では経済の相互依存関係が確立された。しかも、日本の行った投資は、ヨーロッパの植民地には見られないほど巨額にのぼった。しかし、第四章で展開される中心的な議論は、満洲国を支配していた関東軍と実業界との間には経済政策をめぐって根本的な対立が存在していた。ところが、お互いに不満を抱きながらも、満洲国の植民地開発を内地の経済危機の打開策と見なす共通認識があったため、両者間では特異な提携関係が持続したということである。

そもそも関東軍は最初から内地の実業界には拭い去れない不信感を抱いており、満洲で行う一連の改革を内地へ逆輸入して日本の改造に結びつけたい、との理想があった。他方、ソ連の経済五ヵ年計画を下敷きとして、資本主義の根本的改革を目指す軍主導の統制経済は、実業界にはとうてい受け入れられるものではなく、軍部には植民地経営を任せられない、と彼らは確信していた。そこで実業家たちは満洲国の政策に正面から反対するのではなく、新たな植民地経営に恐慌からの脱出を夢見ていた。

また、関東軍は国防と工業化を一体化し、満洲を軍需産業のための資源供給地と見なし、日満ブロック経済は、欧米との関係断絶を前提とした自給自足的生産圏として位置付けていた。これに対して、実業界は、満洲を保証された巨大な輸出市場、並びに、日本の工業のための安定した原料供給地としていたため、工業化には反対したのである。

ここではスペースの関係上これ以上立ち入って論じることはできないが、実業界の統制経済に対する反撃とその失敗、さらに、彼らの提案した解決策がかえって経済統制を強化するものとなってしまったとの指摘は重みがある。しかしながら、関東軍と実業家たちの間に共通していた、植民地経営をめぐる「盲目的な楽観主義」(一三六頁)の甚大な影響、特に開発構想が支離滅裂的なものとなり、内的矛盾が増殖してしまったとの考察は、大いに検討を要するだけ述べておきたい。

第五章「すばらしき新帝国――ユートピアと知識人――」は、表題の通り、満洲に理想社会を建設すべく蝟集した様々な日本人知識人の分析を行っている。特に進歩的知識人にとり、国内でイデオロギー上の反動が強化されつつあった時に、満洲国では巨額の資金が流入し、彼らのためにこそ、理想郷を実現すべき職場がそこに準備されていた。かくして彼らは日本政府によって当初は積極的に動員され、その中には橘樸・尾崎秀実・細川嘉六・中西功他の著名な支那通も混じっていた。そして、興味深いことに、彼ら左翼は、満洲国の建設現場では、右翼軍人と同居していたのである。

その目的は悪しき資本主義の徹底した変革にあったが、著者から見ると、彼らによって描かれた未来都市の建設は、ヨーロッパ人がそれまで体験していた植民地の都市計画と酷似していた。満鉄を中心とした鉄道網の拡大と上下水道・ガス・電話・公園・病院、その他必要施設、つまり、「都市インフラ」を完備した都市計画、それは日本人が明治以来、欧米の先進性をモデルとしてきた近代化路線に連なるものであり、満洲国ではその実施において、内地の近代化をはるかに凌駕していたところもあった。しかも、植民地で官僚となった人々は、それまでに台湾や朝鮮で実地体験を重ねてきており、そうしたユートピア帝国・満洲国の象徴が、時速一一〇キロで驀進する特急「アジア号」であった。

ヤングの議論でさらに特筆に値するのは、欧米でも同じようなユートピア帝国主義の現象が見られた、という指摘である。また、近代化と進歩を確信するこうした知識人は軍人を嫌悪してはいたが、結局軍部による中国ナショナリズムの抑圧を補助する役割りを担う一方で、植民地発展の果実が同じ日本人の手によって収奪されていた事実が、彼らには分からなかった、と結論する。これは、知識人が陥りやすい過剰な楽観主義と関係しているのだろうか。この点が、一つの疑問として残った。

四　開拓移民への大衆動員

第四部「新しい社会帝国主義と農業開拓移民計画、一九三二―一九四五」は最後の項目である「開拓移民」を論じており、全三章から構成される。それらは、第六章「再発明された農本主義――農村危機と帝国への農業の結合――」、第七章「移民送出の推進装置――満洲開拓と国家の領域の膨張――」、そして、第八章「帝国の犠牲者」である。

第六章で最初に強調されているのは、満洲移民の真の狙いである。それは、日本の農村部の貧困層を満洲国へ送り出すことで、資本主義の不均衡な発展や近代化の立ち遅れから生じている農村の社会的病理を癒すことにあった。そして、満洲国の建国がなると、従来の「農本主義」に基づく農村改革運動が「移民計画」に合流していった。そして、一九三六年には、当時の農業人口の五分の一に相当する百万戸の農家を二〇年間で満洲国に移住させるという、壮大な移民計画の国策化がなされるのである。

ヤングはこうした移民運動を、シュムペーター（Joseph A. Schumpeter）流に「社会帝国主義」と呼ぶ。しかし、二〇世紀初頭におけるヨーロッパの社会帝国主義と大きく相違しているのは、――ここでも、欧米と日本の事例を徹底して比較・検討しようとする著者の基本姿勢が色濃く見られる――日本では政治的・経済的な力が圧倒的に集中している大都市ではなく、農村から強力に出現したということであり、また、政策化された植民事業は時代的にも大きなズレがあり、その規模からしても常軌を逸していたことである。

なお、満洲移民計画は官僚が社会科学の学問を応用して作成したものであり、満洲移民によって内地に残された農民は、負債をかかえずに貧困から脱出でき自営が可能となる、と宣伝した。これを受けた農本主義者たちは、移民によって農村問題は解決可能だと宣伝する一方で、農村での既存の階級的利害関係を乱さないように、地主階級に対する特別の配慮を見せることで彼らの協力を仰ごうとした。かくして、官僚と農本主義者は、移民推進にむけた「同盟関係」を樹立したのである。

第七章で卓越した内容となっているのは、「人種的な拡張主義」を論じた個所である。つまり、一九三〇年代中葉になると、満洲移民が国外に拡張していくことを正当化する上で、「民族的使命」として謳われるようになった。そして、家族や血族といった文脈で、日本人と満洲国との関係が再構築されたのである。それは、台湾や朝鮮で推進された「皇民化政策」の延長線上に位置付けられ、大和民族の優越性を全面に押し出し、他人種を「徳化」し、指導・啓発する崇高な使命を自らに課したものであった。しかも、開拓移民となった人々は内地では弱者の存在であり、彼らは満洲国では反対に強者となってしまうため、移民推進者たちは中国人との人種や文化の違いを指摘し、満洲の「日本化」を宣伝した。

第八章は、開拓移民として満洲に渡った人々も、帝国に利用される反面で、帝国を利用していたことを描いている。農村の最下層に属し、移民の最有力候補者と見なされていた彼らは、積極的に移民となろうとしなかった（二四五頁）が故に、それだけしたたかであったのかも知れない。

彼ら貧農層は満洲国で帝国の特権を享受し、中国人から奪った土地だけでなく、自分の土地から追放された農夫を使用する特権までも与えられた。さらに彼らは、武器の所持を認められていた。しかし、彼らの農法は北海道で行われた「機械化農法」ではなく、地元の農夫から学んだ「労働集約的」な農法であり、彼らは常に労働力不足に悩まされていたのである。しかも、こうした開拓移民たちは太平洋戦争の勃発によりその運命を大きく変えられ、そのほとんどはソ満国境の第一線と中国の抗日根拠地へと配備され、日本の敗戦時には現地に置き去りにされ、大きな犠牲を払わされるのであった。

終わりにかえて

本書は、満洲国研究の新天地を切り拓く第一級の研究である。ここで提示された数多くの刺激的な考察と所見は、そこで展開された仮説と同じく、今後は色々な形で論争を呼ぶであろう。また、山室信一氏の優れた研究『キメラ――満洲国の肖像――』（中公新書、一九九三年）と共に、この方面の研究では避けて通れない金字塔を打ち立てた、と言っても過言ではなかろう。もっとも、本書が山室氏の研究を参考にしていないのは多少気になるところであるが。五人とにかく軍事史学会会員の加藤陽子氏が中心になり、五人のグループ作業でこうした浩瀚な著作を今回邦訳したことは、多大な学術的貢献として賞賛に値する。

その翻訳はバランスの取れたものであり、大方は読みやすいが、時々理解困難なところが見られ、語句の点でも問題が散見されるのは残念である。例えば、たまたま気付いたのを以下に挙げると、象徴の作成・政治的機関・嘆願攻勢と請願攻勢（どちらかに統一が必要）・本国と内地・財界と実業界・産業指導者・関東軍と陸軍の混同・左傾研究者・日本人種・植民地の産業化・過剰決定などである。次に、著者のヤングは、「内閣も陸軍中央も、実は関東軍の幕僚が満洲事変を企てたと知らなかった」（六二頁）と簡単に述べ、その「註」として、緒方貞子『満州事変と政策過程』（原書房、一九六六年）の英文の原著を引用しているが、これまでの満洲事変史研究からこうした考察は大方否定されている、とだけ最後に述べておこう。

（岩波書店、二〇〇一年、三五〇頁、七二〇〇円）

（上智大学教授）

書評

細谷千博、イアン・ニッシュ監修
平間洋一、イアン・ガウ、波多野澄雄編

『日英交流史 1600―2000 3 軍事』

中山隆志

本書は、一九九四年に村山内閣によって始められた「日英平和友好交流計画」に基づく研究成果をまとめた日英交流史シリーズ全五巻のうちの、政治・外交編に続く軍事編（第三巻）である。

本書の編者・執筆者は、日英双方対等の構成で、執筆者は英国側が著名な既成研究者主体であるのに対して、日本側では気鋭の少壮研究者が多く参加している。取り上げる期間は日本の幕末開国前後から戦後までのおよそ一五〇年間、内容的には同盟政策、軍事戦略・技術・情報、軍縮、捕虜および戦争犯罪など広範な対象から、主要な局面が選ばれている。本書の構成は次のとおりであるが、本書の特色にかんがみ、できる限り同一局面・論点などを中心に、日英双方の認識の特徴に留意して各部ごとにまず収録論文を要約する。

序章
第一部　生徒からパートナーへ
第二部　友好から協力へ
第三部　競争から対立へ
第四部　対立から戦争へ
第五部　戦争からグローバル・パートナーへ
結びにかえて

第一部

日英軍事関係が発足・発展する幕末期から日清戦争ころまでを取り扱う「開国前後の日英軍事関係」（ハーミッシュ・アイオン＝カナダ国防士官学校）と「建軍をめぐる日英関係」（淺川道夫＝東京理科大学）が対応している。

アイオン論文は、英帝国の権益の維持拡大を目的とする英国海軍の行動が、日英軍事関係を両国ともに好ましいと考える方向に発展させたとする。幕末期に頻発した欧米人暗殺などに対して、薩英戦争や馬関戦争はあっても日英戦争にはしなかった。一八六七年のトレーシー使節団に端を発する日本海軍建設に対する英海軍の援助が、日英軍事関係の中で有益であった。加えて、日清戦争を観戦した陸軍士官らは日本陸軍を高く評価し、義和団事件が終結するころまでに、日英の陸海軍の間に良好な関係が確立されていった。

浅川論文は、日清戦争までの日本の建軍過程における英国の役割を論じ、優れた教師と素直な生徒の関係で軍事面の友好関係が築かれたとする。英国は攘夷に対する武力制裁にあたり主導的役割を果たし、清国に対するものと極めて異なる融和的、建設的な関係をつくりあげた。海軍建設に対する英国の協力は積極的で、第二次世界大戦まで続く日本海軍の英国式伝統がつくられていった。日清戦争、特に黄海海戦における日本の勝利は、欧米世論を親日的方向へ好転させる契機となり、特に緊密だった英清関係を変化させて日本にとって有利な国際環境形成へとつながった。

第二部

友好から協力へと発展する日英同盟から第一次世界大戦終結ころまで、両国海軍を中心とした同盟の運用にかかわる問題が主として取り上げられている。「英国海軍と日本」(イアン・ガウ＝ノッチンガム大学)と「日英同盟と第一次世界大戦」(平間洋一＝元防衛大学校)が対応し、「戦略的情報と日英関係——一九〇〇～一九一八年」(ジョン・チャップマン＝グラスゴー大学)には日本側の対応論文がない。

ガウ論文は、英国が当初日本海軍の台頭を好ましいものと受け止めて日英同盟に進むが、日露戦争の後しだいに仮想敵国もしくは潜在敵国としてその脅威を認識し、第一次世界大戦における協力の裏には摩擦と不信があったとする。一九一一年五月の英帝国防衛委員会は「同盟がなければ攻撃を仕掛けてくる可能性が最も高い敵対的な国は日本」だと考え、日英同盟はアジアにおける日本の野心を抑制する制御装置の様相を呈し始めた。第一次世界大戦において、参戦部隊の善意と努力は十分にあったし、日本海軍の貢献は大きかったが、共に戦った同盟国日本が一九一九年には英海軍の計画の上では潜在敵国になっていたことは明確だった。

平間論文は、日露戦争後しだいに日英同盟の前途に暗雲がただよい始めた時期に勃発した、第一次世界大戦における日英協力を論ずる。第二特務艦隊の地中海派遣などを主とする日本海軍の活躍は、高い評価と賞賛を得た。にもかかわらず英国には、日本が同盟国でありながら協力を渋り、協力要請には必ず代償を要求する対応への強い不満と不信が溢れていた。日英の共通の敵が消滅すると、日本が英米の近い将来の共通の敵国にされ、人種的偏見にともなう日本敵視や、ライバル意識から日本海軍の活躍を否定する動きが起こった。一方日本でも、パリ講和会議における英国のさめた対応などに加え、共同作戦参加隊員の間に、派遣間の差別的・屈辱的な待遇に対する不満などが表面化し、反英感情が海軍部内に高まっていた。第一次世界大戦を境として、共通の敵を失った日英両国は、同盟国から敵対国への道を相互に歩んだ。

チャップマン論文は、陸海軍の情報機関が日英同盟の維持・推進に中心的な役割を担っていたことを明らかにすると同時に、日英同盟と同時に締結された秘密海軍協定に英国海軍省が当初から必ずしも熱心とはいえず、早くも日露戦争中に日本優勢とみるや英国の関心は西方ドイツに向かったと指摘する。英国側は秘密情報に関する日本との協力も限定的にし、英国海軍省が一九〇九年九月に提出した覚書には、日英同盟は一五年に期限切れを迎え、更新されることはないであろうとの観測が書かれていた。第一次世界大戦末期に開発された潜水艦探知装置の情報やマニュアルが日本海軍に渡されたという証拠はなく、緊密化した英米関係から締め出された日本陸海軍は、戦争で新しく生まれた技術や知識の習得を敗者ドイツの眼を通じて行うしかなかった。

第三部

競争から対立へと推移する、第一次世界大戦後から日本の第二次世界大戦参戦直前までの期間を取り扱い、英国側の「英国海軍と日本──一九二一〜一九四一年」（イアン・ガウ＝ノッチンガム大学）、「英国陸・空軍から見た日本陸軍の評価──一九四一〜一九三九年」（ジョン・フェリス＝カルガリー大学）と、日本側の「戦間期の日英関係と海軍軍縮──一九二一〜一九三六年」（倉松中＝青山学院大学）、「戦間期日本海軍の対英戦略──反英への道」（相澤淳＝防衛研究所）とは、内容的に厳密には対応してはいないが、双方の認識を比較・確認する上で興味深いものがある。「戦略的情報活動と日英関係──一九一八〜一九四五年」（ジョン・チャップマン＝元グラスゴー大学）に対応する日本側論文はない。

ガウ論文は、英海軍の対日戦略を論ずる。一九二〇年に就任した軍令部長ビーティーは、「日本の海軍力は米国と並ぶ脅威である」と首相に進言し、英国海軍省の日本海軍に対する見方に重要な変化が生じた。二一年には、日本艦隊を探し出して殲滅し、封鎖と潜水艦戦で日本を屈服させる対日戦争計画が立案された。四〇年から四一年にかけて日本の脅威が高まると、紛争回避ではなく、日本を敗北させるのに不可欠な英米海軍の協力のため、米国との交渉が推進された。英海軍がシンガポール要塞化戦略や主力艦隊の決戦にこだわったのは、日本海軍に関する情報の不足と、日本海軍の能力と可能性を評価する指摘が、日本人は非能率的でのろまで鈍く、そのうえ極めて慎重になるに違いないという伝統的な考え方に抑えられてしまったためであった。

フェリス論文は、英陸・空軍の日本陸軍および陸海軍航空部隊に対する評価を論ずる。英国陸軍省は一九二〇～二一年の間、最も強く日英同盟の延長を求め、三五年には同盟復活を試みるなど三七年まで日本を潜在的同盟国として見続けた。しかし英国一般では、人種差別主義とその私生児である社会進化論、環境決定論的な考え方による「国民性」という概念も考慮に入れ、日本人は機械に対する素質と発明の才に欠ける一方、苦痛には極限まで耐え得る力と組織力を持ち合わせると見なされた。英空軍と海軍は前半の特質を重視して、日本のパイロットと水兵を過小評価した。英陸軍は日本陸軍の歩兵は高く評価し、砲兵と機甲部隊は批判の対象とした。英国がシンガポールに空軍を展開できるという威圧だけで、日本に戦争を思いとどまらせ、たった一隻の空母を太平洋に派遣すれば、日本を抑止または破ることができるという日本軍に対する過小評価が、開戦時の英国の誤算を導いた大きな要因であった。

倉松論文は、海軍軍縮問題を日英関係の文脈で論ずる。この期間の多くは日本がいまだ英国に好意を持ち、対米比率の向上が最大の追求目標であった。海軍軍備にあっては英米間にも競争と対立があり、ジュネーヴ会議における巡洋艦をめぐる英米交渉の決裂が海軍軍縮交渉における日英同盟最後の機会であった。一九三〇年のロンドン会議を最後に、日本海軍は国際軍縮協定に背を向けていく。三四年一二月にワシントン条約廃棄通告を行い、三六年一二月に同条約は失効した。同年日本は第三次改訂帝国国防方針において、英国を初めて仮想敵国の一つとして挙げた。

相澤論文は、日本海軍の反英・親独傾向の戦間期における進展を検討する。一九二〇年代後半、日本陸軍内で対中国政策遂行上、英国の存在の再認識、同盟復活論まで囁かれた。一方日本海軍においては、第一次世界大戦における派遣艦隊に対する粗雑な扱いなどに対する反撥もあり、英国から得られなくなった海軍の技術支援についてドイツとの交流によって欠損を補っていた。さらに日本海軍が組織存立の基本戦略に掲げている「南進論」は、東南アジア植民地の宗主国中最大の英国との衝突を予期されるものであった。三六年、日本の海軍制度調査会第一委員会策定の「国策要綱」は、万一の場合としながらも、敵対性の順位に従い英、米、蘭に対する武力解決を示しており、海軍の働きかけによる英国を仮想敵国に加えた第三次改訂国防方針となった。日本海軍は伝統的な南進論を具体化するため米国主敵論から英国主敵論に転換し、日英対立から日米対決への道を方向づけた。

チャップマン論文は、戦間期における英米と枢軸諸国との激しい情報戦を描く。英国は暗号解析を中心として英米協力、自治領諸国との情報協力を進め、これに対抗するため独伊両国は協力した。独伊は英米には及ばなかったとはいえ、相当の成果を挙げたが、日本にその成果がもたらされることは少なかった。英国にとって、枢軸側に比較して格段に緊密な英米同盟が戦略的情報活動の遂行、二〇世紀の国際システムの対処にも絶対的な必要条件であった。

第四部

対立から戦争へと発展する開戦直前から終戦直後までの期間を取り扱っており、日本側の「日本陸軍の対英戦争準備――マレー進攻作戦計画を中心に」(等松春夫＝玉川大学)、英国側の「われわれ自身が選んだ戦場――アジアにおける日英戦争(一九四一～一九四五年)」(ジョン・フェリス＝カルガリー大学)と「日本海軍の戦術と技術に対する英海軍の評価――一九四一～一九四五年」(フィリップ・シャーリエ＝シェフィールド大学)は、戦争の準備と遂行についてそれぞれの局面を論じ、日本側の「対英戦争と『独立工作』――シンガポールからインパールへ」(波多野澄雄＝筑波大学)には英国側の対応する論文がない。英国側の「捕虜情報と英国の対応――その認識と対応」(ジェイン・フラワー＝捕虜問題研究家)と日本側の「日本軍の国際法認識と捕虜の取扱い」(喜多義人＝日本大学)は、デリケートな問題に関する双方の立場で対応している。

等松論文は、ほとんど一貫して対ソ戦のみに備えてきた日本陸軍が、一九四〇年夏に初めて日英戦争の可能性を検討し始め、最も重視したマレー進攻作戦を成功させるに至った作戦・戦術面の準備を検討する。一九四〇年ドイツの電撃戦の成功には日本陸軍も多大の関心を寄せ、独伊に軍事使節団を派遣し、団長の山下中将がマレー進攻の第二五軍司令官に任命された。極めて短期間の情報収集、作戦準備によってマレー作戦に快勝したのは、ドイツの電撃戦を少なくとも戦術レベルで応用したことにあるのではないかと推論する。

フェリス論文は、マレーとインパールの二つの作戦について勝敗を分けた要因を論ずる。マレー作戦は英陸軍史上最も屈辱的で惨憺たる敗北とし、その理由は日本航空戦力および陸軍に対する誤った低い評価と自己過信、日本版電撃戦に対応できなかったことにあり、日本陸軍は英軍が選んだ主戦場で戦うことを回避して勝利を得た。一九四四年英軍にとって幸運にも、日本軍は英軍が選んだ土俵で戦った。日本軍は必要な兵力の半分か三分の二しか準備せず、複数の小部隊による奇襲攻撃を巧みに運用して迅速な成果を達成した。英軍は成功を収めるために必要な兵力と補給の科学的計算を通じて戦った。当初は練度の高さが日本軍の切り札であり、後には物量が英軍の利点となった。

シャーリエ論文は、英海軍の戦間期における日本海軍に対する低い評価が、開戦劈頭の日本海軍機によるプリンス・オブ・ウェールズとレパルスの撃沈の衝撃を経て、大戦間を通じて高いものとなったとする。英海軍は、二〇世紀最初の数十年、主に日本海軍の「人」に焦点を絞っていたが、大戦中は組織としての装備や戦術をより重視するようになり、誤解に満ちた人種的先入観や、日本人の国民性のおろかな単純化など、戦間期に客観的な評価を阻んだ要因を一掃させた。

波多野論文は、解放戦争という日本側の大義につながる日本軍による各地の独立工作に注目しつつ、開戦後の日本陸海軍の対英戦略を論ずる。戦争終結構想の核心をなす英国屈服のために独伊に協力する有力な具体的方策は、西アジア、インド方面に協同作戦を実施して三国の軍事的提携をはかり、英帝国の勢力圏を脅かすことであった。このため海軍のインド洋作戦、陸軍のビルマ占領作戦が行われ、これと併行してビルマ・インド独立工作が推進された。ビルマ独立義勇軍やインド国民軍が編成され、日本軍に協力した。インド国民軍はインパール作戦に参加、その後もビルマでの戦いに参加した。また日本の降伏後、部隊を離れて各地で民族独立運動に身を投じた日本軍人も少なくなかった。彼らこそが「大東亜戦争」がはたし得なかった「アジアの解放」という大義に最も忠実な行動者であったかも知れないと述べている。

フラワー論文は、日本軍の捕虜となった英軍将兵に関する情報入手と待遇への英国政府の対応を検証する。英軍捕虜は、主として香港、シンガポールおよびタイ国内に収容された。各地区において捕虜自身とさまざまな個人や組織、あるいは政府などとの間で密かにつくられたネットワークが、捕虜の待遇に関する情報の入手とそれに基づく待遇改善のほか、捕虜の救出、諜報活動まである程度の成功をおさめるなど、重要な役割を果たした。英国政府の抗議によって収容所内の情報が洩れたことが明らかになり、捕虜の生命が危険になったこともあるが、このネットワークは捕虜の生存に重要な役割を果たした。

喜多論文は、戦後の戦犯裁判で弾劾された日本軍による捕虜の非人道的な取扱いの原因と責任のありかを論じ、加えて戦後の降伏日本軍人に対しても報復的な虐待があったと指摘する。日本は国として捕虜を非人道的に扱おうとしたわけではない。それでも結果として高い捕虜死亡率を出した原因は、独特の捕虜観念、国際法知識普及の怠慢、給養・医療上の問題点（戦況悪化と日本人の死生観の影響が大）、私的制裁、上官命令の絶対性であった。一方、日本軍の捕虜忌避思想は、英軍をして、戦後降伏した日本軍人に捕虜ではなく「降伏日本軍人」という前例のない地位を与えさせた。英軍は国際法に定める捕虜の待遇を日本軍人に与えず、またポツダム宣言第九項に違反して、ソ連を除く連合国が日本軍人の送還を完了した一九四六年七月以降も、一〇万人以上の日本軍人を最長四七年一〇月まで抑留し労役を課した。降伏日本軍人は危険、不潔な労働を強制され、給養、医療、賃金なども公正なものではなかった。

第五部

戦争からグローバル・パートナーへの流れとしての戦後の日英関係を、英国側から「BC級戦犯と英国の対応——戦犯裁判に関する英国政府および軍当局の視点」（ジョン・プリチャード＝極東軍事裁判研究家）、日本側から「英連邦軍の進駐と日本人の交流」（千田武志＝広島国際大学）、「戦後の日英軍事交流——世紀を越えて」（今泉康昭＝元駐英防衛駐在官）がそれぞれの局面をとらえて論じている。

プリチャード論文は、日本人BC級戦犯に対する英国政府の処遇の変化とその要因を論ずる。英国による戦犯裁判が他国によるものより有罪率が高かったのは、重大な犯罪事実が一〇〇パーセント期待できる場合にのみ起訴したゆえである。英国政府には国際的および日本政府により組織された減刑嘆願運動の大きな圧力がかかった。英国政府は再審の機会付与と度重なる減刑を行い、一九五七年一月には最後の日本人戦犯が釈放された。国際人道法の見地からすれば悲劇的な結末であり、日本では連合国による戦犯裁判は悪意に満ちたものであったという誤った考えが定着した。

千田論文は、もっぱら米軍の活動に焦点があてられてきた占領史の研究に対し、中・四国地方に進駐した英連邦軍を取り上げる。進駐の経緯のほか、占領軍将兵と呉市民の交流を通じて相互理解が進展し、当初のノン・フラタニゼーション（親交を結ばない）政策がしだいに変化し撤廃され、多数の国際結婚により英連邦各国の人種的偏見を突き崩すきっかけをつくるという歴史的役割を果たしたとする。

今泉論文は、駐英防衛駐在官などの海上自衛官としての実務を通じ、日米提携とは別に独自の日英パートナーシップが戦後築かれ、交流が続いていることを論ずる。朝鮮戦争で、海上自衛隊の前身である海上保安庁航路啓開部隊が国連軍として派遣された英海軍に協力して機雷掃海を行うなど、日英関係を一転させた。また語学将校が日英関係の架け橋となる活動を行い、冷戦間そして冷戦後はさらに海上自衛隊・英海軍を中心とする日英軍事交流は装備品導入やＰＫＯにおける協力を含めて緊密化している。

以上一九編の論文の要約に紙数を費やしたが、日英の研究者が協力しつつ論点を提出しあった本書の特徴が明らかになったと考える。日米戦争と認識される度合の強かった第二次世界大戦と戦後の圧倒的な密度の日米関係の中で、日英関係の軍事史をこのように総合的に取り上げたのは初めての画期的試みである。

教師と生徒の関係で始まった日英軍事関係が極めて親密であったのは日露戦争ころまでで、以後日本側の片想いの時期がかなりあったことが確認される。そもそも英海軍は日英同盟と同時に締結された秘密海軍協定に熱意乏しく、日露戦争中に関心はドイツに移った。英帝国防衛委員会は一九一一年、「同盟がなければ攻撃をしかけてくる可能性が最も高い国は日本」と考えた。英海軍は、一九一九年に日本を潜在敵国と見て、二一年には対日戦争計画を立案した。第一次大戦後英国から新技術導入の道を閉ざされた日本海軍は、その代替入手先をドイツに求めたが、英国を仮想敵国としたのは三六年であった。一方両国陸軍の間では、日英同盟終了後も同盟意識が存続し、双方に一時期再同盟論まであった。戦前期長期にわたり親英海軍と親独陸軍であり続けたとする観念的理解があったとするならば、実態はいくらか違うことが示されている。

第二次大戦中の日英戦争について、英国側は緒戦の敗北原因を、日本軍に関する情報不足と人種的偏見に基づく先入観による低い評価にあるとする。義和団事件・日露戦争における高い評価、第一次大戦における日本軍の協力が僅かの間に忘れ去られていることは、同盟あるいは国際理解・協力関係のこわれ易さ、維持・強化のむつかしさを示している。

戦争犯罪・捕虜問題について英国側は一方的弾劾に終始するが、日本側は謙虚に反省しつつも、戦後降伏日本軍人が報復的・不公正な処置を受けたことを指摘している。第二次大戦の加害者として弾劾され続けたドイツについては、冷戦終結後の歴史の見直しで被害者としての調査も進みはじめている。日本側の指摘は、日本の戦争史研究が新たな段階に進むべき努力の第一歩といってよいのではなかろうか。

戦後の関係発展で、日本側が占領軍将兵との交流による人種的偏見の克服、軍事的にも独自の日英パートナーシップ構築をみる未来志向であるのに対し、英国側は戦犯裁判の過去にこだわる論文で終っている。日本側の「ビルマ・インド独立工作」に対応する英側論文、英側の情報戦関連論文に対応する日本側論文がないのは残念である。戦後アジアの植民地復活をはかった英国では、独立運動に関わった者はあくまで反乱者、煽動家であろうか。彼らの活動も客観的、公正に取り扱う度量が望まれる。日本側の情報関連論文がないのは、編者の責任ではなく日本の戦後軍事史研究でほぼ欠落している分野なるがゆえであろう。情報戦の不首尾は第二次大戦敗北の大きな原因の一つであり、今後の研究が望まれる。

本格的日英交流の最初の企画であり、諸制約の中で日英双方が良心と本音を曲げず提出した研究成果により、広範な局面・論点をバランスよく押さえた本書は、日英軍事関係史を理解するために好適な手引書であると同時に、今後両国の研究発展のベースとなるべき地位にあることは間違いない。

(東京大学出版会、二〇〇一年、三八七頁、定価本体四八〇〇円)

(元防衛大学校教授)

軍事史関係史料館探訪㉙

石原莞爾元陸軍中将関連史料館

横山久幸

本特集号のテーマである「満州事変」に際し、関東軍参謀として中心的役割を果たし、満州国建設を推進した石原莞爾に関する地元山形県の史料館を紹介する。地元では、石原莞爾に関する資料展が度々行われ、平成十一年八月には、没後五十周年を記念として鶴岡市荘内神社で「石原莞爾資料展」が開催された。また、今年六月には、鶴岡市立図書館で「石原莞爾資料展」が、酒田市立光丘文庫で「石原莞爾蔵書資料展」が同時に開かれた。

鶴岡市郷土資料館（山形県鶴岡市）

石原莞爾は、京都第十六師団長を最後に、昭和十六年三月予備役になり、翌年地元鶴岡に帰っている。戦後は、飽海郡高瀬村西山で集団農場を営み開墾事業にあたり、昭和二十四年に同地で六十歳の生涯を閉じた。石原莞爾に関する資料は、昭和五十二年に遺族から同資料館に寄託された。現在、同資料館が保管する「石原莞爾資料」の総数は、千百十四点で、主なものに莞爾の履歴に関する資料、莞爾の日記やメモ類、満蒙関係意見書原稿、著書とその原稿、書簡類、衣服・勲章類、莞爾の蒐書・研究資料（戦史研究書、軍事史、日蓮宗、農事、東亜聯盟、協和党関係書等）、莞爾撮影の写真類、石原家所蔵書画などがある。これらの資料目録として、鶴岡市郷土資料館編『諸家文書目録 Ⅲ—石原莞爾資料』（鶴岡市郷土資料館、一九八二年）が発刊されている。

これらの資料について、近年開催された「石原莞爾資料展」から具体的に紹介する。まず、一昨年の資料展では、「写真、資料等によって、石原の生涯にわたる人と思想を示す」ということで、初めて公開されたものも少なくない。例えば、従来、勲二等と思われていたものが、勲一等瑞宝章であり、勲記には昭和天皇の「裕仁」の自著があった。また、満州国勲一位桂国章と皇帝溥儀の勲記などは、満州国建設に尽力した石原を象徴するものとして注目されるところである。その他、大川周明や辻政信の石原宛書簡なども興味を引くものであり、軍服・軍帽・トランク・乗馬靴・弁当箱・箸箱などは在りし日の石原を物語るものであろう。

今年の資料展では、「新世紀を迎え、時代を洞察した偉才」としての石原を描き出そうとしており、ライカを初めて使用したといわれている石原が撮影した八十枚にのぼる写真類や確かな眼識に一驚する大尉時代の人相鑑定書などは「人間石原」を感じさせるものがある。

また、満州事変及び満州国に関する資料は、事変勃発当日の石原の日記、満州事変記念図、「満蒙問題解決策案」原稿、「満州国育成構想」原稿、「関東軍司令官ノ満州指導撤回」原稿などがある。

鶴岡市立図書館

石原の事跡に対する評価は、いまだ相半ばするものがあり、石原を「十五年戦争の幕をあけた者」と論ずる一方で、同資料館の「東久邇宮稔彦の弔辞」や「金子智一の弔歌」などの資料は、人類世界の恒久平和を希求し、その精神を貫いた「軍人思想家」として称えている。いずれの立場で論ずるにしろ、満州事変や石原莞爾を研究する者にとっては、是非一度は訪れたい資料館であろう。

同資料館が所蔵する資料の閲覧は、現在、隣接する鶴岡市立図書館の二階にある郷土資料室で行っている。同資料室では常設展示のほか、資料の閲覧が可能であり、コピー・サービスも行っている。なお、同資料館は、「石原莞爾資料」のほか、「庄内史編纂会資料」、郷土史家「阿部正巳文庫」、「玄々堂叢書」、庄内藩政史料「閑散文庫」、家老「竹内家文庫」、藩校「致道館蔵書」、鶴岡町大庄屋「宇治家文書」などの郷土資料を保存、公開している。

酒田市立光丘文庫（山形県酒田市）

光丘文庫は、大正十二年に本間家八代当主の本間光弥によって、三代本間光丘の時代から集めた書籍を含む蔵書二万冊をもとに設立された。昭和三十三年に蔵書と建物が酒田市に寄附され、現在はその後に寄贈された図書類を含め約六万四千点の書籍を収蔵、保管している。建物は、太宰府天満宮宝物殿と同じ工法を採用し、外観が和洋折衷の神殿造り、内部が洋館風になっており、貴賓室には大正十四年の東宮（昭和天皇）ご訪問の際の椅子とテーブルがそのまま残されている。平成八年には、酒田市指定有形文化財に指定され、建物だけでも一見の価値がある。

石原莞爾に関する資料は、空襲による焼失、盗難あるいは数度の預託、移転などを経て、昭和五十五年と五十九年の二回にわたり預託先から寄贈された。この資料は、石原が大正十一年のドイツ留学以降に収集した軍事学関連の文献で、現在、二千二百七十七点が「石原莞爾旧蔵書」として保管されている。旧蔵書は、外国図書千二百二十五点、邦書千五十二点からなり、外国図書は少数の中国書を除き、ヨーロッパの軍事関係がほとんどである。蔵書の特徴は、プロシャのフリードリッヒ大王とフランスのナポレオン一世に関する文献がその中心を占めていることである。これらの資料目録として、『酒田市立図書館所蔵　石原莞爾旧蔵書目録』（酒田市立図書館、一九八八年）が刊行され、平成元年には「Napoleon 戦争従軍画集」（徳間書店）が出版されている。

今回行われた「石原莞爾蔵書資料展」から主なものを紹介すると、洋書ではロイド著『ドイツ・七年戦争史』全六巻（一七八三年～一八〇一年）が最も古く、『ナポレオン一世書簡』全三十二巻（一八五八年～六九年）を始めとしたナポレオン関係のコレクション、『モルトケ軍事学著作集』全十六巻（一八九二年～一九一二年）、ルーデンドルフ著『一九一四年から一九一八年までの我が戦争回想録』（一九一九年）などがある。邦書では、ナポレオンに関するものとして、リンデン著、小関三英遺稿訳本『那波列翁伝』全四巻（安政四年、一八五七年）が最も古く、その他、参謀本部による『日露戦史』、『独仏戦史』（いずれも偕行社）などがある。また、石原莞爾に関する資料としては、『国防政治論』（昭和十八年）などの自著のほか、陸大の講義に使用した「『フリードリヒ』大王諸戦役経過一覧図」、講義ノートの「欧州古戦史講義」、「古戦史原稿」、「満蒙経略方針概要」（昭和五年）などがある。

光丘文庫によると、近年、研究者が最も多く訪れるのは石原莞爾蔵書であり、特に、ナポレオン関係のコレクションに対する関心が高いとのことである。このため、ナポレオンやフリードリッヒに関するヨーロッパ戦史や石原の戦略・戦術思想を研究する上では是非調査する価値があろう。しかし、石原莞爾の人物を知る場合には、鶴岡市郷土資料館と併せてみる必要がある。

光丘文庫では常設展示のほか、資料の閲覧が可能であり、コピー・サービスも行っている。なお、光丘文庫所蔵の個人蔵書としては、「石原莞爾旧蔵書」のほか、酒田出身でインド哲学の研究家・国家主義運動の理論的指導者として知られる「大川周明旧蔵書」、ドイツ哲学者の「伊藤吉之助旧蔵書」、郷土出身者の著書・出版物を集めた「佐藤三郎コレクション」がある。

酒田市立光丘文庫

利用案内

鶴岡市立図書館：山形県鶴岡市家中新町十四−七
電話〇二三五−二五−二五二五
開館時間：火曜日〜金曜日　午前九時三十分〜午後六時
土曜日・日曜日　午前九時三十分〜午後五時
休　館　日：毎週月曜日、祝日、年末年始、特別図書整理日、年間統計処理日

酒田市立光丘文庫：山形県酒田市日吉町二−七−七十
電話〇二三四−二二−〇五五一
開館時間：月曜日〜金曜日　午前九時〜午後五時
土曜日　午前九時〜正午まで
休館日：日曜日、祝日、年末年始、ばく書期間
入館料：無料
URL：*http://www.city.sakata.yamagata.jp*

（防衛研究所戦史部所員）

片倉　衷　文書目録

満州事変の中心人物は周知の通り、石原莞爾・板垣征四郎の両参謀と関東軍司令官の本庄繁であるが、脇役の一人として片倉衷を挙げることができよう。

片倉衷は、陸士三十一期、事変前年の昭和五年八月に関東軍司令部附（六年十月に関東軍参謀）となり、板垣高級参謀の下で満州事変の遂行にあたり、司令部の主要文書の作成にあたっている（その中で、片倉が主として担当した「満州事変機密政略日誌」は関東軍の事変解明の一等資料であろう）。

じ後、昭和七年八月から第十二師団（久留米）参謀・参謀本部々員、陸軍省軍務課員を経て、昭和十二年三月に再び関東軍参謀第四課長として満州国の内面指導に辣腕を発揮、十四年八月以来歩兵第五十三聯隊長を経て十六年七月には関東防衛軍高級参謀として再度関東軍で勤務している。じ後緬甸正面の作戦に軍・方面軍の参謀として参加し、最後は第一総軍第二百二師団長として前橋付近で終戦を迎えている。

非常に几帳面な人物で、自己作成文書以外に当時の出版・発刊資料等を数多く残しており、現在は左記の二ヶ所に分散保存されている。

片倉は、平成三年七月二十三日に亡くなったが、生前にその資料の大半を東京大学に寄贈し、死後、残りの資料を政策研究大学院大学の伊藤隆教授がまとめて、国会図書館憲政資料室に所蔵処置をされた。

東京大学所蔵資料の所蔵経緯は、昭和六十年頃、当時の教養学部中村隆英教授が片倉の申し出により、主要文書を寄贈受け（東大における保存処置）したものである。そして、昭和六十四年に「片倉衷文書目録」を作成し、現在は、教養学部国際社会科学専攻に保存されている。これらの資料の主要なものは、みすず書房の『現代史資料・七・満州事変』及び『現代史資料・十一・続満州事変』、あるいは、朝日新聞社発行の『太平洋戦争への道・第七巻』等で活字となっている。以下目録の分類区分に従い、主要なものを提示する。

一方、憲政資料室所蔵資料は二、六五三件（綴、冊、袋、通、枚などの単位で区分）ある。そのうち戦前の資料は、書翰類が約二百件、満州国関係が四百二十件、蒙古・朝鮮関係が約五十件、陸軍関係が地図を含め約二百三十件、写真が百七十件、片倉の日記・手記が約三十件、その他辞令・賞詞・位記・勲記等関係書類が約七十件と約半数弱の件数である。

既に東大所蔵資料と同様、目録が作成されており、内容の細部については参照されたい。

ここでは、戦前資料の主要なものを目録の分類区分に従い提示する。

Ⅰ．東京大学所蔵資料（抜粋）

一、守備勤務上兵器使用事件・満州事変　重要訓示・万宝山事件

「守備勤務上兵器使用事件調　自大正八年一月／至昭和四年九月」関東軍参謀部

事変直後ヨリ統治部設立迄ノ参謀部第三課ノ業務概況、昭六、十二、十八

三姓堡事件其他之ニ類スル鮮農圧迫問題及鮮内鮮支人衝突事件ノ影響」昭六、七、十六

二、事変前研究（4分冊）

第1冊　石原中佐

第2冊「満州占領地行政の研究」

第3冊「関特報第二号　軍事上ヨリ観察セル北満東部沿線地帯」昭二、十一、二十

第4冊「軍司令部ト外交官憲等トノ重要往復文書抜粋」

三―A、事変前研究資料

「張作相」関特報（支那）第29号

「行財政経済旬報（昭和六年十二月第一～三旬）」

「昭和六年七月中旬ニ於テ軍参謀ノ北満現地戦術ノ際ニ於ケル研究ヲ記シタルモノ」

三―B、満州事変機密政略日誌

「満州事変機密政略日誌」其一～其五（完）

四、十月事件

荒木貞夫・建川美治・永田鉄山宛　片倉衷書翰

片倉衷宛　荒木貞夫書翰

片倉衷宛　永田鉄山書翰

五、中村事件

「故中村震太郎少佐虐殺真相」（昭和六年十月二十九日関東軍司令部発表）

「講演要旨」昭和六年八月二十七日／片倉大尉

「中村・井形両烈士遭難誌」科爾沁右翼後旗公署

書函―参謀本部第一部　中村震太郎発　関東M旅順関東軍司令

部　片倉大尉宛

六、事変前建国後

七、「対外国策ニ関スル建白書」北一輝、昭七、四、十七

八、満州事変メモ（昭和七年五月以降）

会議控―「新国家ノ成立ト其ノ軍司令官」、「試案税務要綱」、特務部ノ編成

国連関係　北満平定策ニ関シ　我方諸機関統制ノ要　満州国ノ指導

「国際連盟調査員ニ対スル説明事項」昭七、四、一

・「甲号（日本軍部側ノ分）」関東軍司令部

・「乙号（満州国側説明用トシテ軍ヨリ満州国外交部総務司長ニ要望事項）」

「連盟調査員ニ対スル準備案」「臼田大佐」、「片倉」

「関東軍司令部ニ於ケル国際連盟調査員ノ質疑応答事項抜粋」

昭七、四、三十

「熱河政策」、「対間島方策」、「間島地方治安維持及統治ニ関スル指導方針」

「関東軍主管事項」（タイプ）

「朝鮮軍司令部及総督府ニ主トシテ委任スル事項」

「満州国邦人官吏服務ノ参考（案）」

「関東軍司令部試案」在満機関統一・在満暫行機関

「対満蒙政策」昭七、五、二十一　関東軍司令部

「満州国ノ指導要領」

「対時局建言一～三」昭七、三～七、五

「対満蒙方策」昭七、五、二十一、関東軍司令部

「満州ニ於ケル産業開発ニ関スル腹案」

「満蒙ニ於ケル旅客機ヲ以テスル航空連絡ノ現況」

「満州国警察制度ニ就テ」

「満州国ノ国防ニ関スル件」

「鉄道、港、湾、河川ノ管理竝ニ委託経営ニ関スル事項」

「国防資源調査ノ概要」

「海関問題経緯概要」

「軍司令官ヨリ駒井長官以下満州国官吏ニ与フル要望事項（案）」

「満州国建設ノ指導要領」昭七、五

「満州国ノ政治機構ニ対スル研究」

「満州国協和会設立委員会議事録」大同元、七、十八

九、国家革新の研究

「筑水之片言（一）」「現下ノ時局ニ於テ軍部ノ執ルヘキ方策ニ関スル管見」十二師団参謀　片倉衷　昭八、四、三

「瞑想餘録」「皇国革新大綱（第3稿）私案」片倉衷　昭八、十

十、昭和九年　参本研究（略）

十一—A、満州事変に伴う蒙古問題処理

「蒙疆方面政治工作指導要綱附録」関東軍司令部　昭十二、十、一

「外蒙経略方策ノ研究」（上）片倉大尉　昭六、七

「蒙古聯盟自治政府暫行組織法」

「満蒙建設ニ伴フ蒙古問題処理要綱」関東軍司令部　昭六、二、六

十一—B、事変前　外蒙研究　昭六

「満蒙領有後ニ於ケル外蒙経略方策ノ研究」（上・下）片倉大尉　昭六、七

「満蒙領有後ニ於ケル外蒙経略方策ノ研究」（上）秘

「外蒙古研究参考資料　Ⅰ〜Ⅱ」　片倉大尉

十二、北支内蒙処理

「停戦協定ヲ中心トスル北支諸懸案ノ現況」参謀本部　昭十、五、七

「新興支那建設方策大綱」昭十三、一、二十二

「新興支那建設ニ関スル意見具申」関東軍参謀長、昭十三、一、二十三

「支那事変対処方策要綱案（私見）」片倉中佐　昭十三、六、二十

「北支問題弁論根幹案（第一案）」昭十二、十一、二十二

「対『満州国外、内蒙古』策意見具申」昭十、二

「対内蒙施策要領」関東軍参謀部　昭十、七、二十五

「対内蒙施策進展度概見表」昭十、七、二十五

「対蒙（南北）施策要領」関東軍参謀部　昭十一、一

「対内蒙施策実施要領」（関東軍施策提出ノ際ノ中央ノ指示）

「対蒙施策要領ニ対スル意見」

「綏遠蒙政会暫行組織大綱（新聞報）」関東軍参謀部　昭十一、二、一

「内蒙時局対策案」軍務課中間案　一九三六、十二、十三

「蒙古軍政府財政概要（本年度）」

「内蒙軍強化要領案」昭十一、十二、十五

「内蒙軍整備要領案」昭十一、十二、十九

「内蒙軍整備要領案」昭十二、一、二十五

「内蒙軍ノ整理竝強化ノ為日満側ヨリスル所要経費ニ就テ」

「蒙古工作ノ過去ノ経緯及将来ニ於ケル軍ノ方針」関東軍参謀部　昭十二、一

「蒙疆方面ノ施策ニ関シ関東軍司令官ヨリ駐蒙兵団司令官ヘノ対談要綱」昭十三、一

「北支蒙疆方面交通経営機関調整要領案」関東軍司令　昭十三、一、十四

「（満州帝国と蒙疆聯合との間の議定書案）」昭十三

「満蒙境界及蒙古盟部区画略図」

十三、林　大臣御進講（略）

十四、十一月事件（佐藤手記・村中手記）

(一)村中手記（ノート一冊）
「片倉少佐／辻大尉ニ対スル告訴状中告訴理由　昭和十年二月七日　獄中ヨリ呈出同二月十九日　受理　村中大尉」
「昭和十年四月廿四日　片倉少佐／辻大尉ニ対スル告訴追加村中大尉」
(二)報告要旨

十五、協和會の本質　其他

「満州帝國協和會の本質　其他に就て…片倉　衷　説述」昭十一、十一
「満州國ノ根本理念ト協和會ノ本質」関東軍司令部　昭十一、九、十八
「於第七十議會説明資料　満州帝国協和會に就いて」昭十二、一、九
「満州國ノ内面指導ニ付テ」関東軍司令部　昭十二、四、二十二
「協和会主要年表」

十六、満州開発方策調書・満州産業五年計画・満業の創設

(一)　満州開発方策要綱　其の他

満州国開発方策綱要　昭和十一年八月五日陸満密第二八九号
満州国重工業確立要綱（十二、十、二十二　閣議決定）
満州国戦争準備指導計画（自昭和十二年度　至昭和十六年度）（昭和十三、三、十五　一部修正）（関東軍参謀部第四課）
満州国産業開発五年計画第二年度以降　昭和十三、五、十四
修正会議席上ニ於ケル関東軍参謀長口演要旨　関東軍司令部
満州国産業開発五年計画第二年度以降　昭和十三、五、十四
修正計画ノ遂行ニ関スル関東軍要望　関東軍司令部
満州国政策遂行ニ関スル要望　昭十三、八、五　関東軍司令部

(二)　満州産業五年計画

満州開発五年計画ニ対スル目標案
満州国産業五年計画ニ対スル総動員上ノ希望要綱説明　昭十一、九、十四　戦備課
満州産業開発五年計画概要（百部中第二号）昭十一、十二、十六　関東軍司令部
満州産業開発五年計画取扱要領（軍務課）昭十一、十一、廿五
産業五ヶ年計画陸軍部内打合日時予定表　十一、?二十三
満州開発五年計画綱要　昭十一、十二（陸軍省ニテ研究修正ノ分）
鉄鋼増産五ヶ年計画　康徳三、十一、二十五　鉄鋼五ヶ年計画幹事会
満州産業開発五ヶ年計画綱要ニ対スル陸軍ノ態度　昭十一、十二、二十四　戦備課

(三)　満業ノ創設（日産ノ満州移駐）の経緯　昭二十六、九、

十八　片倉　衷

十七、治外法権撤廃・日満経済共同委員会（略）

十八、二・二六事件（略）

十九ーA、林内閣組閣関係（略）

十九ーB、要綱集　昭和十三年八月以降（略）

二十、蒙疆方面政策他

（一）　満州事変内蒙古会議意見書

（二）　蒙疆方面政治指導重要案件綴　昭十二、十二（項目のみ、細部省略）

・時局一般政策ノ部
・蒙疆方面一般政策ノ部
・治安関係ノ部
・土地、逆産関係ノ部
・金融関係ノ部
・交通関係ノ部
・龍烟鉄鋼関係ノ部
・鴉片・塩務関係ノ部
・重要産業関係ノ部

二十一、軍事関係

『満州国軍事関係諸法規綴』第四課長（略）

二十二、研究録（略）

二十三、牛歩録

「牛歩録」昭和四年七月起　伏臥居士
「戦陣随録」Ⅰ　昭和十四年八月　起
「戦陣随録」Ⅱ　昭和十五年二月　起
「戦陣随録」Ⅲ　昭和十五年八月中旬　起
「戦陣随録」Ⅳ　昭和十六年八月上旬　起

二十四ーA、重要書類（五四一頁）

「根本方針」（九、一八前？）
「戦争計画要綱」「六月三日石原少将ヨリ交村」
「満州国ノ政治機構ニ対スル研究」
「満州関係」（軍務局長ヨリ大臣へ報告ノモノトシテ）
「師団長会議ノ際ノ満州関係懇談事項」
「満州ニ於ケル交通産業及資源ノ状況」
「軍務局長ト板垣参謀副長トノ連絡事項（対満政策関係）」昭十、四、二十六　軍務局
「協和会ノ根本精神ニ就テ」
「国務大臣ノ補弼ニ就テ（満州国関係）」法学博士清水澄述　昭十、十、二
「対満政策遂行ニ関スル意見」昭和九、十二、十二

「満州国指導ニ関連スル軍顧問組成ニ対スル研究意見」昭十、一、十四　軍事課
「満州国陸軍指導要綱（改正案）」昭十、六、十三　軍務課
「満州国概観」昭十、九
「（写）林陸軍大臣ヨリ松岡満鉄総裁ニ対スル懇談要旨」昭十、五　軍務局
「満州国国幣価値ノ安定強化ヲ図ル為満州国ニ於テ為替管理実現ノ件（修正案）」昭十、十一、十六
「対満重要国策ノ確立ニ関スル件」
「満州産業五ヶ年計画取扱要領」昭十一、十一、二十五
「対満政策遂行上ノ一般的所見」昭十一、十、上旬　陸軍省軍務課　片倉少佐
「満州産業開発五年計画綱要」昭十二、一　関東軍司令部
「国境方面ニ於ケル国防的建設ニ関スル要望事項」昭十三、十二、十　関東軍司令部
「日支新関係調整ニ伴フ満支関係調整方策」昭十三、十二、十三
「勅令第十九号　国家総動員法」
「重要法令整備ニ関スル要望」昭十二、六、一
「昭和十三年六月／関東軍司令官ノ満州国内面指導撤回ニ就テ」
「満州国政策遂行ニ関スル要望」昭十三、八、五　関東軍司令部
「（参考）要望事項説明書」昭十三、八、五　関東軍司令部

二十四―B、重要事項（略）

二十五、満州国関係重要参考書類……昭十三、八、四　関東軍参謀部第四課

「満州国建国宣言」大同元、三、一
「執政宣言」康徳元、三、一
「日満議定書」昭七、九、十五
「満州国ノ内面指導ニ付テ」昭十二、四、二十二　関東軍司令部
「満州国帝国協会ノ根本精神」昭十一、九、十八　関東軍司令官　植田謙吉
「秘　満州国の根本理念と協和会の本質に就いて」
「勅令第八十六号　軍需徴発法」
「軍刑法／軍審判法／軍審判法施行法／軍機保護法」治安部
「軍機保護法／軍機保護法施行規則」治安部
「防衛法」、「防衛法施行令」付「防衛法提案理由書」
「日本国軍ノ軍事関係法規適用ニ伴フ日本国軍事警察機関ノ満州国ノ法権ニ服スル者ニ対スル権限行使等ニ関スル件」昭十二、十二、一
「鉄道特殊警察調整要領」昭十二、十一、二十　関東軍司令部
「満州国内鉄道愛護指導要領」昭十三、一、二十四　関東軍司令部
「満州国及関東州ニ於ケル日本帝国陸軍軍人軍属ノ著作物ノ取扱竝軍事ニ関スル出版物（映画）検閲要綱」昭十三、二、十二　関東軍司令部
「満州国保安局編制要綱」昭十二、十一、三十

「日満司法共助処理要綱」昭十三、二、七　一部事務官会議決定
「軍事郵便処理要綱」昭十二、七、四
「協和義勇奉公隊組織要綱」康徳五、六、一
「青少年組織大綱」康徳五、六、十三　満州帝国協和会
「蒙古民族指導ノ根本方針」昭十一、五、二十
「在満朝鮮人指導要綱」昭十三、七、二十五　関東軍司令部
「鮮農取扱要領」昭十三、七、二十七　関東軍司令部
「満州農業移民百万戸移住計画」昭十一、五、九
「満州国赤十字社設立要綱」昭十三、六、十五
「満州、国防婦人会設立要綱」昭十三、一、二十四　関東軍司令部
「治安維持会機構改廃要綱」（年欠）、二、十二　関東軍司令部
「治安維持会ノ撤廃ニ伴フ治安情報連絡会議ノ設置綱領」昭十三、三、七　関東軍司令部
「満州国ノ経済ニ就テ」昭十一、三　関東軍司令部
「満州経済建設概観／昭和十二年八月／関東軍司令部」

二十六、満州事変に於ける軍の統帥　昭六〜七
第五巻第四章（錦州軍政権掃蕩）
第六巻第一章（哈爾賓進出）

二十七、満州事変に於ける軍の統帥　昭六
第五巻第二章（事変当初）
第三章（黒龍江進出）

二十八、備忘録　第一號　片倉参謀　昭和十二年三月起（略）

二十九、備忘録　第二號　高級参謀　極秘（略）

三十、備忘録（第一号）一冊綴（略）

三十一、初期満州国関係（対満根本観念）昭七〜八（略）

三十二、片倉証言（東京裁判）三冊
片倉　衷　陳述書
満州事変弁論骨幹案（第二案）昭二十一、十一、十六
最終段階弁論資料　弁論骨子

三十三、東京裁判板垣証言・石原供述書（略）

三十四、最終弁論　冒頭陳述草稿（略）

三十五、満州関係検事側の対ソ侵略（略）

三十六、著書
『戦陣随録』経済往来社、一九七二年
『インパール作戦秘史』経済往来社、一九七五年
『片倉　衷　回想の満州国』経済往来社、一九七八年

Ⅱ. 国立国会図書館憲政資料室所蔵資料（抜粋）

一　書翰類

甘粕正彦（十一通）、石原莞爾（二十二通）、板垣征四郎（十九通）、本庄繁（十通）、南次郎（二十六通）を含む百七十八名からの来翰、及び自己の発簡書翰の控を十七冊に整理している。

二　満洲国

(一)　満洲事変

南満洲鉄道線爆破状況調　関東軍司令部　昭六、九、二十三

柳条溝事件に関する状況報告　関東軍司令官本庄繁　昭六、十、十八

錦州占領ノ真相　昭六、十一、二十四（保証トノ関係）

第三次国際連盟理事会に於ける満洲事変　陸軍省調査班　昭六、十二、十四

満洲事変直後の東三省監政に関する詳報（関参第一五三号）関東軍　昭七、一、十

リットン報告書の再批判　陸軍省調査班　昭七、十、二十一

「昭和六年九月二十五日　日本ハ満洲ニ何等領土的企図ヲ有セストノ保証」ニ対スル弁護資料（満洲事変資料）

満洲事変カ計画準備セル事件ナラサル例証（満洲事変資料）

「一九三一年（昭和六年）十一月二十五日　日本軍ノ錦州攻撃ハ事実無根ナリトノ保証」ニ対スル弁護資料（満洲事変資料八）

関東軍及日本文官カ満洲国ヲ全面的ニ支配セリトスル訴因ニ対スル弁護資料（満洲事変資料十二）

「一九三二年（昭和七年）中ニ日本ハ別個ノ傀儡政権ヲ樹立シ同年九月十五日承認セリ」トノ論ニ対スル弁護資料（満洲事変資料十七）

満洲事変ノ原因（事変直前に於ける緊迫せる事態）片倉衷（満洲事変資料十八）

渦巻く満洲事変（原稿）片倉衷

メモ（国際連盟脱退について）片倉衷

満洲事変後軍部監督下に在るの使節及び建国の運動と準備

山口重次宛メモ（満洲事変について）

(二)　建　国

満洲建国の歴史的意義　民政部文教司　昭七、十、二十九

満洲建国の真義　片倉衷

満洲建国の回想（上・下）片倉衷　昭十六、九、十五

(三)　満洲国一般

北満歴史ノ概要（講話案）陸軍歩兵大尉　深堀游亀　昭五、九

北満及呼倫貝爾に於ける作戦の為我統帥及典範令に改変を要するものありやの研究（巻一）小松騎兵大尉　昭六、八

東北社会に適用する人民自治制の根本要義　関東軍司令部　昭六、十一、五

満洲国関係重要事項記録　自昭和七年三月至昭和十二年三月　軍務課

満洲国成立の経緯と其国家機構について　陸軍省調査課　昭七、四、四

満洲青年聯盟長春支部の満洲国承認並に四頭政治統一問題促進運動に関する件報告（通牒）　長春憲兵隊長小山弥　昭七、六、十三

満洲国政治機構研究　昭七

建設途上にある満洲国　第一輯　関東軍参謀部　昭八、四

満洲国君主制実施の準備に関する件　参謀本部第二部第四班ヵ　昭八、十一、二十四

対満観念の確立と機構の調整に就いて（パンフレット原稿）　陸軍省新聞班　昭九ヵ、十一、一

対満観念の確立と機構の調整に就いて　帝国在郷軍人会本部　昭九、十二、三十

満洲国概観　陸軍省新聞班　昭十、八

満洲国概観　陸軍省新聞班　昭十一、三

在満与論指導機関の機構統制案　関東軍参謀長西尾寿造　昭十、十、二十五

満洲国の治績概況　陸軍大臣陳述　昭十一、五、九

満洲国政治行政機構改革大綱案　満洲国総務庁　昭十二、三、二十七

満洲国政治行政機構改革大綱案補遺　康徳四、四、六

躍進満洲国の現段階　片倉衷　昭十二、八

満洲国興亡史年譜（案）

メモ…満洲国指導方針　片倉衷

国策要綱八項目

満蒙問題の解決

満州国に於ける治外法権撤廃問題　大使館参事官守屋和郎談

（四）　行政（略）

（五）　経済・産業

満洲開発政策論　参謀本部　昭七、四

産業開発資金の調達策　満洲開発政策論付録　参謀本部　昭七、五

満洲事変後に於ける在満主要事業会社設立状況一覧表　陸軍省　昭九、五

満洲国経済建設綱要　陸軍省軍事調査部　昭九、五、五

満洲国金融機構建設案理由　久間猛　昭九、十一

満洲五年計画完成後の鉱工業部門所要人員推計　昭十二、二、十九

満洲特殊会社及準特殊会社一覧表「満業」第二号付録　満洲重工業開発株式会社業務部　康徳五、九、二十

鮎川義介氏と満業（原稿）　片倉衷

最近に於ける支那側の鉄道政策と満鉄との関係　関第八一〇号　関東憲兵隊　昭和六、三、十四

満蒙鉄道政策に関する管見　昭和六、三

関東軍司令官の満鉄に対する指示権限の行使につき　第一稿　陸軍歩兵大尉片倉衷　昭六、六、十八

関東軍司令官の満鉄に関する指示権に付き（甲号）　昭六、六、二十

関東軍司令官の満鉄に関する指示権に付き（甲号）関東軍司令部　昭六、六、二十四
関東軍司令官の満鉄に対する指示権に関する書類（後欠）
満洲国の建国と其の資源開発要綱　南満洲鉄道株式会社東京支社　昭七、五
満鉄改組問題促進の必要に就いて［参謀本部］第二部第四班　昭八、十二、二十
満鉄改組に対する要望書草稿　昭八、十二、二十六
満洲事変史「交通之部」第二巻（第一草稿）東北交通委員会編　昭十、六、一
昭和十三年度国線営業報告書　南満洲鉄道株式会社
満鉄拡充及国鉄社鉄運営調整要綱　昭十四、七、二十
満洲国鉄道建設一覧図（契約次別図）
満鉄改組の是非　日満経済協会
満蒙鉄道問題についてのメモ　片倉衷
満洲国鉱山分布図　康徳六、一、二十五
協和鉄山株式会社設立要綱案　企画処　康徳六、六、十六
日満自動車の製造分野に関する件　関参満第六一四号　関東軍参謀長磯谷廉介より陸軍省軍務局長町尻量基宛　昭十四、六、十二
満飛刷新に関連する日満航空機製造工業調整に関する件
興中公司事業に関する資料　興中公司　昭十三、一、二十

(六)　軍　事

北満現地戦術行動並研究関係書類綴　昭五
満蒙陣中必携　関東軍司令部　昭六、四
昭和六年七月北満現地戦術（石原中佐の研究）
東北陸軍編成其他重要数量表（演習用）関東軍参謀部　昭六、八
対満蒙策現行過渡的制度案に関する書類送付の件　Doc 3204
関東軍参謀長三宅光治より陸軍次官杉山元あて　昭六、十二、五
満洲国現有軍隊一覧表　関東軍参謀部　昭七、四、十四
対満洲国根本観念確立の要について　参謀本部　昭九、五、九
在満機構調整問題善後処理に関する意見　参謀本部第一課　昭九、十、十一
日満関係の再認識に就いて　陸軍省　昭十、九
満軍について　軍政部顧問部　昭十一、十一
満洲国全国防衛奄化の件　関東軍参謀長磯谷廉介　昭十四、七、十六
板垣征四郎を中心とする関東軍の満洲における行動に関する外務省メモ　昭七〜十四
満支国境戦況図　大同二、四
満鉄沿線日本対支那兵営距離概見図
東北軍隊指揮官勢力派別要図

(七)　協和会（略）

(八)　開拓（略）

（九）地図

満蒙要図　満鉄調査課調整　大正十五、五
満蒙要図　満蒙に於ける調査希望鉄道路線一覧（書き込み）満鉄調査部　大正十五、五
最新満蒙地図　昭三、十二
最新満蒙地図　南満洲鉄道株式会社　昭五、八、一
最新満蒙地図　南満洲鉄道株式会社　昭七、二、十五
満洲経済地図　東亜産業協会　昭九、一、六
Manchoutikuo and Adjoining Territories　日本陸地測量部　昭十、二、二十五
満洲国詳密大地図　付蘇満国境方面詳図　伊林書店　昭十六、六、二十
満洲国鉄道建設一覧図／第一次～第五次線建設要図（満洲地図）
満鉄所管鉄道図　満鉄鉄道局　昭十五カ

（一〇）雑資料（略）

三　アジア――戦前

（一）蒙古

蒙古騎兵の訓練利用に関する一管見　陸軍歩兵中佐　原田熊吉　昭六、十二、十六
辛未年十二月三十日遼源会議決議案　蒙古自治籌備委員会　昭六、十二、三十
蒙古経営第二に対する所見　竹下中佐　昭七、一、二十三
蒙古自治軍の現在は……　大同元、四、二十五
内蒙軍整備要綱案　昭十二、一、二十二
桑原中佐に与ふる指示　蒙古自治政府、内蒙軍に関し　昭和十二、十、二十三
蒙疆金融機構建設物語　久間猛　昭十四、七
経蒙談義　菊竹稲穂　昭十六、十二
蒙古往来の概要　篠田九市
地図（蒙古）
蒙古王公会議情況並所見報告　松井大佐より板垣大佐宛

（二）中国

支那側の対外政策並びに国権回収状況（後欠）　関東憲兵隊　昭四、十二、十八
支那側の新線計画に就いて　関東軍参謀部　昭五、九、十九
東北四省支那重要武官派別系統素質一覧表　関東軍参謀部　昭五、九
中国現姿と学良研究　小山貞知編　昭五、十一、二十二
支那本部各軍配置要図　昭和六、五、十七
支那視察報告「対支政策に関する考察」（断片）　陸軍歩兵中佐　大城戸三治　昭十、七
北支に於ける各鉄道の軍事的処理要領案提出の件　支那駐屯軍司令官多田駿より陸軍次官古荘幹郎宛　Doc. 984　昭十、十二、二
北支那地図　南満洲鉄道株式会社　昭和十一、三、二十五

支那全図　四百万分一　大日本帝国陸地測量部　昭和十三、五
支那靖定の大経大法　佐藤知恭　昭和十三、十一
支那事変戦死者等名簿　昭十四、七
支那事変解決の根本策　東亜連盟協会刊　昭十五、八
支那軍の素質に関する概観
北大営付近日支両軍衝突の概要
占領中国鉄道経営案

(三)　朝鮮（略）

(四)　アジア一般（略）

四　陸　軍

(一)　一般（略）

(二)　師団・連隊等（略）

(三)　演習（略）

(四)　関東軍

関東軍司令部条例
関東軍職員表　昭六、八、一
関東軍職員録　昭七、三、一
関東軍職員表　昭七、四、二十五
臨参密第六八八号中治安維持の方針に関する件　参謀本部ヵ
付属地外行軍演習の実施に就いて　関東軍参謀部　昭和六、六、二十七
関東軍管下各団隊・官衙検閲・軍の行動に関する上奏　関東軍司令官本庄繁　昭六、十二、十
関東軍の状況に関する上奏　前関東軍司令官本庄繁　昭七、九、八
機密書類紛失に関する件　関東軍参謀長小磯国昭　昭和七、十二、三十一
会計検査認可状　関東軍　昭八、三、三十
関東軍参謀との連絡事項　軍事課　昭十、八、五
第四課臨時調査室設置要綱及業務要録　関東軍司令部臨時調査室　昭十三、十、十
参謀部要解決重要事項一覧表（第六号）　関東軍高級参謀　昭十七、七、
関東軍電報　軍事課片倉少佐宛
関東防衛軍司令部編成完結に方り軍司令官の下士官以下に対し与へられたる訓示の要旨
関東軍司令部顧問団組織上具備すへき要件に就いて

(五)　事件（略）

(六)　ビルマ戦線等（略）

（七）　陸軍士官学校・陸軍大学等……名簿等（略）

（八）　訓練用資料……教範等（略）

（九）　地図（略）

（十）　雑資料

土肥原大佐談話メモ　昭五、四、十七

情勢判断の研究　昭五、五

花谷少佐天津視察談　昭六、三

板垣大佐講演を頂きて提問事項　昭六、五

中村陸軍大尉神仏連合弔霊講演会案内　昭和六、八、二十二

戦時警備概説　片倉参謀　昭八、六、二十二

昭和八年度第十二師団要地防空計画改正意見　片倉参謀　昭八、七、五

昭和八年度第十二師団戦時警備計画書第一部改正意見　片倉参謀　昭八、七、五

皇紀二五九三年の国防　昭八

陸軍人事行政の現況に関する意見　昭九、三、七

ナポレオンの対英戦争　陸軍中将石原莞爾述　昭十五、四

奈翁戦史（ノート）　石原少佐

覚え書き　戦陣洗心録

南次郎関係諸系図

石原少佐欧州古戦史　片倉衷

五　政治――戦前（略）

六　その他戦前資料（略）

七　写　真（略）

（一）日露戦役……一八枚（略）

（二）　大正～昭和初期

大正十四年除隊記念写真帖　旭川歩兵第二七連隊第五中隊　大正十四、十

国本社第三回夏期講習会記念　昭二、八、一

張作霖爆殺の現場　昭三

陸軍大臣　白川義則大将　近太旅館にて　昭三

陸軍次官　杉山元中将　昭五

参謀総長　金谷範三大将　昭六

第十六師団参謀長　多田駿砲兵大佐　昭六

教育総監　武藤信義大将　昭六

歩兵第二十二連隊長　山脇正隆大佐　昭六

喇嘛塔を囲んで　昭六、二

関東軍司令部前での片倉衷　昭六、十

第十六師団長と張学良との会見　昭六

（三）　満洲事変

北満に闘う砲兵部隊

わが軍の鹵獲した青天白日軍旗
奉天の占領とともにいち早く掲示された憲兵布告
兵匪討伐のため饒陽河より更に前進せんとするわが装甲列車
第二師団司令部
小西辺門城壁より我軍の攻撃
わが軍が占領した敵砲兵営の馬けい場付近の惨状
張学良軍より鹵獲したおびただしい兵器
第二師団長　多門二郎中将
独立守備隊司令官　森連中将
関東憲兵隊長　二宮健市少将
第二十師団長　室兼次中将

(四)　昭和七年~戦後期（略）

八　東京裁判（略）

九　戦後の軍・戦争関係（略）

十　政治——戦後（略）

十一　安全保障（略）

十二　共産圏事情（略）

十三　国際外交（略）

十四　戦後雑資料（略）

十五　片倉衷関係資料

(一)　日記・手帳

夏季休業日誌　大正三、七
冬季休業日誌　大正三、十二
夏季休暇日誌　大正七、
時感録　乾　大正八、一~
時感録　坤　大正九、一~
日誌　士官候補生時代
牛歩録　昭四、七、二十九よりの記録
手帳　昭六
手帳　昭七、（四冊）
手帳　昭七、四、二十二より
手帳　昭八
手帳　昭九
従軍手帳　昭十二
板垣陸相時代総合日記　昭十三、一~十四、九、十三
備忘録　皇紀二六〇一、四、起
手帳　昭十九
手帳　昭十九~二十
手帳　昭二十
手帳　昭二十三
手帳　昭二十七

手帳　昭三十四ヵ
手帳　昭三十五（二冊）
手帳　昭三十六
手帳　昭四十三
手帳　昭四十六
小型ノート

（二）　卒業証書（略）

（三）　辞令等（略）

（四）　賞詞等（略）

（五）　位記（略）

（六）　勲記（略）

（防衛研究所・白石）

あとがき

満州事変勃発から今年で七〇年、小泉首相の参拝で大きな話題を投げかけた靖国神社には、事変で犠牲になられた一七、一七五柱（靖国神社HPから引用）が祀られている。事変開始当初はそんなに大きな損害もなく（昭和七年三月十三日までの死傷者数は一、一九九名）推移したが、上海事変及び熱河作戦の遂行に伴い損害が増大し、日清戦争（一三、六一九柱）を上回る数となった。この数は、大東亜戦争、支那事変、日露戦争に次ぐ損害であり、単なる事変とは言えないものになってしまった。

軍事史学会は、この節目の時に満州事変の計画者と言われている石原莞爾のゆかりの地である庄内（鶴岡市・酒田市）で年次大会を開催するとともに、本特集号『再考・満州事変』を企画した。

七〇周年の節目の年とはいえ、本学会以外に学術的企画を計画した学会は、東アジア近代史学会のシンポジウム：満洲事変前後の東アジア世界――国際環境と国内社会の変容――のみであり、やや寂しい感がする。

一方、『新しい歴史教科書』市販本が五十万部を超えるベストセラーとなり、賛否両論のディベートが盛上がっている。この『教科書』の中で満州事変は「日本の運命を変えた満州事変」として僅か三頁ではあるが、しっかりと記述されている。他の教科書との比較は多くの賛否の出版が続いているのでそちらに委せるとして、これを機会に多くの方が自国の歴史に興味を持っていただき、更にこの節目の時に満州事変の本当の姿を学んでいただければ幸いであり、本誌が少しでもそれに貢献できることを祈念している。

学会がその特集号を「単行本」として刊行をはじめて五冊目になる。最初の三冊は第二次世界大戦の、『発生と拡大』『真珠湾前後』『終戦』をテーマとして構成され、次が『日中戦争の諸相』、そして今回の『再考・満州事変』である。また、満州事変特集号は、学会として二度目の企画である。前回は十三年前の昭和六十三年九月刊の第二十四巻第二号であった。

本特集号の準備に着手したのが、昨年（平成十二年）五月の連休前である。学会誌に特集号の計画（論文募集）を掲載するとともに、事変周辺の研究者の方々に第一報として特集号の編集を実施する旨と協力依頼をお願いした。直ちに四名の方が執筆したいと返答をしていただき、幸先良いスタートがきれた。また六月の慶應義塾大学における年次大会時にも、関連の方々に直接依頼し、数名の方の内諾をいただいた。庄内における今年の年次大会では、共通論題として「満州事変」をとり上げたが、六名の方の発表があり、熱のこもった質疑と相俟って盛会であった。本特集号にはその発表論文も加筆修正し、本誌に寄稿していただいた。

また、中国側の論文も是非掲載したいと思い、伊藤信之編集委員を通じて依頼した。幸いに三本の寄稿を得ることができた。日本人とはやや違う視点で満州事変をとらえており、「歴史認識」にも異なる点が散見されるが、そのままを掲載している。この場を借りてお断りするとともに、快く寄稿していただいた中国研究者に御礼申し上げたい。

本来であれば、「事変勃発」の九月十八日に間に合うように発刊を予定していたのだが、編集者の不手際で、遅れてしまったことを深くお詫び申し上げるとともに、未熟な編集作業をバックアップしていただいた中藤政文社長をはじめとする錦正社の方々、及び校正を担当された本間潤一郎氏に衷心から御礼申し上げる次第であります。

二〇〇一年十月

（編集委員・白石博司）

軍事史学会編集委員会

（編集委員長）
高橋　久志　相澤　淳　赤木　完爾　荒川　憲一　石津　朋之　伊藤　信之　太田　弘毅　影山好一郎　神山　晃令
亀掛川博正　黒沢　文貴　黒野　耐　佐藤　和夫　柴田　紳一　庄司潤一郎　白石　博司　進藤　裕之　杉之尾宜生
立川　京一　戸部　良一　原　剛　原　信芳　坂　和雄　村井　友秀　守屋　純

※軍事史学会ホームページＵＲＬが変わりました。
http://wwwsoc.nii.ac.jp/mhsj/index.html

執筆者一覧

安《あ》達《だち》将《まさ》孝《たか》（軍事史学会会員）
伊《い》藤《とう》信《のぶ》之《ゆき》（防衛研究所戦史部主任研究官）
影《かげ》山《やま》好《こう》一《いち》郎《ろう》（防衛大学校教授）
白《しら》石《いし》博《ひろ》司《し》（防衛研究所戦史部第二戦史研究室長）
高《たか》橋《はし》久《ひさ》志《し》（上智大学教授）
中《なか》山《やま》隆《たか》志《し》（元防衛大学校教授）
秦《はた》郁《いく》彦《ひこ》（日本大学教授）
浜《はま》口《ぐち》裕《ゆう》子《こ》（文化女子大学助教授）
門《もん》間《ま》理《り》良《ら》（文部科学省教科書調査官）
横《よこ》山《やま》久《ひさ》幸《ゆき》（防衛研究所戦史部所員）
劉《りゅう》紅《こう》（上智大学大学院）
栄《ろん》維《うぇい》木《むー》（中国社会科学院近代史研究所副研究員）

荒《あら》川《かわ》憲《けん》一《いち》（防衛研究所戦史部所員）
臼《うす》井《い》勝《かつ》美《み》（筑波大学名誉教授）
小《こ》池《いけ》聖《せい》一《いち》（広島大学助教授）
白《しら》石《いし》仁《まさ》章《あき》（外務省外交史料館外務事務官）
等《とう》松《まつ》春《はる》夫《お》（玉川大学講師）
野《の》村《むら》乙《おと》二《じ》朗《ろう》（軍事史学会会員）
服《はっ》部《とり》龍《りゅう》二《じ》（拓殖大学講師）
三《み》輪《わ》公《きみ》忠《ただ》（上智大学名誉教授）
安《やす》岡《おか》昭《あき》男《お》（法政大学名誉教授）
米《よね》本《もと》敬《けい》一《いち》（軍事史学会会員）
李《りー》樹泉《しゅーちぇん》（北京中国抗日戦争史学会会員）
熊《しょん》沛《ぺい》彪《ぱお》（南海大学日本研究センター副教授）

GUNJI SHIGAKU
(Quarterly)

Vol. 37 October 2001 Nos. 2 & 3

The Manchurian Incident Revisited After Seventy Years
Edited By
GUNJISHI GAKKAI (The Military History Society of Japan)

Table of Contents

『軍事史学』（第37巻第2・3合併号）

再考《さいこう》・満州事変《まんしゅうじへん》

平成十三年十月十九日　第一刷発行

編集　軍事史学会
ホームページURL　http://wwwsoc.nii.ac.jp/mhsj/index.html

代表者　伊藤隆

発行者　中藤政文

発行所　錦正社
〒101-0054　東京都千代田区神田錦町一－四－五
電話　〇三(三二九一)七〇一〇
FAX　〇三(三二九一)〇一七〇

印刷所　株式会社　文昇堂

製本所　小野寺三幸製本所

ISBN4-7646-0315-2
© 2001 Printed in Japan

■内容目次■

錦正社 定価：本体 3,981円　ISBN4-7646-0301-2 C0022 ¥3981E

第二次世界大戦㈠
—発生と拡大—

軍事史学会編

錦正社

第二次世界大戦（二）——真珠湾前後——

軍事史学会編

錦正社

■内容目次■

錦正社 定価：本体 3,398円　ISBN4-7646-0303-9 C0022 ¥3398E

■内容目次■

錦正社 定価：本体 4,369円　ISBN4-7646-0306-3 C0022 ¥4369E

第二次世界大戦㈢―終戦―

軍事史学会編

錦正社

日中戦争の諸相

軍事史学会編

錦正社

■内容目次■

錦正社　定価：本体4,500円（税別）　ISBN4-7646-0309-8　C0022　¥4500E

近代東アジアの政治力学
—間島をめぐる日中朝関係の史的展開—

錦正社

法学博士 李 盛煥著

A5判・五一二頁 定価：本体七、二八二円

※文部省刊行助成図書

●既存の史観にとらわれることなく民族の支配と共存の条件を論究!!
●間島（中華人民共和国延辺朝鮮族自治州）は東アジアにおける民族問題の一原点！
●日本・中国・朝鮮三民族の織りなす政治過程と政治構造の変化を明らかにす！
●現存の厖大な関係資料に裏づけられた実証的歴史叙述は今後の研究に不可欠!!

推薦のことば

日韓学術交流の架け橋として

外務省外交史料館
元「日本外交文書」編纂委員 栗原 健

この度、李盛煥氏の間島問題に関する労作が『近代東アジアの政治力学』として刊行されることになりました。間島は現在の日本人にとっては必ずしもなじみの深い地域ではありませんが、十九世紀末以来の日本、中国、韓国の間の関係を歴史的に振り返ってみると、民族的対立を最も象徴的に示している地域であります。本書はその長い歴史に初めて本格的に取り組んだものです。

著者の李氏は、筑波大学大学院に学び、本書の基になった論文で法学博士を授与された有望な若手研究者であります。韓国にお

主要目次

いても新しい世代の日本研究者が登場しつつあることを喜ぶとともに、本書が日韓の学術交流の架け橋となることを願ってやみません。

間島問題についての最初の全体的歴史像

筑波大学名誉教授　臼井勝美

韓国の若い学者によって、間島問題についての最初の全体的歴史像が、日本文で書かれ発表されることは私にとって最も意義のあることです。間島問題は朝鮮・中国・日本各民族が国家権力、社会的階層、イデオロギー、土着的党派のあらゆる課題をめぐって展開する葛藤の歴史であるが、主体はあくまで朝鮮人である。朝鮮半島が近代東アジアの矛盾の結節地であるとすれば、間島はまさにその凝集点であった。

李盛煥さんはここに韓国の政治・歴史研究者として、間島問題の諸々の様相を提示し、世界の東アジアに関心をもつ人々、とくに日本人に大きな問いを投げ掛けたのである。それは間島地方に住み、悩み、死を迎えた人々の霊を代弁するものでもあった。最近、延辺地区朝鮮族の逞しくそして晴れ晴れしい笑みをもった日常の姿がテレビ・雑誌で紹介され感銘をうけた。本書の刊行に期待を寄せているのは私だけではないと信じる。

【関連好評書】

▼軍事史資料(1)▲

大本営陸軍部戦争指導班　機密戦争日誌〈防衛研究所図書館所蔵〉　全2巻　軍事史学会編　揃本体価 二〇、〇〇〇円（分売不可）

▼軍事史資料(2)▲近刊（平成十三年十二月刊予定）

大本営陸軍部作戦部長　陸軍中将　宮崎周一業務日誌　軍事史学会編　本体価 一五、〇〇〇円

◎大本営陸軍部作戦部長業務日誌（昭十九・十二・六〜二十・九・十八）〈防衛研究所図書館所蔵〉

◎ガダルカナル作戦第十七軍参謀長日誌（昭十七・九・二十九〜十八・二・二十八）

◎湘桂作戦等第六方面軍参謀長日誌（昭十九・五・八〜十二・十）等収録

▼錦正社史学叢書▲

日本中世水軍の研究—梶原氏とその時代—　佐藤和夫著　九、五一五円

戦前昭和ナショナリズムの諸問題　清家基良著　九、五一五円

蒙古襲来—その軍事史的研究—　太田弘毅著　九、〇〇〇円

明治期国土防衛史（平成十三年十一月刊行予定）　原剛著

◎好評第三刷◎

日本の悲劇と理想　平泉澄著　一、七四八円

◎好評第三刷◎

真珠湾—日米開戦の真相とルーズベルトの責任—　G・モーゲンスターン著　渡邊明訳　三、〇〇〇円